BFL 총서 8

회사분할의 제 문제

BFL 총서 ⑧

회사분할의 제 문제

노혁준 편저

小花

머리말

우리 상법에 분할제도가 처음 도입된 것이 1998년이니 벌써 15년을 훌쩍 넘어선다. 하지만 실무상 또는 강학상 논의되던 인적분할이니 물적분할이니 분할합병이니 하는 것들이 많은 조명을 받은 것은 비교적 최근의 일이다. 합병으로 인한 통합효과인 시너지에 빗대어 분할로 인한 전문화 등 긍정적 효과를 일컫는 '세너지(separate + energy)'라는 신조어가 탄생할 정도로, 이제 분할은 기업 실제에 있어서 흔히 볼 수 있는 현상이 되고 있다.

서울대학교 금융법센터에서는 2009년 11월 BFL 제38호에 "분할과 영업양수도의 법적 쟁점"을, 2011월 9월 BFL 제49호에 "회사분할의 실무적 쟁점"을 각기 발간한 바 있다. 이번 BFL 총서는 위 두 권에 실렸던 논문 12편을 엮어 기본으로 하고, 여기에 회사분할의 법적 문제를 전반적으로 조망하기 위하여 제1부의 제1장으로서 "회사분할의 법률 문제 개관", 특히 일본에서 많이 문제되고 있으며 우리나라에서도 논란의 소지가 있는 사해적 분할을 검토하기 위하여 제3부의 제4장으로서 "남용적 회사분할에 관한 일본에서의 논의"를 추가하여 한 권의 책으로 제작하게 되었다.

이 책은 크게 세 부분으로 이루어져 있다. 제1부(총론)는 회사분할에 관련된 전반적인 법적 쟁점을 살펴보는 한편, 회사분할의 개념 및 유형에 관하여 검토하는 두 편의 글을 담고 있다. 제2부(회사분할의 회사법적 쟁점)는 특히 회사분할을 실행함에 있어서 문제 되는 실무적인 이슈들을 다양한 각도에서 분석하여 보았다. 여기에는 모두 8편의 논문이 포함되어 있다. 제3부(회사법 이외의 분할 이슈)는 회사분할의 실행시 필연적으로 발생하는 자본시장법 · 노동법 · 세법적 쟁점과 함께 일본에서 논의되는 남용적 분할에 관한 분석을 그 내용으로 한다.

우리의 기업실무는 종래의 부도처리된 그룹의 분할 예에서 나타났던 타의적인 분사에서 벗어나, 이제 하나의 기업 내부에서 또는 수 개의 기업 간에 적극적으로 회사분할을 시도하는 사례가 잦아지고 있다. 합병 등을 통해 덩치를 키우는 것도 중요하지만, 경우에 따라서는 규모가 작더라도 특성화 · 전문화된 기업을 운영하는 것이 시장의 빠른 변화에 보다 효율적으로 대응할 수 있기 때문일 것이다. 또한 회사분할은 기업 간 합종연횡을 위한 탄력적인 도구가 되기도 한다. 이렇게 볼 때 회사분할에 관한 상세한 분석 및 검토는 합병 등 기업결합에 대비되는, 기업구조조정 퍼즐의 반대편 조각을 맞추어 본다는 측면에서도 의미 있는 작업이라고 할 수 있다.

각 주제에 대하여 기고해 주신 필자들은 회사분할 관련 실무를 담당하면서 현업에서 활발하게 활동하고 있는 전문가들이다. 바쁜 일상 중에도 시간을 쪼개어 쉽지 않은 주제를 다루어 주신 필자 분들께 먼저 감사의 뜻을 전한다. 서울대학교 금융법센터의 설립 이래 동 센터와 BFL의 발전에 크게 공헌하신 김건식 교수님을 비롯하여 금융법센터의 전 · 현직 센터장으로서 본 총서의 발간을 물심양면으로 적극 도와주신 박 준, 한기정 교수님께 심심한 사의를 표하고 싶다. 이 책의 출간 과정에서 번거로운 일을 도맡아 처리해 준 도서출판 소화의 관계자들과 금융법센터의 이경희 씨에게도 깊이 감사드린다.

2013. 6. 노혁준

차례

제2부 회사분할의 회사법적 쟁점

01

총론

제1장 회사분할의 법률 문제 개관

제2장 회사분할의 유형

01

회사분할의 법률 문제 개관*

노혁준**

I. 분할의 개념과 유형

1. 분할의 개념

회사분할이란 한 회사의 재산이 둘 이상으로 나눠지는 것으로서 합병의 반대현상이라고 할 수 있다. 우리나라 상법은 1998년 12월 제4장 제11절을 신설하여 주식회사의 분할제도를 도입한 바 있다. 넓은 의미의 회사분할에는 다양한 형태의 분사(分社)가 포함된다. 예컨대 일부 영업이나 보유 주식을 현물출자하여 회사를 신설하는 경우도 넓은 의미에서 회사분할이라 할 수 있다. 한편 2011년 개정상법은 현물배당

* 이 글은 노혁준/김병태, 회사의 분할(주식회사법 대계 제3권), 법문사, 2013, 434-493면 중 필자가 작성한 부분을 중심으로 정리한 것이다.

** 서울대학교 법학전문대학원 교수

을 허용하고 있으므로(제462조의4), 이를 활용하여 보유 주식을 주주들에게 분배함으로써 분사의 효과를 달성할 가능성도 있다. 다만 이하에서는 제도화되어 특별한 절차와 효과가 규정되어 있는 제4장 제11절에 따른 회사분할에 초점을 맞추어 검토하기로 한다.

상법상 분할의 법적 성질에 관하여 인격분할설, 현물출자설 등의 견해가 있으나, 재산이 분리되어 포괄적으로 승계되면서 그 대가가 분할회사 또는 분할회사의 주주에게 이전되는 현상을 일관성 있게 설명하기 어렵다. 따라서 회사법상의 특수한 제도로 이해하면 될 것이다. 이에 따라 분할을 개념 정의하면, 분할이란 "분할회사의 적극 · 소극재산의 전부 또는 일부가 분리되어 적어도 하나 이상의 신설 또는 기존의 승계회사에 부분적으로 포괄승계되고, 그 대가로 승계회사의 주식이 원칙적으로 분할회사의 주주에게 그리고 예외적으로 분할회사 자신에게 부여되는 회사법상의 행위 내지 제도"가 된다.[1]

2. 분할의 유형

일반적으로 회사분할은 (i) 상대방이 되는 기존회사(이하 '승계회사')가 존재하는지 여부에 따라 분할합병과 단순분할로 분류되고, (ii) 분리의 대가인 분할신주를 분리시키는 회사(이하 '분할회사') 자체에 교부하는지 여부에 따라 인적분할과 물적분할로 분류된다. 이하 상세하게 검토한다.

1) 손주찬/정동윤 집필대표, 주석 상법 : 회사법 IV(권기범 집필부분), 한국사법행정학회, 2003, 569-570면 참조.

(1) 분할합병과 단순분할

분할시 승계회사가 존재하여 분할회사의 일부 부문이 승계회사(또는 승계회사와 분할회사에 의해 새로 설립되는 회사)에 이전되면 분할합병이고, 이러한 승계회사 없이 분할회사가 자체적으로 새로운 회사(이하 '신설회사')를 분사시키면 이는 단순분할이다. 승계회사의 입장에서 볼 때 분할합병은 통상적인 합병과 유사하다. 포괄승계의 대상이 대상회사 전체가 아니라 일부라는 점에서 양적으로 축소되어 있을 뿐이다. 이러한 점을 고려하여 상법은 분할합병에 관하여 합병 관련 조항을 많이 준용하고 있다.[2)]

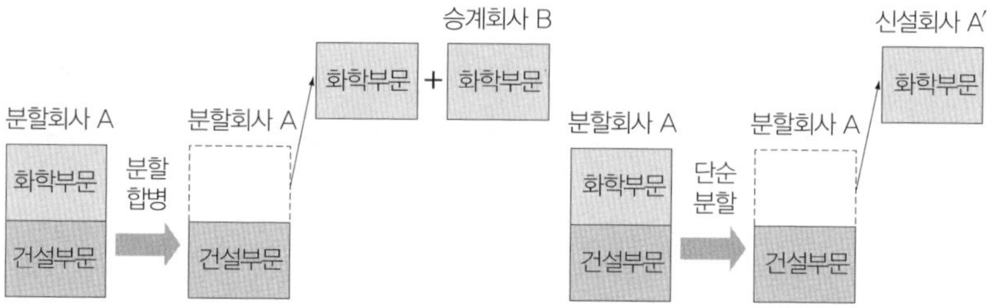

〔그림 1〕 분할합병과 단순분할

합병에 흡수합병과 신설합병이 있듯이, 분할합병은 흡수분할합병과 신설분할합병으로 분류할 수 있다. 흡수분할합병이란 승계회사 스스로가 재산을 이전받는 것을 가리킨다. 제530조의6 제1항이 "분할되는 회사의 일부가 다른 회사와 합병하여 그 다른 회사가 존속하는 경우에는…"이라고 한 것은 흡수분할합병을 의미한다. 신설분할합병은

2) 제530조의11 제2항에 의하면, 주식매수청구권(제374조 제2항, 제522조의3), 약식의 합병(제527조의2, 3), 채권자 보호절차(제527조의5)가 준용된다.

분할회사의 재산 일부와 승계회사의 재산 전부 또는 일부를 합하여 새로운 회사를 만드는 것을 가리킨다. 제530조의6 제2항이 "분할되는 회사의 일부가 다른 회사 또는 다른 회사의 일부와 분할합병을 하여 회사를 설립하는 경우에는…"이라고 한 것은 신설분할합병을 지칭한다. 만약 (i) A회사의 영업 일부와 B회사 영업 전부를 합쳐서 새로운 P회사를 만든다면 이는 A회사를 분할회사, B회사를 승계회사로 하는 분할합병이다. (ii) A회사의 영업 일부와 B회사 영업 일부를 합쳐서 새로운 Q회사를 만드는 경우에도 분할합병이다. 이때 A회사는 분할회사이면서 B회사의 상대방이라는 점에서는 승계회사이다. B회사도 마찬가지로 승계회사이면서 분할회사가 된다. (iii) A회사의 영업 전부와 B회사 영업 전부를 합쳐서 새로운 R회사를 만드는 것은 분할합병이 아니라 신설합병일 뿐이다. 신설합병에 비해 흡수합병이 많이 이용되는 것처럼, 분할실무에 있어서도 신설분할합병보다는 흡수분할합병이 널리 활용되고 있다. 이하에서 분할합병이라 하면 특별하게 언급하지 않는 이상 흡수분할합병을 전제로 한다.

나아가 상법은 단순분할과 분할합병을 병용하는 형태도 인정한다(제530조의2 제3항). 예컨대 A회사가 그 재산 중 일부씩, 즉 3분의 1은 승계회사 B에게 이전하여 분할합병하고, 3분의 1은 단순분할하여 C회사를 설립하는 것도 가능하다.

(2) 인적분할과 물적분할

인적분할의 경우 분할신주가 분할회사의 주주에게 배정되는 반면, 물적분할은 분할회사 자체에 배정된다. 분할합병이 아닌 단순분할을 전제로, 인적분할과 물적분할을 그림으로 나타내면 아래와 같다.

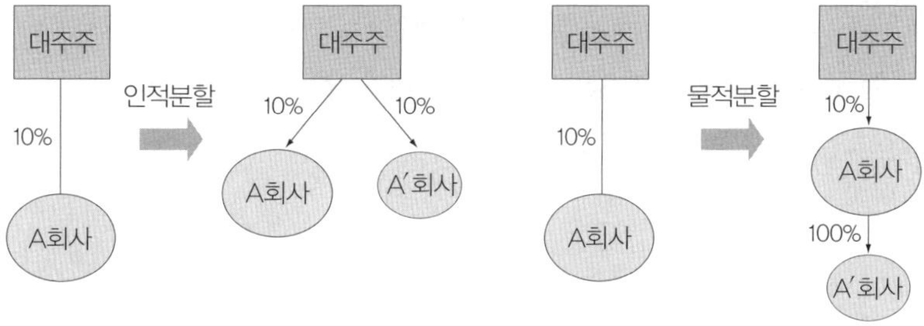

〔그림 2〕 인적분할과 물적분할(단순분할인 경우)

(3) 네 가지 유형의 결합 가능성

위 분할합병과 단순분할, 인적분할과 물적분할을 상호 결합시키면 네 가지 형태가 상정 가능하다. ① 단순분할이면서 인적분할인 경우(제530조의2 제1항 참조), ② 단순분할이면서 물적분할인 경우(제530조의12 참조), ③ 분할합병이면서 인적분할인 경우(제530조의2 제2항), ④ 분할합병이면서 물적분할인 경우이다. 원래 물적분할에 관한 제530조의12는 "… 분할 또는 분할합병으로 인하여 설립되는 회사의 주식의 총수를 취득하는 경우"라고 하여 '회사의 신설이 없는 물적분할'과 '분할회사가 분할신주 전체를 취득하지 못하는 물적분할'이 허용되지 않는 것처럼 규정한다. 이에 따르면 (i) 회사의 신설이 없는 물적분할합병과 (ii) 두 회사가 각기 일부 사업부문을 출자하여 회사를 신설하고 분할신주를 각기 배정받는 형태의 물적분할합병은 허용되지 않는 것처럼 읽힐 수 있다. 그러나 (i)은 상업등기선례[3]에 의하여 명시적으로 인정

3) 2003. 10. 8. 제정 대법원 상업등기선례 1-246(공탁법인 3402-239 질의회답). "갑 회사를 분할하여 그 일부와 을 회사를 합병하고 갑 회사와 을 회사는 모두 존속하는 흡수분할합병을 하면서, 분할된 갑 회사의 일부에 해당 하는 출자지분에 관하여 존

되고 있고, (ii)의 경우도 긍정적으로 해석하는 것이 일반적이다.[4] 이러한 형태의 물적분할합병을 금지할 이유가 없으므로, 위 조문을 탄력적으로 해석할 필요가 있다.

II. 분할의 주체와 대상

1. 분할의 주체

상법상 회사분할은 주식회사에 대하여만 인정된다. 따라서 분할회사·승계회사·신설회사가 모두 주식회사여야 한다. 상장회사인지 여부는 묻지 아니한다. 분할의 주체와 관련하여 해산 후의 회사와 채무초과회사가 분할을 실행할 수 있는지를 검토한다.

(1) 해산 후의 회사

제530조의2 제4항은 "해산 후의 회사는 존립 중의 회사를 존속하는 회사로 하거나 새로 회사를 설립하는 경우에 한하여 분할 또는 분할합병을 할 수 있다"고 규정한다.[5] 다만 제517조의 주식회사 해산사유 중 합병·파산·해산명령·해산판결에 해당하는 경우에는 각 해당 절

속하는 갑 회사에게 주식을 배정, 교부하는 이른바 물적 흡수분할합병의 경우에도 분할합병에 따른 변경등기가 가능할 것이다."

4) 박태현, "분할의 유형에 따른 법적 쟁점," BFL 제38호(2009. 11), 서울대학교 금융법센터, 6면 이하.

5) 합병에 관한 제174조 제3항은 "해산 후의 회사는 존립 중의 회사를 존속하는 회사로 하는 경우에 한하여 합병을 할 수 있다"고 규정한다.

차가 이루어질 것이므로, 위 상법조항이 적용되는 것은 존립기간의 만료 기타 정관으로 정한 사유의 발생으로 인한 해산(제517조 제1호, 제227조 제1호)과 주주총회 결의에 의한 해산(제517조 제2호)에 한할 것이다.

위 조항에 따른 해산회사인 경우 분할회사가 될 수 있지만, 승계회사는 될 수 없다. 물론 제519조에 의하여 회사계속의 결의를 하는 경우에는 더 이상 해산회사로 보기 어려우므로 승계회사가 될 수 있을 것이다. 해산회사가 분할회사로서 재산의 환가처분을 위해 인적 · 물적분할을 하는 경우에, 분할이 마무리된 다음에는 청산절차를 계속 진행하여야 할 것이다.[6)]

(2) 채무초과회사

먼저 단순분할을 살펴본다. 이미 채무초과상태인 분할회사가 그중 우량부분을 분리하는 형태의 인적 · 물적분할을 할 수 있을 것인가? 회사설립시의 자본충실을 고려하면 채무만을 출연하는 형태는 상정하기 어렵다. 이하에서는 우량부문을 떼어 내어 별도의 회사로 신설하는 경우를 전제로 한다. 주로 쟁점이 되는 부분은 분할회사의 기존 채권자 보호 문제이다. (i) 물적분할의 경우 분할회사가 신설회사의 전주식을 보유하게 되므로 이를 금지할 필요성은 크지 않다.[7)] (ii) 인적분할

---

6) 2006. 5. 24. 제정 대법원 상업등기선례 200605-4. 위 등기선례에 따르면 제519조의 회사계속의 결의가 없는 이상 해산 전의 영업을 계속할 수 없다고 한다.

7) 물론 물적분할 이후 분할회사 채권자 입장에서는 분할회사 소유 자산에 대하여 직접 집행을 하지 못하고 그 자산을 이전받은 100% 자회사의 주식을 집행의 대상으로 해야 하는 점에서 우선순위에서 불리하게 보이기도 한다. 그러나 이때 분할회사 채권자는 제530조의12, 제530조의9 제2항에 의하여 신설회사에 대하여도 연대책임을 추궁할 수 있으므로 위 불리함이 발생하는 것은 연대책임 분리절차가 이루어진 경우에 한한다.

의 경우에도 분할회사가 채무초과상태라는 이유만으로 분할을 금지할 필요는 없다. 현실적으로 우량부문만을 따로 떼어 내어 별도 회사를 신설할 필요성이 크기 때문이다. 분할회사의 기존 채권자 보호는 분할회사와 신설회사의 연대책임 등에 의해 달성될 수 있을 것이다.

분할합병에 관하여는 대체로 합병에서의 논의가 그대로 적용될 수 있다. 먼저 승계회사가 채무초과인 경우는 어떠한가? 이에 대하여는 분할회사 주주 전원의 동의가 있는 경우에 한하여 가능하다는 견해[8)]와 승계회사가 채무초과상태이더라도 분할합병의 다른 절차를 제대로 밟은 경우 분할합병이 가능하다는 견해[9)]가 대립된다. 다음으로 분할회사가 채무초과인 경우는 어떠한가? 단순분할에서 보았듯이 우량부문을 떼어 내어 별도로 분할합병의 대상으로 삼는 것을 금지할 이유는 없다고 할 것이다.

특히 일본에서는 채무초과상태인 분할회사가 기존 채무자를 해하기 위하여 물적분할을 한 다음 분할신주를 제3자에게 처분하는 등의 이른바 '남용적 분할'의 규제가 문제된 바 있다. 이에 대하여 일본 법원은 일본 민법상 사해행위 취소법리가 회사분할과 같은 단체법적 행위에도 적용될 수 있다고 본다.[10)] 우리 민법 제406조에 따른 사해행위 취소의 법리가 채무초과회사의 분할에 적용될 수 있을지는 향후 논의

---

8) 권기범, 기업구조조정법(제4판), 삼영사, 2011, 360면.

9) 노혁준, "부실계열사 합병과 합병비율," 상사법연구 제27권 제4호(2009. 2), 한국상사법학회, 256면 이하 참조.

10) 東京地裁 平成 22. 5. 27. 平成21年(ワ)36384號〔항소심은 東京高判 平成 22. 10. 27. 平成22年(ネ)第4126號〕와 大阪地裁 平成 21. 8. 26. 平成20年(ワ)第7444號〔항소심은 大阪高判 平成 21. 12. 22. 平成21年(ネ)第2451號〕. 한편 일본 파산법상 부인권 행사에 관하여도 비슷한 법리가 설시된 바 있다. 福岡地裁 平成 21. 11. 27. 平成21年(ワ)第1617號와 福岡地裁 平成 22. 9. 30. 平成20年(ワ)第625號.

할 필요가 있다.

다음으로 원래 채무초과회사는 아니었으나, 인적분할 · 분할합병 등으로 인해 분할회사가 채무초과회사가 되는 경우 이러한 분할을 허용할 것인가? 이 경우에도 분할회사의 기존 채권자 보호는 분할회사와 신설회사의 연대책임 등으로 달성된다고 보아 역시 허용된다고 할 것이다.[11)]

마지막으로 채무초과회사가 이미 회생절차에 들어가 있는 경우 채무자 회생 및 파산에 관한 법률에 규정된 특칙이 적용된다. 동법 제55조에 의하면 회생회사의 분할 · 분할합병은 회생절차에 의하여만 실행할 수 있도록 되어 있다.[12)]

2. 분할의 대상

(1) 일부 재산만을 분할대상으로 하는 분할의 가능성

1) 자산만의 분할

조직적 일체성을 가진 영업이 아니라 자산만을 분할의 대상으로 할 수 있을지에 관하여는 견해가 엇갈린다. 법무부는 2004. 3. 11. 금융감독위원회의 "상법상 분할합병 관련 질의"에 대하여 유보적인 입장을 표한 바 있다.[13)]

---

11) 권기범, 앞의 책(주 8), 392면.

12) 동법 제193조 제2항 제6호는 회생계획의 내용으로서 분할, 분할합병을 정할 수 있도록 하며, 제212조 및 제213조는 각기 단순분할, 분할합병시에 회생계획에 정할 사항을 규정하며, 제214조는 이를 물적분할에 준용하고 있다.

13) 법무부 2004. 3. 11. 법무심의관실-995 상법상 분할합병 관련 질의에 대한 회신에

기존 학설 중 개별 자산만을 분할할 수 있다고 보는 입장은 (i) 개별 자산과 영업을 일률적으로 구분하기 어려운 점,[14)] (ii) 법인세법상 영업을 분할대상으로 하는 경우 적격분할로서 과세혜택을 부여하는바, 이는 이러한 혜택이 없는 개별 자산을 분할대상으로 하는 분할도 가능하다는 의미라는 점,[15)] (iii) 상법상 특별한 제한조항이 없는 점 등을 들고 있다. 일본의 경우에도 2005년 회사법체제하에서는 '사업에 관하여 갖는 권리 · 의무'이기만 하면 개별 자산도 분할의 대상이 될 수 있다는 것이 통설이다.[16)] 반면 부정적인 입장에서는 (i) 분할을 통해 회사를 설립하거나 합병하는 것은 분할대상이 적어도 회사로서의 기초를 구성해야 한다는 의미인 점,[17)] (ii) 우리 법이 바탕을 두는 프랑스법상의

따르면 법무부는 "우리 상법은 일본의 입법례와는 달리 회사분할대상을 영업만으로 특정하지 않고 있어 재산만을 분할대상으로 하는 것이 금지된다고 단정할 수 없으나 상법 개정위원들이 회사분할제도에 대한 논의를 진행함에 있어 회사의 '영업'을 단위로 분할하는 것을 전제로 하였다는 점 등을 이유로 개별 자산만을 대상으로 하는 분할을 인정하기 위해서는 구체적인 사례 발생 및 이에 대한 대법원과 헌법재판소의 사법적인 판단이 먼저 축적되어야 할 것으로 보인다"고 답하였다.

14) 김상곤 / 이승환, "분할관련소송," BFL 제55호(2012. 9), 서울대학교 금융법센터, 48면.

15) 권기범, 앞의 책(주 8), 361면.

16) 江頭憲治郎, 株式會社法(第3版), 有斐閣, 2010, 814면. 이에 따르면 2005년 회사법 제정 이전의 일본 상법 제373조, 제374조의16에서는 영업(신 회사법상의 용어로는 사업) 자체의 승계가 필요하고, 단순한 영업용재산 또는 권리의무의 집합의 승계만으로는 분할이 성립하지 않는 것으로 해석되었다고 한다. 이와 같은 해석론의 근거는, 면책적 채무인수 등과 달리 회사분할의 경우 개별 채권자의 승인을 요하지 않고 있으므로 '영업 승계'라는 형태를 통해 관련 채권자를 보호할 필요가 있다는 것이다. 이에 대하여는 특정 권리의 집합이 영업인지 판단하기 어려울 뿐 아니라 채권자 보호는 이의절차로 충분하다는 반론이 제기되었다. 이에 따라 회사법 제정시에는 단지 "사업에 관하여 갖는 권리의무"의 승계라고 규정하게 된 것이다.

17) 강현구, "상장회사의 분할의 대상에 관한 연구," 증권법연구 제11권 제3호(2010. 12), 한국증권법학회, 343면.

patrimoine 개념은 자산총체를 뜻하는 것인 점,[18] (iii) 회사분할은 회사의 영리기능을 분리하여 수행하기 위한 수단이므로 단지 회사의 특정 재산을 타 회사에 출자하는 것으로는 충분하지 않다는 점을 들고 있다.

대법원은 연대책임의 분리에 관하여 제530조의9 제2항이 규정하는 '출자한 재산에 관한 채무'를 "분할회사의 특정 재산이 아닌 조직적 일체성을 가진 영업, 즉 특정 영업과 그 영업에 필요한 재산"이라고 보고 있지만,[19] 이는 연대책임 분리의 한계에 관한 사례일 뿐 대법원이 분할의 대상을 영업으로 한정했다고 보기는 어렵다.

세법상 과세특례 적용을 위한 적격분할요건 충족을 위하여는 법인세법 제46조 제2항 제1호에 의하여 분할대상 사업에 관한 자산 및 부채가 포괄적으로 승계되어야 하므로 (다만 공동으로 사용하던 자산, 채무자의 변경이 불가능한 부채 등 분할하기 어려운 자산과 부채 등으로서 대통령령으로 정하는 것은 제외함), 실무상 회사분할과정에서 자산만을 분할대상으로 삼는 경우에는 세제상 불이익이 발생할 가능성이 있다. 이러한 불이익을 감수하고 자회사 투자주식 등만을 분할의 대상으로 삼는 사례가 실무적으로 다수 발생하고 있고, 이를 긍정적으로 해석하는 견해가 많다.

구체적으로 이전대상이 될 수 있는 자산 · 부채의 범위에 관하여, 대차대조표에 계상될 수 있는지 여부를 불문한다는 견해가 있는바,[20] 이에 대하여는 대차대조표에 나타날 수 없는 재산을 분할대상으로 하는 것은 분할관계 회사들의 법률관계를 불확실하게 한다는 반론이 있을 수 있다. 상법에 이에 관한 명시적인 조항은 없고, 다만 영업권에 대하

18) 이철송, 회사법강의(제20판), 박영사, 2012, 1068면.
19) 대법원 2010. 2. 25. 선고 2008다74963 판결 등.
20) 권기범, 앞의 책(주 8), 382면.

여 그 취득가액을 대차대조표의 자산의 부에 계상하여 5년 내에 균등액 이상 상각할 것을 정하고 있을 뿐이다(제530조의8).

2) 채무의 분할 또는 채무초과재산의 분할

이처럼 영업이 아니라 개개의 재산을 분할의 대상으로 삼을 수 있다고 할 때 채무만의 분할이 가능한가? 원칙적으로는 허용되지 않는다고 할 것이다. 특히 회사가 신설되는 경우(단순분할 · 신설분할합병 등) 채무만을 출자하는 형태의 회사 설립은 허용되지 않는다고 할 것이다.[21] 다만 분할회사가 일부 자산 · 부채를 출자하여 흡수분할합병을 할 때 그 실질적 가치의 합계가 마이너스(−)인 경우 이를 금지할 것인지가 문제된다. 채무초과회사를 소멸회사로 하는 합병이 불가능하다는 입장에 서면 이러한 분할합병 역시 금지된다고 보게 되고,[22] 반면 채무초과인 소멸회사를 상대방으로 하는 합병이 시너지 효과 등을 고려하여 가능하다고 보게 되면[23] 이러한 분할합병을 허용하게 될 것이다. 그 밖에 흡수분할합병의 경우 승계회사 주주들 전원이 동의하면 이전받는 부분의 실질적 가치가 마이너스인 경우에도 분할이 가능하다는 견해도 제기되고 있다.[24]

21) 권기범, 앞의 책(주 8), 363면은 채무초과재산(권리 및 의무)을 출연하여 물적분할 · 물적신설분할합병을 하는 경우 분할무효사유가 된다고 한다.

22) 권기범, 앞의 책(주 8), 360면, 364면.

23) 노혁준, 앞의 논문(주 9), 265면.

24) 임재연, 회사법 III, 박영사, 2012, 606면은 그 근거로서 승계회사의 채권자는 채권자 보호절차에 의하여 보호받으므로 승계회사 주주 전원의 동의를 받으면 족하다고 한다. 이에 대하여는 승계회사의 소수주주 역시 주식매수청구권에 의하여 보호받으므로 승계회사 주주 전원의 동의를 요구하는 것은 형평에 맞지 않는다는 반론이 있을 수 있다.

(2) 배정자유의 원칙과 그 한계

분할회사는 원칙적으로 어떤 적극 · 소극재산을 신설회사 또는 승계회사에게 이전할지 자유롭게 정할 수 있다. 이를 '배정자유의 원칙'이라고 부른다. 분할합병의 경우 승계회사와의 사이에서 분할합병계약서가 작성되므로 사적 자치의 원칙상 당연한 결론이다. 단순분할의 경우 분할의 내용을 협의할 상대방이 없다는 점에서 분할합병과 차이가 있으나, 원칙적으로 분할회사가 이전대상 자산 · 부채를 자유롭게 결정할 수 있다고 볼 것이다. 예컨대 금전채권처럼 가분적인 권리관계인 경우 그 일부만을 신설회사 또는 승계회사에 이전하는 것도 가능하다고 본다.[25] 물론 세법적 관점에서 적격분할의 요건을 맞춘다는 관점에서, 이전대상 자산 · 부채의 범위를 결정하는 데 제약요인이 있을 수 있다.[26] 이러한 실질적인 한계 이외에 법률상 문제되는 배정자유의 원칙의 한계로는 다음 것들이 논의된다.

1) 양도제한 권리 · 의무

특히 존속분할의 경우 합병과 달리 분할회사가 분할 이후에도 계속 존속하게 되므로, 기존 양도제한 권리 · 의무를 항상 분할회사에 잔존

---

25) 권기범, 앞의 책(주 8), 383면, 388면.

26) 즉 분할되는 사업에 포함되는 재산을 이전하지 않거나 분할사업과 무관한 재산을 이전하는 경우, 과세당국에 의해 적격분할이 아닌 것으로 판단될 가능성이 높아진다. 다만 법인세법에서는 공동으로 사용하던 자산, 채무자의 변경이 불가능한 부채 등에 대하여 이전대상에서 제외될 수 있는 것으로 인정하고 있고(법인세법 제44조 제2항 제1호 나목 단서), 국세청은 분할사업에 속하지 않는 일부 재산을 포함시켜 이전한 경우에도 적격분할요건을 완화하여 해석하고 있다(국세청 해석 서이46012-10777, 2002. 4. 12).

시켜야 하는가 아니면 이 역시 분할의 대상으로 삼아 이전할 수 있는지 문제가 합병의 경우보다 복잡하게 전개된다.

먼저 당사자 간의 의사표시에 의하여 양도가 제한된 채권 또는 채무인 경우이다. 이에 대하여 분할의 대상으로 삼을 수 없다는 견해도 있을 수 있으나, 분할대상이 될 수 있다고 볼 것이다.[27] 물론 양도제한을 정하면서 합병 · 분할 등이 발생한 때 일방이 해제 · 해지권을 갖기로 하였다면 이러한 해제 · 해지권 특약이 유효함은 당연하다. 이러한 부가적 특약이 없는 이상, 양도제한 약정은 특정승계를 전제로 한 것이므로[28] 포괄승계가 이루어지는 분할에까지 적용된다고 보기 어렵다. 실제로 회사 관련 계약 중 양도제한조항이 포함된 경우가 많으므로, 이러한 권리관계를 분할대상으로 삼을 수 없다면 분할의 효용성이 크게 떨어지게 될 것이다. 따라서 예컨대 분할회사가 다른 주식회사에 의해 발행된 양도제한부 주식을 분할대상으로 삼아 승계회사에 이전할 경우, 제335조의2에 따른 발행회사 주식회사 이사회의 승인을 받을 필요는 없다.[29]

계약의 성질 또는 법령의 규정에 따른 양도제한의 경우에는 개별적으로 검토해야 할 것이다. 즉 법률관계의 성격 또는 법령의 취지상 이

27) 윤성조/김효민, "회사분할과 분할계획서의 기재사항, 그와 관련한 법률적 쟁점에 관하여—권리, 의무의 배분을 중심으로," BFL 제49호(2011. 9), 서울대학교 금융법센터, 31면 ; 권기범, 앞의 책(주 8), 389면.

28) 윤성조/김효민, 앞의 논문(주 27), 31면.

29) 같은 취지로 권기범, 앞의 책(주 8), 387면. 한편 양도가 제한되는 '의무'와 관련하여, 김상준/이태현, "회사분할과 전환사채, 스톡옵션," BFL 제49호(2011. 9), 서울대학교 금융법센터, 88면은 전환사채 인수계약서에 양도금지 조항이 있었다 하더라도 전환사채를 발행했던 발행회사는 이를 분할의 대상으로 삼을 수 있으며 단지 발행회사의 채무불이행 책임이 문제가 될 뿐이라고 본다.

전이 불가능한 귀속상의 일신전속적인 권리 · 의무인 경우 분할의 대상으로 삼을 수 없다. 이때 분할회사가 없어지는 소멸분할이었다면 해당 권리 · 의무는 소멸된다. 반면 그 밖의 양도제한 권리 · 의무관계는 원칙적으로 분할에 따른 포괄적 이전의 대상이 될 수 있다고 할 것이다. 예컨대 분할회사가 유한회사의 지분을 승계회사에 이전할 때에 제556조에 따른 별도의 유한회사 사원총회의 승인을 받을 필요가 없다.[30] 분할합병시 분할의 대상이 문제된 사안에서 대법원은 "분할합병계약서에 정한 바에 따라 피분할회사의 권리의무는 사법상의 관계나 공법상의 관계를 불문하고 그 성질상 이전을 허용하지 않는 것을 제외하고는 분할합병으로 인하여 존속하는 회사에게 포괄승계된다"고 하면서, 공동수급체 구성원의 지위는 민법상 조합원과 유사한바, 이는 상속되지 않고 다른 구성원들의 동의가 없으면 이전이 허용되지 않는 귀속상의 일신전속적인 권리의무이므로 분할합병에 따른 포괄승계의 대상이 되지 않는다고 판시하였다.[31] 다만 귀속상의 일신전속적인 권리의무의 범위, 이해관계자들이 모두 합의를 한 경우에도 과연 그 이전을 허용하지 않을 것인지의 여부는 향후 추가적 논의가 필요한 부분이다.

2) 미발생 권리의무

분할계획서 또는 분할합병계약서에 의하면, "갑 회사의 A사업부문의 모든 채권 · 채무는 을 회사에 이전되고, 분할 이전에 A사업부문과 관련된 행위나 사건으로 인해 발생한 우발채무도 모두 을 회사가 부

30) 권기범, 앞의 책(주 8), 387면.

31) 대법원 2011. 8. 25. 선고 2010다44002 판결.

담한다" 고 되어 있는 경우가 많다.[32] 이러한 기재와 관련하여 '이미 존재하는' 개별 권리관계를 적절하게 특정하였는지 여부는 분할계획서 또는 분할합병계약서상 특정의 정도 문제로서 다루게 된다. 여기서 문제되는 것은 '아직 발생하지 않은' 권리관계를 분할의 대상으로 삼을 수 있는지 여부이다. 분할합병계약의 경우 사적 자치의 원칙상 분할회사와 승계회사가 합의한 경우 미발생 권리관계 역시 승계의 대상으로 삼을 수 있을 것으로 보인다. 문제는 단순분할의 경우 미발생 권리의무를 분할계획서상 분할의 대상으로 포함시킬 수 있는지 여부이다. 이를 긍정적으로 보는 입장에서는 분할합병과 달리 취급할 경우 형평에 맞지 않는 점, 분리 사업부문과 관련하여 향후 발생할 것으로 예상되는 권리의무관계 역시 포괄적으로 이전의 대상으로 삼는 것이 분할의 취지에 부합한다는 점을 강조하게 될 것이다.[33] 반면 부정설은 단순분할에서의 분할계획서는 분할회사의 일방적 의사표시에 불과하므로 사적 자치를 제한적으로 해석할 필요가 있다고 보게 된다. 대법원은 "신설회사 또는 존속회사가 승계하는 것은 분할하는 회사의 권리와 의무라 할 것인바, 분할하는 회사의 분할 전 법 위반행위를 이유로 과징금이 부과되기 전까지는 단순한 사실행위만 존재할 뿐 그 과징금과 관련하여 분할하는 회사에게 승계의 대상이 되는 어떠한 의무가 있다고 할 수 없고" 라고 판시한 바 있다.[34] 다만 위 판결은 분할 이전의 위법행위를 근거로 신설회사 등에 과징금을 부과할 수 있는지가

32) 이른바 우발채무의 개념에 관하여는 김동민, "회사분할에 있어서 우발채무에 대한 책임의 귀속," 기업법연구 제15집(2003. 12), 한국기업법학회 참조.

33) 권기범, 앞의 책(주 8), 383면은 장차 취득할 것으로 예정된 재산을 예로 들면서 이러한 경우에도 분할의 대상이 될 수 있다고 본다.

34) 대법원 2007. 11. 29. 선고 2006두18928 판결 등 다수.

쟁점이 된 사안이므로, 대법원이 미발생 권리의무는 분할의 대상이 될 수 없다고 일반적으로 판시한 것인지는 불분명하다. 분할 당시 분할회사의 권리의무발생의 전 단계로서의 법률관계 또는 사실관계만 있는 경우, 또 다른 쟁점은 연대책임의 대상범위를 어떻게 볼 것인지 여부이다. 이에 관하여는 관련 부분에서 상술한다.

3) 그 밖의 제한

분할에 있어서도 합병과 마찬가지로 재산이전 제한의 일반 법리가 적용될 수 있을 것이다. 예컨대 인 · 허가의 승계와 관련하여 해당 인 · 허가가 영업재산에 결부된 물적 성격인 경우에는 분할의 대상이 될 수 있지만 인적 인 · 허가인 경우 분할계획서 · 분할합병계약서의 기재에도 불구하고 이전되지 않는다고 볼 것이다. 또한 형사책임 역시 원칙적으로 이전되지 않는다고 할 것이다. 주된 권리와 종된 권리를 분리하여 이전하는 것에 대하여도 제한이 있다.[35)]

III. 분할계획서와 분할합병계약서

1. 개관—분할계획서와 분할합병계약서의 법적 성질과 관련하여

단순분할을 위해서는 분할계획서를, 분할합병을 위해서는 분할합병계약서를 각기 작성하여 이사회 및 주주총회의 승인을 받아야 한

35) 권기범, 앞의 책(주 8), 383면. 예컨대 주 채무자에 대한 권리와 보증인에 대한 권리를 분할하여 양도하는 것은 허용되지 않는다고 볼 것이다.

다. 단순분할에 있어서는 분할회사가 단독으로 분할계획서를 작성하고, 분할합병에 있어서는 분할회사와 승계회사(흡수분할합병인 경우)가 또는 분할회사와 또 다른 분할회사(신설분할합병인 경우)가 분할합병계약서를 작성한다. 제530조의5는 분할계획서의 필수적 기재사항을, 제530조의6은 분할합병계약서의 필수적 기재사항을 규정하고 있다.

분할합병계약이 승인되면 일반적인 합병계약과 마찬가지로 분할회사와 승계회사 사이의 권리 · 의무관계가 발생한다. 일방이 임의로 계약을 취소할 수 없고, 계약의 자유가 적용되므로 위 법정사항 이외에 다른 사항을 비교적 자유롭게 규정할 수 있다. 반면 분할계획서는 분할회사의 일방적인 의사표시에 의하여 성립하고 의사표시의 상대방이 없다. 따라서 분할회사의 주주총회에서 분할계획서를 승인했다고 하더라도 분할회사가 같은 방식의 주주총회를 거쳐 분할계획을 철회할 수 있다고 볼 것이다.[36] 이처럼 분할계획은 분할회사 단독의 의사표시이므로, 제530조의5의 필수적 기재사항 이외의 것을 기재한 것이 사적 사치에 의해 유효한지 문제된다.[37]

이하에서는 제530조의6 제1항의 흡수분할합병계약서를 먼저 살펴본 다음 다른 형태의 것, 즉 같은 조 제2항의 신설분할합병, 제530조의5의 분할계획서 등을 살펴보기로 한다. 제530조의6 제3항에 의하면 분할합병시 각 회사의 분할합병을 하지 아니하는 부분의 기재에 있어서는 단순분할에 관한 제530조의5를 준용하도록 되어 있다.

36) 권기범, 앞의 책(주 8), 397면.

37) 윤성조/ 김효민, 앞의 논문(주 27) 참조.

〈표 1〉 흡수분할합병계약서의 필수적 기재사항(제530조의6 제1항)

분할합병의 유형	기재사항
흡수분할합병 (제530조의6 제1항)	승계회사가 발행할 주식 총수를 증가하는 경우 증가할 주식의 총수, 종류 및 종류별 주식수(1호)
	승계회사가 분할합병을 함에 있어서 발행하는 신주의 총수, 종류 및 종류별 주식의 수(2호)
	분할회사에 대한 승계회사 주식의 배정에 관한 사항 및 배정에 따른 주식의 병합 또는 분할을 하는 경우에는 그에 관한 사항(3호)
	분할회사의 주주에 대하여 승계회사가 지급할 금액을 정한 때에는 그 규정(4호)
	승계회사의 증가할 자본의 총액과 준비금에 관한 사항(5호)
	승계회사에 이전될 재산과 그 가액(6호)
	제530조의9 제3항의 정함(분할 후 회사 상호간 연대책임 면제에 관한 내용)이 있는 경우에는 그 내용(7호)
	각 회사에서 분할합병의 승인결의를 할 주주총회의 기일(8호)
	분할합병을 할 날(9호)
	승계회사의 이사와 감사를 정한 때에는 그 성명과 주민등록번호(10호)
	승계회사의 정관 변경을 가져오게 하는 그 밖의 사항(11호)

〈표 2〉 신설분할합병계약서의 필수적 기재사항(제530조의6 제2항)

분할합병의 유형	기재사항
신설분할합병 (제530조의6 제2항)	신설회사의 상호, 목적, 본점의 소재지 및 공고의 방법(1호)
	신설회사가 발행할 주식의 총수 및 액면주식, 무액면주식의 구분(1호)
	신설회사가 분할합병시 발행하는 주식의 총수, 종류 및 종류별 주식의 수(2호)
	각 회사의 주주에 대한 주식의 배정에 관한 사항과 배정에 따른 주식의 병합 또는 분할을 하는 경우에는 그 규정(3호)
	각 회사가 설립되는 회사에 이전할 재산과 그 가액(4호)
	각 회사의 주주에게 지급할 금액을 정한 때에는 그 규정(5호)
	신설회사의 자본금과 준비금에 관한 사항(1호)
	신설회사에 이전될 재산과 그 가액(1호)
	제530조의9 제2항의 정함(분할 후 회사 상호간 연대책임 면제에 관한 내용)이 있는 경우에는 그 내용(1호)
	신설회사의 이사와 감사를 정한 경우에는 그 성명과 주민등록번호(1호)
	신설회사의 정관에 기재할 그 밖의 사항(1호)
	각 회사에서 분할합병 승인결의를 할 주주총회의 기일(6호)
	분할합병을 할 날(7호)

〈표 3〉 분할계획서의 필수적 기재사항(제530조의5)

분할계획서 기재사항	내용
존속분할, 소멸분할 공통사항 (제530조의5 제1항)	신설회사의 상호, 목적, 본점의 소재지 및 공고의 방법(1호)
	신설회사가 발행할 주식의 총수 및 액면주식, 무액면주식의 구분(2호)
	신설회사가 분할 당시에 발행하는 주식의 총수, 종류 및 종류주식의 수, 액면주식, 무액면주식의 구분(3호)
	분할회사의 주주에 대한 신설회사의 주식의 배정에 관한 사항 및 배정에 따른 주식의 병합 또는 분할을 하는 경우에는 그에 관한 사항(4호)
	분할회사의 주주에게 지급할 금액을 정한 때에는 그 규정(5호)
	신설회사의 자본금과 준비금에 관한 사항(6호)
	신설회사에 이전될 재산과 그 가액(7호)
	제530조의9 제2항의 정함(분할 후 회사 상호간 연대책임 면제에 관한 내용)이 있는 경우에는 그 내용(8호)
	신설회사의 이사와 감사를 정한 경우에는 그 성명과 주민등록번호(9호)
	신설회사의 정관에 기재할 그 밖의 사항(10호)
존속분할의 특유사항 (제530조의5 제2항)	분할회사의 감소할 자본금과 준비금의 액(1호)
	분할회사 자본금 감소의 방법(2호)
	분할로 인하여 이전할 재산과 그 가액(3호)
	분할회사의 분할 후의 발행주식 총수(4호)
	분할회사가 발행할 주식의 총수를 감소하는 경우에는 그 감소할 주식의 총수, 종류 및 종류별 주식의 수(5호)
	분할회사 정관변경을 가져오게 하는 그 밖의 사항(6호)

2. 흡수분할합병계약서의 기재사항

(1) 승계회사의 발행할 주식 총수를 증가하는 경우 증가할 주식의 총수, 종류 및 종류별 주식수(제1호)

기존 승계회사가 분할합병으로 인하여 정관상의 수권주식총수를 증가시킬 필요가 있을 때에는 그 증가주식의 총수, 종류 및 종류별 주식수를 분할합병계약서에 기재하여야 한다.

(2) 승계회사가 분할합병을 함에 있어서 발행하는 신주(또는 이전하는 자기주식)의 총수, 종류 및 종류별 주식의 수(제2호)

제1호와 달리 실제 분할합병을 통해 발행되는 신주에 관한 사항을 기재하는 부분이다. 이와 관련하여 승계회사 또는 분할회사가 자기주식이나 상대방 회사의 주식을 갖고 있는 경우에 승계회사는 이에 대하여 신주를 발행하여야 하는지 여부를 살펴본다. 기본적으로는 일반적인 합병에 준하여 처리하면 될 것이다.[38] 이하 인적흡수분할합병을 전제로 검토한다.

먼저 분할회사가 자기주식을 보유하고 있던 경우에는, 이러한 자기주식에 대하여는 분할신주를 배정할 수 없다고 볼 것이다. 이는 분할회사가 자기주식을 분할합병의 대상으로 삼아 승계회사로 이전시키는 경우이든[39] 그대로 자기주식을 보유하는 경우이든 마찬가지이다.[40]

---

38) 이하 노혁준, "자기주식과 기업의 합병, 분할," 증권법연구 제9권 제2호(2008. 12), 한국증권법학회 참조.

39) 분할회사가 자기주식을 분할의 대상에 포함시킬 수 있는지에 관하여는 논란이 있

두 번째로 승계회사가 분할회사 주식을 보유하고 있던 경우에 대하여는 합병과 마찬가지로 견해가 대립될 수 있다. 합병에 있어서는 존속회사가 이미 가지고 있던 주식이 합병에 의해 다른 재산인 신주로 바뀔 따름이므로 제341조의2 제1호에 의해 가능하다는 견해가 많다.[41] 반면 이를 허용하면 존속회사가 신주발행절차를 밟지 않고 신주발행을 하는 것을 허용하는 결과가 되며 무용한 절차가 반복된다는 점을 들어 반대하는 견해도 있다.[42] 위 반대설은 나아가 특히 분할이나 분할합병은 원천적으로 제341조의2의 적용대상이 아니라는 점도 지적하고 있다.[43]

세 번째로 분할회사가 승계회사 주식을 보유하는 경우이다. 위 주식이 분할합병의 대상이 되지 않는다면 그대로 보유하는 것은 무방하다. 분할합병대상으로 포함되는 경우 어떠한가? 일반적인 합병의 경우 소멸회사가 보유하는 존속회사 주식은 합병 후 존속회사가 자기주식으로서 보유할 수 있으며(제341조의2 제1호), 존속회사는 이를 합병신주에 갈음하여 소멸회사 주주에게 배정할 수 있다.[44] 분할합병의 대상으로 포함되는 경우에도, 합병의 경우에 준하여 승계회사가 계속 보유하든지 또는 이를 분할신주에 갈음하여 분할회사 주주에게 배정할

을 수 있다. 이에 관하여는 노혁준, 앞의 논문(주 38), 145면 참조.

40) 권기범, 앞의 책(주 8), 379면은 기본적으로 이러한 입장을 취하면서도 분할회사가 A, B회사를 각 승계회사로 하여 분할합병을 하면서 자기주식을 A에게만 이전시키는 경우에는 예외적으로 이러한 자기주식에 대하여 분할신주를 배정할 수 있다고 본다.

41) 정동윤, 회사법(제7판), 법문사, 2001, 819면 ; 이철송, 앞의 책(주 18), 1041면 ; 송옥렬, 상법강의(제2판), 홍문사, 2012, 1086면.

42) 권기범, 앞의 책(주 8), 149면.

43) 권기범, 앞의 책(주 8), 378면.

44) 2003. 1. 29. 제정 대법원 상업등기선례 1-239.

수 있다고 하겠다.

마지막으로 승계회사가 자기주식을 보유하는 경우이다. 이 경우 합병시 존속회사에 자기주식이 있는 경우와 마찬가지로, 승계회사는 분할신주를 발행하는 것에 갈음하여 위 자기주식을 활용할 수 있음이 조문상 분명하다.

(3) 분할회사에 대한 승계회사 주식의 배정에 관한 사항 및 배정에 따른 주식의 병합 또는 분할을 하는 경우에는 그에 관한 사항(제3호)

1) 분할합병비율과 분할비율

인적분할합병의 경우 분할합병계약서에 분할회사의 기존 주주들에게 승계회사 주식을 어떻게 배정할 것인지를 규정하게 된다. 분할회사 주식 1주에 대하여 승계회사 주식을 얼마나 배정할 것인지가 분할합병비율의 문제이고, 기본적으로 합병비율에 관한 논의가 적용된다. 예컨대 자본시장과 금융투자업에 관한 법률 제165조의4, 같은 법 시행령 제176조의6 제2항은 상장법인의 분할합병시 가액산정에 관해 합병에 준하여 산정하도록 하고 있다.

단순분할 중 물적분할인 경우 분할신주는 전부 분할회사에 배정되므로, 분할비율에 관한 특별한 논의가 없다. 단순분할 중 인적분할에 관하여는 실무상 분할비율에 관한 논의가 있으나, 그 개념 정의는 쉽지 않다. 일반적으로는 분할회사가 신설회사를 설립하면서, 예컨대 분할회사 주식 1주에 대하여 한편으로는 주식을 병합하여 0.75주로 하면서 다른 한편으로는 0.25주의 신설회사 주식을 교부하는 등의 방법을 사용하는 경우가 많다. 이때 분할회사와 신설회사의 순자산 비율, 자본총계 또는 자본금 비율도 대략 0.75대 0.25로 결정될 가능성이 많다. 이를 통상 분할비율로 부를 수 있겠다. 이러한 분할비율은 사업관련성을 확정할 수 없는 재산의 귀속기준 등이 될 수 있다.[45)]

2) 불비례적 분할의 가능성

인적분할시에 기존 주주의 지분비율에 비례하여 분할신주를 배정하는 것이 일반적이다. 이른바 세법상 적격분할로 인정받기 위해서는 안분비례에 의한 신주배정이 전제조건이 된다. 그럼에도 불구하고, 예컨대 전자사업 및 자동차사업을 영위하는 주식회사에 A, B주주가 있는데 회사분할을 통해 A주주는 전자사업의 주식을, B주주는 자동차사업의 주식을 각기 갖기로 하는 이른바 불비례적 분할을 할 수 있을 것인가가 종종 문제된다.

우리 상법이 분할신주의 배정에 있어 반드시 종전의 지분비율에 따르도록 강제하지 않으므로 허용된다고 할 것이다. 다만 이와 같이 불비례적 분할신주의 배정이 가능한 것으로 보더라도, 불비례적 분할신주의 배정은 소수파 주주의 이익을 심각하게 침해할 우려가 있으므로 주주 전원의 동의가 필요할 것이다.[46)]

3) 주식의 병합 또는 분할에 관한 사항

제530조의6 제3호의 "배정에 따른 주식의 병합 또는 분할을 하는 경우에는 그에 관한 사항"은 승계회사의 주식병합 · 분할뿐 아니라 분할회사의 주식병합 · 분할도 함께 의미하는 것으로 볼 것이다. 특히 분할시 분할회사가 감자를 하면서 주식병합을 하는 사례는 많다. 이

45) 보다 상세한 내용에 관하여는 조현덕, "회사의 분할비율 관련 쟁점과 실무," BFL 제49호(2011. 9), 서울대학교 금융법센터, 40면 참조.

46) 권기범, 앞의 책(주 8), 377면.

때 주권제출절차와의 관련성이 문제된다.

기존 주주의 주식 수에 영향을 미치지 않는 채 분할신주를 분할회사 또는 분할회사의 기존 주주에게 교부한다면, 분할회사 주주들로 하여금 별도로 주권을 제출하도록 할 필요가 없다. 다만 인적분할합병을 하면서 분할회사 주주들에게 기존 1주당 분할신주 0.25주씩 배정하는 한편 기존 1주를 0.75주로 병합하는 사례에서 보듯이, 분할회사가 기존 주주의 주식을 병합하는 경우에는 기존 주권을 회수하여야 한다. 상법은 이러한 경우 자본감소에서의 주식병합을 위한 주권제출공고절차를 준용한다(제530조의11, 제440조 내지 제444조). 다만 위 준용규정 중 제441조는 제232조에 따른 채권자 보호절차가 종료하지 않으면 주식병합의 효력이 발생하지 않는다는 것인바, 분할 및 분할합병에서는 별도의 채권자 보호절차를 마련하고 있으므로 준용할 필요가 없을 것이다.[47)]

(4) 분할회사의 주주에 대하여 승계회사가 대가의 전부 또는 일부를 금전, 기타 재산으로 지급할 경우 그 사항(제4호)

합병에 있어서의 합병교부금과 마찬가지로 분할합병시에는 분할교부금을 지급할 수 있다. 주된 기능은 분할비율의 단수조정이고, 감자, 이익배당의 일환으로서 분할교부금 형태를 취하는 경우가 있을 수 있는 것은 합병과 마찬가지이다. 한편 분할교부금이 지급되는 경우 회사채권자를 위한 담보재산이 감소하므로, 연대책임에 의한 보호로는 부족하고 항상 별도의 채권자 이의절차를 유추적용해야 한다는 견해

47) 이철송, 앞의 책(주 18), 1085면은 이를 입법의 착오로 본다.

도 있다.[48] 이에 대하여는 분할교부금이 감자환급금에 해당하는 경우에만 별도의 채권자 이의절차가 필요하다는 반론과[49] 어느 경우에나 연대책임으로 족하고 별도의 채권자 이의절차를 적용할 근거가 없다는 반론이 제기될 수 있다.

제523조 제4호에서 이른바 현금교부합병을 명시적으로 허용하고 있는 것과 마찬가지로 본 호도 현금교부 분할합병을 허용한다.[50] 또한 제530조의6 제4항에 근거하여 삼각분할합병도 허용된다.

(5) 승계회사의 자본금 또는 준비금이 증가하는 경우 이에 관한 사항 (제5호)

분할합병시 승계회사는 분할회사의 자산을 승계하므로 증자를 하면서 분할신주를 발행하는 것이 보통이다. 이에 따라 분할합병계약서에는 증자액과 준비금에 관한 사항을 기재하도록 되어 있다. 이 부분의 논의는 합병시 존속회사의 증자에 관한 부분과 유사하다. 분할회사의 이익준비금이나 그 밖의 법정준비금은 분할차익의 범위에서 승계회사가 승계할 수 있다(제459조 제2항). 합병에 있어서와 마찬가지로, 승계회사의 증자 한도에 관해 분할회사로부터 승계하는 순자산액을 초과할 수 없다는 견해와[51] 이를 초과하여 증자할 수 있다는 견해가[52] 제기되고 있다.

48) 이철송, 앞의 책(주 18), 1085면.
49) 권기범, 앞의 책(주 8), 398면.
50) 이에 관하여 균형을 잃은 입법이라는 비판으로서 이철송, 앞의 책(주 18), 1074면.
51) 권기범, 앞의 책(주 8), 381면.
52) 노혁준, 앞의 논문(주 9), 253-256면.

이 법문에 따라 분할신주의 발행 없는 이른바 무증자 분할합병도 가능하다. 첫째로 100% 모자회사관계에서 모회사가 자회사의 사업 일부를 분할합병하는 경우에 무증자 분할합병이 가능하다.[53] 둘째로 승계회사에 분할회사(물적분할합병인 경우) 또는 분할회사의 주주(인적분할합병인 경우)에게 배정하기에 충분한 자기 주식이 있는 경우에도 무증자 분할합병이 가능할 것이다. 셋째로 분할회사의 분할사업부문의 대차대조표상 순자산가치가 영(0)인 경우 승계회사가 분할합병 신주를 발행할 필요가 없다는 상업등기선례가 있다.[54]·[55]

(6) 승계회사에 이전될 재산과 그 가액(제6호)

분할대상이 되는 재산과 그 특정에 관하여는 앞서 살펴보았으므로 여기에서는 신주인수권부사채 · 전환사채 등 잠재적 주식에 관해 검토한다. 분할회사가 다른 회사가 발행한 신주인수권부사채 · 전환사채 등 잠재적 주식을 보유한 경우에는 일반 원칙에 따라 이를 분할의 대상으로 삼을 수 있을 것이다. 분할회사 자신이 발행한 전환사채 등의 경우는 어떠한가? 분할합병계약서와 분할계획서에서는 이와 같은 권리관계를 어떻게 특정하여야 하는지의 문제와 구체적으로 전환사채권자들을 어떻게 보호하여야 하는지의 문제가 나타난다. 이하 순서대로 살펴본다. 전환사채를 중심으로 검토하지만, 신주인수권부

53) 2009. 9. 2. 제정 대법원 상업등기선례 200909-1. 이는 "분할합병의 상대방 회사 자신이나 분할되는 회사에 대하여"라고 하여, 인적분할합병뿐 아니라 물적분할합병인 경우에도 모두 무증자 분할합병이 가능함을 밝히고 있다.

54) 2002. 1. 2. 제정 대법원 상업등기선례 1-243.

55) 그 밖에 권기범, 앞의 책(주 8), 381면에서는 분할회사가 발행주식 총수를 자기 주식으로 갖고 있는 경우를 들고 있으나 현실적으로 드문 경우일 것이다.

사채 · 주식매수선택권의 경우에도 유사한 법리가 적용될 수 있을 것이다.

1) 특정 여부

분할회사가 발행한 전환사채 등을 단순히 분할대차대조표 등에 부채의 한 항목으로 기재하는 경우 전환사채권자 등의 권리 내용을 파악하기가 어려우므로 해당 권리의 구체적인 조건 등을 분할합병계약서와 분할계획서에 기재하여야 한다.[56] 등기선례도 전환사채 또는 신주인수권부사채가 분할대상인 경우 승계사실을 증명하는 서면(분할계획서, 분할계획서를 승인한 주주총회 의사록 등)을 첨부하여 전환사채 등의 등기신청을 해야 한다고 본다.[57] 제530조의11 제1항, 제528조 제2항에 따르면 분할회사가 발행한 전환사채 등을 이전받은 신설회사 및 승계회사는 분할 또는 분할합병 등기와 동시에 사채 등기를 해야 하는 것이 원칙이지만, 위 등기선례는 분할등기 종료 이후에도 관련 서류를 첨부하여 전환사채 등 등기를 신청할 수 있도록 허용하고 있다.

2) 권리자 보호의 방식

전환사채 등 잠재적 주식은 권리행사시 회사의 주식이 발행되는 것이므로 회사분할과정에서 실질적인 권리 내용의 변동을 겪게 된다.

---

56) 윤성조 / 김효민, 앞의 논문(주 27), 29면. 일본 회사법 제763조는 분할계획서의 기재사항으로서, 특별히 사채, 신주예약권(신주인수권)의 귀속 및 그 구체적인 내용에 관한 사항, 신주예약권부사채(신주인수권부사채)의 경우에는 신주예약권의 구체적인 내용(수, 행사가격 산정방법)에 관한 사항을 명시하고 있다.

57) 2003. 11. 14. 제정 대법원 등기선례 200311-13.

따라서 분할시 위 잠재적 주식의 소유자를 어떻게 보호할지가 문제된다. 독일의 기업재편법이나 EU의 분할지침은 이처럼 의결권이 부여되지 않은 특별한 권리에 대하여 그 의무를 승계한 회사는 '동등한 정도의 급부'를 제공할 의무가 있는 것으로 본다. 동등성은 경제적 실질성에 의해 판단된다고 한다.[58] 문제는 이러한 동등성을 쉽게 판단하기 어렵다는 데에 있다.

동등성에 관한 논란을 막기 위해서라도 전환사채 등 소유자에게 분할비율에 따라 분할회사와 승계회사(또는 신설회사)에 각기 권리를 행사할 수 있도록 배정함이 타당하다는 견해가 유력하다.[59] 예컨대 신주인수권 증권의 행사대상이던 회사가 인적분할된 경우 그만큼 회사가치의 변동이 발생했으므로 분할회사뿐 아니라 신설회사에 대하여도 분할비율에 따라 신주인수권을 행사할 수 있도록 안분하는 것이 타당하다는 것이다. 실제 거래에서도 이처럼 처리되는 사례가 많다.[60]

관련 판례로서 서울고등법원은 회사분할 이전에 퇴직한 주식매수선택권(스톡옵션)자가 회사분할 이후 자신의 퇴직이 자유로운 의사에 의한 것이 아니라는 이유로 분할당사회사 전부에 대하여 스톡옵션을 행사한 사안에서, 스톡옵션권자의 퇴직이 무효라고 판단한 후 분할비율에 따라 각 분할당사회사에 대한 주권교부청구를 인용한 예가 있다.[61]

58) 권기범, 앞의 책(주 8), 385면은 분할회사의 전환사채에 관하여, 그 전환권 행사시에 동등한 권리 내용의 승계회사 주식으로 전환해 주는 것을 그 예로 들고 있다. 동등성이 인정되지 않는 경우 승계회사는 손해배상책임을 지게 되고 이에 대하여 분할회사는 연대책임을 부담한다고 한다.

59) 김상준 / 이태현, 앞의 논문(주 29), 91면, 93면.

60) 김상준 / 이태현, 앞의 논문(주 29), 93면.

61) 김상준 / 이태현, 앞의 논문(주 29), 97면.

(7) 제530조의9 제3항의 정함(분할 후 회사 상호간 연대책임 면제에 관한 내용)이 있는 경우에는 그 내용(제7호)

분할합병시 분할회사와 승계회사는 원칙적으로 연대책임을 지게 되는바(제530조의9 제1항), 이를 예외적으로 분리하는 경우 그러한 정함을 분할합병계약서에 기재해야 한다. 연대책임 및 그 분리에 관한 상세한 내용은 분할시 채권자 보호의 문제로서 별도의 글에서 검토한다.

(8) 각 회사에서 분할합병의 승인결의를 할 주주총회의 기일(제8호)

분할회사와 승계회사에서 주주총회의 기일을 동일하게 정할 필요는 없다. 신설분할합병인 경우에는 각 분할회사에서만 주주총회를 개최하면 족하고, 신설되는 회사의 주주총회 기일을 의미하는 것은 아니다.

(9) 분할합병을 할 날(제9호)

합병기일(제523조 제6호, 제524조 제5호)에 대응하는 개념으로서 재산이전의 기준이 되는 시기를 뜻한다. 따라서 반드시 분할합병등기일과 일치하는 것은 아니다.

(10) 승계회사의 이사와 감사를 정한 때에는 그 성명과 주민등록번호(제10호)

합병계약서에서 존속회사에 취임할 이사 · 감사 등을 정한 때에 그 인적사항을 기재하도록 한 것(제523조 제9호, 제524조 제6호)에 대응하는 것이다. 승계회사가 분할합병으로 인해 반드시 새로운 이사 · 감사를 선임해야 하는 것은 아니므로 위 사항을 반드시 기재해야 하는 것은 아니다. 승계회사 입장에서는 위 사항을 분할합병계약서에 기재하면 승계회사의 인사 문제에 관하여 분할회사 측 이사회와 주주총회의 승인까지 받아야 하는 부담이 생긴다.

(11) 승계회사의 정관 변경을 가져오게 하는 그 밖의 사항(제11호)

이는 분할합병회사가 분할합병 이후의 별도 주주총회 없이 분할합병절차를 통해 정관을 변경할 수 있도록 한 것이다.

(12) 분할회사에 관한 사항 : 분할회사의 감자 관련

분할회사가 분할합병 이후 존속하는 경우에는 위 기재사항 이외에 분할회사에 관한 사항으로서 (i) 감소할 자본금과 준비금의 액, (ii) 자본감소의 방법, (iii) 분할로 인하여 이전할 재산과 그 가액, (iv) 분할 후의 발행주식의 총수, (v) 회사가 발행할 주식의 총수를 감소하는 경우에는 그 감소할 주식의 총수, 종류 및 종류별 주식의 수, (vi) 정관변경을 가져오게 하는 그 밖의 사항을 기재하도록 하고 있다(제530조의6 제3항, 제530조의5 제2항).[62]

상법의 규정 형식상 단순분할이든 분할합병이든 분할회사가 존속하면 위 제530조의5 제2항 제1호 및 제2호에 따라 감자 관련 사항을

62) 실제 인적분할인 경우 분할회사의 주주가 수령하는 분할신주는 배당금으로 의제되어 과세대상이 되므로, 분할회사의 감자를 함께 실행하여 주주들의 세부담을 완화하는 경우가 많다.

기재하도록 되어 있다. 하지만 위 규정 형식에도 불구하고 분할회사의 감자 여부는 선택사항으로 이해되고 있다.[63)] 감자를 선택한 경우에 일반적으로 감자에 요구되는 채권자 보호절차를 밟을 필요가 있는지가 문제된다. 이에 대하여 등기선례는 (i) 그 자본감소가 주주에 대한 출자의 환급이 없는 명목상의 것이고, (ii) 분할 후 분할회사의 자본과 신설회사의 자본의 합계액이 분할 전 분할회사의 자본액 이상이며, (iii) 신설회사가 분할회사의 채무에 관하여 연대하여 변제할 책임을 부담한다면 등기 신청서에 채권자 보호절차를 거쳤음을 증명하는 서면을 첨부할 필요가 없다고 본다.[64)]

3. 그 밖의 합병계약서 또는 분할계획서의 기재사항

(1) 신설분할합병계약서의 기재사항

제530조의6 제2항은 회사가 신설되는 형태의 분할합병시에 기재할 사항을 규정한다. 기본적으로는 위 흡수분할합병계약서의 내용을

63) 2001. 12. 4. 제정 대법원 등기선례 200112-18에 의하면 "주식회사의 분할 및 분할합병시 분할되는 것은 회사의 재산, 즉 특정영업을 위하여 조직화되고 유기적 일체를 이루는 적극 및 소극재산이므로, 피분할회사가 존속하는 불완전분할의 경우 분할로 피분할회사의 재산이 감소한다고 해서 필요적으로 자본감소를 수반하는 것은 아니며, 자본감소에 관한 사항이 분할계획서 또는 분할합병계약서에 포함된 때에 한하여 자본감소절차가 필요하다"고 한다. 다만 학설로서는 분할 이후 분할회사에 자본결손이 발생하였다면 반드시 감자를 실시해야 한다는 견해가 유력하다. 권기범, 앞의 책(주 8), 392면.

64) 2007. 5. 3. 제정 대법원 상업등기선례 200705-2. 이에 대하여는 연대책임에 의한 보호는 채권자 이의절차에 의한 보호에 미치지 못함을 이유로 반대하는 견해로서, 권기범, 앞의 책(주 8), 439면.

기본으로 하되, 회사가 신설되는 것을 감안하여 신설되는 회사의 인적·물적 구성에 관한 사항을 규정하도록 되어 있다. 신설되는 회사의 기관과 관련하여, 만약 창립총회를 이사회공고로 갈음하려 할 때에는(제530조의11 제1항, 제527조 제4항) 신설분할합병계약서에 이사·감사의 인적사항을 명시하는 것은 필수적이라고 할 것이다(제530조의6 제2항 제1호, 제530조의5 제9호).

(2) 인적단순분할계획서의 기재사항

제530조의5 제1항은 인적단순분할시에 분할계획서에 기재할 일반사항을 규정하고, 같은 조 제2항은 그중 분할회사가 존속하는 형태의 분할, 즉 존속분할에 관해 추가적으로 규정하고 있다. 일반적으로 앞서 언급한 분할합병계약서에 관한 내용이 그대로 타당하다. 다만 인적단순분할인 경우 재산 중 일부가 이전하면서 회사를 설립하는 것인바, 어떤 비중의 재산이 이전되는지 산정하여 실무상 분할비율로 부르고 있다. 이 점에서 기본적으로 승계회사와 분할회사와의 주가차이를 비교하는 데에서 시작하는 분할합병비율과는 다소 다른 점이 있다는 점은 전술한 바와 같다. 단순분할계획서는 분할회사의 이사회 및 주주총회의 승인하에 작성되는 것인바, 분할회사의 재산만으로 신설회사를 설립하는 경우에 신설회사의 이사·감사를 분할계획서에 정하는 것에 별다른 의문이 없다(제530조의5 제1항 제9호). 반면 분할회사의 재산 출연 이외에 제3자를 신설회사 주주로 참여시키는 경우에는, 신설회사의 이사·감사를 분할계획서의 승인을 통해 확정시키는 것은 제3자의 권리를 침해하는 것이므로 허용되지 않는다는 견해가 유력하다.[65]

65) 이철송, 앞의 책(주 18), 1075면.

(3) 물적분할의 경우

제530조의12는 물적분할에 관해서는 개괄적인 준용규정을 두고 있을 뿐이다. 물적단순분할인 경우에는 위 인적단순분할계획서에 관한 내용이, 물적분할합병인 경우에는 위 흡수분할합병계약서 또는 신설분할합병계약서의 내용이 준용될 것이다. 다만 물적분할은 분할회사 자신이 분할신주 전체를 교부받는 구조이므로 배정받는 주식을 총체적으로 기재하면 족하다.

IV. 분할의 절차

분할의 절차는 기본적으로 합병의 그것과 유사하다. 관련 정보를 사전 및 사후에 공시해야 하고, 그 과정에서 주주총회의 특별 결의가 요구되며 일정한 채권자 보호수단이 마련되어 있는 등 기본구조는 합병의 그것에 따른다. 회사분할 역시 관련 주주 및 채권자들에게 악영향을 미칠 가능성이 있기 때문이다. 특히 분할합병에 대한 절차적 규제는 합병에 준한다는 점은 앞서 언급한 바와 같다. 다만 앞서 살펴본 바와 같이 분할에는 다양한 유형이 있으므로, 주식매수청구권의 인정 등에서 합병과 차이가 있다.

분할회사가 상장회사인 경우 분할의 기본적인 일정을 개략적으로 정리하면 다음과 같다.

〈표 4〉 분할일정표[66)]

절차	일정	참고사항	당사자
주요 사전준비사항	D-138 이전	✓분할계획서 작성 ✓자본감소 여부 결정[67)] ✓신설회사 연대책임 부담 여부 결정	분할회사
분할을 위한 이사회 결의	D-138	분할계획서 결정	분할회사
✓주요사항보고서 제출 ✓이사회 결의사항 공시		✓사유발생일의 다음 날까지 금융위원회에 제출 ✓사유발생일 당일 거래소에 신고	분할회사
〔분할회사의 사업 관련 근거 법령상 분할인가 신청〕			분할회사
주주명부폐쇄 및 기준일 공고		주주명부 확정일 2주 전 공고	분할회사
재상장예비심사청구서 제출		거래소 제출	분할회사
재상장예비심사 결과 수령	D-74		분할회사
증권신고서 제출	D-73	금융위원회 제출	분할회사
증권신고서 효력 발생	D-63	금융감독원의 정정 요청시 연기 가능	분할회사
투자설명서 제출 및 본점 비치		증권신고서 효력발생일에 제출	분할회사
주주명부 확정 기준일	D-58		분할회사
주주총회 소집 공고 및 통지	D-48	주주총회 2주 전	분할회사
분할대차대조표 등의 공시		주주총회 2주 전~분할등기일 이후 6개월간 본점 비치	분할회사
주주총회	D-33	주주총회 특별 결의	분할회사
주주총회 결과 보고		사유발생일 당일 거래소에 보고	

66) 이 표는 법무법인 세종의 김병태 변호사의 도움을 받아 작성된 것이다.

67) 자본감소 여부 결정 : 상법상 인적분할을 하면서 분할되는 회사가 반드시 자본감소를 해야 하는 것은 아니다. 다만 실무상 의제배당 등의 리스크를 줄이기 위해 통상 주식병합방식을 통한 자본감소를 한다. 본건 일정표는 자본감소를 전제로 한 것이나, 자본감소를 하지 아니하기로 결정할 경우 위 일정이 수정될 수 있다.

68) 채권자 보호절차 : 신설회사가 분할회사의 채무에 대하여 연대책임을 지는 경우, 회사분할에 따른 채권자 보호절차는 별도로 거칠 필요가 없고 자본감소에 따른 채권자 보호절차만 필요하다.

<table>
<tr><td>채권자 이의제출 공고 또는 개별통지[68]</td><td rowspan="2">D-32</td><td>주주총회일로부터 2주 이내 공고</td><td>분할회사</td></tr>
<tr><td>구주권 제출 공고 또는 개별통지[69]</td><td></td><td></td></tr>
<tr><td>채권자 이의제출 및 구주권 제출기간 만료</td><td rowspan="2">~D-1</td><td>공고일로부터 1개월 이상</td><td>분할회사</td></tr>
<tr><td>신설회사의 근로관계 승계동의서(전적동의서) 징구[70]</td><td></td><td>분할회사</td></tr>
<tr><td>분할기일</td><td>D</td><td></td><td>분할회사</td></tr>
<tr><td>분할보고총회 및 창립총회를 갈음하는 이사회결의</td><td>D+1</td><td>상장법인의 경우에는 보고총회의 개최에 많은 시일이 소요되므로 이사회 결의에 의한 공고로 대체</td><td>분할회사
신설회사</td></tr>
<tr><td>이사회 결의 공고</td><td>D+2</td><td></td><td>분할회사
신설회사</td></tr>
<tr><td>분할등기</td><td rowspan="3">D+3</td><td rowspan="2">이사회 결의 공고 후 2주 이내</td><td>분할회사</td></tr>
<tr><td>설립등기</td><td>신설회사</td></tr>
<tr><td>증권발행실적보고서 제출</td><td>증권의 모집을 완료한 때 금융위원회에 즉시 제출</td><td>분할회사</td></tr>
<tr><td>분할에 관한 서류의 사후공시</td><td rowspan="2">D+3
~</td><td>✓분할을 한 날부터 6개월간 본점에 비치</td><td rowspan="2">분할회사</td></tr>
<tr><td>분할종료보고서 제출</td><td>✓증권발행실적보고서를 제출하는 경우에는 분할종료보고서 제출 불필요</td></tr>
<tr><td>신주권 교부</td><td rowspan="2">D+15
~</td><td rowspan="2"></td><td rowspan="2">분할회사
신설회사</td></tr>
<tr><td>✓변경상장
✓재상장</td></tr>
</table>

* 표에서 음영으로 표시된 항목은 자본시장과 금융투자업에 관한 법률에 의한 공모절차와 연관된 것으로서 인적분할의 경우에만 적용됨.

** 위 일정은 분할절차가 별다른 장애 없이 신속히 진행됨을 전제로 작성되었으며, 관련 인허가의 지체 또는 정정 증권신고서의 제출 등의 사유로 지연될 가능성이 있음.

69) 구주권 제출 공고 : 자본감소를 하는 경우, 분할회사는 감소된 자본만큼 주식의 병합 및 구주권 제출절차를 거쳐야 한다. 주식병합 및 구주권 제출 공고는 주주총회일로부터 2주 이내에 하여야 한다.

70) 신설회사의 근로관계 승계 동의 : 회사가 분할되면 신설회사는 원칙적으로 분할회

1. 이사회와 주주총회의 승인

회사분할을 위해서는 먼저 전술한 분할계획서 · 분할합병계약서에 대한 이사회 승인이 필요하다. 그 다음 분할회사의 주주총회 특별 결의에 의한 승인이 필요하다(제530조의3 제1항, 제2항). 분할 또는 분할합병으로 인해 어떤 종류의 주주에게 손해가 발생할 경우 주주총회 특별결의에 의한 승인 이외에 해당 종류주주총회에 의한 승인도 받아야 한다(제436조, 제435조). 분할합병계약인 경우에는 상대방 회사에서도 주주총회 특별 결의가 필요하다.[71] 단순분할 또는 신설분할합병을 통해 신설되는 회사에 있어서는 별도의 주주총회 특별 결의는 필요하지 않다.

주주총회의 승인을 위해 소집통지를 할 때에는 분할계획 또는 분할합병계약의 요령을 기재하여야 한다(제530조의3 제4항). 특이한 것으로서 제530조의3 제3항은 위 주주총회시 무의결권 주주들도 의결권이 있다고 규정하고 있는바, 합병과 달리 취급해야 할 뚜렷한 근거를 찾기 어렵다.[72] 특히 분할합병의 승계회사에 관하여 위 조항에 따라 무의결권 주주에게 의결권이 부여되면,[73] 승계회사의 입장에서는 분할

사의 권리 · 의무를 분할계획서가 정하는 바에 따라 승계하는바, 근로계약관계 기타 노사관계가 그대로 승계되는지에 관하여는 명시적인 규정이 없다. 이러한 불확실성을 고려하여 근로자의 거부권 행사가 있을 경우 근로관계의 승계가 이루어지지 않을 수 있으므로, 신설회사 근무예정 직원들에게는 상당한 기간을 정한 거부권 행사 여부에 대한 최고 및 근로관계 승계에 대한 동의를 받는 방법을 고려할 필요가 있으며, 이 경우 동의서는 분할기일 이전에 징구되는 것이 적절하다.

71) 제530조의6 제1항 제8호는 분할합병계약서의 기재사항으로서 "각 회사에서 제530조의3 제2항의 결의를 할 주주총회의 기일"을 들고 있다.

72) 이철송, 앞의 책(주 18), 1072면은 위 조항은 임의규정이므로 정관을 통해 분할 및 분할합병시 무의결권 주주에 별도의 의결권을 부여하지 않도록 정할 수 있다고 한다.

73) 승계회사의 관점에서 볼 때 이를 단순한 합병으로 보아 무의결권 주주의 의결권을 배제할 것인지, 분할합병의 특칙을 적용하여 무의결권 주주의 의결권을 인정할

회사 전부를 흡수합병하는 경우와 달리 분할회사 일부를 분할합병하는 경우에 주주총회에서 무의결권 주주에게 의결권을 부여하는 결과가 되어 형평에 맞지 않는다. 한편 2011년 개정상법 제344조의3 제1항은 의결권이 제한되는 종류주식제도를 도입하였는바, 이에 따라 분할 · 분할합병 등 특정 안건에 관하여 의결권을 행사할 수 없는 형태의 종류주식을 발행하는 것은 허용된다고 볼 것이다.[74)]

제530조의3 제6항은 분할 또는 분할합병으로 인해 각 회사의 주주부담이 가중되는 경우 그 주주 전원의 동의를 받도록 하고 있는바, '주주부담이 가중되는 경우'의 해석이 문제된다.[75)] 위 조항은 프랑스 상법 제236-5조에서 연원하는 것인바, 본디 물적회사 사원의 책임이 무한책임으로 가중되는 경우 등을 전제한 것이다. 우리나라에서는 주식회사에 관해서만 분할 · 분할합병을 인정하고 있으므로, 분할 · 분할합병을 통해 주주의 책임의 형태를 바꾸거나 추가출자의무를 부담시킬 수는 없다(제331조의 주주유한책임 원칙). 이와 관련하여 분할의 결과 회사의 부담이 가중됨에 따라 간접적으로 주주의 부담이 가중되는 경우에 위 조항을 적용할 수 있는지가 문제된 사례가 있는바, 법원은 이러한 폭넓은 해석을 배척한 바 있다.[76)]

것인지 여부는 논란이 있다. 권기범, 앞의 책(주 8), 411면.

74) 이철송, 앞의 책(주 18), 1072면.

75) 김동민, "회사분할을 위한 주주총회의 특별 결의와 주주의 의결권의 범위에 관한 소고," 법학연구 제49권 제2호(2009. 2), 부산대학교 법학연구소, 350면은 위 조항은 양도제한이 없는 분할회사의 주주가 그러한 제한이 있는 승계회사의 주식을 수령하는 등 주주의 부담이 가중되면서 지위가 하락하는 경우를 상정하고 있다고 본다.

76) 서울고등법원 2008. 11. 6. 선고 2004나66911 판결은 "이 사건조항에서 '회사의 주주의 부담이 가중되는 경우'란 회사의 부담이 가중되는 경우, 즉 회사의 부담이 가중됨에 따라 간접적으로 주주의 부담이 가중되는 경우와 같이 폭넓게 해석할 수는 없고, 주식회사의 본질상 주식인수가액을 한도로 출자의무가 있을 뿐인 주주에

2. 사전 및 사후공시

분할회사의 이사는 분할계획서 또는 분할합병계약서의 승인을 위한 주주총회일의 2주 전부터 분할등기를 한 날 또는 분할합병을 한 날 이후 6개월간 (i) 분할계획서 또는 분할합병계약서, (ii) 분할되는 부분의 대차대조표, (iii) 분할합병의 경우 승계회사의 대차대조표, (iv) 분할회사 주주에게 발행할 주식의 배정에 관하여 이유를 기재한 서면을 본점에 비치하여야 한다(제530조의7 제1항).

승계회사의 이사는 분할합병의 승인을 위한 주주총회일의 2주 전부터 분할합병의 등기를 한 후 6개월간 (i) 분할합병계약서, (ii) 분할회사의 분할되는 부분의 대차대조표, (iii) 분할회사 주주에게 발행할 주식의 배정에 관하여 이유를 기재한 서면을 본점에 비치하여야 한다(제530조의7 제2항).

위 제530조의7 제1항, 제2항은 모두 분할회사의 '분할되는 부분의 대차대조표'를 공시하도록 하고 있는바, 이는 분할의 대상이 되는 적극적 · 소극적 재산관계를 정리한 것으로서 분할에 즈음하여 새로이 작성되어야 한다.

제530조의11 제1항은 합병시 사후공시에 관한 제527조의6을 준용한다. 이에 따르면 분할 또는 분할합병 이후 각 회사의 이사는 채권자 보호절차의 경과, 분할 또는 분할합병을 한 날, 승계재산의 가액 및 채무액 기타 분할 또는 분할합병에 관한 사항을 기재한 서면을 분할 또는 분할합병을 한 날로부터 6개월간 본점에 비치하여야 한다.

게 직접적인 의무 내지 부담을 가중하는 예외적인 경우로 한정하여 해석하여야 할 것이다"라고 판시하였다. 이 판결은 상고되었으나 대법원 2010. 8. 19. 선고 2008다92336 판결에 의해 상고기각되었다.

주주 및 회사채권자는 영업시간 내에 언제든지 위 서류를 열람할 수 있고 비용을 지급하고 등 · 초본의 교부를 요구할 수 있다(제530조의7 제3항, 제522조의2 제2항, 제530조의11 제1항, 제527조의6 제2항).

3. 회사신설 등 제반절차

상법은 채권자 보호의 측면에서 분할당사회사들 간의 연대책임을 인정한다(제530조의9 제1항). 연대책임을 분리하려면 특별한 채권자 이의절차를 밟아야 하는바(같은 조 제2항, 제3항), 이러한 채권자 보호제도는 분할시 가장 많이 문제되는 이슈이므로 별도로 살펴보기로 한다.

단순분할이든 분할합병이든 분할회사의 자산 등이 이전되고 그 대가로 신주가 발행되는 것이므로 현물출자에 유사한 효과가 발생한다. 상법은 분할을 통해 회사가 신설되는 경우 일반적인 회사설립시의 현물출자와 마찬가지로 법원에 의한 조사절차를 밟도록 하고 있다(제530조의4의 반대해석).[77] 이에 대하여는 비슷한 현물출자 효과가 발생하는 합병과 비교할 때 형평을 잃은 입법이라는 비판이 제기되고 있다.[78] 한편 제530조의4에 따르면 분할회사의 출자만으로 회사가 신설되는 경우에는 위 조사를 면제받을 수 있다.[79] 물적분할의 경우에도

---

77) 제290조, 제298조 제4항, 제299조, 제299조의2에 의하면 회사설립시 현물출자에 관한 사항은 정관에 기재하여야 하고, 이사는 현물출자에 관한 사항을 조사하기 위해 법원에 검사인의 선임을 청구하여야 하며, 다만 이를 공인된 감정인에 의한 감정 및 법원에 대한 보고로 갈음할 수 있도록 되어 있다.

78) 권기범, 앞의 책(주 8), 405면.

79) 구 상법 제530조의4 제2항은 조사면제의 요건으로서 분할회사의 출자만으로 회사신설 된 것 이외에 분할회사 주주에게 비례적으로 분할신주 배정할 것도 요구하였다. 그러나 비례배분요건은 주주들 간 이해조정이므로 자본증식과 무관하다는 비판이 제기되어 2015년 상법개정시 삭제되었다.

분할회사의 출자만으로 회사신설이 이루어진다면 기존 주주들의 이해관계에 큰 변동이 없으므로 굳이 법원에 의한 조사절차를 필요로 하지 않는다.[80] 분할합병의 경우, 대법원 등기선례는 (i) A분할회사의 재산 중 일부와 B회사가 합쳐져서 C신설회사를 설립하는 경우에, 분할신주를 A분할회사에 관하여는 회사 자체에, B회사에 대하여는 B회사 주주들에게 비례적으로 배정하였다면 법원에 의한 조사절차가 필요없다고 한다.[81] 이러한 입장이라면 (ii) A분할회사의 재산 중 일부를 B회사에게 분할합병시키면서 분할신주를 A분할회사 주주들에게 비례적으로 배정하는 경우(통상적인 인적흡수분할합병)에도 법원에 의한 조사절차가 필요없다고 보아야 할 것이다.[82]

이하 분할시의 회사신설 등 필요한 절차를 단순분할과 분할합병으로 나누어 살펴보도록 한다.

(1) 단순분할의 경우

단순분할의 경우 회사신설이라는 별도의 설립행위가 이루어진다. 신설회사의 재산은 분할회사가 출연한 것만으로 구성될 수도 있고, 분할회사의 출연분 이외에 제3자가 출연한 재산을 합쳐 구성될 수도 있다(제530조의4 제2항 참조). 전자를 단독분할설립으로, 후자를 모집분할설립으로 부르기로 한다.[83] 제530조의4는 분할로 인한 회사신설시

80) 1999. 5. 27. 제정 대법원 등기선례 6-670.

81) 2003. 7. 25. 제정 대법원 등기선례 200307-14.

82) 권기범, 앞의 책(주 8), 407면은 나아가 분할합병인 경우 분할회사 주주들에게 분할신주가 불비례적으로 배정되는 때에도 조사절차를 생략할 수 있다고 본다.

83) 이철송, 앞의 책(주 18), 1077면.

주식회사의 설립에 관한 일반 조항들을 준용하도록 하고 있다.

단독분할설립인 경우 분할계획서에 의하여 신설회사 정관에 기재할 사항들이 다 정해지고 자본적 기초도 분할회사의 출자에 의해 마련되므로 별도의 발기인이 필요하지 않다고 볼 것이다.[84] 분할회사에 있어서 설립 관련 업무는 분할회사의 대표이사가 담당하게 된다.[85] 주식의 발행 및 배정에 관한 사항 역시 분할계획서에 의해 정해진다. 분할회사의 임원선임도 분할계획서에 의하고, 별도의 창립총회를 필요로 하지 않는다.[86]

모집분할설립인 경우 별도의 발기인이 필요하다고 할 것이다. 단독분할설립과 달리 제3자가 재산출연과정에서 인수 · 납입담보책임을 부담할 주체가 필요하기 때문이다.[87] 주식의 발행 및 배정에 관한 사항 중 제3자에 관한 주식청약 · 배정 · 납입에 대하여는 주식회사 설립에 관한 일반 조항이 적용된다. 분할회사의 임원선임은 일반 설립절차와 마찬가지로 발기인에 의하여 또는 별도의 창립총회를 통하여 이루어진다.[88]

---

84) 1999. 4. 26. 제정 대법원 등기선례 6-634도 갑 주식회사가 일부를 분할하여 갑 주식회사의 출자만으로 을 주식회사를 설립하는 경우, 을 주식회사의 설립을 위해 발기인을 두어야 하는 것은 아니며 정관에는 갑 주식회사의 대표이사가 서명 또는 기명날인해야 한다고 규정한다.

85) 이철송, 앞의 책(주 18), 1077면은 "다만 제527조의 설립위원은 대표이사로 한다"는 제530조의11의 준용규정을 확장해석하여 이러한 결론을 내리고 있다.

86) 이철송, 앞의 책(주 18), 1079면.

87) 이철송, 앞의 책(주 18), 1078면. 또한 상업등기법 제98조 제2항, 제80조 제4호, 제7호는 발기인의 존재를 전제로 한다.

88) 제530조의11, 제527조 제4항에 따라 이러한 창립총회를 이사회 공고로 갈음할 수 있다는 견해도 있으나〔이철송, 앞의 책(주 18), 1079면〕, 제526조, 제527조가 준용되는 것은 분할합병의 경우에 한한다는 반론이 가능하다. 이에 따르면 단순분할의 신설회사에 있어서는 회사설립의 일반 원칙을 따르게 되므로, 모집분할설립에 관한 창립총회를 이사회 공고로 갈음할 수 없게 된다.

(2) 분할합병의 경우

제530조의11는 흡수합병의 보고총회, 신설합병의 창립총회에 관한 제526조, 제527조를 준용하고 있다. 흡수분할합병 또는 신설분할합병의 승계회사 또는 신설회사에 있어서 위 조항이 준용되는 것은 당연하지만, 나아가 분할회사도 보고총회를 개최할 필요가 있는가? 위 제526조의 규정은 합병으로 인해 재산을 승계받게 된 회사를 전제로 한 것이고 분할회사의 분할 관련 정보는 위 사전 · 사후공시제도에 의하여 충분히 공개되므로 별도의 보고총회를 개최할 필요는 없다고 할 것이다.

4. 주식매수청구권

분할합병 반대주주에게는 주식매수청구권이 인정된다(제530조의11 제2항, 제522조의3, 제374조 제2항). 주식매수청구권은 분할합병의 경우에만 준용되고 있으므로 단순분할인 경우 그것이 인적분할이든 물적분할이든 분할회사의 주주들에게 주식매수청구권이 부여되지 않는다.[89] 분할합병시 주식매수청구권의 법리는 합병에 준한다. 따라서 분할회사의 주주뿐 아니라 승계회사의 주주에게도 주식매수청구권이 인정되는 것이 원칙이지만, 소규모분할합병의 승계회사 주주에게는 주식매수청구권이 인정되지 않는다.

---

89) 이에 대하여 단순분할인 때에도 불비례적 분할의 경우이거나 상장회사인 분할회사가 일부 영업을 분리하여 비상장회사를 설립하는 경우에서처럼 분할회사 주주가 불이익을 입는 경우가 있으므로 주식매수청구권을 인정해야 한다는 입법론으로서 권기범, 앞의 책(주 8), 439면.

5. 약식의 분할

간이합병에 관한 제527조의2 규정은 분할합병에도 준용되므로(제530조의11 제2항), 분할회사 총주주의 동의가 있거나 승계회사가 분할회사 발행주식의 90% 이상을 소유하고 있을 때에는 분할회사 주주총회 결의를 이사회 승인으로 대체할 수 있다. 이에 따라 흡수분할합병의 경우 승계회사(A회사)가 분할회사(B회사) 발행주식을 90% 이상 가진다면 B회사 주주총회 결의는 B회사 이사회의 승인으로 갈음할 수 있다. B회사가 A회사 발행주식을 90% 이상 소유하는 경우는 어떠한가? 이는 이른바 'downstream' 분할합병이라고 할 수 있는바, 제527조의2는 모회사가 자회사를 흡수합병하는 'upstream'의 경우에 한하므로,[90] A회사의 주주총회 특별결의를 이사회 승인으로 대체할 수 없다고 볼 것이다.[91] 나아가 단순분할에 있어서도 분할회사 총주주의 동의가 있는 경우 별도의 주주총회를 열지 않은 채 이사회 승인으로 주주총회 결의에 갈음할 수 있다는 견해도 유력하다.[92]

소규모합병에 관한 제527조의3의 규정 또한 분할합병에 준용된다(제530조의11 제2항). 따라서 승계회사가 발행하는 분할신주의 총수가 그 회사 발행주식총수의 10%를 초과하지 않고 분할교부금 총액이 기존 승계회사의 최종대차대조표상 현존하는 순자산액의 5%를 초과하지 않으면, 승계회사의 주주총회의 결의는 이사회 승인으로 대체할

90) 권기범, 앞의 책(주 8), 238면.

91) 신설분할합병의 경우가 문제되는바, P, Q회사가 일부 재산을 분리하여 회사를 신설하는 경우 P회사가 Q회사 발행주식의 90% 이상을 소유한다면 Q회사의 주주총회 결의는 이사회 승인으로 대체할 수 있다는 견해도 있다. 권기범, 앞의 책(주 8), 417면.

92) 권기범, 앞의 책(주 8), 416면.

수 있다. 합병과 달리 분할에서는 분할회사와 승계회사 간 연대책임이 인정되기 때문에, 승계회사 입장에서 볼 때 분할신주의 규모가 크지 않더라도 분할회사의 기존 재무구조에 따라서 큰 영향을 받을 수 있다.

이 점을 고려할 때 소규모합병조항을 분할합병에 그대로 준용한 것은 타당하지 않다는 지적이 있다.[93] 이에 대하여 이러한 조항은 일본 회사법 등에도 존재하고, 승계회사는 연대책임을 분리할 수 있으며, 승계회사 발행주식총수의 20% 이상을 소유한 주주가 반대하면 정식절차로 환원되기 때문에 별 문제가 없다는 반론도 있다.[94] 소규모합병에 관한 제527조의3 규정은 흡수분할합병에만 준용되고 신설분할합병 및 단순분할에는 준용되지 않는다고 할 것이다.

V. 분할시 채권자 보호 : 연대책임과 그 배제

회사분할은 회사 주요 자산이 다른 법인으로 분리이전되는 것을 뜻하므로 기존 채권자의 보호가 중요한 이슈가 된다. 채권자 보호의 방식은 단순분할과 분할합병에 있어서 다소 차이가 있다. 어떤 경우이든지 별도의 분리절차를 밟지 않는 이상 분할 관련 회사는 연대책임을 진다. 즉 제530조의9 제1항은 "분할회사, 단순분할신설회사, 분할승계회사 또는 분할합병회사는 분할 또는 분할합병 전의 분할회사채무에 관하여 연대하여 변제할 책임이 있다"고 하여 연대책임 법리를 정

93) 이철송, 앞의 책(주 18), 1084면.

94) 권기범, 앞의 책(주 8), 418면.

하고 있다. 그 법적 성질은 부진정연대책임이다.[95] 입법례에 따라서는 이러한 연대책임을 추궁할 수 있는 기간 또는 금액에 제한을 두는 경우도 있으나, 우리 상법상 이러한 특별 조항은 없다. 따라서 채권자는 해당 채권의 시효기간 내에서라면[96] 분할로 인해 승계되는 재산의 가액과 무관하게[97] 연대책임을 물을 수 있다.

한편 분할합병의 경우에는 더 나아가 별도의 채권자 보호장치가 마련되어 있다. 즉 제530조의11 제2항은 합병시의 채권자 보호장치인 제527조의5를 준용하고 있다. 분할합병시 채권자에게는 연대책임제도 및 제527조의5의 채권자 보호절차라는 이중의 보호를 제공하는 셈이다. 위 제530조의11 제2항에 따르면 승계회사는 마치 흡수합병의 존속회사처럼 취급되므로 (연대책임 분리절차 여부를 불문하고) 제527조의5에 의한 채권자 이의절차를 밟아야 한다. 나아가 분할합병의 분할회사 역시 연대책임 분리절차 여부를 불문하고 위 채권자 이의절차를 밟아야 한다고 보는 것이 일반적이다.[98]

다만 회생회사인 경우 이 같은 채권자 보호의 법리가 아닌 채무자

95) 대법원 2010. 8. 26. 선고 2009다95769 판결. 과거에는 일반 연대채무설, 연대보증설, 부진정연대책임설 등이 제기되고 있었다.

96) 제530조의11, 제529조가 분할무효의 소의 제소기간을 분할 후 6개월로 제한하고 있지만, 이 기간이 분할 후 연대책임을 추궁할 수 있는 기간을 뜻하는 것은 아니다. 부산고등법원 2004. 3. 31. 선고 2003나11424 판결.

97) 일본 회사법 제759조는 분할회사는 분할시에 잔존한 재산의 가액, 승계회사는 승계한 재산의 가액을 한도로 책임을 부담하도록 규정한다.

98) 분할회사의 채권자가 가진 채권이 분할의 대상이 되어 승계회사로 이전하는 경우에도, 분할회사는 그 채권자를 위하여 채권자 보호절차를 밟아야 할 것이다. 이에 대하여는 승계회사가 담보 등을 제공해야 한다는 견해가 있으나〔권기범, 앞의 책 (주 8), 425면〕, 우리 법제상 분할등기가 이루어져야 비로소 권리변동이 발생하고, 담보제공 등은 분할등기 이전에 이루어져야 하는 것이므로, 분할회사가 담보 등을 제공하는 것으로 봄이 자연스럽다.

회생 및 파산에 관한 법률상의 특칙이 적용된다. 즉 법 제272조 제4항에 의하면 회생절차에서 회생계획에 따라 회사분할을 실행하는 경우에는, 연대책임을 분리하더라도 별도의 채권자 보호절차를 밟을 필요가 없다.

분할시 채권자 보호절차는 분할의 가장 중요한 법적 쟁점이 된다. 다만 이에 대하여는 다른 장에서 상세히 다루게 될 것이므로[99] 여기에서는 상론하지 아니한다.

VI. 분할의 등기

회사의 분할은 분할등기를 함으로써 효력이 발생한다(제530조의11 제1항, 제234조). 분할회사인 경우 분할 이후에도 존속한다면 변경등기를, 분할로 소멸한다면 해산의 등기를 하여야 한다. 승계회사의 경우에는 변경등기를 해야 하고, 신설회사는 회사설립등기를 해야 할 것이다.[100]

등기기간에 관하여는 원칙적으로 합병시의 제528조가 준용되므로, 신설회사인 경우 창립총회가 종료한 날로부터[101] 본점 소재지에서는

99) 즉 이 책 제2부 제7장「회사분할시 채권자 보호의 기본 법리」(노혁준)와 제8장「회사분할시 채권자 보호의 실무상 쟁점」(윤용준) 참조.

100) 상업등기법 제96조 내지 제99조, 상업등기규칙 제69조 제1항, 제98조, 제104조 제4항 내지 제6항, 대법원 등기예규 제1269호 '주식회사의 분할 또는 분할합병으로 인한 등기의 사무처리지침'은 분할 또는 분할합병등기의 상세한 내용을 정하고 있다.

101) 승계회사인 경우에는 보고총회가 종결한 날 또는 보고에 갈음하는 이사회 공고일로부터 기산한다.

2주 내, 지점 소재지에서는 3주 내에 마쳐야 한다. 다만 상업등기법 제97조 제1항은 위 각 회사의 본점 소재지에서 하는 분할 또는 분할합병으로 인한 변경등기 · 설립등기 및 해산등기의 경우 이를 동시에 신청하도록 하고 있다. 분할 또는 분할합병으로 인하여 신설 또는 승계회사가 전환사채나 신주인수권부사채를 승계한 때에는 사채의 등기도 하여야 한다(제530조의11, 제528조 제2항).

VII. 분할의 효과

1. 법인격의 승계 여부

합병에 있어서와 달리, 분할에 있어서의 포괄적 이전은 권리 · 의무에 한하고 분할회사의 법인격 자체가 승계회사 또는 신설회사에 승계되는 것은 아니다.[102] 이러한 법리는 분할회사가 분할로 인해 소멸하더라도 마찬가지이다. 다만 분할회사의 기존 소송 중 권리 · 의무관계가 승계회사 또는 신설회사로 이전되는 경우에는, 법인격 자체의 승계가 발생하는 것은 아니지만 승계회사 또는 신설회사가 기존 소송절차를 수계할 수 있다고 본다.[103]

분할회사가 소멸하는 경우에는 별도의 청산절차 없이 해산등기를 통하여 곧바로 소멸한다(제517조 제1의2호 참조).

102) 이철송, 앞의 책(주 18), 1089면.

103) 대법원 2002. 11. 26. 선고 2001다44352 판결.

2. 권리와 의무의 포괄적 승계

분할로 인하여 분할계획서 또는 분할합병계약서에 기재된 분할회사의 권리 · 의무는 분할등기일에 별다른 이전절차 없이 신설회사 또는 승계회사에 이전된다(제530조의10). 합병과 달리 위 기재된 범위 내에서만 포괄적인 승계효과가 발생한다는 점에서 '부분적 포괄승계' 효과라고 부른다. 이는 법률의 규정에 의한 권리변동으로서, 원칙적으로 분할대상인 권리 · 의무의 개별적 이전절차를 밟을 필요가 없다. 분할계획서에 승계대상 재산으로 기재되어 있는 부동산에 관한 물권이 신설회사 또는 승계회사에 이전하는 것은 제530조의10에 의한 것이므로 별도의 등기 없이도 물권 변동의 효과는 발생한다(민법 제187조).[104)] 다만 그 물권의 양도 · 실행 기타의 처분행위를 하기 위해서는 등기가 필요하다. 예컨대 근저당권의 실행이나 말소를 위해서는 근저당권 이전의 부기등기가 필요하다.[105)] 한편 분할회사가 보유하는 지명채권이 분할의 대상인 경우에도, 신설회사 또는 분할회사는 채무자에 대한 통지 또는 채무자의 승낙(민법 제450조)과 같은 지명채권 양도의 대항요건을 갖출 필요가 없이 채무자에게 대항할 수 있다. 분할회사의 채무를 분할의 대상으로 삼아 신설회사 또는 승계회사가 이를 면책적으로 인수하는 경우에도, 채권자와의 합의(민법 제453조, 제454조 참조)는 필요하지 않다. 이때 채권자의 보호는 전술한 연대책임, 채권자 이의

104) 1999. 7. 7. 제정 대법원 등기선례 6-230 참조.

105) 분할로 인한 근저당권 이전등기를 신청함에 있어서 채무자 또는 근저당권설정자에 대한 통지는 그 요건이 아니며, 또한 이전된 근저당권 등기에 대하여 말소등기를 할 경우의 등기의무자는 분할로 인하여 신설된 회사이다. 2005. 7. 22. 제정 대법원 등기선례 200507-3.

절차 등 상법에 규정된 방식에 의하게 된다.

분할계획서 · 분할합병계약서에 명시적으로 기재되지 않은 권리 · 의무는 누구에게 귀속되는가? 통상 분할계획서에는 "분할회사의 일체의 적극 · 소극재산과 공법상의 권리의무를 포함한 기타의 권리 · 의무 및 재산적 가치 있는 사실관계는 분할대상 사업부문에 관한 것이면 신설회사에게, 분할대상 부문 이외의 부문에 관한 것이면 존속회사에게 각 귀속된다"라는 일반 규정을 두고 있다. 문제는 이러한 기준으로도 귀속이 불분명한 자산 · 부채를 분할회사와 신설회사(승계회사) 중 어느 곳에 귀속되는 것으로 볼지 여부이다. 학설은 귀속이 불분명한 재산이 있는 경우 분할계획서의 전체 취지를 고려하여 해석으로 정할 수 있으면 그에 따르고, 그렇지 아니하는 경우에는 승계회사에 승계되는 순자산 액수에 비례하여 분리이전하여야 한다고 한다. 또한 분리이전될 수 없는 재산의 경우에는 공유하거나 현가로 정산하여야 한다고 본다.[106)]

3. 상법 총칙상의 영업양도규정 적용 문제

단순한 자산이 아닌 영업을 분할의 대상으로 한 경우, 회사분할 관련 조항뿐 아니라 상법 총칙상의 영업양도를 규율하는 제41조 내지 제45조의 규정 또한 유추적용할 것인지가 문제된다. 이러한 때에는 분할이 영업양도의 실질을 포함하게 되므로 원칙적으로 유추적용된다고 본다.[107)] 구체적으로 나누어 보면 다음과 같다.

106) 권기범, 앞의 책(주 8), 656면.

107) 대법원 1996. 7. 9. 선고 96다13767 판결은 영업의 현물출자에 제42조를 유추적용한다.

분할 관련 회사들 사이의 법률관계에 있어서는 일반적인 영업양도와 마찬가지로 당사자들의 의사가 우선하므로, 분할계획서와 분할합병계약서의 해석이 가장 중요하게 된다. 예컨대 분할회사는 원칙적으로 제41조의 유추적용에 의해 경업금지의무를 지지만,[108] 동일한 영업을 양적으로 분리하여 이전하는 때에는 위 경업금지의 적용을 받지 않기로 약정하였다고 볼 것이다.[109]

대외적인 관계에 있어서 제43조, 제44조가 유추적용될 것이다. 나아가 상호를 속용하는 양수인의 책임에 관한 제42조를 유추적용할 것인지에 관하여는 논란이 있다. 실제로 신설분할을 하면서 원래 상호(○○주식회사)를 신설회사에 부여하는 한편, 분할회사의 상호를 기존 상호에 '홀딩스'를 붙이는 방식(○○ 홀딩스 주식회사)은 지주회사체제를 도입하면서 많이 활용된 바 있다.[110] 회사분할시의 연대책임, 채권자 이의절차 등 채권자 보호방식과 상호를 속용하는 경우 채권자의 보호방식은 그 취지와 요건 등을 달리하며, 위 제43조, 제44조와 달리 제42조만을 유추적용하지 않을 이유가 없다는 점을 고려하면 유추적용설이 타당하다고 하겠다. 이에 대하여는 단체법적 · 조직법적 행위인 회사분할을 개인법상의 영업양도와 구분할 필요가 있고, 이미 회사분할에

108) 권기범, 앞의 책(주 8), 453면.

109) 이철송, 앞의 책(주 18), 1091면 참조.

110) 이러한 방식의 유효성에 관하여 2009. 8. 4. 제정 대법원 상업등기선례 200908-1에 의하면 "분할회사의 변경 후의 상호가 동일한 특별시, 광역시, 시 또는 군내에서 동일한 영업을 위하여 다른 사람이 등기한 것과 동일한 상호가 아니어야" 한다고 본다. 한편 2007. 5. 8. 제정 대법원 상업등기선례 200705-3은 신설회사가 분할회사의 상호로 설립등기를 할 수 있는지 여부는 "등기관이 회사의 목적, 거래계의 실정 등을 고려하여 사회 일반인으로 하여금 설립되는 회사를 분할되는 회사 또는 다른 상인으로 오인, 혼동하게 할 우려가 있는지 여부로 판단하여야 할 것"이라고 한다.

관하여 연대책임 등 충분한 채권자 보호장치가 마련되어 있으며, 구태여 책임 존속기간이 짧은 제42조에 의할 실익도 없다는 점에 초점을 맞춘 반론도 있다.[111]

111) 권기범, 앞의 책(주 8), 453면.

02

회사분할의 유형*

박태현**

I. 분할의 유형

회사분할[1]의 유형에 대한 논의는 당연히 분할에 관한 상법규정을 바탕으로 한다.[2] 우리 상법은 "회사는 분할에 의하여 1개 또는 수 개의 회사를 설립할 수 있다"(제530조의2 제1항), "회사는 분할에 의하여 1개 또는 수 개의 존립 중의 회사와 합병할 수 있다"(제530조의2 제2항)

* 이 논문은 BFL 제38호(2009. 11)에 게재된 글을 수정 · 보완한 것이다.

** MBK 파트너스 부사장 / 변호사

1) 회사분할 제도의 도입경위, 외국의 입법례 및 회사분할의 법적 성질에 대한 일반론에 대해서는 권기범, 기업구조조정법, 삼지원, 2002, 317-322면 ; 최기원, 신회사법론, 박영사, 2009, 1137-1146면 참조.

2) 상법상 분할유형의 분류체계상 혼란을 지적하는 견해에 대해서는 김성호, "상법상 회사분할제도의 문제점," 상사법연구 제20권 제1호(2001. 5), 한국상사법학회, 54-59면 ; 김지환, "우리 회사분할법제에 대한 입법적 재검토," 기업법연구 제8집(2001. 10), 한국기업법학회, 420-427면 ; 정준우, "회사분할의 요건 및 절차상의 효율성 제고방안," 비교사법 제9권 제4호 통권 제19호(2002. 12), 한국비교사법학회, 389-393면 참조.

고 규정하여 이른바 단순분할과 분할합병을 기본적인 분할의 형태로 제시하고 있다.

단순분할에 있어서는 "분할 후 회사가 존속하는 경우" 분할계획서에 추가적인 사항을 기재하도록 하여(제530조의5 제2항), 분할되는 회사(즉 분할을 실시하는 회사, '분할회사'[3])가 소멸하는 이른바 완전분할, 전부분할 또는 소멸분할과 분할되는 회사가 존속하는 이른바 불완전분할, 부분분할 또는 존속분할을 예정하고 있다.

분할합병에 있어서도 "분할회사의 일부가 다른 회사와 합병하여 그 다른 회사('분할합병의 상대방 회사')가 존속하는 경우"(제530조의6 제1항)와 "분할회사의 일부가 다른 분할회사의 일부 또는 다른 회사와 분할합병을 하여 회사를 설립하는 경우"(제530조의6 제2항)를 구분하여 이른바 흡수분할합병과 신설분할합병을 예정하고 있다.[4] 이는 흡수합

3) 2015. 12. 1. 개정 전 상법에서는 분할되는 회사(분할을 실시하는 회사), 분할로 인하여 신설되는 회사와 분할합병의 상대방 회사 등에 대해 정의 규정을 두지 아니하여 분할되는 회사는 '분할회사', '양도회사', '분할을 하는 회사', '피분할회사' 등으로, 분할로 인하여 신설되는 회사 또는 분할합병의 상대방 회사는 '분할회사', '수익회사', '수혜회사', '인수회사', '승계회사' 등으로 사람에 따라 달리 부르는 혼란이 있었다. 당시 주식회사의 분할 또는 분할합병으로 인한 등기의 사무처리지침에서는 분할되는 회사를 '피분할회사'로 지칭하였다. 박태현, "분할의 유형에 따른 법적 쟁점," BFL 제38호(2009. 11) 7면 참조. 이 같은 용어의 혼란은 2015. 12. 1. 상법 개정으로 분할되는 회사를 '분할회사'(상법 제530조의4)로, 분할에 의하여 설립되는 회사를 '단순분할신설회사'(상법 제530조의5 제1항 제1호)로, 분할회사가 합병하는 다른 회사를 '분할합병의 상대방 회사'(상법 제530조의6 제1항)로, 분할합병의 상대방 회사로서 존속하는 회사를 '분할승계회사'(상법 제530조의6 제1항 제1호)로, 분할합병을 하여 설립되는 회사를 '분할합병신설회사'(상법 제530조의6 제2항 제2호)로 정의함에 따라 해결되었다. 상업등기법에서는 분할 또는 분할합병으로 설립하는 회사를 '분할신설회사'로, 분할 또는 분할합병후 존속하는 회사를 '분할존속회사'로, 소멸하는 회사를 '분할소멸회사'로, 분할합병으로 분할되는 부분을 흡수하는 분할합병의 상대방 회사를 '흡수분할합병회사'로 정의하고 있다(상업등기법 제70조 제1항, 제2항).

4) 일본 상법에서는 신설분할합병의 유형을 공동신설분할이라고 한다. 최기원, 앞의 책

병(제523조)과 신설합병(제524조)을 구분하는 상법의 기존 태도를 따른 것이다. 흡수분할합병과 신설분할합병은 공히 분할회사가 분할 후 소멸하는 경우와 존속하는 경우가 가능하므로 분할합병은 완전(소멸) 흡수분할합병, 완전(소멸) 신설분할합병, 불완전(존속) 흡수분할합병, 불완전(존속) 신설분할합병의 형태가 가능하다.[5)]

한편 "분할회사의 주주"가 "단순분할시설회사의 주식"(단순분할의 경우 제530조의5 제1항 제4호), 분할승계회사의 주식(흡수분할합병의 경우 제530조의6 제1항 제3호), 분할합병신설회사의 주식(신설분할합병의 경우 제530조의6 제2항 제3호)을 배정받는 이른바 인적분할을 전제로 규정을 정리하고, "분할되는 회사" 자체가 "분할 또는 분할합병으로 인하여 설립되는 회사의 주식"을 취득하는 물적분할을 허용하면서 인적분할에 관한 규정들을 준용하도록 하고 있다(제530조의12).

나아가 상법은 "회사는 분할에 의하여 1개 또는 **수 개의** 회사를 설립할 수 있다"(제530조의2 제1항)고 하여 분할로써 복수의 사업부문[6)]을 동시에 이전하는 것을 허용하고, "회사는 분할에 의하여 1개 또는 수 개의 회사를 설립함과 동시에 분할합병할 수 있다"(제530조의2 제3항)

(주 1), 1150면의 주 1.

5) 상법은 존속분할합병이 가능함을 직접적으로 규정하고 있지는 않으나, 제530조의9 제2항 후단에서 "이 경우 분할회사가 분할 후에 존속하는 경우에는"이라고 표현하여 존속분할을 예정하고 있다. 이철송, 회사법강의, 박영사, 2009, 888면, 890면.

6) 통상적으로 분할은 복수의 사업부문을 분리하여 새로운 회사를 설립하거나 다른 회사와 합병하는 데 사용된다. 그러나 상법은 분할의 대상을 '재산'으로 규정하고 있으며(제530조의5 제1항 제7호, 제530조의6 제1항 제6호 등), '영업'으로 한정하고 있지 않으므로 사업부문을 이루는 적극·소극 재산 중에서 일부 또는 개별 재산만을 분할에 의하여 포괄적으로 이전하는 것도 허용된다고 해석하는 것이 타당하다. 관련한 학설의 대립에 대하여는 손주찬·정동윤(편)/권기범(집필), 주석상법 회사 IV, 한국사법행정학회, 2003, 581-583면 참조. 다만 이 글에서는 논의의 편의상 사업부문을 분할하는 경우를 사례로 설명하기로 한다.

고 하여 이른바 혼합분할, 복합적 분할, 신설 및 분할합병 또는 단순분할과 분할합병의 병행을 허용하고 있다.[7] 그 결과 위에서 살펴본 여러 가지 분할유형의 다양한 조합이 가능해진다.

분할의 유형에 대한 논의에 있어 혼란스러운 점은 이와 같이 다양한 분할의 유형에 대한 호칭이 통일되어 있지 않다는 것이다. 상법규정에서 사용되고 있는 용어는 '분할'(제530조의2 제1항 등), '분할합병'(제530조의2 제2항), '단순분할'('단순분할신설회사' 용어의 일부로서)(제530조의5 제1항 제1호), '물적분할'(제530조의12 제목)에 불과하다. 물적분할에 대비되는 '인적분할'은 일반적으로 통용되고 있는 것 같으나, 그 외의 유형에 대해서는 위에서 본 것처럼 좀처럼 용어가 통일되어 있지 않다.

주식회사의 분할 또는 분할합병으로 인한 등기의 사무처리지침(2014. 11. 5. 전부개정 등기예규 제1542호, 이하 '분할등기 사무처리지침')에서는 분할 및 분할합병으로 인한 등기의 기재례를 소개하면서 분할의 유형을 다음과 같이 분류하고 있다.

1. 단순분할

① 완전(소멸) 단순분할 : 분할회사 갑의 A영업부문과 B영업부문을 분할하여 을(A)회사와 병(B)회사를 설립하고 갑은 소멸하는 경우.

② 불완전(존속) 단순분할 : 분할회사 갑의 A영업부문과 B영업부문

7) 강학상으로는 단순분할과 분할합병이 함께 일어나는 경우뿐만 아니라, 인적분할과 물적분할이 함께 일어나는 경우와 같이 서로 다른 유형의 분할이 함께 일어나는 경우에도 혼합분할 또는 복합적 분할이라는 용어를 사용하기도 한다. 예를 들어 권기범, 앞의 주석서(주 5), 579면.

중에서 A영업부문을 분할하여 을(A)회사를 설립하고 갑(B)이 존속하는 경우.

2. 분할합병

① 완전(소멸) 흡수분할합병 : 분할회사 갑의 A영업부문, B영업부문을 분할하여 각각 분할합병 상대방회사인 기존회사 을(A)과 병(B)에 흡수합병하고 갑은 소멸하는 경우.

② 완전(소멸) 신설분할합병 : 분할회사 갑의 A영업부문과 B영업부문을 분할하여 각각 분할합병 상대방회사인 기존회사 을(A)과 병(B)에 합병하여 신설회사 정(A)과 무(B)를 설립하고 갑, 을, 병은 소멸하는 경우.[8)]

③ 불완전(존속) 흡수분할합병 : 분할회사 갑의 A영업부문과 B영업부문 중에서 A영업부문을 분할하여 분할합병 상대방회사인 기존회사 을(A)에 흡수합병하고 갑(B)이 존속하는 경우.

④ 불완전(존속) 신설분할합병 : 분할회사 갑의 A영업부문과 B영업부문 중에서 A영업부문을 분할하여 분할합병 상대방회사인 기존회사 을(A)과 신설합병하여 병(A)을 설립하고 갑(B)이 존속하는 경우.[9)]

8) 신설분할합병의 경우 제3, 제4의 회사가 참여하는 것도 가능한 것으로 해석한다. 권기범, 앞의 주석서(주 6), 578면.

9) 권기범, 앞의 주석서(주 6), 578면은 이 같은 불완전(존속) 신설분할합병에 있어서 갑을 간에 단일한 하나의 분할합병계약서가 작성되어야 한다고 설명하고 있다. 을의 입장에서 볼 때는 아무런 사업부문의 분할이 일어나지 않는다는 점에서 분할합병이 아닌 단순(신설)합병과 마찬가지이고, 갑과 을 사이에는 합병계약서를 체결하는 것이 옳은 것인지에 대한 의문이 있을 수 있으나, 위 거래는 상법 제530조의6 제2항 소정의 "분할회사의 일부가 다른 회사와 분할합병을 하여 회사를 설립하는 경우"로서 하나의 신설분할합병 거래이므로 법문상 단일한 분할합병계약서를 체결하는 것이 타당하다.

3. 혼합분할[10)]

① 완전(소멸)분할과 흡수분할합병의 혼합 : 분할회사 갑(A, B, C)이 분할하여 A영업부문은 분할합병 상대 회사인 기존회사 을(A)과 분할합병하고, B영업부문으로 분할 신설회사 병(B)을 설립하고, C영업부문으로는 분할 신설회사 정(C)을 설립한 후 갑은 소멸하는 경우.

② 완전(소멸)분할과 신설분할합병의 혼합 : 분할회사 갑(A, B, C)이 분할하여 A영업부문은 분할합병 상대 회사인 기존회사 을(A)과 분할합병하여 분할합병 신설회사 병을 설립하고, B영업부문으로 분할 신설회사 정(B)을 설립하고, C영업부문으로는 분할 신설회사 무(C)를 설립한 후 갑, 을은 소멸하는 경우.

③ 불완전(존속)분할과 흡수분할합병의 혼합 : 분할회사 갑(A, B, C)이 일부 분할하여 B영업부문은 분할합병 상대 회사인 기존회사 을(B)과 분할합병하고, C영업부문으로는 분할 신설회사 병(C)을 설립하고, 갑(A)이 존속하는 경우.

④ 불완전(존속)분할과 신설분할합병의 혼합 : 분할회사 갑(A, B, C)이 일부 분할하여 B영업부문은 분할합병 상대 회사인 기존회사 을(B)과 분할합병하여 분할합병 신설회사 병(B)을 설립하고, C영업부문으로는 분할 신설회사 정(C)을 설립하고, 기존회사 을은 소멸하고 갑(A)이 존속하는 경우.

분할등기 사무처리지침은 물적분할에 관하여는 상세한 유형을 분류하지 않고, "물적분할은 분할에 의하여 교부하는 주식이 피분할회

10) 분할등기 사무처리지침은 '단순분할과 분할합병이 혼합된 경우'로 기재하고, 직접적으로 '혼합분할'이라는 용어는 사용하지 않고 있다.

사의 주주가 아닌 피분할회사가 직접 전부 취득하므로 피분할회사가 소멸하는 완전분할이나 완전분할합병은 개념적으로 존재할 수 없다는 점을 제외하고는 인적분할의 기재례와 동일하다"고만 적고 있다.[11)]

이 글에서는 분할의 유형에 대해서도 원칙적으로 분할등기 사무처리지침에서 사용되는 용어를 따르고자 한다. 또한 '혼합분할'은 상법 제530조의2 제3항에 정한 바와 같이 단순분할과 분할합병이 복합적으로 일어나는 경우에만 한정하여 사용한다.

II. 분할의 유형과 관련한 쟁점

1. 물적신설분할합병의 허용 여부

물적분할을 규정한 상법 제530조의12는 "이 절의 규정은 분할되는 회사가 분할 또는 분할합병으로 인하여 설립되는 회사의 주식의 총수를 취득하는 경우에 이를 준용한다"고 규정하고 있다. 앞서 살핀 바와 같이 물적분할의 경우 완전(소멸) 분할합병은 개념상 존재할 수 없기 때문에, 물적분할합병으로서 허용 여부가 문제되는 것은 불완전(존속) 신설분할합병, 불완전(존속) 흡수분할합병이다.

이른바 물적신설분할합병과 관련하여, 먼저 예컨대 분할회사 갑(A, B)과 을(A, B)이 A영업부문을 출자하여 신설회사 병(A)을 설립하고 병

11) 이는 물적분할의 개념상 당연하며, 이론이 없다. 권기범, 앞의 주석서(주 6), 574면 ; 이광중, 회사분할, 삼일인포마인, 2003, 130면 ; 이철송, 앞의 책(주 5), 908면 ; 최기원, 앞의 책(주 1), 1147면 등. 위 분할등기 사무처리지침 규정에서 '피분할회사'는 2015. 12. 1. 상법 개정 전의 용어가 남아 있는 것으로, '분할회사'를 의미하는 것이다. 주 3 참조.

(A)이 발행하는 신주를 갑(B)과 을(B)에게 배정하는 경우를 본다. 이 경우 각 분할회사(갑과 을)는 분할합병으로 인하여 설립되는 회사(병)의 주식의 일부만을 취득하며, 어느 누구도 설립되는 회사(병)의 주식의 총수를 취득하지 않는다. 상법 제530조의12는 설립되는 회사의 주식의 '총수'를 취득하는 경우라고 규정하고 있으므로, 물적분할은 단순분할 형태로만 인정되고 분할합병은 허용되지 않는다는 견해가 있을 수 있다. 그러나 여기서 '주식의 총수'는 분할합병의 경우에 있어서는 '이전되는 재산(사업부문)[12]에 상응하는 주식의 총수'로 읽어야 할 것이다. 이렇게 새기지 아니하면 분할뿐만 아니라 분할합병의 경우에도 준용하는 취지에 명백히 배치되기 때문이다. 이를 특별히 정면으로 다루고 있는 학설은 찾아보기 어려우나 물적신설분할합병이 인정된다는 점에 있어서는 대부분 찬동하는 것으로 보인다.[13]

한편 예컨대 분할회사 갑(A, B)이 A영업부문을, 을(A)이 그 영업 전부를 출자하여 신설회사 병(A)을 설립하고 병(A)이 발행하는 신주를 갑에 있어서는 회사 자신이 받고 을에 있어서는 그 주주들이 받는 경

12) 주 6 참조.

13) 학설은 대부분 상법 제530조의12의 문언 중 '설립되는 회사'와 관련된 문제점에 대해서만 논하고 '주식의 총수'와 관련된 문제점은 다루지 않고 있다. 다만 최기원, 앞의 책(주 1), 1151면, 1175면은 "복수의 회사가 피분할회사의 입장에서 공동으로 새로운 수혜회사를 설립하는 신설분할합병 형태의 물적 분할도, 일방의 피분할회사가 수혜회사 주식의 총수를 취득하지 않고 그 일부만을 취득할 뿐이며 나머지 일부의 주식은 다른 일방의 피분할회사가 취득하게 되므로, 상법상 인정되지 않는다"고 설명하고 있다. 그러나 같은 책, 1152면 회사분할의 유형 도해에서는 물적신설분할합병을 인정하고 있고, 1175면에서는 각주 4에서 "흡수분할합병이나 신설분할합병의 경우를 예외적으로 물적분할의 허용범위에서 제외해야 할 합리적 이유가 없으며, 상법은 명문으로 '분할 또는 분할합병으로 인하여' 물적분할을 하는 경우라고 규정하고 있으므로, 이러한 형태의 물적분할도 허용된다고 해석하는 것이 타당하다"고 적고 있다. 결국은 긍정설에 찬동하는 것으로 추측된다.

우를 본다. 이러한 거래를 신설분할합병에 있어서 인적분할과 물적분할의 혼합 형태로 파악하면서, 물적분할에 관한 상법 제530조의12의 법문을 합리적으로 해석하면 이러한 혼합 형태의 신설분할합병이 가능하다고 보는 견해가 있다.[14] 결론에 있어서는 찬동하나, 이를 특별히 인적분할이 혼합된 것으로 볼 필요는 없다고 생각된다. 을의 주주들이 신설회사 병의 신주를 배정받는 것은 을이 신설분할합병의 상대방이 되어 소멸하기 때문에 당연한 귀결이며, 인적분할의 효과가 아니기 때문이다.

2. 물적흡수분할합병의 허용 여부

상법 제530조의12와 관련하여, 분할회사 갑의 A영업부문과 B영업부문 중에서 A영업부문을 분할하여 분할합병의 상대방 회사인 기존회사 을(A)에 흡수합병하고 갑(B)이 존속하면서, 분할합병법인인 을(A)이 발행하는 신주를 갑(B)에게 배정하는 이른바 물적흡수분할합병이 허용되는지 문제된다.

부정설은 제530조의12가 분할합병으로 인하여 '설립되는 회사'의 주식을 취득하는 경우라고 명시하고 있으므로 물적분할합병은 신설분할합병만 허용되고, 흡수분할합병은 허용될 수 없다고 본다.[15] 문언해석에 충실한 견해이다. 긍정설은 흡수분할합병의 경우에 유독 물적분할을 제외해야 할 이유가 없으므로 위 문언은 입법의 착오이고 물

14) 권기범, 앞의 주석서(주 6), 580면.

15) 권기범, 앞의 주석서(주 6), 576-577면 ; 이광중, 앞의 책(주 11), 132면은 부정설에 찬동하면서도 물적분할의 경우에 흡수분할합병을 인정하지 않는 것은 의문이며, 과거 신설합병이 거의 이루어지지 않은 것으로 보아 물적분할의 경우에 입법취지에도 불구하고 분할합병 사례는 거의 없을 것으로 추측하고 있다.

적흡수분할합병도 허용될 수 있다고 본다.[16] 상법 제530조의12는 흡수분할합병에 관한 제530조의6 제1항 등의 적용을 배제하지 않고 있으며, 기업의 구조조정을 위한 회사분할의 유연성을 위해 물적분할을 인정한 상법 제530조의12의 취지에 비추어 긍정설을 취하는 것이 타당하다고 본다. 상업등기선례 역시 물적흡수분할합병을 인정하고 있다.[17]

3. 분할합병 당사회사 일방은 물적분할, 상대방은 인적분할을 통한 신설분할합병의 허용 여부

한편 예컨대 분할회사 갑(A, B)과 을(A, B)이 A영업부문을 출자하여 신설회사 병(A)을 설립하고 갑(B)과 을(B)이 존속하면서, 병(A)이 발행

16) 이철송, 앞의 책(주 5), 909면 ; 김지환, 앞의 논문(주 2), 422면 ; 정준우, 앞의 논문(주 2), 392면 ; 김동민, "회사의 분할제도의 도입과 그 문제점에 관한 연구," 서울대학교 석사학위논문, 1999, 50면 ; 손주찬, 상법(상), 박영사, 2005, 1045면 역시 물적분할을 "분할로 인한 신설회사 또는 출자를 받은 존속회사의 발행주식이 모두 피분할회사에 귀속되는 경우"로 설명하여 물적흡수분할합병을 인정하는 견해를 취하는 것으로 보인다. 최기원, 앞의 책(주 1)은 주 13에서 본 바와 같이 명확하지는 않으나 물적신설분할합병과 물적흡수분할합병 모두 허용된다는 입장으로 보인다.

17) 상업등기선례 1-246(2003. 10. 8. 공탁법인 3402-239 질의회답) : "갑회사를 분할하여 그 일부와 을회사를 합병하고 갑회사와 을회사는 모두 존속하는 흡수분할합병을 하면서, 분할된 갑회사의 일부에 해당하는 출자지분에 관하여 존속하는 갑회사에게 주식을 배정 · 교부하는 이른바 물적흡수분할합병의 경우에도 분할합병에 따른 변경등기가 가능할 것이다." 이철송, 앞의 책(주 5), 909면의 주 1에 의하면 이 상업등기선례는 롯데쇼핑(주)의 카드사업부를 롯데카드(주)로 흡수분할합병시킨 사례와 관련된 것이라고 한다. 롯데카드(주)의 공시자료에 의하면 원래 롯데쇼핑(주)의 카드사업부와 롯데카드(주)를 합병하여 신설회사인 롯데카드(주)를 설립하는 물적신설분할합병을 추진하다가, 롯데쇼핑(주)의 카드사업부를 롯데카드(주)로 흡수합병시키는 물적흡수분할합병으로 변경하였다(2003. 8. 23.자 및 같은 해 10. 17.자 회사분할합병결정 보고서 참조).

하는 신주를 갑에 있어서는 회사 자신이 받고 을에 있어서는 그 주주들이 받는 형태의 신설분할합병이 허용되는지 문제된다. 이는 갑의 입장에서는 물적분할, 을의 입장에서는 인적분할을 통해 신설분할합병을 실시하는 것이다.[18)]

이를 '인적분할과 물적분할의 병행'의 한 형태로 보고 긍정하는 견해가 있다.[19)] 타당한 해석으로 보는 이유는 신설분할합병에 관한 상법 제530조의6은 복수의 회사가 각 일부 사업부문을 출자하여 분할합병을 통해 신설회사를 설립하는 경우를 상정하고 있으며, 각 회사가 사업부문을 출자하기 위한 분할방법을 반드시 동일한 것으로 요구할 필요는 없기 때문이다.

4. 공동흡수분할합병의 허용 여부

상법 제530조의6 제2항의 신설분할합병의 경우에는 '다른 회사'는 물론 '다른 분할회사의 일부'와 합병을 하는 경우도 상정하고 있다. 따라서 둘 이상의 분할회사가 신설분할합병에 참여하는 이른바 공동신설분할합병, 즉 예를 들어 갑(A, B)과 을(A, B)이 각 A영업부문을 분할하여 신설회사 병(A)을 설립하고 갑 · 을이 존속하는 경우에 갑과 을은 단일한 분할합병계약서를 작성하여 주주총회의 승인을 받게 된다.[20)]

그러나 상법 제530조의6 제1항에 정한 흡수분할합병의 경우에는 '다른 회사'와 합병하는 경우만을 규정하고 '다른 분할회사의 일부'

18) 위 II.의 1.에서 살펴본 두 번째 사례와 혼동하지 않아야 한다. 그 경우는 을이 그 영업 전부를 병에 출자하고 소멸하는 경우이고, 여기서 논하는 사례는 을이 일부 사업부문만을 출자하고 존속하는 경우이다.

19) 이광중, 앞의 책(주 11), 134면.

20) 권기범, 앞의 책(주 1), 363면.

와 합병을 하는 경우를 규정하지 않고 있다. 이와 관련하여 예를 들어 (i) 분할회사 갑(A, B)은 A영업부문을, 을(A)은 전 영업을 출자하여 기존회사 병(A)에 흡수합병하고 갑(B)이 존속하며 을은 소멸하는 경우, (ii) 분할회사 갑(A, B)과 을(A, B)이 A영업부문을 분할하여 기존회사 정(A)에 흡수합병하고 갑(B), 을(B)이 존속하는 경우와 같이 복수의 회사가 흡수분할합병에 참여하는 경우, 이를 공동신설분할합병에 준하는 것으로 보아 하나의 분할합병계약서로 같이 처리하도록 할 것인지 아니면 갑과 병 간의 분할합병과 을과 병 간의 합병〔위 (i)의 경우〕, 갑과 정 간의 분할합병과 을과 정 간의 분할합병〔위 (ii)의 경우〕으로 각각 분리하여 다루어야 하는지에 관한 논의가 있다.[21)]

이에 대해서는 상법 제530조의6 제2항의 해석론으로서는 부득이 독립적으로 이루어지는 개별 행위로 보아 복수의 분할합병이 개별적으로 성립하는 것으로 보아야 할 것이나, 입법론으로서는 신설분할합병과 마찬가지로 하나의 계약서를 작성하여 모든 당사회사 주주총회의 승인을 얻도록 하는 것이 바람직하다는 견해가 있다.[22)] 그러나 흡수분할합병의 경우에 복수의 분할회사(분할합병 상대방인 기존회사 제외)가 분할합병에 참여하는 것을 제한할 이유가 없고, 제530조의6 제1항 각호에서 '분할되는 회사'를 '각 피분할회사'로 읽으면 굳이 공동신설분할합병에 관한 상법 제530조의6 제2항을 준용함이 없이도 하나의 분할합병계약서를 작성하는 것이 가능하다. 하나의 분할합병계약서에 의해서 처리할 수 있다고 새기는 것이 타당하다고 본다.

21) 일본 상법상으로는 공동신설분할(우리의 신설분할합병)에 관해서만 규정이 있고 이러한 형태에 대하여는 규정이 없으나, 학설은 이와 같은 이른바 공동흡수분할도 인정하고 있다고 한다. 권기범, 앞의 책(주 1), 328면.

22) 권기범, 앞의 책(주 1), 328면, 364면.

5. 피분할회사가 합병하는 경우 분할합병 해당 여부

예를 들어 피분할회사 갑(A, B)이 A영업부문을 분할하여 신설회사 을(A)을 설립하고 갑(B)이 존속하면서 기존회사 병(B)을 흡수합병하는 형태의 거래를 상법상의 분할합병으로 볼 수 있는지 여부가 문제된다.

상법 제530조의2 제2항은 분할합병을 "회사가 분할에 의하여 1개 또는 수 개의 존립 중의 회사와 합병"하는 것으로 정하고 있으며, 문언상 존립 중의 회사와 합병하는 주체는 "분할로 인하여 이전되는 재산 또는 사업부문"을 의미하는 것으로 읽어야 할 것이다.[23] 따라서 위와 같은 거래는 갑이 단순분할과 (일반) 흡수합병을 동시에 이행하는 것에 불과하므로, 분할합병으로 볼 수는 없을 것이다.[24] 실무에 있어서도 이를 분할합병으로 취급하지 않는다.[25] 굳이 이를 구분하는 것은

---

23) 이를 명시적으로 논하고 있지는 않으나 최기원, 앞의 책(주 1), 1149면 ; 이광중, 앞의 책(주 11), 136면도 같은 취지로 보인다.

24) 이광중, 앞의 책(주 11), 150면도 이를 분할과 합병이 병행되는 형태로 파악하면서, 코스닥시장 상장법인인 (주)모헨즈에서 2001년 레미콘사업부를 물적분할 형태로 분리하고 존속회사는 장외기업인 (주)미디어플래닛과 (주)세호정보통신을 흡수합병하려다 주주총회에서 합병안건이 부결되어 실패한 사례를 소개하고 있다.

25) 코스닥시장 상장법인인 (주)굿센〔현 (주)플렉스컴〕은 2009년 3월 Fitting사업부문, 비데사업부문, 부동산투자임대사업부문을 물적분할하여 신설법인인 (주)굿센을 설립하고, 분할회사인 (주)굿센은 비상장법인인 (주)플렉스컴을 흡수합병하여 (주)플렉스컴으로 사명을 변경하였다. 이와 관련하여 (주)굿센은 2008. 12. 3. 분할합병신고서를 제출하였으나, 같은 해 12. 30. 분할신고서와 합병신고서를 분리하여 제출하였다〔(주)굿센의 2008. 12. 3.자 분할합병신고서, 같은 해 12. 29.자 분할신고서 및 합병신고서, 2009. 3. 4.자 합병등종료보고서(합병), 합병등종료보고서(분할) 참조〕. 유사한 사례로 2008년에도 (주)MCS로직〔현 (주)엔티피아〕은 비메모리반도체 설계 · 판매사업부문을 분할하여 신설법인인 (주)MCS로직을 설립하고, 분할회사인 (주)MCS로직은 비상장법인인 (주)나노테크닉스를 흡수합병하여 (주)엔티피아로 사명을 변경한 일이 있었다〔(주)MCS로직의 2008. 3. 4.자 분할신고서, 같은 해 6. 16.자 정정신고서, 같은 해 6.

갑과 병 사이에 하나의 분할합병계약서 체결로 족한 것인지, 아니면 갑은 분할계획서를 작성하고 병과의 사이에 합병계약서를 체결해야 하는지와 같은 실무상의 문제를 해결하기 위해서는 개념을 명확히 할 필요가 있기 때문이다. 위와 같이 분할합병이 아니라고 해석하면 하나의 분할합병계약서로 진행할 수 없기 때문에 번거로운 점이 있지만, 분할과 합병절차를 동시에 진행할 수 있다는 점에 있어서는 같고, 갑과 을의 주주와 채권자들에게 채권자 보호절차 및 주식매수청구권이 인정된다는 점에서 이해관계인의 보호에도 차이가 없어, 실무상 큰 문제는 없을 것으로 본다.[26)]

좀 더 어려운 경우는 예를 들어 분할회사 갑(A, B)이 A영업부문을 인적분할하여 신설회사 을(A)을 설립하고 갑(B)이 존속하며, 분할회사 병(B, C)이 B영업부문을 인적분할하여 갑(B)으로 흡수합병시키고 병(C)이 존속하는 형태이다.

앞서 본 사례와 달리 이 경우 병의 측면에서는 분할된 사업부문이 존립 중인 회사(갑)와 합병하므로 상법 제530조의2 제2항에 따른 분할합병의 요건을 충족하는 것이 명백하다. 한편 갑의 측면에서도 병의 흡수분할합병의 상대방 회사로서 분할합병의 당사자가 되므로, 인적분할과 흡수분할합병이 병행되는 혼합분할로 이해하는 견해도 있을

18.자 분할종료보고서, 같은 해 7. 2.자 정정신고서 참조]. (주)엔티피아의 등기부등본을 살펴보면, 흡수합병(2008. 6. 9. 등기)과 회사분할(2008. 6. 16. 등기)을 구분하여 기재하고 있다.

26) 혼합분할의 경우에는 분할합병되는 사업부문, 단순분할되는 사업부문, 분할되지 않고 존속하는 사업부문을 구분하지 않고 모든 채권자들에게 채권자 보호절차가 인정되고 모든 주주들에게 주식매수청구권이 인정된다. 그 실제적 필요성에 대해서는 금재문, "회사분할제도에 관한 법적 고찰," 기업법연구 제19권 제4호(2005. 12), 한국기업법학회, 317-318면 참조. 따라서 위 사례에서 분할합병으로 파악하는지 또는 합병으로 파악하는지 여부는 주주와 채권자에 대한 보호에 있어서는 차이를 가져오지 않는다.

수 있다. 그러나 분할합병의 상대방 회사가 되었다는 것과 그 자신이 분할합병을 실시한 경우는 개념상 구분되어야 한다.[27)]

위 사례에서 갑의 경우에는 단순인적분할을 실시함과 동시에 병의 흡수분할합병의 상대방 회사가 되나, 병과의 흡수분할합병의 대상이 된 것은 갑에 존속하는 사업부문이므로 갑이 분할합병 또는 혼합분할을 실시한 것으로는 보지 않는 것이 타당하다. 따라서 갑과 병 사이의 단일한 분할합병계약서로는 위와 같은 거래를 실행할 수 없고, 갑은 A영업부문의 인적분할에 대한 분할계획서를 작성하고, 병과의 분할합병에 대해서는 별도로 분할합병계약서를 작성해야 한다고 본다.[28)] 그러나 갑은 병의 흡수분할합병의 상대방 회사가 되므로 이를 혼합분

---

27) 예를 들어 분할등기 사무처리지침에서 불완전(존속) 흡수분할합병으로 설명되는 사례를 본다. 분할회사 갑의 A영업부문과 B영업부문 중에서 A영업부문을 분할하여 분할합병의 상대방 회사인 기존회사 을(A)에 흡수합병하고 갑(B)이 존속하는 경우, 갑과 을은 하나의 분할합병의 당사회사가 된다. 그러나 분할합병의 상대방 회사인 을의 입장에서는 아무런 사업부문의 분할도 일어나지 않기 때문에, 을도 분할합병을 실시했다고 볼 수는 없다. 이철송, 앞의 책(주 5), 890면은 신설분할합병을 설명하면서 (i) 갑(가전 · 반도체)의 가전부문을 기존의 다른 B회사(가전) 전체와 합해 신설합병을 한다면 갑의 입장에서만 회사분할이고, (ii) 갑(가전 · 반도체)의 가전부문을 기존의 다른 B회사(가전 · 통신)의 가전부문과 합해 신설합병을 한다면 갑과 B 모두에게 회사분할이 된다고 설명하고 있다. 역시 같은 취지로 보인다.

28) 일진전기(주)(부동산사업부문 · 제조사업부문 · 투자사업부문)는 부동산사업부문을 물적분할하여 일진디앤코(주)를, 제조사업부문을 인적분할하여 일진전기(주)를 설립하고, 투자사업부문은 일진다이아몬드(주)(투자사업부문 · 제조사업부문)의 투자사업부문을 흡수합병하여 사명을 일진홀딩스(주)로 변경하였다. 한편 일진다이아몬드(주)는 인적분할을 통해 투자사업부문은 위와 같이 일진전기(주)로 흡수합병되어 일진홀딩스(주)가 되고, 제조사업부문은 그대로 일진다이아몬드(주)로 존속하였다〔일진전기(주)의 2008. 4. 16.자 분할신고서, 같은 해 7. 3.자 정정신고서, 같은 해 7. 7.자 분할종료보고서, 같은 해 7. 31.자 정정신고서 ; 일진다이아몬드(주)의 2008. 4. 16.자 분할신고서, 같은 해 7. 4.자 정정신고서, 같은 해 7. 7.자 분할종료보고서〕.
이는 일진다이아몬드(주)의 측면에서만 보면 전형적인 불완전(존속) 인적흡수분할합병이고 특별할 것이 없다. 그러나 일진전기(주)의 측면에서 보면 인적분할 · 물적분할 · 합병이 동시에 이루어져 어떤 유형으로 분류해야 할지 쉽게 판단하기 어려운 구

할로 파악하지 않더라도 갑의 채권자들에게는 채권자 보호절차가, 주주들에게는 주식매수청구권이 인정된다는 점은 유의해야 한다.[29]

6. 인적분할과 물적분할 단순혼합의 허용 여부

예를 들어 분할회사 갑(A, B, C)이 일부 분할하여, B영업부문은 인적분할을 통해 분할신설회사 을(B)을 설립하고 C영업부문은 물적분할을 통해 분할신설회사 병(C)을 설립하며 갑(A)은 존속하는 경우이다. 존속회사 갑(A)의 주주는 분할신설회사 을(B)의 주식을 배정받고, 갑(A)은 병(C)의 주식 전부를 배정받게 된다.

조이다. 앞에서 논의한 분석 틀에 의하면 일진전기(주)는 일진다이아몬드(주)의 흡수분할합병의 상대방 회사가 된다는 측면에서 분할합병의 당사회사가 되나, 분할합병의 대상이 된 일진전기(주)의 투자사업부문은 분할로 인하여 이전되는 사업부문이 아니라 존속하는 사업부문이므로 그 자체로는 분할합병을 실시한 것으로는 볼 수 없고, 인적분할과 물적분할을 실시함과 동시에 병행하여 일진다이아몬드(주)의 분할합병의 상대방 회사로서 절차를 진행한 것으로 설명할 수 있을 것이다.

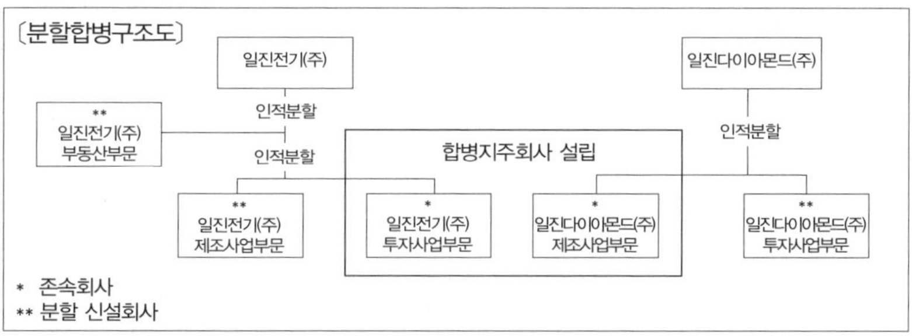

29) 상법 제530조의11 제2항은 합병반대주주의 주식매수청구권(제522조의3)과 채권자 보호절차(제527조의5)의 규정을 분할합병의 경우에 준용하고 있다. 법문상 명확하지는 않으나, 학설은 대체로 흡수분할합병시 분할합병의 상대방 회사의 주주 및 채권자는 흡수합병에 있어서의 존속회사의 주주 및 채권자와 동일한 지위에 있으므로 반대 주주의 주식매수청구권과 채권자 이의제출권이 인정된다고 해석한다. 권기범, 앞의 주석서(주 6), 642면 등.

부정설은 상법 제530조의12가 물적분할의 경우 수혜회사의 주식 총수를 취득하는 경우에만 인적분할을 준용하도록 규정하고 있어 인적분할과 물적분할이 혼용되는 형태의 분할은 우리 상법상 허용되지 않는다고 해석한다.[30)] 그러나 위 사례의 경우 분할회사인 갑은 물적분할로 신설되는 병의 주식 총수를 취득하므로 상법 제530조의12에 정한 물적분할의 요건을 충족하며, 동 조항이 인적분할과 물적분할을 함께 실시하는 거래를 금지하는 것으로 읽히지도 아니하므로, 이와 같은 인적분할과 물적분할의 단순혼합은 당연히 허용되는 것으로 봐야 한다.[31)] 어차피 인적분할과 물적분할을 순차적으로 실시하여 동일한 효과를 달성할 수 있으므로 이와 같은 번거로움을 피하기 위해서라도 인적분할과 물적분할의 혼용을 인정하는 것이 거래의 효율과 비용절감을 위해 바람직할 것이다.[32)] 실제로 이와 같은 형태의 분할은 종종 수행되고 있다.[33)]

---

30) 천승희, "회사분할에 관한 연구 ―실무적 측면을 중심으로," 고려대학교 박사학위논문, 2007, 13-14면.

31) 이광중, 앞의 책(주 11), 134면은 긍정설을 취하면서, 상법상 명문규정은 없으나 분할입법의 취지상 사업부문별로 분할 형태를 달리하여 인적분할과 물적분할을 동시에 실행하는 것을 제한할 이유가 없다고 한다.

32) 천승희, 앞의 논문(주 30)은 권기범, 앞의 책(주 1), 330면을 같은 취지의 견해로 인용하고 있으나, 인용된 부분은 뒤에서 설명하는 인적분할과 단순분할의 교차혼합에 관한 논의이다. 천승희의 논문은 인적 분할과 물적분할의 단순혼합을 교차혼합과 혼동한 것이 아닌가 생각된다.

33) 대우통신(주)은 2002년 자동차부품사업부문을 제품군에 따라 3개의 신설회사로 분할하여 대우정밀(주), 대우파워트레인(주) 및 대우프라스틱(주)을 설립하였는데, 대우정밀(주)은 인적분할, 대우파워트레인(주) 및 대우프라스틱(주)은 각 물적분할의 방법에 의하였다. 분할회사인 대우통신(주)는 컴퓨터사업부문으로 존속하였다〔대우통신(주)의 2001. 11. 22.자 분할신고서, 같은 해 12. 5.자 정정신고서, 2002. 2. 15.자 분할종료보고서, 같은 해 2. 19.자 정정신고서 참조〕. 또한 코스닥시장 상장법인 (주)네오위즈는 2007년 지주회사로 개편하면서 게임사업부문의 인적분할을 통해 (주)네오위즈게임즈를, 인터넷사업부문과 투자사업부문의 각 물적분할을 통해 (주)네오위즈인터넷, (주)네

같은 이유에서 예를 들어 분할회사 갑(A, B, C, D)이 A영업부문은 인적분할을 통해 분할신설회사 을(A)을 설립하고, B영업부문은 기존의 승계회사 병(B)에게 흡수분할합병시키고, C영업부문은 물적분할을 통해 신설회사 정(C)을 설립하고, 갑(D)은 존속하면서 물적분할 신설회사인 정(C)의 주식을 배정받는 경우와 같이 인적분할 · 물적분할과 분할합병의 단순혼합도 가능하다고 본다.[34]

7. 인적분할과 물적분할 교차혼합의 허용 여부

예를 들어 분할회사 갑(A, B)이 B영업부문을 분할하여 분할신설회사 을(B)을 설립하면서 을(B)의 주식을 일부는 분할회사 갑(A)이 취득하고, 나머지는 분할회사 갑(A)의 주주가 취득하는 형태이다. 위에서 살펴본 인적분할과 물적분할의 단순혼합과 구별하기 위하여 편의상 이를 교차혼합이라 부르기로 한다.

상법의 해석상으로도 이를 긍정하는 견해가 있고,[35] 기업회계기준 등에 관한 해석 〔49-55〕 '분할 · 분할합병에 관한 회계처리'에서는 이러한 분할유형을 전제로 그 회계처리를 논하고 있다.[36] 이를 부정하는

오위즈인베스트를 각 설립하고, (주)네오위즈는 지주회사로 존속하는 형태의 분할을 하나의 분할절차에 의해 실시하였다〔(주)네오위즈의 2007. 2. 1.자 분할신고서, 같은 해 3. 4.자 정정신고서, 같은 해 4. 27.자 분할종료보고서, 같은 해 5. 10.자 정정신고서 참조〕.

34) 권기범, 앞의 주석서(주 6), 579면도 같은 의견이다.

35) 최기원, 앞의 책(주 1), 1162면. 독일 기업재편법의 해석으로는 이러한 형태의 분할도 허용된다는 견해가 유력하며, 일본 상법의 해석론으로도 이를 일부분할이라 하여 허용된다고 보는 견해가 통설이라고 한다. 권기범, 앞의 주석서(주 6), 579면 ; 최기원, 앞의 책(주 1), 1162면.

36) 기업회계기준 등에 관한 해석 〔49-55〕 '분할 · 분할합병에 관한 회계처리' 〔사례 5〕. 이를 '물적분할과 인적분할'이라고 표현하고 있다.

견해는 상법 제530조의12에서 "분할되는 회사가 분할 또는 분할합병으로 인하여 설립되는 회사의 주식의 총수를 취득하는 경우"만으로 물적분할의 성립범위를 제한하고 있기 때문에 우리 상법의 해석으로는 이러한 형태의 분할이 허용되지 않는다고 새기고 있다.[37] 위에서 살펴본 인적분할과 물적분할의 단순혼합과는 달리, 교차혼합은 하나의 사업부문을 분할로 이전하면서 그 대가인 주식을 피분할회사와 그 주주들에게 나누어 배정한다는 점에서 우리 상법에서 예정하고 있는 분할의 유형으로 보기에는 무리가 있다. 부정설을 취한다.

III. 실무상 분할유형

실무상 어떠한 분할유형이 이루어지고 있는지를 살펴보기 위해 2006. 7. 1.부터 2009. 6. 30.까지 3년간 금융감독원의 전자공시시스템 사이트(http://dart.fss.or.kr)에 공시된 상장회사의 분할신고서를 분석해 보았다.[38]

조사대상기간 동안 신고된 총 162건의 분할 중에서 단순분할이 159건으로서 압도적으로 높은 비중을 차지하였으며, 분할합병은 3건에 불과하였다. 단순분할을 유형별로 살펴보면 인적분할이 32건, 물적분할이 123건, 인적분할과 물적분할을 동시에 실시한 경우가 4건 있었다. 단순인적분할 중에서는 2개의 사업부문을 동시에 인적분할하여 2개

37) 권기범, 앞의 주석서(주 6), 579-580면 ; 이광중, 앞의 책(주 11), 134-135면.

38) 상장회사 분할신고서 분석은 김 · 장 법률사무소의 박완빈 변호사가 수고해 주었다. 감사를 표한다. 이광중, 앞의 책(주 11), 119-129면은 1999~2003년에 이루어진 상장회사와 비공개법인의 분할사례를 분할의 유형별로 자세하게 소개하고 있어, 회사분할제도 도입 초기의 분할유형을 이해하는 데 많은 도움이 된다.

〈표 1〉 상장회사 분할유형(2006. 7. 1~2009. 6. 30)

분할유형		인적분할	물적분할	인적분할+물적분할	합계
단순분할		소멸분할(0)	-	-	0
		존속분할(32)	존속분할(123)	존속분할(4)	159
분할합병		소멸 흡수분할합병(0)	-	-	0
		소멸 신설분할합병(0)	-	-	0
		존속 흡수분할합병(1)	존속 흡수분할합병(0)	존속 흡수분할합병(0)	1
		존속 신설분할합병(2)	존속 신설분할합병(0)	존속 신설분할합병(0)	2
혼합분할		인적분할 +분할합병(0)	물적분할 +분할합병(0)	인적분할+물적분할 +분할합병(0)	0
합계		35	123	4	162

* 단순 소멸분할, 소멸 흡수분할합병, 소멸 신설분할합병은 물적분할의 경우 개념상 불가능.

의 신설회사를 설립한 경우가 1건 있었고,[39] 나머지 31건은 모두 하나의 사업부문을 인적분할을 통해 신설회사로 설립한 경우였다.

단순물적분할 123건 중에서는 2개 사업부문의 물적분할을 동시에 실시한 경우가 9건 있었으며,[40] 4개 사업부문의 인적분할을 동시에 실시한 사례도 있었다.[41]

---

39) (주)신성이엔지〔분할 후 사명 (주)신성홀딩스〕의 (주)신성이엔지 및 (주)신성에프에이 설립(2008. 5. 14.자 분할신고서).

40) 금호산업(주)의 금호터미널(주) 및 금호리조트(주) 설립(2006. 8. 11.자 분할신고서) ; 두산산업개발(주)〔분할 후 사명 두산건설(주)〕의 두산큐벡스(주) 및 렉스콘(주) 설립(2006. 10. 30.자 분할신고서) ; (주)태평양의 (주)퍼시픽글라스 및 (주)장원 설립(2006. 12. 15.자 분할신고서) ; (주)지엔텍〔분할 후 사명 (주)지엔텍홀딩스〕의 (주)지엔텍리소스 및 (주)지엔웰딩 설립(2007. 5. 16.자 분할신고서) ; (주)세중나모여행의 (주)세중게임즈 및 (주)세중에스앤씨 설립(2007. 10. 17.자 분할신고서) ; (주)두산의 두산생물자원(주) 및 두산타워(주) 설립(2007. 10. 29.자 분할신고서) ; LS전선(주)〔분할 후 사명 (주)LS〕의 LS전선(주) 및 LS엠크론(주) 설립(2008. 5. 2.자 분할신고서〕 ; (주)에듀패스의 (주)서울시스템 씨엔에프 및 (주)솔트웍스 아이에스 설립(2008. 8. 22.자 분할신고서) ; 성창기업(주)〔분할 후 사명 성창기업지주(주)〕의 성창기업(주) 및 성창보드(주) 설립(2008. 11. 6.자 분할신고서).

41) (주)인터파크의 (주)인터파크쇼핑, (주)인터파크도서, (주)인터파크ENT, (주)인터파크

인적분할과 물적분할을 동시에 실시한 4건 중에서는 1개의 인적분할과 1개의 물적분할을 병행한 경우가 3건이었으나,[42] 1개의 인적분할과 2개의 물적분할을 병행한 사례도 있었다.[43]

3건의 분할합병은 모두 인적분할에 의하였고 물적분할합병은 1건도 없었다. 분할합병은 흡수분할합병이 1건,[44] 신설분할합병이 2건 있었으나,[45] 혼합분할이 실시된 사례는 없었다. 분할회사가 단순분할 후 흡수합병을 실시한 경우가 3건으로서, 물적분할과 병행하여 흡수합병을 실시한 경우가 2건,[46] 인적분할 · 물적분할과 병행하여 흡수합병을 실시한 경우가 1건[47] 있었으나, 앞에서 논한 바와 같이 이러한 유형은 이론상 혼합분할로 취급하기는 적절하지 않고 분할과 합병이 동시에

투어 설립(2006. 10. 18.자 분할신고서).

42) (주)트라이브랜즈〔분할 후 사명 (주)티이씨앤코〕의 (주)트라이브랜즈 및 (주)티이씨앤알 설립(2008. 2. 5.자 분할신고서) ; (주)일진전기의 일진홀딩스(주) 및 일진디앤코(주) 설립(2008. 4. 16.자 분할신고서) ; (주)풍산〔분할 후 사명 (주)풍산홀딩스〕의 (주)풍산 및 (주)풍산특수금속 설립(2008. 4. 16.자 분할신고서).

43) 주 33에서 소개된 (주)네오위즈의 분할사례.

44) 주 28에서 소개된 일진전기(주)와 일진다이아몬드(주)의 사례에서 일진다이아몬드(주)의 경우이다.

45) 유가증권시장 상장법인인 한국포리올(주)〔현 KPX케미칼(주)〕과 한국화인케미칼(주)〔현 KPX화인케미칼(주)〕은 2006년 각 사의 투자사업부문을 인적분할함과 동시에 합병하여 신설회사 (주)KPC홀딩스〔현 KPX홀딩스(주)〕를 설립하였다〔한국포리올(주)과 한국화인케미칼(주)의 각 2006. 6. 19.자 분할신고서, 같은 해 9. 6.자 분할종료보고서, 같은 해 9. 25.자 정정신고서 참조〕. 3개의 분할회사가 불완전(존속) 신설분할합병을 실시한 사례로는 유가증권시장 상장법인인 진양산업(주), 진양화학(주) 및 한국폴리우레탄공업(주)〔현 진양폴리우레탄(주)〕이 2007년 각 사의 투자사업부문을 인적분할함과 동시에 합병하여 신설회사 (주)진양홀딩스를 설립한 일이 있었다〔진양산업(주)의 2007. 10. 4.자 분할신고서, 같은 해 10. 17.자 정정신고서, 같은 해 12. 7.자 분할종료보고서, 같은 해 12. 27.자 정정신고서 참조〕. 2건 모두 인적 불완전(존속) 신설분할합병의 형식을 취하였다.

46) 주 25에서 소개된 (주)굿센의 물적분할과 (주)MCS로직의 물적분할 사례이다.

47) 주 28에서 소개된 일진전기(주)와 일진다이아몬드(주)의 사례에서 일진전기(주)의 경우이다.

진행된 것으로 볼 것이다.

조사대상기간 동안 신고된 분할 중에 완전(소멸)분할은 1건도 없었다. 완전(소멸)분할이 없는 것은 분할한 회사가 상장회사라는 데도 이유가 있을 것이나, 실무상 완전(소멸)분할이 거의 쓰이지 않는 현실을 반영하고 있기도 하다.[48)]

48) 프랑스 상사회사법의 경우에도 소멸분할의 경우를 분할의 원칙으로 하고 있으나 현실적으로는 오히려 존속분할이 원칙이라고 하며, 국내에서 실행된 분할사례 역시 존속분할이 대부분이었다고 한다. 이광중, 앞의 책(주 11), 116-117면〔홍복기, "상법에 있어서 회사의 분할에 관한 규정의 도입검토," 상사법연구 제17권 제1호(1998. 4), 한국상사법학회, 345-346면을 인용하고 있다〕. 이는 일본의 경우에도 마찬가지라고 한다. 최기원, 앞의 책(주 1), 1147면. 소멸 분할이 실시된 사례로는 폐쇄회사인 (주)새길엔지니어링이 2003년 설계사업부를 인적분할하여 (주)새길이엔시를 설립하고, 감리사업부는 (주)삼보기술단에 인적소멸흡수분할합병의 방법으로 합병하고, (주)새길엔지니어링은 해산하는 소멸혼합분할을 실시한 적이 있다. 이광중, 앞의 책(주 7), 129면 ; 제원회계법인의 2004. 3. 10.자 주식회사 삼보기술단에 대한 감사보고서, 재무제표에 대한 주석 23 참조.

02

회사분할의 회사법적 쟁점

제3장 회사분할과 분할계획서의 기재사항
제4장 회사의 분할비율
제5장 회사분할과 담보관계의 처리
제6장 회사분할과 전환사채, 스톡옵션
제7장 회사분할시 채권자 보호의 기본 법리
제8장 회사분할시 채권자 보호의 실무상 쟁점
제9장 회사분할과 과징금의 승계
제10장 회사분할 관련 소송

03

회사분할과 분할계획서의 기재사항*

윤성조** · 김효민***

I. 개관

회사분할의 효력이 발생하면 분할되는 회사의 권리와 의무는 분할계획서가 정하는 바에 따라 설립되는 회사 및 존속하는 회사에게 승계된다(상법 제530조의10). 회사분할에 의한 이와 같은 권리 · 의무의 승계는 포괄승계에 해당하며, 다만 합병의 경우와 달리 권리 · 의무의 승계가 분할계획서에 기재된 한도 내에서 부분적으로 이루어진다는 점에서 합병과 차이가 있다. 이러한 이유로 회사분할에 의한 권리 · 의무의 승계는 통상 부분적 포괄승계라고 일컬어진다.[1)]

---

* 이 논문은 BFL 제49호(2011. 9)에 게재된 글을 수정 · 보완한 것이다.

** 법무법인(유한) 태평양 변호사

*** 김 · 장법률사무소 변호사

1) 손주찬 · 정동윤(편집대표) / 권기범(집필), 주석 상법〔회사 (4)〕, 한국사법행정학회, 2003, 655면.

그런데 합병의 경우는 권리 · 의무를 승계하는 법인이 하나로 권리 · 의무가 누구에게 귀속되는지 여부가 문제될 여지가 없는 반면, 회사분할의 경우에는 분할되는 회사('분할회사')의 재산 중 분할계획서에서 정하는 일정한 재산만이 분할로 인하여 설립되는 신설회사('신설회사', 이하 분할회사가 존속하는 방식의 분할의 경우 분할 후에 계속 존속하는 분할회사를 '존속회사'라고 함)로 이전된다는 점에서, 즉 개개의 재산의 승계 여부가 분할회사가 작성한 분할계획서 내용에 의하여 정해진다는 점에서 특정 승계와 유사한 속성도 가지고 있다.

이와 같은 회사분할의 성격은 실제 분할계획서의 작성 및 분할회사의 재산 귀속과 관련하여 쉽게 해결되기 어려운 다양한 실무상 문제점들을 발생시키게 된다. 예를 들어 회사분할의 대상은 무엇인지, 분할계획서를 어떻게 작성해야 할 것인지, 분할계획서에서 누락된 채권채무는 어떻게 처리할 것인지, 분할시점에서 현실화되지 아니한 소위 우발채무는 어느 법인으로 귀속시켜야 하는지 등 다양한 잠재적인 문제들에 대하여 상법에서는 대부분 명시적인 답을 제공하지 않고 있고, 따라서 이러한 문제의 해결은 많은 부분 실무와 해석에 맡겨져 있는 것이다.

이하에서는 먼저 분할계획서의 성격과 그 기재사항을 살펴본 다음, 분할로 인한 권리 · 의무의 배분 및 귀속과 관련하여 실무상 발생할 수 있는 법률적 쟁점들에 대하여 하나씩 살펴보고자 한다.

II. 분할계획서의 법적 성격 및 기재사항

1. 분할계획서의 법적 성격

회사분할의 경우에는 합병과는 달리 회사의 재산이 둘 이상의 회사에게 분리되어 이전되므로, 상법은 이러한 특성을 반영하여 분할시 분할계획서에서 이전될 재산에 관한 내용 등 필수적 기재사항을 정하고 있다(상법 제530조의5). 이러한 분할계획서는 상대방 없이 작성되는 특성상 그 법적 성격이 상대방의 수령을 요하지 아니하는 일방적 의사표시로 해석된다.[2] 다만 회사분할제도가 회사 재산의 부분적 포괄승계와 그 대가로서의 주식 부여를 본질적 요소로 하는 조직법 · 단체법상의 행위 내지 제도라는 점을 고려하면,[3] 분할계획서는 회사분할이라는 단체법적인 절차에서 상법 제530조의5에 따른 그 기재 내용대로의 일정한 단체법적 효과(재산의 부분적 포괄승계)를 발생시키는 특수한 법률요건이라고 할 것이다. 따라서 분할계획서는 일반적인 사법상의 의사표시와 달리 그 기재 내용에 따른 법적 효과에는 일정한 제한이 있을 수밖에 없고, 사적 자치의 원칙이 무제한적으로 적용되기는 어려운 특성을 가지고 있다고 할 것이다.

2. 분할계획서의 기재사항

상법 제530조의5는 분할계획서의 필수적 기재사항으로서 〈표 1〉과 같은 사항을 규정하고 있다.

2) 권기범, 앞의 책(주 1), 607면.
3) 권기범, 앞의 책(주 1), 571면.

〈표 1〉 상법상 분할계획서의 필수적 기재사항

분할계획서 기재사항	내용
신설회사에 관한 사항	상호, 목적, 본점의 소재지 및 공고의 방법
	발행할 주식의 총수 및 1주의 금액
	분할 당시에 발행하는 주식의 총수, 종류 및 종류별 주식의 수
	분할회사의 주주에 대한 신설회사의 주식의 배정에 관한 사항 및 배정에 따른 주식의 병합 또는 분할을 하는 경우에는 그에 관한 사항
	분할되는 회사의 주주에게 지급할 금액을 정한 때에는 그 규정
	신설회사의 자본과 준비금에 관한 사항
	신설회사에 이전될 재산과 그 가액
	상법 제530조의9 제2항의 정함(분할 후 회사 상호간 연대책임 면제에 관한 내용)이 있는 경우에는 그 내용
	신설회사의 이사와 감사를 정한 경우에는 그 성명과 주민등록번호
	신설회사의 정관에 기재할 그 밖의 사항
존속회사에 관한 사항	감소할 자본과 준비금의 액
	자본감소의 방법
	분할로 인하여 이전할 재산과 그 가액
	분할 후 발행주식의 총수
	회사가 발행할 주식의 총수를 감소하는 경우에는 그 감소할 주식의 총수, 종류 및 종류별 주식의 수
	정관변경을 가져오게 하는 그 밖의 사항

한편 실무상 빈번하게 사용되는 분할계획서의 일반적인 체계는 〈표 2〉와 같다.

위와 같은 분할계획서의 내용 중 가장 중요한 사항은, 부분적 포괄승계의 효과를 발생시키는, 분할회사의 자산과 부채의 귀속과 관련한 사항이라고 할 것이다. 이와 관련하여 대다수의 분할계획서들은 위와 같이 상법이 분할계획서에 기재하도록 하는 '이전될 재산과 그 가액'에 관하여, 본문에는 재산의 분배에 관한 일반적인 원칙만을 기재한 다음,

〈표 2〉 실무상 사용되는 분할계획서의 일반적인 체계

분할계획서 기재사항	내용
분할의 목적	분할을 추진하는 사업상, 경영상 이유의 설명
분할의 방법	존속분할/소멸분할 여부 인적분할/물적분할 여부 존속 또는 신설회사의 상장유지 여부 등 분할 후 회사들이 영위할 사업부문의 개괄적 설명
	분할 후 회사들 상호간 연대책임 면제에 관한 내용
	자산 · 부채 배분에 관한 기본 원칙
	우발채무의 귀속에 관한 사항
	분할 일정
존속회사에 관한 사항	상법과 같음. 다만 분할로 인하여 이전될 재산과 그 가액을 설명함에 있어서, 본문에서는 개괄적인 원칙을 설명한 후, 분할대차 대조표, 승계대상 재산목록을 첨부하는 경우가 일반적임. 신설회사의 정관도 첨부되는 경우가 일반적임.
신설회사에 관한 사항	
기타 사항	임의적 기재사항으로서 다음과 같은 사항을 기재하는 경우가 있음. ① 종업원 승계, 퇴직금, 단체협약 등 근로관계사항 ② 분할 후 회사 간 상호 합의로 결정할 사항(인수인계에 관한 사항, 지적재산권 기타 자산의 공유나 사용관계에 관한 사항 등) ③ 분할계획서 작성 이후 분할기일까지 재무상태의 변화가 발생하여도 동일성을 해하지 아니하는 이상 별도 주주총회 없이 이사회 결의로 수정이 가능하다는 취지

별도로 '승계대상 재산목록'과 '분할대차대조표'를 작성하여 분할계획서의 일부로 첨부하는 방법으로 작성하는 경우가 많으며, 나아가 많은 분할계획서는 상법이 명시적으로 언급하지 아니하는 우발채무(분할 당시 발생원인이 되는 사실관계가 존재하였으나 분할 후에 현실화된 채무)의

귀속 여부에 대하여도 '분할의 방법' 항목에서 언급하고 있다.

이하에서는 위와 같은 분할계획서 기재에 의한 재산의 배분과 관련하여 발생하는 법률적 · 실무적 문제점에 대하여 구체적으로 살펴보고자 한다.

III. 분할계획서에 따른 재산의 분배와 관련한 일반적 쟁점들

1. 분할대상이 영업단위로 한정되는지 여부

위와 같이 상법은 분할계획서의 필수적 기재사항으로서 이전될 '재산'과 그 가액을 기재하도록 규정하고 있는데(상법 제530조의5 제1항 제7호, 제2항 제3호), 여기서 상법이 분할의 대상으로 명시하는 '재산'이 영업을 의미하는 것인지, 따라서 회사분할을 반드시 '영업'단위로 하여야 하는지 여부가 문제된다.

비교법적인 측면에서 보면, 독일 기업재편법(Umwandlungsgesetz)은 본래 초안에서는 개별 재산만의 분할을 금지하는 규정을 두고 있었으나〔초안 125(5)〕 입법과정에서 이를 삭제함으로써, 독일에서는 개별 재산만의 분할도 허용되는 것으로 해석되고 있다고 한다.[4] 한편 일본 상법은 명시적으로 분할의 대상을 영업단위로 한정하고 있다가(제373조, 제374조의16),[5] 2005년 회사법을 새로 제정하면서 회사분할의 대상을 "해당 사업에 관하여 가지는 권리 · 의무의 전부 또는 일부"라고 규정

4) 이기수, "독일의 회사분할에 관한 연구," 상장협 제36호(1997. 1), 한국상장회사협의회, 32면.

5) 권기범, 앞의 책(주 1), 581면.

하여 그 제한을 완화하였다고 한다(제2조 제29호, 제30호).

우리 상법의 경우에 회사분할의 기능이 회사 영리기능의 분리수행에 있다는 점을 이유로, 상법 제41조가 규정하는 영업만이 분할대상이 된다는 견해가 유력하게 주장되고 있으나,[6] 상법이 명시적으로 개별 재산만의 분할을 금지하지 아니하고 있으며, 상법이 영업과 재산이라는 표현을 구분하여 사용하고 있고, 개별 재산만의 분할을 허용하여도 연대책임에 의하여 채권자들을 충분히 보호할 수 있으므로, 분할은 반드시 영업단위로 이루어져야 할 필요는 없다고 보는 것이 타당한 것으로 생각된다. 다만 자본충실의 원칙상 채무만을 분할하는 것은 허용되지 않는다고 본다.[7] 다만 세법상 과세특례 적용을 위한 적격분할요건 충족을 위하여는 법인세법 시행령 제82조의2에 의하여 분할대상 사업에 관한 자산 및 부채가 포괄적으로 승계되어야 하므로, 실무상 회사분할 과정에서 영업단위로 재산이 분배되지 않는 경우는 찾아보기 어렵다.[8]

대법원은 분할회사가 주주총회 특별 결의 및 채권자 보호절차를 거쳐 분할계획서에서 신설회사가 분할되는 회사의 채무 중에서 출자한 재산에 관한 채무만을 부담할 것을 정하여(상법 제530조의9 제2항) 신설회사의 연대책임을 배제하는 경우, 분할회사가 '출자한 재산'이라 함

6) 김성호, "주식회사의 분할에 관한 연구 — 비교법적 고찰을 중심으로," 고려대학교 법학박사 학위논문, 1999, 93면 ; 강현구, "상장회사의 분할의 대상에 관한 연구 — 개별 자산만의 회사분할이 가능한지 여부를 중심으로," 증권법연구 제11권 제3호(2010. 12), 한국증권법학회, 359면.

7) 권기범, 앞의 책(주 1), 583면.

8) 한편 과세당국은 분할하는 사업부문의 자산 및 부채에서 일부 자산을 제외하고 승계한 경우에도 분리하여 사업이 가능한 때에는 포괄승계요건을 갖추고 있다는 취지로 적격분할요건을 완화한 유권해석을 한 바 있다(서이46012-12181 2003. 12. 24. 서면2팀-543 2006. 3. 28).

은 분할되는 회사의 특정 재산을 의미하는 것이 아니라 조직적 일체성을 가진 영업, 즉 특정의 영업과 그 영업에 필요한 재산을 의미하는 것으로 보았다(대법원 2010. 8. 19. 선고 2008다92336 판결 ; 대법원 2010. 2. 25. 선고 2008다74963 판결). 다만 위 판결들은 연대책임을 배제하기 위한 요건으로서 '출자한 영업에 대한 채무를 승계할 것'이 요구된다는 의미로 해석해야 하며, 위 판결을 반드시 회사분할을 영업단위로만 하여야 한다는 취지로 해석하는 것은 무리가 있다고 생각한다.

2. 분할대상 재산의 특정의 정도

(1) 승계될 재산의 기재와 관련한 일반 원칙

회사분할에 있어서 권리 · 의무의 부분적 포괄승계는 분할계획서 기재 내용에 따라 이루어지게 된다. 따라서 분할계획서는 개별 재산이 어느 법인으로 귀속되는지 여부를 특정할 수 있을 정도로 구체적으로 작성되어야 할 것이다.

이와 관련하여 상법은 재산의 특정의 정도에 대하여 아무런 언급이 없으나, EU분할지침[9]은 분할계획서에 "각 양수회사에 이전하여야 할 적극 및 소극재산의 구성에 관하여 엄밀하게 구분한 기재 및 그 배분"을 기재하여야 한다고 명시적으로 규정하고 있다〔3.2(h)〕. 독일 기업재

9) Sixth Council Directive 82/891/EEC of 17 December 1982 based on Article 54 (3) (g) of the Treaty, concerning the division of public limited liability companies ; Directive 2007/63/EC of the European Parliament and of the Council of 13 November 2007 amending Council Directives 78/855/EEC and 82/891/EEC as regards the requirement of an independent expert's report on the occasion of merger or division of public limited liability companies.

편법도 "분할로 이전될 적극 · 소극재산(Aktiv- und Passivvermögens)의 상세한 명세와 배분" 이라는 표현을 쓰고 있다〔136, 126(1)〕. 또한 영국 회사법(Companies Act) 920(3)(a)의 경우에도 분할계획서에 "분할회사에 알려진 범위 내에서 이전될 적극 및 소극재산의 상세한 내용과 분배" 에 대하여 기재하도록 하고 있다.[10)]

우리 상법의 경우도 마찬가지로 이전될 재산에 관하여 상세히 기재해야 한다고 보아야 할 것이며, 다만 특정이 가능한 범위 내에서는 개개의 권리 · 의무, 적극 · 소극재산을 일일이 다 기재할 필요는 없다고 한다.[11)] 영업부문을 특정할 수 있을 정도면 개괄적인 기재로도 족하다는 견해도 있으나[12)] 표현상의 차이일 뿐, 특정이 가능하여야 한다는 점에서는 견해의 차이가 없다고 본다.

실무상 대부분의 분할계획서는 "분할회사는 분할계획서가 정하는 바에 따라 분할대상부문에 속하는 일체의 적극 · 소극재산과 공법상의 권리 · 의무를 포함한 기타의 권리 · 의무 및 재산적 가치 있는 사실관계를 신설회사에 이전한다" 라고 개괄적으로 규정하면서, 첨부 문서로 '분할대차대조표' 와 '승계대상 재산목록' 을 작성하는 경우가 일반적이다. 그런데 대체적으로 분할대차대조표나 승계대상 재산목록을 작성하면서 개개의 자산과 부채를 일일이 명시하지 아니하고, 각 세부 계정과목(예를 들어 토지, 건물, 산업재산권, 장기차입금 등)과 해당 과목의 총 가액만을 규정하는 경우가 많은데,[13)] 이러한 개괄적인 기재로

10) 일본 회사법 제763조는 '자산, 부채, 고용계약 기타의 권리의무에 관한 사항' 을 기재하도록 규정하고 있다.

11) 권기범, 앞의 책(주 1), 630-631면.

12) 김성호, 앞의 논문(주 6), 93면.

13) 2011. 5.경 이루어진 주식회사 신세계의 회사분할계획서(마트사업부문을 신설회

도 이전될 재산에 관한 기재로서 충분한 것인지 여부가 문제된다.[14)]

(2) 등기 · 등록이 요구되는 재산의 경우

참고로 독일 기업재편법은 분할계획서 작성에 있어서, 부동산의 경우와 같이 일반법령에 개별 법률행위에 따른 권리의 이전에 대하여 특정한 공시방식을 요구하는 규정이 있다면, 이러한 규정은 분할로 이전되는 적극 및 소극재산의 경우에도 적용된다는 취지로 규정하며, 그 외의 재산에 대하여는 분할계획서에 첨부되는 재무제표나 재산의

사 주식회사 이마트로 이전하는 내용)의 경우 승계대상 재산목록에서 토지 항목에는 '이마트부문 토지, 소공사옥' 등의 내용을 부기하고, 매도 가능증권 항목에는 해당 주식 발행회사의 명칭을 부기하는 등 다른 분할계획서의 사례보다는 비교적 구체적인 기재를 하였으나, 개개의 재산을 분할계획서와 승계대상 재산목록만으로 특정할 수 있는 정도는 아니었다.

다만 2007. 7.경 SK주식회사가 SK에너지를 신설분할한 경우에는 일반적인 분할계획서들과 달리 상호, 상표에 관한 권리의 귀속에 대하여는 본문에서 직접 명시하였고, 2011. 1.경 SK에너지(현 SK이노베이션)의 물적분할의 경우에는 지적재산권과 중요 소송의 귀속에 관해 구체적으로 기재하였다.

14) 일본의 분할계획서 작성실무를 보면, 신설회사에 이전될 권리의무에 관한 사항은 분할계획서에 첨부되는 별지 '승계권리의무명세표'에서 상세히 기재하는 경우가 일반적이다. 위 승계권리의무명세표는 대체로, '유동자산, 고정자산, 지적재산권 기타 자산, 유동부채, 고정부채, 기타 부채, 고용계약 및 관계, 기타 계약 등 권리의무, 인허가' 등의 항목으로 나누어 기재되어 있다. 이러한 일본의 분할계획서들의 경우 특정 분할계획서들은 부동산, 지적재산권, 승계될 고용관계의 목록 등 이전대상 권리의무에 대하여 '등록번호 ○○○○의 특허'와 같은 방법으로 일일이 개별적으로 특정하는 경우도 있으나, 한국과 같이 '해당 사업과 관련한 일체의 지적재산권' 등과 같은 방법으로 개괄적으로 특정하는 경우도 있는 것으로 보인다.

결국 일본에 있어서도 각 권리의무의 귀속이 이의 없이 판단 가능할 정도로 특정되면 포괄적 기재가 가능하지만, 가능한 한 특정하는 것이 바람직하다는 것이 일반적인 실무감각으로 이해된다(今中利昭, 會社分割の理論 · 實務と書式 第5版, 民事法研究會, 2010, 79-80면, 94-96면 참조).

목록으로 명시할 수 있다는 취지로 규정하고 있다〔136, 126(2)〕.

한국법의 해석에 있어서도 명문의 규정은 없으나 법률에 의하여 등기 · 등록이 요구되는 재산(부동산, 특허권 등)에 대하여는 개개의 권리마다 특정을 하는 것이 옳다고 본다(다만 실무적으로는 개개의 재산을 특정하는 경우는 드물다). 이와 관련하여, 분할계획서에 분할로 인하여 설립되는 회사에 이전될 재산으로 기재되지 아니한 분할회사 근저당권에 대해서는 회사분할을 등기원인으로 하여 신설회사 명의로 근저당권이전등기를 할 수 없다는 등기선례가 있음을 유의할 필요가 있다(등기선례 6-236 2001. 7. 27. 등기 3402-511 질의회답).

(3) 신주인수권, 신주인수권부사채, 전환사채의 경우

신주인수권부사채 또는 전환사채의 경우는 회사가 사채상의 금전상환책임도 부담하나, 그와 별개로 발행회사는 사채권자에게 회사의 주식을 일정 가액에 일정 수만큼 발행할 의무를 부담한다. 따라서 단순히 이를 분할대차대조표나 승계대상 재산목록에 부채의 한 항목으로 기재를 한다고 하여 신설회사가 부담하는 그 사채상의 구체적인 의무가 무엇인지, 사채권자가 신설회사에 가지는 권리가 무엇인지 특정이 불가능하다. 그러므로 신주인수권, 신주인수권부사채, 전환사채의 경우에는 해당 권리의 구체적 내용(신주인수권의 수, 행사가격 등)을 분할계획서에 명기해야 할 것이다.[15)]

15) 다만 전환사채, 신주인수권부사채와 관련하여서는 선결 문제로 신설회사에 배분이 가능할 것인지, 복수의 회사에 균등/불균등 배분이 가능한지, 배분과 관련해 사채권자의 동의가 필요한지, 배분을 할 경우 행사조건은 어떻게 조정해야 할지 등의 문제가 있을 수 있다. 참고로 일본 회사법 제763조는 분할계획서의 기재사항

이와 관련하여 등기관서는 "등기관은 신청인이 제출한 신청서와 각 첨부서면, 해당 등기부 등을 심사자료로 하여 분할의 효력 발생시점을 기준으로 신주인수권부사채가 분할계획서에 따라 이전 승계되는 적극 · 소극재산에 포함되었는지를 조사하여 수리 여부를 결정하여야 할 것이다(2003. 11. 14. 공탁법인 3402-270 질의회답)" 라고 유권해석을 내린 바 있다.

(4) 중요 자산 및 부채, 계속적 계약관계, 근로관계, 중요 소송 등의 경우

위와 같이 개별 법령에 의하여 특정이 요구되는 경우가 아니더라도, 분할계획서가 주주와 투자자들의 올바른 판단의 기초로 작용하기 위하여는, 회사의 영업을 이루는 중요한 자산, 회사의 주요한 금융채무, 자회사 발행주식의 귀속 등에 대하여는 구체적으로 명시함이 타당하다고 본다.[16] 회사의 재무상태에 상당한 영향을 미칠 수 있는 중요 소송의 경우, 특히 해당 소송이 어느 사업부문에 속하는지 명확하지 않은 경우에는 그 귀속에 관해 구체적으로 명시하는 것이 타당할 것이다.

또한 회사가 체결한 주요한 계약, 거래관계와 계속적 계약의 경우도 그 귀속 여부를 밝히는 것이 주주, 투자자와 계약상대방의 예측 가능성을 제공함에 있어서도 바람직할 것이다. 근로관계의 경우도 마찬

으로서, 특별히 사채, 신주예약권(신주인수권)의 귀속 및 그 구체적인 내용에 관한 사항, 신주예약권부사채(신주인수권부사채)의 경우에는 신주예약권의 구체적인 내용(수, 행사가격 산정방법)에 관한 사항을 명시하고 있다.

16) 예를 들어 2009. 12. 주식회사 코오롱이 회사분할로 코오롱인더스트리 주식회사를 설립할 당시 상호권, 서비스표권, 산업재산권, 신주인수권, 계열사 주식 등의 배분방법에 대하여 본문에서 명시적이고, 구체적으로 기재한 바 있다.

가지이다.[17] 특히 계약관계나 근로관계 자체는 금전적으로 장부에 계상될 성질의 것이 아니어서 대차대조표나 승계대상 재산목록에 기재되기에 적합하지 않다는 점에서, 별도로 명시함이 바람직할 것이다.[18]

이상에서 살펴본 내용과 같이, 우리 상법은 분할로 인하여 이전될 재산을 분할계획서에서 어느 정도로 특정을 해야 하는지 여부에 대하여 명확한 규정을 두고 있지 아니하고 해석에 맡기고 있는데, 현실적으로 모든 자산과 부채를 일일이 분할계획서나 그 첨부 승계대상 재산목록에 기재할 수는 없다고 할지라도, 이전대상 재산이 특정이 가능하여야 한다는 원칙하에서, 등기 · 등록이 요구되는 재산이나, 대차대조표나 재산목록에서 구체적으로 명시되기 어려운 신주인수권부사채 등의 권리, 계속적 계약관계, 근로관계, 소송 등에 대하여는 분할계획서에서 구체적으로 명시함이 타당할 것이며, 기타 중요한 자산과 부채에 대하여도 주주, 채권자, 투자자 등이 쉽게 이해할 수 있도록 명시하는 것이 바람직하다고 할 것이다. 상법이 분할계획서 및 분할대차대조표 등을 공시하도록 하는 점(상법 제530조의7), 분할계획서는 회사분할의 부분적 포괄승계의 내용을 정하고 이를 통하여 개별 재산의 귀속이 정해진다는 점, 분할계획서의 내용과 재산의 귀속에 관한 사

17) 참고로 서울행정법원은 부분적 포괄승계라는 회사분할의 성격에 의하여 회사분할시 근로관계도 분할계획서에 따라 신설회사에 포괄승계됨을 인정하나, 근로자가 거부권을 행사하는 경우에는 거부권을 행사한 근로자의 근로관계는 승계대상에서 제외된다고 보아야 하며, 회사분할시 사용자는 근로자의 거부권 행사에 필요한 상당한 기간을 부여하여야 한다는 취지로 판시하였다(서울행정법원 2008. 9. 11. 선고 2007구합45583 판결).

18) 일본 회사법은 명시적으로 고용계약의 승계에 관한 사항을 분할계획서에 기재할 것을 요구한다. 또한 독일 기업재편법의 경우에도 '분할로 인하여 근로자, 근로자 대표 등에 대하여 발생할 효과'에 대하여도 분할계획서에 기재하도록 하고 있다〔136, 126(1)〕.

항은 주주가 주주총회에서 분할계획서를 승인함에 있어서 중요한 고려요소가 될 것이라는 점 등을 고려하면 더더욱 그러하다.[19)]

Ⅳ. 분할로 인한 권리 · 의무의 귀속과 관련한 개별적 쟁점들

1. 양도금지채권, 계속적 계약의 경우

회사분할과정에서 계약상 · 법률상 양도가 금지되는 채권의 경우에

19) 자본시장과 금융투자업에 관한 법률(이하 '자본시장법')은, 상장법인이나 자본시장법 시행령 제167조 제1항에 따른 사업보고서 제출대상법인은, 회사분할에 관한 이사회결의를 한 경우, 주요사항보고서를 금융위원회에 제출, 공시하도록 하며(자본시장법 제161조 제1항, 시행령 제171조 제3항, 증권의 발행 및 공시 등에 관한 규정 제4-5조), 나아가 분할로 인하여 증권의 모집 또는 매출이 발생하는 경우, 증권신고서 및 투자설명서를 제출, 공시하도록 하고 있다(자본시장법 제119조, 제123조, 시행령 제131조, 시행규칙 제12조, 위 규정 제2-10조). 위 규정 제2-10조는 회사분할의 경우 관련 공시서류에 '분할의 요령, 분할되는 영업 및 자산의 내용' 등을 기재하도록 규정하고, 나아가 금융위원회가 발간한 기업공시서식 작성기준은 분할되는 영업 및 자산의 내용과 관련하여 '주요 자산 및 부채의 세부 내용'을 구체적으로 기재하도록 규정하고 있다(제12-4-3조 및 제12-4-4조).
또한 위 작성기준 제12-4-3조는 영업양수도의 경우 "양수도의 대상이 된 자산 및 부채의 주요 내용(예 : 부동산을 양도하는 경우에는 그 소재지와 면적, 기계장치인 경우에는 그 용도 등, 부채인 경우에는 채무의 형태, 채권자 및 그 이자율 등 지급조건)을 적시하고, 해당 자산, 부채의 양수도와 관련하여 개별적으로 특별한 정함이 있는 경우에는 그 내용을 기재한다"라고 규정하고, 이는 제12-4-4조에 의하여 회사분할에 준용되고 있다(다만 실무적으로 분할로 이전될 각각의 부동산의 명세까지 특정하는 경우는 찾아보기 힘들다). 그리고 위 작성기준은 분할과정에서 특정 주주에 대한 특별한 보상이 있는 경우 그에 관한 기재를 하도록 규정하고(제12-3-4조), 근로계약관계의 이전에 관한 사항도 기재를(제12-3-7조) 하도록 규정하고 있다.
위와 같은 자본시장법 관련 법규는 각종 공시의무(주요사항보고서, 증권신고서, 투자설명서의 제출의무)와 관련한 것이고 분할계획서 작성에 적용되는 직접적인 규정들은 아니나, 분할계획서를 작성함에 있어서도 참고가 될 수 있을 것이다.

도 신설회사로 승계될 수 있는지 문제된다. 소멸분할의 경우에는 분할회사가 소멸하므로 당연히 분할회사의 채권은 신설회사로 승계된다고 보아야 할 것이다. 다만 독일 기업재편법은 존속분할의 경우에는 양도가 금지되는 채권의 경우에는 신설회사로 승계되지 아니한다고 규정하고 있다(132). 우리나라는 명문규정은 없으나 양도금지채권의 경우 존속분할의 경우에는 신설회사로 승계될 수 없다고 보는 견해가 있다.[20] 프랑스의 경우에도 명문규정은 없으나, 판례는 일반 법령상의 양도제한규정이 분할에도 적용된다고 본다고 한다. 그러나 유럽에서도 위와 같은 해석은 기업구조조정수단으로서의 분할을 크게 저해하는 것으로 많은 비판이 있으며, EU분할지침 17.1(a)는 예외 없는 포괄승계를 규정하고 있는 것으로 해석된다고 한다.[21]

결론적으로 당사자 간의 합의에 의한 양도제한은 분할의 경우에는 적용되지 아니한다고 보는 것이 부분적 포괄승계인 회사분할제도의 취지에 부합한다고 본다. 계약상 양도금지조항은 특별한 사정이 없는 한 특정 승계를 염두에 둔 것으로 해석되고, 포괄승계인 회사분할에 적용되기는 어려운 것으로 생각되기 때문이다.[22] 양도금지조항을 회

20) 김성호, 앞의 논문(주 6), 146면.

21) 권기범, 앞의 책(주 1), 627면.

22) 다만 주목할 만한 판결인 대법원 2011. 8. 25. 선고 2010다44002 판결은 공사계약상의 공동수급체 구성원으로서의 지위가 분할합병으로 인하여 이전될 수 있는지 여부와 관련하여, 공동수급체가 기본적으로 민법상의 조합의 성질을 가지고, 공동수급체의 구성원 사이에서 구성원 지위를 제3자에게 양도할 수 있기로 약정하지 아니한 이상, 공동수급체의 구성원 지위는 상속이 되지 않고 다른 구성원들의 동의가 없으면 이전이 허용되지 않는 귀속상의 일신전속적인 권리의무에 해당하므로, 공동수급체의 구성원 지위는 원칙적으로 회사의 분할합병으로 인한 포괄승계의 대상이 되지 아니한다는 취지로 판시하였다. 다만 본 판결은 조합원으로서의 지위에 해당하는 공동수급체 구성원지위가 분할로 인하여 이전되지 않는다는 취지이므로, 이를 단순한 양도금지특약이 있는 채권도 회사분할로 이전되지 않는다

사분할에도 적용하면, 거래관행상 많은 계약들이 권리의 양도를 금지하는 경우가 많으므로, 실질적으로 회사분할은 불가능해지거나, 크게 실효성이 떨어질 것으로 본다.[23)]

양도회사와 제3자 간의 계약관계 역시 분할계획서에 따라 양수회사로 이전하며, 이는 계속적 계약에 있어서도 마찬가지인 것이 원칙이다. 그러나 독일 기업재편법의 경우, 분할시에 아직 의무가 이행되지 아니한 상태에서 의무가 서로 합치되지 않거나 의무의 이행이 양수회사에게 현저히 불공정한 것으로 될 때에는 의무의 범위는 공정하게 다시 정하도록 규정하고 있다(125, 21). 이는 참조할 만한 입법이라고 할 것이다. 다만 위와 같은 명시적인 입법이 없더라도 회사분할로 인하여 계약이 성립할 때에 그 기초로 삼았던 사정이나 환경이 변경됨으로써 처음에 정한 계약 내용을 유지 · 강제하는 것이 신의성실의 원칙상 부당한 결과를 가져오는 경우에 사정변경의 원칙에 따라 상대방에게 계약내용을 변경 또는 수정할 권리를 부여하거나 계약관계의 해제를 인정할 여지는 있다.

2. 귀속이 불분명한 재산의 귀속

분할계획서의 기재가 불충분하여 재산의 분배가 누락된 경우 매우

는 취지로 확대해석하기는 곤란하여 보인다.

23) 다만 이러한 문제 때문에 몇몇 분할계획서들은 양도금지되는 권리의무는 존속회사에 잔존하게 하고, 그 관련 사업을 승계한 신설회사와 존속회사가 내부적으로 이전, 정산하도록 규정하는 경우가 있다. 한편 어떠한 계약들은 '회사분할'의 경우를 명시적으로 계약해제, 해지사유로 규정하거나 기한의 이익 상실사유로 규정하고, 회사분할시 상대방의 동의를 받게 하는 취지의 조항을 두고 있는데, 이러한 경우에는, 특별한 사정이 없는 한 사적 자치의 원칙에 따라 해당 계약조항대로의 효력을 인정할 수밖에 없을 것이다.

중요한 문제를 야기할 수 있는바, 한국 상법이 이러한 경우를 예비하여 특별 규정을 두지 않은 것은 중대한 입법의 불비라는 견해가 있다.[24] 다만 실무상 대부분의 분할계획서들은 이를 대비하여 "분할회사의 일체의 적극 · 소극재산과 공법상의 권리의무를 포함한 기타의 권리 · 의무 및 재산적 가치 있는 사실관계는 분할대상 사업부문에 관한 것이면 신설회사에게, 분할대상 부문 이외의 부문에 관한 것이면 존속회사에게 각 귀속된다"라는 일반 규정을 두고 있다. 남는 문제는 위와 같은 분할계획서 규정에도 불구하고 그 귀속 여부를 판정하기 어려운 자산 · 부채가 어느 법인에 귀속되는지 여부이다.

분할계획서에 그러한 귀속불명의 재산의 배분에 대한 규정이 없는 경우, 이와 관련하여 EU분할지침은 분할계획서에서 배분되지 않은 적극재산이 있는 경우에는 분할계획서에서 각 양수회사에게 분배될 순자산액에 비례하여 각 양수회사 간에 배분되도록 규정하고 있다〔3.3(a)〕. 독일 기업재편법의 경우에는 존속분할의 경우에는 존속회사에 잔존하고, 소멸분할의 경우에는 분할회사가 소멸하므로 자산은 일정의 비율로서 신설회사에 분배되고 각 신설회사에게 채무에 대한 연대채무가 과하여진다고 규정하고 있다〔131(1)〕.

우리나라의 학설은 귀속이 불분명한 재산이 있는 경우, 분할계획서의 전체 취지를 고려하여 해석으로 정할 수 있으면 그에 따르고, 그렇지 아니하는 경우에는 승계회사에 승계되는 순자산 액수에 비례하여 분리이전하여야 한다고 한다. 또한 분리이전될 수 없는 재산의 경우에는 공유 또는 현가로 청산하여야 한다고 한다.[25]

24) 김성호, 앞의 논문(주 6), 159면.
25) 권기범, 앞의 책(주 1), 656면.

이와 관련하여 현재까지 법원에서 회사분할과 관련하여 귀속이 불분명한 권리 · 의무가 문제된 대표적인 사례들은 다음과 같다.

(1) 분식회계로 인한 손해배상의무 : 대법원 2010. 8. 19. 선고 2008다92336 판결

이 사례에서, D사는 존속분할의 방식으로 기계사업부문을 E사로 이전하고, 그 분할계획서는 상법 제530조의9 제2항에 따라 분할 후 법인 상호간 연대책임을 배제하고 출자한 재산에 대한 채무만을 E사가 승계하기로 규정하였다. 그런데 분할 전 D사가 분식회계를 하고 사업보고서를 허위로 공시한 사실이 밝혀졌는바, 본 사건에서 법원은 E사가 승계하기로 한 '출자한 재산에 관한 채무'라 함은 분할계획서에 의하여 신설회사(E)로 이전되는 분할회사(D)의 기계사업부문의 영업자산 등에 관한 채무로서, D사가 분할 전 분식회계로 인하여 주식투자자들인 원고들에 대하여 부담하게 된 손해배상채무는 위와 같이 신설회사에 이전되는 영업자산 등에 관한 것이라고 보기 어렵다고 하여, 본 손해배상채무의 신설회사로의 승계를 부정하였다.

나아가 위 사건에서 원고들은 D사가 원고들에 대한 개별 통지를 하지 아니하였으므로, 채권자 보호절차를 제대로 이행하지 아니하여 E사가 상법 제530조의9 제4항, 제527조의5 제1항에 의하여 연대책임을 면제받을 수 없다는 주장도 하였으나, 법원은 분식회계로 손해를 입었음을 주장하는 일부 실질주주명부상 주주들이 위 상법규정이 정하는, 채권자 보호절차에서 분할에 대한 이의 여부를 개별적으로 최고하여야 하는 분할회사가 '알고 있는 채권자'에 해당한다고 볼 수 없다고 판단하고, 따라서 회사가 그들에 대하여 최고를 누락하였다고 하여도 회사가 채권자 보호절차를 제대로 이행하지 아니하였다고 할 수 없어 E사가 연대책임을 부담하지 아니한다고 판단하였다.[26)]

(2) 비중첩적 구분보증의 주 채무 : 대법원 2009. 5. 28. 선고 2008다63949 판결

법원은 이 사례에서, 분할회사의 채무에 대하여 여러 은행 명의로 각각의 지급보증서가 발급되었는데 회사분할로 인하여 그 채무의 일부만을 신설회사가 부담하고 나머지 채무를 존속회사가 부담하게 되는 경우, 일반적으로는 신설회사가 부담하는 채무와 존속회사가 부담하는 채무는 모두 그 지급보증대상이 되는 것이지 분할로 인하여 그 지급보증채무 자체가 분할되는 것은 아니지만, 비중첩적 구분보증의 경우에는 각 지급보증의 대상이 된 주 채무 중 일부씩 분할한 후 회사에 각각 인수되고 그 일부 주 채무가 변제 등에 의하여 소멸되었다면 그에 상응하는 각 지급보증채무액도 자동으로 소멸된다고 보았다.

---

26) 위 사건의 제1심 판결인 서울중앙지방법원 2004. 7. 27. 선고 2000가합78872 판결은 "분할회사의 우발채무도 분할 이후 일반적인 채권자와 동일한 법적 지위를 취득하게 되는데, 연대책임의 배제를 이유로 이러한 우발채무에 대하여 귀책사유 없는 채권자로 하여금 책임재산이 현저히 부족한 일방 회사에 대해서만 이행청구를 강제하게 하여 채권만족의 기회를 박탈하는 것은 통상적인 확정채무의 채권자와 비교하여 신의칙상 형평성을 해칠 수 있으므로, 채권자가 이의제출을 할 수 있는 기회가 보장되어 있지 않아서, 채권자가 이의제출을 하지 않았던 점에 관하여 채권자에게 귀책사유가 없는 경우라면, 이러한 우발채무에 대하여는 분할 당시 회사의 연대책임을 배제하는 약정이 효력을 미치지 않는 것으로 해석하여야 할 것이다"라고 설시하면서도, 이 사건의 경우에는 원고들은 이의를 제기하지 않은 데 대하여 귀책사유가 있다고 보아, 신설회사에 연대책임을 추궁할 수 없다고 보았다. 대법원은 본 쟁점에 대하여는 명시적으로 판단하지 않았으나, 제1심 판결이 그대로 유지된 것으로 보아 대법원에서도 이와 같은 제1심의 견해를 긍정한 것으로 보인다.

이때 법원은 각 지급보증의 대상이 되는 주 채무 중 어느 부분이 신설회사 또는 존속회사 중 어느 회사에 귀속하게 될 것인지는 분할계획서에 의하여 정해져야 할 것이지만, 분할계획서에 그와 같은 사항을 정해 두지 않은 경우 금액구간별로 지급보증인이 다르고 보증하는 주 채무부분이 중첩되지 않는다면, 특별한 사정이 없는 한 신설회사 또는 존속회사에 각 귀속되는 지급보증대상 주 채무는 그 각 지급보증금액 비율에 따라 안분한 금액만큼 구분되어 그 각 지급보증의 보증대상이 된다고 판시하였다.[27)]

(3) 단기매매차익반환청구권 : 수원지방법원 2009. 10. 16. 선고 2009가합12224 판결

이 사례에서 상장회사인 A사는 물적분할의 방식으로 네트워크통신장비 사업부문을 분할하여 비상장회사 D를 설립하였다. 그런데 A사의 대표이사였던 K는 위 회사분할 전 A사 주식의 매수매도를 통하여 단기매매차익을 취득하였다. 본 사안에서 분할계획서는 "분할기일 이전의 행위 또는 사실로 인하여 분할기일 이후에 취득하는 채권 및 분

---

27) 예를 들어 A회사가 100억 원의 채무를 부담하고 있고, X은행, Y은행이 50억 원 구간으로 나누어 비중첩적 구분보증을 한 경우에, A회사가 존속분할로 B회사를 신설하고 100억 원의 채무를 50억 원씩 나누어 분리하여 승계한 경우에 있어서, X은행과 Y은행은 각각 A회사의 채무 25억 원씩 및 B회사 채무 25억 원씩에 대하여 비중첩적 구분보증의무를 부담하게 된다는 것이다. 따라서 B회사가 50억 원의 채무를 변제하면, 각 은행의 보증액수는 25억 원씩으로 줄어들게 된다. 반면 비중첩적 구분보증이 아닌 일반적인 보증이나 중첩적 잔액보증의 경우에는, 각 은행은 보증한도인 50억 원까지 여전히 채무를 부담하게 된다. 보다 자세한 이해를 위하여는 위 판결의 환송 후 판결인 서울고등법원 2009. 11. 17. 선고 2009나47984 판결 참조.

할기일 이후 발생 · 확정되는 채무 또는 분할기일 이전에 발생 · 확정되었으나 이를 인지하지 못하는 등의 여하한 사정에 의하여 분할계획서에 반영되지 못한 채권 · 채무에 대해서는 그 원인 귀속사업부문 또는 재산의 귀속에 따라 분할회사 또는 신설회사로 귀속시키며, 그 귀속 여부가 불분명할 경우에는 분할 당시의 자산 비율에 따라 부담하기"로 정하였는바, 위와 같이 분할 전 A사의 대표이사에 대한 단기매매차익반환청구권이 존속회사인 A사 및 신설회사인 D사 중 어느 회사로 승계되어야 하는지 여부가 문제되었다.

이에 대하여 법원은 증권거래법(현행 자본시장과 금융투자업에 관한 법률)상 단기매매차익반환제도의 주요한 목적 중의 하나는 주권발행회사를 보호하기 위한 것이므로 단기매매차익반환청구권은 주권상장법인 또는 코스닥상장법인만이 행사할 수 있는 고유한 권리인 점, 주식의 단기매매로 인한 차익은 주권상장법인의 전 사업부문의 활동으로 인한 결과물이어서 단기매매차익반환청구권 또한 회사분할 등으로 인해 귀속사업에 따라 분속되어 행사될 수 있는 성질의 권리가 아닌 점 등에 비추어 볼 때 단기매매차익반환채권은 '특정 사업부문'에 관련하여 발생 · 확정된 채권이라고 보기 어려우므로, 따라서 분할에 의하여 비록 사실상 분할 전 A의 모든 사업부문이 신설회사인 D의 사업부문으로 승계되었다 하더라도 단기매매차익반환채권이 D에게 귀속된다고 볼 수는 없고, A와 법인격의 동일성을 유지하게 된 존속회사가 취득한 단기매매차익반환청구권을 취득하게 하는 것이 위 증권거래법의 취지와 단기매매차익반환청구권의 성질, 법인격의 승계에 관한 법리에 부합하는 것이라고 판단하였다.

(4) 차명주식 : 인천지방법원 2008. 7. 24. 선고 2007가합5522 판결

이 사건의 경우도 존속분할이 이루어진 사례로서, 분할계획서상 승계대상 목록에 누락되어 있던 차명주식의 귀속이 문제되었다. 이 사건 분할계획서는 "분할회사는 신설회사들에 분할계획서에 기재된 자산을 각각 이전하며 신설회사에 이전하지 아니한 자산을 보유한다"라고 규정하면서 나아가 "부채 · 자본의 결정방법은 사업부문별 고유의 영업자산 · 영업부채를 각 신설회사로 배분하는 것을 원칙으로 한다"는 취지로 규정되어 있었다. 이에 제1심 법원인 인천지방법원은 분할계획서의 승계대상 목록에 기재되지 않은 자산인 차명주식이 분할로 인해 신설회사에게 승계되었다거나 분할계획의 목적 및 취지상 당연히 승계대상 목록에 포함될 자산으로 인정되고 있었다고 볼 수 없고, 승계대상 자산은 분할비율 결정, 채무재조정 등의 산정기준이 되므로 채권자 및 주주의 이해관계에 중대한 영향을 미칠 수 있어 회사분할과 같은 단체법적 법률행위에 있어서는 다수의 이해관계자들 사이의 법률관계를 명확히 규율할 필요성이 있다는 등의 여러 사정을 고려하여 차명주식의 소유권은 존속회사에 잔존한다고 보았다. 위 사건의 항소심법원 역시 위와 같은 제1심 법원의 판단을 유지하여 항소를 기각하는 판결을 하였고, 이는 대법원 2010. 11. 11. 선고 2009다104533 판결로 확정되었다.

이상과 같이 법원은 회사분할제도의 취지, 분할계획서 문언, 분할계획서에 나타난 당사자의 의사, 회사분할의 태양, 문제된 권리 · 의무의 성격 등을 종합적으로 고려하여 분할계획서에 명시되지 아니한 권리 · 의무의 귀속 여부를 결정하고 있다.

3. 우발채무의 귀속

회사분할에 있어서 소위 우발채무란, 분할 전에 분할회사가 잠재적인 채무 자체의 발생 가능성 내지 근거 사실을 알고 있지만 현실적 채무로의 확정 가능성과 장래에 현실화될 채무의 책임 내용과 채무자의 존재를 인식하지 못하여 해당 채무가 추상적인 잠재적 채무로 존속하다가, 분할 이후 권리침해의 사실을 알게 된 채권자의 권리행사에 의해 비로소 그 책임 내용과 채권자를 명확하게 인식하게 됨으로써 해당 채무가 현실적 채무로 확정되는 유형을 의미한다. 이러한 의미의 우발채무로는 분할회사의 분식회계의 불법행위 사실을 모르고 투자한 주주들에 의한 손해배상책임, 분할회사가 분할 전에 유해한 환경물질을 배출하여 인근 주민에 발생한 피해에 대한 손해배상책임 등이 거론되고 있다.[28)]

이처럼 분할 시점에서 현실화되지 아니한 불확정적인 우발채무도 분할계획서에 따라 신설회사에 승계될 수 있다고 보는 것이 통설적 견해로 보인다.[29)] 참고로 영국 회사법 920(3)(b)는 분할회사가 취득하거나 취득할지도 모르는 자산 및 부채에 대한 분할 후 회사 간의 배분 및 이전에 관한 내용을 분할계획서에 기재하도록 명시적으로 규정하고 있다. 이와 관련하여 한국에서도 우발채무에 대한 분할 이후의 책임귀속의 주체에 관한 사항을 분할계획서 등의 필수적 기재사항으로 규정할 필요가 있다는 견해가 있다.[30)] 같은 맥락에서 현재 많은 분할계획

28) 이황, "회사분할과 과징금 납부책임의 승계 가능성," 고려법학 제53호(2009. 6), 고려대학교 법학연구원, 221면.

29) 권기범, 앞의 책(주 1), 624면.

30) 김동민, "회사분할에 있어서 우발채무에 대한 책임의 귀속," 기업법연구 제15집 (2003. 12), 한국기업법학회, 288면.

서들은 우발채무의 분배기준에 대하여 명시적인 기재를 하고 있다.[31)]

한편 공정거래위원회가 분할 전 발생한 담합행위 등 위반행위를 근거로 분할 후 해당 사업부문을 승계한 신설회사에게 과징금을 부과할 수 있는지, 즉 독점규제 및 공정거래에 관한 법률에 의한 과징금 채무도 회사분할시 신설회사에게 승계될 수 있는 우발채무에 해당하는지 여부에 대한 논의가 있었는데, 이와 관련하여 대법원은 2007. 11. 29. 선고 2006두18928 판결을 통하여 "신설회사 또는 존속회사가 승계하는 것은 분할하는 회사의 권리와 의무라 할 것인바, 분할하는 회사의 분할 전 위반행위를 이유로 과징금이 부과되기 전까지는 단순한 사실행위만 존재할 뿐 그 과징금과 관련하여 분할하는 회사에게 승계의 대상이 되는 어떠한 의무가 있다고 할 수 없고, 특별한 규정이 없는 한 신설회사에 대하여 분할하는 회사의 분할 전 법 위반행위를 이유로 과징금을 부과하는 것은 허용되지 않는다 할 것이다"라고 판시하였고, 이러한 입장은 대법원 2009. 6. 25. 선고 2008두17035 판결에서도 재차 반복되었다.[32)] 일부 학설 역시 과징금은 공정거래위원회의 재량

31) 많은 분할계획서들은 "분할되는 회사의 사업과 관련하여 분할기일 이전의 행위 또는 사실로 인하여 분할기일 이후에 발생, 확정되는 채무 또는 분할기일 이전에 이미 발생, 확정되었으나 이를 인지하지 못하는 등의 여하한 사정에 의하여 이 분할계획서에 반영되지 못한 채무(공 · 사법상의 우발채무 기타 일체의 채무를 포함)에 대해서는 그 원인이 되는 행위 또는 사실이 분할대상 부문에 관한 것이면 신설회사에게, 분할대상 부문 이외의 부문에 관한 것이면 존속회사에게 각 귀속한다"라는 취지로 규정하고 있다.

32) 위 대법원 판시는 과징금의 경우 과징금이 부과되기 전까지는 사실행위만 존재할 뿐, 그와 관련하여 분할회사에 승계될 어떠한 의무가 있다고 할 수 없으므로 분할 후 부과된 과징금에 대하여 신설회사에 승계될 수 없다고 보았는데, 이를 일반화할 경우, 분할 전 발생원인되는 사실관계만이 존재하나 분할 후에 현실로 발생한 권리, 의무, 우발채무 전반에 대하여 신설회사로 승계시킬 수 없다는 취지로 해석될 여지가 있다. 그러나 위 대법원 판시는 공법상 제재처분인 과징금 부과처분을 법인격이 동일하게 지속하는 존속회사에 부과하여야 하고 명문규정 없이 별개의 법인인 신

에 따라 부과되는 것으로서, 과징금이 부과되기 전까지는 법적으로 과징금 납부의무의 기초적 또는 잠재적 근거도 갖추어지지 않은 상태이므로, 요건이 갖추어지면 즉시 권리가 발생하는 세법상 납세의무나 일반적인 불법행위와 달리 회사분할로 승계될 수 있는 우발채무와 성격이 다르다고 하며 대법원 판결과 같은 입장을 취하고 있다.[33)]

한편 위 사안에서 존속회사는 자신에게 부과된 과징금을 납부한 후에 "승계대상 사업부문과 관련한 우발채무는 신설회사가 승계한다"라는 분할계획서 내용에 따라 신설회사에게 그 구상을 청구할 수 있는지가 문제된다. 이는 회사분할에 있어서 권리의무의 대외적 귀속과 대내적인 분담관계를 달리 정할 수 있느냐의 문제라고 할 수 있는데, 영업의 유기적 일체를 분할하기 위한 회사분할제도의 취지와, 승계대상 사업부문과 관련된 권리 · 의무를 일체로 이전하려는 분할계획서상 당사자의 의사를 고려할 때, 존속회사가 대외적으로는 자신에게 귀속된 채무를 이행한 다음 그 채무가 신설회사로 승계된 사업과 관련한 것이라면, 그에 대하여 내부적으로는 신설회사에게 구상할 수 있다고 보는 것이 타당하지 않은가 생각된다.[34)]

설회사에 부과할 수 없다는 뜻으로 보이며, 위 판시를 일반적인 사법상 권리의무나 우발채무의 승계에 대하여도 일반화하여 적용하기는 어렵다고 할 것이다.

33) 이황, 앞의 논문(주 28), 222면.

34) 2011. 5.경 이루어진 주식회사 신세계의 회사분할계획서는 "분할대상 부문에 속하는 권리나 의무 중 법률상 또는 성질상 분할에 의하여 이전이 금지되는 것은 분할되는 회사에 잔류하는 것으로 보고, 분할신설회사에 이전이 필요한 경우에는 분할 후 분할존속회사와 분할신설회사의 협의에 따라 처리한다"라고 규정하였다. 이처럼 신설회사로의 승계 가능성이 불명확한 권리의무에 대하여 불가피하게 존속회사에 잔존시키되, 내부적인 관계에서 그로 인한 경제적 부담이나 손익을 신설회사로 귀속시키는 분할계획서의 기재는, 넓게 보아 분할회사의 승계대상 권리와 의무의 배분을 정하는 한 가지 방법으로 보아야 할 것이고, 그 효력을 인정하는 것이 타당하여 보인다.

조세채무의 경우에는 국세기본법이 회사분할시 분할일 전에 부과되거나, 납세의무가 성립한 세금은 분할 후 법인이 연대하여 납부할 의무가 있다고 명시적으로 규정하고 있다(제25조). 다만 조세채무의 내부적인 귀속관계는 분할계획서 기재에 따를 것으로서, 연대납세의무를 이행한 분할 후 법인은 분할계획서에 따라 해당 조세를 승계한 다른 법인에게 구상을 할 수 있을 것이다.

4. 영업권의 이전

재산적 가치 있는 사실관계, 즉 영업과 관련한 인맥, 고객망, 고객 충성도, 종업원의 노하우, 대리점의 건전성 등 엄밀한 의미에서의 권리 · 의무관계가 아닌 영업권이 회사분할로 인한 승계대상 재산에 포함될 수 있는지 여부가 문제되는데, 상법 제530조의8은 "분할 또는 분할합병으로 인하여 설립되는 회사 또는 분할합병의 상대방 회사가 영업권을 취득한 경우에는 그 취득가액을 대차대조표의 자산의 부에 계상할 수 있다. 이 경우에는 설립등기 또는 분할합병의 등기를 한 후 5년 내의 매 결산기에 균등액 이상을 상각하여야 한다"라고 하여 영

다만 위 대법원 2006두18928 판결은 "과징금이 부과되기 전까지는 단순한 사실행위만 존재할 뿐 그 과징금과 관련하여 분할하는 회사에게 승계의 대상이 되는 어떠한 의무가 있다고 할 수 없고"라고 표현함으로써, 과징금 납부의무가 분할계획서에서 승계나 귀속을 규정할 수 있는 권리의무가 아니라는 취지로 해석될 여지가 있다. 그러나 위 판결에서 심판대상이 된 쟁점은 분할 전 법 위반행위에 대하여 분할 이후 과징금을 누구에게 부과하여야 하는지 여부이며, 분할회사 및 신설회사 사이의 내부관계에서 누가 종국적으로 과징금 납부의 부담을 져야 하는지 여부는 위 판결에서 쟁점이 되었던 것이 아니므로, 위 판결이 반드시 과징금을 납부한 존속회사가 과징금의 부과 원인행위와 관련한 사업을 승계한 신설회사에게 분할계획서에 따라 구상을 청구할 수 있는 가능성을 부인했다고 단정할 수는 없다.

업권의 이전을 명시적으로 허용하고 있다.[35)]

V. 분할계획서의 작성과 관련한 기타 쟁점들

1. 자본구성의 변화 : 자본감소의 필요성

물적분할의 경우는 존속회사의 감소되는 자산만큼 신설회사의 주식이 존속회사의 자산으로 계상되므로 자본감소를 동반하지 않는 경우가 일반적이며, 인적분할의 경우에는 순자산이 복수의 법인에게 나뉘어 귀속되므로 순자산이 감소하게 되어 통상 감자를 수반한다. 그러나 상법은 순자산과 자본을 결부하고 있지 아니하므로, 인적분할을 하는 경우에도 자본감소는 필수적이지 않다고 본다.[36)] 다만 분할로 인하여 자본결손이 발생하는 경우에는 자본충실의 원칙상 자본감소를 하여야 한다는 견해도 존재한다.[37)]

---

35) 다만 일본의 경우 흡수분할의 경우에는 양수회사가 영업권을 계상하는 것이 가능하나, 신설분할의 경우에는 신설회사의 대차대조표에 영업권을 계상하는 것을 인정하지 아니한다고 한다. 이는 신설분할의 경우에는 상대방 당사자가 없어, 영업권을 과대계상하는 것을 막을 장치가 없다는 점을 고려한 입법으로 보인다〔김성호, "상법상 회사분할과 계산," 상사법연구 제21권 제4호(2003. 2), 한국상사법학회, 34면〕.

36) 김성호, 앞의 논문(주 6), 15면. 한편 독일 기업재편법은 자본감소가 필요한 때에는 감자등기를 하여야만 분할등기를 할 수 있다고 규정하는바(139, 145), 통설적 견해는 그 해석에 있어서 순자산이 자본에 미달하는 때에만 자본감소가 필요한 것으로 본다고 한다.

37) 권기범, 앞의 책(주 1), 612면.

2. 분할 시점의 문제 : 분할기일까지의 재산의 변동, 분할계획서의 변경승인 필요성 관련

분할계획서가 작성되어 주주총회 결의를 받은 다음 실제 분할의 효력이 발생하는 날 사이에는 상당한 시차가 존재하게 되며, 그에 따라 분할계획서에 기재된 대차대조표 및 승계대상 재산목록과 실제 분할기일의 그것 사이에는 차이가 발생할 수밖에 없다.

이에 따라 대부분의 분할계획서는 "분할기일 전까지 분할대상 부문의 영업 또는 재무적 활동 또는 계획의 이행, 관련 법령 및 회계기준의 변경 등으로 인하여 분할대상 부문의 자산 및 부채에 변동이 발생하거나 또는 승계대상 재산목록에 누락되거나 잘못 기재된 자산 또는 부채가 발견되거나 그 밖에 자산 및 부채의 가액이 변동된 경우에는 이를 정정 또는 추가하여 기재할 수 있다"라는 취지의 문구를 두고 있는 경우가 많다. 또한 주주총회의 승인이 있은 후라도, "수정 또는 변경이 합리적으로 필요한 경우로서 주주에게 불이익이 없고, 동질성을 해하지 않는 범위 내에서, 이사회의 결의로 분할계획서를 수정 또는 변경할 수 있다"는 취지로 규정하는 경우도 있다.

다만 해당 분할기일기준 대차대조표가 당초의 주주총회에서 승인된 분할계획서의 내용과 본질적인 차이가 있음에도 변경된 내용에 대하여 새로운 주주총회 결의를 받지 않는다면, 이는 해당 분할을 위한 주주총회 결의가 흠결된 경우로서 회사분할의 무효사유에 해당될 수 있을 것이다(상법 제530조의11, 제529조). 다만 어떠한 변동이 재결의를 필요로 할 것인지는 일의적으로 판단하기 어렵고 사안별로 판단될 수밖에 없을 것이다.[38] 이러한 문제를 예방하기 위하여 아예 분할계획서 작성 시점에서 예상되는 장래의 주요 자산의 처분, 취득행위, 차입행

위, 중요한 거래행위 등을 분할계획서에 명시하는 것도 한 가지 방법으로 보인다.[39)·40)]

3. 기타 임의적 기재사항 : 분할 후 회사의 새로운 권리·의무 관계에 관한 사항

이상에서 본 내용과 같이 분할계획서는 기본적으로 회사분할로 인한 재산의 귀속 여부에 대하여 규정을 하고 있으나, 재산의 분배에 대

---

38) 2007년 주식회사 룩손에너지홀딩스가 물적분할을 할 당시, 당초의 주주총회에서 승인된 분할계획서에는 장부가액 33억 원 상당의 부동산이 신설회사로 이전되는 내용으로 기재되어 있었으나, 세무검토 과정에서 과도한 세금이 부과될 것으로 예상되어 대상 부동산을 신설회사에게 이전하지 아니하고, 그 공정가액에 상응하는 현금 60억 원을 신설회사에 이전하는 방안으로 분할계획을 변경하였는데, 그 과정에서 변경된 분할계획서에 대한 주주총회 결의를 다시 받아야 하는지 여부가 문제되었다. 당시 회사는 "당초 주주총회 승인을 받은 분할계획서상 주주에게 불이익이 없고 동질성을 해하지 아니하는 범위 내에서 변경할 수 있다는 취지의 기재가 있었으며, 위 사안의 경우 과도한 세금부담으로 인한 변경의 필요성이 인정되고, 변경 전후 재산상의 차이가 없어 동일성을 해하지 아니한다"라는 취지의 법무법인의 의견을 받아, 주주총회의 별도 승인을 받지 아니하고 분할계획서를 변경하였다고 한다(이광중, 회사분할과 M&A, 한국디지털기업정보, 2009, 90면).

39) 반대로 일본의 분할계획서들 중에서는 "분할계획서 작성 이후 분할기일 때까지 이전될 사업부문에 관한 중대한 변동이 발생할 경우 해당 회사는 회사분할절차를 중지할 수 있다"는 취지의 규정을 둔 사례도 찾아볼 수 있다.

40) 이처럼 분할계획서를 위한 주주총회 결의시점과 분할기일 사이의 시차로 인하여 대차대조표 및 승계대상 재산목록의 다소간의 변동이 발생하는 것은 불가피하다. 하지만 등기실무와 관련하여 분할계획서상의 자본금 액수와 분할등기신청시의 자본금 액수가 상이할 경우, 등기관으로서는 주주총회에서 승인한 분할계획서상 자본금 액수가 실제 등기신청된 자본금 액수와 상이하다는 이유로 등기를 거절할 가능성이 존재한다. 따라서 실무적으로는 회사분할을 진행하기 앞서 관할 등기관과 협의를 하는 것이 안전할 것이다. 위와 같은 문제의 소지를 없애기 위하여는 분할계획서와 분할기일의 '자본금'을 일치시켜야 할 것인데, 순자산이 변동함에도 불구하고 자본금을 일치시키기 위하여는 준비금 계정을 조정하는 수밖에 없다.

한 기재만으로는 회사의 계약, 지적재산권, 부동산, 동산 등 다양한 자산의 유기적 복합체인 영업 일체를 분할하려는 당사자의 의사에 부합하는 결과를 도출하거나, 그에 부합하는 방향으로 분할을 실행하는 데 어려움이 있는 경우가 있다. 그와 같은 이유로 실무상 분할계획서에 상법상 필수적 기재사항이 아닌 사항에 관해서도 규정하는 경우가 있고, 현실적으로 그러한 필요성이 제기되기도 한다.

예를 들어 회사분할을 통하여 본사 건물을 일방 회사가 승계하되, 다른 분할회사가 위 건물을 해당 회사로부터 임차하여 사용하여야 한다거나, 회사분할을 통하여 상표권, 특허권 기타 지적재산권을 일방 회사가 승계하고 다른 회사에 대하여 사용권을 부여하여야 하는 경우가 있는데, 이를 명확히 하기 위해 분할 후 회사 간 체결할 계약에 관한 사항을 분할계획서에 기재하는 경우가 있다.[41] 한편 상장회사의 인적분할로 인하여 설립되는 신설회사가 재상장을 하지 아니할 경우, 상장회사의 소수주주들로서는 분할로 인하여 존속회사인 상장회사의 자산이 이탈하여 보유한 상장주식 가치가 하락함에 비하여, 분할로 인하여 교부받는 신설회사의 비상장 분할신주를 환가하기 어려운 불이익을 입을 수 있는데, 몇몇 사례에서는 분할계획서에 존속회사 또는 신설회사가 이와 같은 경우 소수주주들로부터 비상장 신설회사의 분할신주를 매수하겠다는 취지의 기재를 하는 경우가 있었다.[42]

41) 코오롱의 2009. 12.경 회사분할시 동 분할계획서는, "존속회사가 보유하는 ○○ 회사 발행 주식은 본 분할계획서에 따라 신설회사로 이전되나, 동 주식은 분할이 완료된 후 적정한 시기에 분할되는 회사 및 신설회사 이사회의 승인을 얻어 분할되는 회사가 신설회사로부터 공정한 평가 가액으로 이를 인수하기로 한다"라고 기재하였다.

42) 2008. 1. 주식회사 한섬이 주식회사 한섬피앤디를 신설하는 회사분할을 할 당시, 해당 분할계획서는 "존속회사는 분할 이후에도 주권상장법인으로 존속하며 신설

이처럼 분할계획서가 분할회사 재산의 배분에 관한 사항을 넘어서, 분할 이후에 존속회사나 신설회사가 부담해야 할 의무를 적극적으로 규율하는 것이 가능한지 그리고 그러한 기재가 분할 후 회사들에 대하여 구속력이 있는지 여부가 문제된다.

그러나 분할계획서는 어디까지나 분할회사의 단독행위인 일방적 의사표시이고, 회사분할은 상법상 규정된 요건과 절차에 의하여 발생하는 단체법적 법률효과이므로, 상법이 부여한 회사분할의 효과(분할 전 법인 재산의 부분적 포괄승계)를 넘어서, 재산의 배분과 무관한 사항에 대하여까지 분할 후 회사들을 구속하는 창설적 효력까지 가진다고 보기는 어렵지 않은가 생각된다. 특히 신설회사는 분할계획서에 나타난 의사표시를 한 당사자가 아니라는 점에서, 분할계획서에서 신설회사의 의무사항을 정한 내용에 신설회사가 구속된다고 보는 것은 사적 자치의 원칙이나 자기 책임의 원칙에 반하는 측면이 있다. 결국 분할계획서의 임의적 기재사항의 경우에는 특별한 법률적 효과를 발생시킨다기보다는 일종의 정보제공의 측면에서 이해되어야 하는 것이 아닌가 생각된다.

회사는 주권비상장법인으로 한다. 존속회사는 신설회사 주식을 (분할 후) 장외매수할 예정"이라고 기재한 바 있다. 또한 2008. 10. 주식회사 유화가 회사분할로 비상장 주식회사 유화피앤디를 설립하는 경우에도 분할계획서에 "신설회사는 신설회사 주식을 (분할 후) 장외매수할 예정"이라고 기재하였다. 다만 신설회사가 스스로 신설회사 주식을 취득하는 것은 상법상 자기주식의 취득으로 원칙적으로 금지되며, 자기주식의 취득은 당시에 시행되던 상법에 의하면 정관이 정한 바에 의하여 이익으로 소각하는 경우나 자본감소의 절차에 의하여만 가능하였다(상법 제343조). 참고로 2012. 4. 15.부터 시행되는 개정 상법은 자기주식 취득에 관한 제한을 완화하여, 배당가능이익의 범위에서 거래소를 통하여 자기주식을 취득하거나, 주주가 가진 주식 수에 비례하여 일정한 방법을 통하여 자기주식을 취득하는 것을 허용한다(상법 제341조).

반면 존속회사의 경우는 분할계획서상의 의사표시를 행한 당사자 본인이므로, 거기에 나타난 의사의 내용대로의 법률행위의 성립을 인정할 여지가 없지 않다. 주 42의 한섬의 사례에서 존속회사가 비상장으로 된 신설회사의 주식을 매수하겠다는 취지의 분할계획서상의 문언을 이행하지 아니한 경우에, 위 분할계획서의 문구에 따라 신설회사의 주주들이 존속회사에 대하여 신설회사 주식의 매수를 청구한다면, 분할계획서상 해당 문구를 존속회사의 청약의 의사표시로, 주주들의 매수청구를 승낙의 의사표시로 보고 매매가 성립한 것으로 인정하여 법원이 청구인용 판결을 할 가능성이 있는 것이다. 다만 분할계획서상의 해당 문구는 분할당사회사들의 경영상 판단과 계획을 밝힌 것으로서 그에 따른 법적 구속력을 발생시키는 의사표시로 보기 어렵다는 견해도 있을 수 있다.

아울러 위와 같은 분할계획서의 임의적 기재사항들이 구속력이 있는지 여부와는 별개로, 그 내용들이 실제 이행되지 않았을 경우, 이를 신뢰하고 분할계획서를 승인한 주주 또는 채권자들과 같은 이해관계인들의 보호 차원에서, 이로 인하여 분할에 하자가 있다거나 손해배상책임이 발생할 여지가 상당히 있다고 본다. 예를 들어 분할회사의 소수주주들이 향후 존속회사가 신설회사의 주식을 매수하여 주겠다는 분할계획서의 기재를 신뢰하고 분할결의에 찬성하였는데, 분할이 완료된 후 존속회사가 이를 이행하지 아니하는 경우, 그리고 위와 같은 약속 불이행이 분할회사 및 존속회사 경영진의 적극적인 기망 · 위법행위로 평가되고 그러한 행위가 해당 주주총회에서의 결의내용을 심히 왜곡하였다고 판단될 경우, 해당 회사분할을 위한 주주총회 결의에 하자가 존재한다고 볼 가능성이 있다. 또한 이 경우 존속회사나 그 경영진은 소수주주들에게 그로 인한 손해배상책임을 질 수 있다.

VI. 결론

이상에서는 회사분할과정에서 부분적 포괄승계의 내용, 즉 자산과 부채의 배분에 관련한 사항을 중심으로 회사분할의 대상, 분할계획서의 작성방법, 귀속이 불분명한 권리의무나 우발채무의 귀속 문제 등 분할로 인한 권리와 의무의 귀속과 관련하여 발생할 수 있는 제반 법률적 문제들에 대하여 실제 작성된 분할계획서의 사례들의 검토, 비교법적 분석, 판례 등을 통하여 실무적인 관점에서 살펴보았다.

비록 상법의 규정이 분할계획서의 기재사항이나 분할로 이전될 권리의무의 배분에 관하여 구체적인 규율을 하고 있지는 아니하나, 회사분할의 사례들과 관련 이슈들이 축적되면서 대부분의 분할계획서에서는 귀속이 불분명한 권리의무나 우발채무의 승계에 관한 기준을 명시하는 등 법령의 공백이 실무적인 측면에서 보완되고 있는 것으로 보인다. 다만 회사분할과 연대채무에 관하여는 유의미한 다수의 판례가 축적되고 있으나, 그 외 회사분할을 영업을 단위로만 하여야 하는 것인지 여부나 신주인수권부사채, 전환사채상 채무, 계속적 계약관계, 양도금지채권의 승계 가능성, 분할계획서의 임의적 기재사항의 효력 등 회사분할과 관련하여 발생할 수 있는 다양한 문제점에 관하여는 아직도 상당 부분 불투명한 상태로 남아 있는 것으로 생각된다. 향후 의미 있는 판례나 논의가 축적되기를 기대하여 본다.

04

회사의 분할비율*

조현덕**

I. 머리말

1. 분할비율 관련 규정

상법은[1] 제530조의2 이하에서 회사의 분할을 규율하고 있으나 분할비율에 대해서는 아무런 명시적 규정을 두고 있지 않다. 유가증권시장 공시규정에[2] 의하면 한국거래소는 유가증권시장 주권상장법인이 합병, 분할 또는 분할합병의 사실 또는 결정에 관한 공시를 한 후 그 공시 내용 중 합병비율, 분할비율 또는 분할합병비율의 100분의 20 이

* 이 논문은 BFL 제49호(2011. 9)에 게재된 글을 수정 · 보완한 것이다.

** 김 · 장 법률사무소 변호사/경영학박사

1) 이하에서 '상법' 또는 '현행 상법'은 2010. 5. 14. 일부개정 법률 제10281호를 의미하고 '개정상법'은 2011. 5. 23. 일부개정 법률 제10696호를 의미한다.

2) 제15차 일부개정 2011. 6. 15. 규정 제735호, 이하 '유가증권시장 공시규정'이라 한다.

상을 변경하여 공시한 때에는 공시변경으로 간주하여 불성실공시에 해당되는 것으로 규정하고 있는데 이것이 아마도 회사분할의 분할비율을 명시적으로 규정한 거의 유일한 예로 생각된다(유가증권시장 공시규정 제31조 제16호). 2005년 인적분할을 폐지하고 물적분할만을 인정하고[3] 있는 일본 회사법도 분할계획서의 기재사항 이외에 따로 분할비율에 대해서는 규정하는 바가 없다(일본 회사법 제763조).

2. 판례

판례 중에서 회사분할의 분할비율과 관련하여 직접 판단하고 있는 경우는 많지 않으나, 대우중공업(주)이 인적분할을 통해 대우조선해양(조선사업)과 두산인프라코어(종합기계부문)를 설립할 당시 대우중공업(주) 소액주주들이 인적분할의 자본금 분할비율의 부당함을 들어 분할회사 이사의 배임 및 분할주주총회의 효력을 문제 삼았던 점이 대우중공업(주) 분식회계 관련 손해배상청구소송에서 제기된 바 있으며,[4] 하급심판례 중에는 "회사분할시 승계대상 자산은 분할비율 결정,

3) 물적분할만을 인정하는 일본 회사법이 분할비율에 대해서 따로 규정하지 않는 것은 우리나라의 분할실무가 물적분할의 경우에는 분할비율이 문제되지 않는 것에 비추어 보면 당연한 것으로 생각된다. 다만 일본 회사법은 인적분할을 폐지하였으나, 물적분할의 분할대가를 분할회사의 주주에게 교부할 수 있는 방법을 마련함으로써 사실상의 인적분할이 인정된다고 한다(일본 회사법 제763조 제1항 제12호, 일본 회사법 코멘타르 17권, 388면).

4) 대법원 2010. 8. 19. 선고 2008다92336 판결 ; 서울고등법원 2008. 11. 6. 선고 2004나66911 판결〔사안은 대우중공업(주) 분식회계로 인한 손해배상을 구하는 원고들이 "대우중공업(주)의 소액주주 481명이 2000. 2.경 이 사건 분할을 추진하는 관련 이사들을 고소하고 이 사건 임시주주총회 효력정지 가처분을 신청하자, 이에 대우중공업(주)은 2000. 5. 22.경 위 소액주주들과 분할회사의 자본금 배정비율을 합의한 후 이 사건 분할을 하게 된 것이니, 대우중공업(주)은 원고들이 자신의 채권자라는

채무재조정 등의 산정기준이 되므로 채권자 및 주주의 이해관계에 중대한 영향을 미칠 수 있어 회사분할과 같은 단체법적 법률행위에 있어서는 다수의 이해관계자들 사이의 법률관계를 명확히 규율할 필요성"이 있다고 판시함으로써 회사분할에 있어 승계대상 자산 및 그로부터 산정되는 분할비율이 회사분할의 이해관계에 미치는 영향이 중대하다는 점을 판시한 경우가 발견된다.[5)]

3. 해석론 및 분할실무

후술하는 바와 같이 회사분할실무에서 분할 효력 발생 이전의 분할되는 회사(이하 '분할되는 회사' 또는 '분할회사'라고 한다)들은 회사분할 결정을 함에 있어 분할의 유형에 따라(물적분할의 경우 분할비율을 별도로 산정하여 공시하지 않음) 분할비율 또는 분할합병비율과 그 산정방법, 분할비율 산정의 근거로서 분할대상 사업의 재산(분할대상 사업과 관련되는 승계대상 재산목록), 분할재무상태표(분할되는 회사, 분할존속회사, 분할신설회사의 분할 전후 요약 대차대조표) 등을 분할 관련 주요 경영사항의 내용으로 신고 · 공시하고 있다(상법 제530조의7, 자본시장과 금융투자업에 관한 법률 제161조, 동법 시행령 제171조 제3항 제6호, 유가증권

사실을 알고 있었다 할 것임에도 원고들에게 개별적인 최고절차를 거치지 아니한 채 일간신문 공고만 하였으므로, 이 사건 분할계획서상 채무승계 배제의 효력은 발생할 수 없고, 분할신설회사들이 대우중공업(주)과 연대하여 이 사건 손해배상채무를 부담한다고 주장" 한 것에 대해서 법원은 대우중공업(주) 분할 당시 소액주주들이 문제 삼은 것은 자본금 분할비율에 불과할 뿐 원고들의 이 사건 청구와 같이 분식회계로 인하여 주식 거래시 발생한 손해를 주장하는 것이 아니었으므로, 이러한 사정만으로 대우중공업(주)이 원고들을 채권자로서 알고 있었다고 볼 수 없다고 판시하여 원고들의 주장을 배척한 것임].

5) 인천지방법원 2008. 7. 24. 선고 2007가합5522 판결.

시장 공시규정 제7조, 코스닥시장 공시규정 제6조).[6)]

학자들의 연구에서 회사분할비율을 독립된 주제로 삼아 논의한 경우를 찾아보기 어렵다. 회사분할에 있어 분할비율의 의미에 대해서는 "회사가 분할하는 경우 회사 전체의 자산 · 부채 및 자본 중 분할사업부문에 귀속될 자산 · 부채 및 자본금액이 차지하는 비율"을 의미하는 것으로 정의하고 있는 경우가 있으나,[7)] 실무적으로 분할회사가 회사분할결정 공시, 분할재무상태표, 분할계획서, 증권신고서, 투자설명서 등에서 분할비율 관련 사항을 표시한 내용을 보면 (i) 분할존속회사와 분할신설회사의 각 자본총계가 분할 이전 분할회사의 자본총계에서 각 차지하는 비율,[8)] (ii) 분할대상 부분 순자산의 장부가액이 분할 전 회사 순자산의 장부가액에서 차지하는 비율,[9)] (iii) 분할가액 또는 분할회사 주식 1주에 배정되는 분할신설회사의 주식 배정비율과 자본감소와 관련된 분할회사 주식 1주의 주식병합비율[10)] 또는 (iv) 분할되는 회사의 자본금 분할비율[11)] 등 그 의미하는 바와 표현은 다기하다. 실무적으로 분할비율은 통상 순자산의 분할비율로 이해되므로 후술하

6) 예를 들면 금융감독원 전자공시시스템(DART, Data Analysis, Retrieval and Transfer System. http://dart.fss.or.kr, 이하 '금융감독원 전자공시시스템'), (주)신세계 2011. 2. 15. 회사분할결정 공시 내용 중 첨부 경영이사회 의사록 ; 메리츠화재해상보험(주) 2011. 1. 11. 회사분할결정 공시 내용 중 첨부 분할재무상태표.

7) 이광중, 회사분할, 삼일인포마인, 2003, 281면.

8) (주)신세계 2011. 2. 15. 회사분할결정 공시 내용 중 첨부 경영이사회 의사록의 요약재무구조의 분할비율부분.

9) 앞의 (주)신세계 경영이사회 의사록 중 분할비율 산정내역부분.

10) 금융감독원 전자공시시스템, (주)신세계 증권신고서 2011. 2. 22, 11-12면 ; 메리츠화재해상보험(주) 증권신고서 2010. 12. 10, 10-11면.

11) (주)신세계 2011. 2. 15. 회사분할결정 공시 내용 중 분할비율부분 ; 메리츠화재해상보험(주) 2011. 1. 11. 회사분할결정 공시 내용 중 분할비율부분.

는 바와 같이 인적분할에서 순자산의 분할비율과 자본금의 분할비율이 일치하지 않는 경우에는 자본금의 분할비율과는 구분해서 파악할 필요가 있겠으나, 넓게 선해할 때 분할비율에 관한 이러한 다양한 정의나 표현들이 그 내용에 있어 서로 상충되는 것은 아니다. 다만 회사분할에 있어 재산분할의 범위 및 분할의 효과를 함의하는 분할비율의 중대성을 감안한다면 분할유형에 따라 보다 통일적이고 구체적인 내용으로 개념이 정립될 필요가 있다고 생각된다.

II. 분할비율의 산정

상법이 분할비율의 의미나 산정방법을 명시적으로 규정하지 않음에 따라 자칫 분할비율이라는 개념이 법률상 근거가 없는 순전히 강학상의 내지 실무적인 개념으로만 이해될 수도 있다. 그러나 상법이 비록 분할비율을 명시적인 법률용어로 규정하고 있지 않다고 하더라도 현재 분할 회사들이 분할비율을 공시하면서 제공하고 있는 분할비율의 산정방법이나 분할가액 및 산출근거의 내용들은 모두 상법이 분할계획서의 기재사항으로 요구하고 있는 사항들(상법 제530조의5) 및 분할대차대조표 등(상법 제530조의7)에 의거한 것이라고 할 수 있다. 즉 분할비율은 상법이 규정하는 분할계획서 및 분할대차대조표 등에 기재되는 수치를 귀납적으로 반영하여 산출되는 계산상의 결과치이므로 상법이 분할비율에 대해서 침묵하고 있다기보다는 오히려 분할비율의 산정을 당연히 예정하고 있는 것이라고 생각된다.

1. 분할유형별 분할비율

큰 범주로 보아 상법상 회사분할의 유형을 인적분할 · 물적분할 · 분할합병으로 구분하고 최근 3년간 회사분할결정 공시 내용을 검색해 보면, 인적분할의 경우에는 예외 없이 분할비율을 산정하여 공시하고 있으나, 인적분할을 분할의 요소로 하는 분할합병의 경우에는 사안에 따라, 분할합병비율만 산정하여 공시한 경우와[12] 분할비율 · 합병비율 · 분할합병비율 등을 모두 산정하여 공시한 경우가 있는 것으로 파악된다.[13] 비교적 이례적인 경우로서 분할합병과 관련하여 분할비율 · 합병비율 · 분할합병비율을 전혀 산정하지 않은 경우와[14] 분할비율 및 합병비율은 산정하였으나 분할합병비율은 산정하지 않은 경우도[15] 있다. 두 경우 모두 분할합병의 상대방 회사가 분할되는 회사의 지분 100%를 보유하고 있어 따로 합병신주를 발행하지 않았기 때문에 분할합병비율을 산정하지 않은 것으로 이해된다. 이와 같이 분할유형별로 분할비율의 산정 및 공시실무가 통일성을 갖지 못한 것은 분할비율에 대한 명시적 규제와 공시실무가 확립되지 않았기 때문이라고 생각된다. 회사분할 이후 별도 분할신설회사 없이 분할과 동시에 합병하는 경우 비록 분할비율이나 합병비율이 경과적인 수치의 의미라고 하더라도[16] 이를 산정하여 공시하는 것이 회사분할에 따른 이

---

12) 한국남동발전(주) 2010. 11. 15. 회사분할합병결정 공시 ; 금호렌터카글로벌(주) 2010. 4. 14. 회사분할합병결정 공시.

13) (주)NICE 홀딩스 2010. 10. 20. 회사분할합병결정 공시 ; (주)에이스앤파트너스 2009. 12. 21. 회사분할합병결정.

14) 군장열병합발전(주) 2010. 4. 12. 회사분할합병결정 공시.

15) (주)한화갤러리아 2009. 8. 14. 회사분할합병결정 공시.

16) 이광중, 앞의 책(주 7), 281면. 분할합병의 경우 분할이라는 절차가 수반된다고 하

해관계자 및 투자자를 위해 바람직하다고 생각된다. 반면에 후술하는 바와 같이 물적분할의 경우에는 분할비율을 산정하지 않고, 물적분할을 분할요인으로 하는 분할합병에서도 따로 분할비율을 산정하지는 않았다.[17] 이하에서는 분할비율이 실질적인 의미를 가지는 인적분할에서의 분할비율을 중심으로 논의하기로 한다.

2. 상법이 규율하는 분할비율 관련 자료

상법은 회사분할의 경우 분할계획서 또는 분할합병계약서를 작성하도록 하면서(상법 제530조의3) 분할계획서의 기재사항을 정하고 있는바, 분할에 의하여 회사를 설립하는 경우에는(상법 제530조의5 제1항) 분할되는 회사의 주주에 대한 설립되는 회사의 주식의 배정에 관한 사항 및 배정에 따른 주식의 합병 또는 분할을 하는 경우에는 그에 관한 사항(제4호), 설립되는 회사의 자본과 준비금에 관한 사항(제6호), 설립되는 회사에 이전될 재산과 그 가액(제7호) 등을 기재하도록 하고 있고, 분할 후 회사가 존속하는 경우에는(상법 제530조의5 제2항) 존속하는 회사에 관하여 감소할 자본과 준비금의 액(제1호), 자본감소의 방법(제2호), 회사가 발행할 주식의 총수를 감소하는 경우에는 그 감소할 주식의 총수, 종류 및 종류별 주식의 수(제5호) 등을 기재하도록 하고 있다. 그리고 상법 제530조의7은 분할되는 회사로 하여금 분할되는 부분의 대차대조표 및 분할되는 회사의 주주에게 발행할 주식의 배정

더라도 그 실질은 궁극적으로 합병과 유사한 것이어서 분할합병 상대방 회사와의 공정한 분할합병비율을 산정하기 위해 분할사업부문의 평가를 하는 것이므로, 단순 인적분할에서의 분할비율과는 성격을 달리한다고 한다.

17) (주)플렉스컴 2009. 1. 6. 회사분할합병결정 공시 ; 대웅바이오(주) 2008. 12. 31. 회사분할합병결정 공시.

에 관한 그 이유를 기재한 서면을 작성하도록 하고 있다.

3. 분할비율 산정 실무

위 상법 규정에 의거하여 통상 실무적으로 작성되는 분할계획서는 분할의 목적, 분할의 방법, 분할의 내용, 분할일정 등으로 구성된다. 분할계획서 중 '분할의 내용' 부문에서는[18] 일반적으로 (i) 분할 전후 요약재무구조(일반적으로 일정한 기준일에 분할 전 분할회사, 분할 후 분할존속회사 및 분할신설회사의 각 재무구조를 비교하는 요약대차대조표의 형식으로 제시한다)와 동 요약재무구조에 표시되는 분할존속회사와 분할신설회사의 각 자본(또는 자본금)총계가 분할 전 분할회사의 자본(또는 자본금)총계에서 차지하는 비율로 표시되는 분할비율, (ii) 분할비율 산정 공식을 나타내는 분할비율 산정내역(통상 분할대상 부문 순자산의 장부가액을 분할 전 분할회사의 순자산의 장부가액으로 나누어 산정하며, 이렇게 산정되는 비율은 순자산의 분할비율과 자본금의 분할비율이 동일한 경우라면 분할신설회사의 분할비율로써 분할되는 회사 주식 1주에 배정되는 분할신설회사 주식의 배정비율과 동일하다), (iii) 자본감소 여부 등 분할 전후 자본금의 변동 내용(분할존속회사의 자본이 감소하는 경우 자본감소를 위한 주식의 병합비율이 산정되며 이는 순자산의 분할비율과 자본금의 분할비율이 동일한 경우라면 분할비율에서 표시되는 분할존속회사의 자본총계가 분할 전 분할회사의 자본총계에서 차지하는 비율과 동일하게 된다) 등을 기재함으로써 분할비율 산정에 반영되는 주요 재무자료와 분할비율 산

---

18) 예를 들면 금융감독원 전자공시시스템, (주)신세계 2011. 2. 15. 회사분할결정 공시 및 첨부 경영이사회 의사록 ; 메리츠화재해상보험(주) 2010. 6. 30. 회사분할결정 및 첨부 분할재무상태표 등 참조.

정공식, 산정된 분할비율 등을 표시한다.

이와 관련하여 (주)신세계가 회사분할결정(인적분할)을 하면서 공시한 내용에 의하면 분할비율에 대하여 "자본금 분할비율에 따라 분할되는 회사 (주)신세계 0.261, 분할신설회사 (주)이마트(가칭) 0.739의 비율로 분할된다"라고 기재하고 있는바[19] 이를 두고 분할되는 회사가 0.261 : 0.739의 분할비율로 분할되었다고 이해하는 것이 일반이지만, 실무적으로는 순자산의 분할비율과 자본금의 분할비율이 동일한 경우라면 분할되는 회사의 주주에게 배정되는 분할되는 회사 주식 1주당 분할신설회사의 주식배정비율(0.739)만을 분할비율로 이해하는 경우도 있다. 이 부분 분할비율을 구체적으로 살펴보면 분할되는 회사의 분할신주 배정기준일 현재 주주명부에 등재되어 있는 주주에게 분할되는 회사주식 1주당 0.739의 비율로 분할신설회사 주식을 배정하고, 동시에 분할되는 회사의 주식 1주당 0.261의 비율로 주식을 병합하여 자본을 감소한다는 의미이다.[20]

순자산 장부가액은 장부상 자산과 부채에 의해 결정되는 것이므로 분할비율은 결국 분할을 통하여 분할대상 사업부문의 재산(자산 및/또는 부채)이 분할신설회사로 이전되어 분할존속회사와 분할신설회사 사이에서 자산과 부채가 안분되는 비율을 의미하게 된다. 그리고 통상의 경우처럼 분할존속회사와 분할신설회사 사이에서 순자산의 분할비율과 자본금의 분할비율이 동일한 경우라면 분할비율은 분할되는 회사의 주주가 종전 보유주식 1주를 분할존속회사 주식과 분할신설회사 주식으로 각 교환하는 비율로도 설명할 수 있을 것으로 생각된다.

19) 금융감독원 전자공시시스템, (주)신세계 2011. 2. 15. 회사분할결정 공시.

20) 분할되는 회사의 이러한 주식병합은 자본감소를 수반하게 되어 자본감소절차를 거쳐야 한다(상법 제438조 이하).

4. 물적분할과 분할비율

물적분할은 인적분할과 달리 분할신설회사의 주식을 분할되는 회사의 주주에게 귀속시키지 않고 분할되는 회사가 직접 소유함으로써 분할되는 회사가 분할신설회사를 완전자회사로 지배하는 형태의 분할이다(상법 제530조의12). 상법은 물적분할에 인적분할에 관한 규정을 준용하고 있으나(상법 제530조의12) 인적분할과 달리 분할비율을 산정하거나 공시하지는 않는다.[21)]

물적분할도 인적분할과 마찬가지로 분할되는 회사의 일정한 사업에 속한 재산(자산 및/또는 부채)이 별도의 독립된 회사인 분할신설회사로 포괄적으로 이전됨에도 불구하고 이러한 재산의 이전을 반영하는 분할비율을 별도로 산정하지 않는 이유에 대해서는 특별한 논의를 찾아보기는 어렵지만 기본적으로는 우리 상법의 물적분할에 대한 엄격한 규제에서 비롯되는 인적분할과 물적분할의 차이에서 기인하는 것으로 생각된다.

상법은 '분할되는 회사'가 분할 또는 분할합병으로 인하여 '설립되는 회사'의 '주식의 총수를 취득'하는 경우를 물적분할로 규정함으로써 적어도 법문상 (i) 분할되는 회사가 전재산을 물적분할하고 자신은 소멸하는 이른바 소멸형 물적분할,[22)] (ii) 분할되는 재산을 신설회사가 아니라 이미 설립되어 있는 기존 회사에 승계시키는 흡수형 물적분할, (iii) 물적분할로 회사를 신설하는 경우에도 신설회사가 발행하는

21) 금융감독원 전자공시시스템, 에스케이텔레콤(주) 2011. 7. 20. 회사분할결정 공시 ; 롯데제과(주) 2011. 7. 15. 회사분할결정 공시.

22) 상법 제530조의12는 분할 대가로 발행되는 주식의 귀속 주체를 분할되는 회사로 한정하고 있기 때문이다.

신주의 일부는 분할되는 회사가 취득하고 일부는 분할되는 회사의 주주가 취득하는 형태의 부분적 물적분할 등은 모두 허용되지 않는 것으로 해석된다.[23] 따라서 상법에 의하면 물적분할에 의하는 한 회사재산의 처분(분할)에도 불구하고 분할되는 회사의 주주가 보유한 분할회사의 주식에는 형식적으로나 실질적으로 아무런 직접적인 비율적 변화가 발생할 수 없으므로 분할비율의 산정을 요하지 않고 분할로 인하여 분할존속회사의 주식의 병합 또한 발생하지 않게 되는 것이다.

인적분할에서는 분할되는 재산만큼 분할되는 회사의 재산이 형식적으로나 실질적으로 반드시 감소한다. 그러나 물적분할에서는 분할되는 회사가 분할되는 재산에 상당하는 주식을 전량 취득함으로써 재산 가치를 실질적으로 동일하게 유지하고 분할회사의 주주는 분할신설회사의 주식을 직접 보유하지는 않지만 분할회사의 주식보유를 통하여 간접적으로 종전의 지분가치를 동일하게 보전한다. 분할되는 회사나 그 주주의 입장에서 보면 물적분할에서는 실질적인 의미의 재산의 분할(이탈)은 발생하지 않은 것이므로 그러한 의미의 분할비율은 산정을 요하지 않는 것이다.[24]

그러나 상법이 물적분할을 허용하면서도 법문 자체가 이와 같이 물적 분할의 형식을 과도하게 제한하고 있는 것에 대해서는 그러한 형식적 제한을 가해야 할 이론적 또는 정책적 근거가 있는지 의문이다.[25] 또한 학자들 사이에 견해의 대립이 있지만 분할합병을 허용하는

23) 권기범, 현대회사법론, 삼영사, 2010, 118면.

24) 이철송, 회사법 강의, 박영사, 2010, 894면.

25) 학자들의 설명에 의하면, 물적분할의 대가를 일부는 분할회사의 주주에게, 일부는 분할회사에게 교부하는 방식에 대하여 독일 기업재편법 해석론으로도 허용된다는 견해가 유력하고, 2005년 회사법 제정 전의 일본 상법 해석론으로도 이를 허용하는 견해가 유력했으며〔권기범, 앞의 책(주 23), 118면〕, 미국의 경우 회사법상 회

상법 제530조의6과의 관계에서 보더라도 물적분할 형식에 대한 과도한 제한은, 물적분할을 이용한 분할합병제도의 활용성까지 제한하게 되어[26] 다양한 형태의 분할을 활용할 필요성이 있는 기업구조재편 실무 측면에서도 납득하기 어려운 것이다.

특히 상법이 물적분할에 대하여 분할신설회사의 주식 총수를 분할되는 회사만 취득하게 함으로써 분할되는 회사의 주주가 분할신설회사의 주식을 취득할 수 없도록 한 것은 완화되어야 한다고 생각된다. 현행 상법상 물적분할의 형식에도 불구하고 분할되는 회사가 아닌 분할되는 회사의 주주들이 분할신설회사의 주식을 우회적으로 취득하는 것이 불가능하지 않고(사실상의 회사분할),[27] 종래 우회적 방법의 절차적 난점으로 지적되어 온 분할회사의 자기주식취득 제한이나 분할회사가 취득하는 분할신설회사의 주식을 분할회사의 주주들에게 배당으로 지급할 수 없다는 한계 등은 개정상법이 비상장법인의 자사주

사분할제도는 없지만 주주에 대한 자본이득 비과세혜택을 위해 활용되는 spin-off, split-off, split-up 모두 분할 내지 출자한 재산에 대한 대가로서 취득한 주식을 분할되는 회사 주주에게 분여하는 것을 허용하고 있다고 한다〔이철송, 앞의 책(주 24), 898면〕.

26) 분할합병을 명문으로 허용하는 상법 제530조의6뿐 아니라 상법 제530조의2 제2항, 제530조의9 제2항 등을 종합하면 상법상 분할합병에는 소멸흡수분할합병 · 존속흡수분할합병 · 소멸신설분할합병 · 존속신설분할합병이 모두 가능하겠으나, 현행 상법이 제한하는 물적분할 형식에 의하면, 위 4가지 유형의 분할합병방안 중 물적분할은 존속신설분할합병에서만 활용이 가능할 것으로 생각된다. 다만 물적분할을 이용한 분할합병에서 흡수분할합병이 가능한 것인지에 대해서는 상법 제530조의12 법문이 물적분할에서 회사의 설립을 규정한 것은 입법의 착오이고 법원이 이러한 경우〔(주)롯데백화점이 카드사업부를 물적분할하여 (주)롯데카드로 흡수분할합병한 사안〕에도 분할합병의 변경등기가 가능한 것으로 다루었음을 들면서 허용되어야 한다는 견해〔이철송, 앞의 책(주 24), 912면〕와 상법 제530조의12 법문하에서는 그러한 등기선례는 실정법의 한계를 넘는 것으로 허용될 수 없다는 반대견해〔권기범, 앞의 책(주 23), 118-119면〕가 대립한다.

27) 권기범, 앞의 책(주 23), 134면.

취득을 사실상 자유로이 허용하고(개정상법 제341조 이하) 금전배당 이외에 현물배당 또한 허용(개정상법 제462조의4)함으로써 한층 완화되었으므로 상법 문언상의 물적분할의 형식적 제한을 엄격하게 유지할 실익이 있다고 보기도 어렵게 되었다. 또한 개정상법이 자회사가 다른 회사를 합병함에 있어 모회사주식의 교부를 허용하는 이른바 삼각합병을 허용함으로써(개정상법 제523조의2) 피합병회사의 주주가 합병회사의 주식 대신에 합병회사 모회사의 주식을 취득하는 것이 가능하게 되었다면, 역으로 재산의 포괄승계와 그 대가로서 주식의 교부를 본질로 하는 분할의 법적 성질에 비추어[28] 물적분할에서도 분할되는 회사의 주주가 분할의 결과로 분할신설회사의 주식 전부 또는 일부를 취득하는 것을 금지할 특별한 이유가 없다고 생각된다. 만약 이러한 물적분할이 허용된다면 분할되는 회사의 주주에게 교부되는 분할신설회사의 주식의 배정비율로서의 교환비율 산정이 필요하게 될 것이다.

물적분할에서 분할비율을 산정하지 않더라도 분할결정 시점에 분할대상 사업에 관한 것인지 여부가 불명확한 재산 · 채권 · 채무를 사후적으로 신설회사와 존속회사에 안분하기 위한 기준을 사전에 마련해 둘 필요가 있는데 이 경우 실무는 '분할되는 순자산가액의 비율'을 적용하는 것이 일반적이다.[29]

---

28) 권기범, 앞의 책(주 23), 115면.

29) 금융감독원 전자공시시스템, 에스케이텔레콤(주) 2011. 7. 20. 회사분할결정 공시〔분할되는 회사의 사업과 관련하여 분할기일 이전의 행위 또는 사실로 인하여 분할기일 이후에 발생하거나 확정되는 채권 · 채무 또는 분할기일 이전에 이미 발생 또는 확정되었으나 이를 인지하지 못하는 등의 사정으로 분할계획서에 반영되지 못한 채권 · 채무(공법상의 우발채권 · 우발채무 등)에 대해서는 원칙적으로 그 원인이 되는 행위 또는 사실이 분할대상 사업에 관한 것이면 신설회사에게, 분할대상 사업 이외의 사업에 관한 것이면 존속회사에 각각 귀속하는 것이지만, 분할대상 사업에 관한 것인가를 확정하기 어려운 경우에는 해당 채권 · 채무를 해당 분할로 '분

5. 분할비율 관련 공시

분할되는 회사의 이사 및 분할합병의 상대방 회사 이사는 분할계획서 또는 분할합병계약서를 승인하기 위한 주주총회 회일의 2주 전부터 분할의 등기를 한 날 또는 분할합병을 한 날 이후 6개월간 분할계획서 또는 분할합병계약서 등을 본점에 비치하여 주주와 회사채권자의 열람 및 등 · 초본 청구에 응하여야 한다(상법 제530조의7). 따라서 통상 분할비율은 분할계획서를 심의 · 의결하고 해당 분할계획서를 승인하기 위한 주주총회소집을 의결하기 위한 이사회 이전 최근 재무제표에 의거하여 산정되는 것이 일반적인 실무이다.[30)]

상장법인은 회사분할에 관한 이사회 결정이 있는 경우 주요 사항보고서를 금융위원회에 제출하고 관련 내용을 공시해야 하는바(자본시장과 금융투자업에 관한 법률 제161조, 동법 시행령 제171조 제3항 제6호, 유가증권시장 공시규정 제7조, 코스닥시장 공시규정 제6조) 분할회사들은 분할방법, 분할목적, 분할로 이전할 사업 및 재산의 내용 등 분할 관련 주요 사항을 공시하면서 '분할비율'을 독립된 항목으로 공시하고 있다. 분할로 인하여 증권을 모집 또는 매출하는 경우 증권신고서와 투자설명서에 분할 관련 사항을 기재하여야 하는바(증권의 발행 및 공시 등에 관한 규정 제2-10조 제7항, 제2-14조 제2항 제2호 마목), 이 경우에도 '분할 가액 및 그 산출근거' 및 '분할의 요령'에서 신주의 배정비율로 분할비율을 표시하여 공시하는 것이 실무이다.[31)] 앞에서 본 바와 같이

할되는 순자산가액의 비율'에 따라 신설회사와 존속회사로 각각 귀속하기로 한다].

30) 금융감독원 전자공시시스템, (주)신세계 2011. 2. 15. 회사분할결정 공시 중 첨부 경영이사회 의사록 ; 메리츠화재해상보험(주) 2010. 6. 30. 회사분할결정.

31) 금융감독원 전자공시시스템, (주)신세계 증권신고서 2011. 2. 22, 11-12면 ; 메리츠화재해상보험(주) 증권신고서 2010. 12. 10, 10-11면.

한국거래소는 기존에 공시한 분할비율의 100분의 20 이상을 변경하여 공시한 때는 공시변경으로 간주하여 불성실공시에 해당되는 것으로 규정하고 있다(유가증권시장 공시규정 제31조 제16호).[32)]

III. 분할비율 산정의 효과

1. 분할비율의 확정

(1) 분할대상 재산의 범위 및 주식배정비율 또는 병합비율의 확정

분할비율은 회사분할을 결정함에 있어 독립변수로 사전에 결정되는 수치가 아니라 분할되는 회사를 구성하는 사업부문 (또는 적극재산 및 소극재산을 포괄하는 재산) 중 분할대상 사업부문 및 구체적인 분할대상 재산이 결정되어 포괄승계될 승계재산목록이 확정되면, 그에 근거하여 작성되는 분할존속회사 및 분할신설회사의 각 대차대조표(분할대차대조표 또는 분할재무상태표)에 표시되는 자본(또는 자본금)총계의 비율에 의하여 사후적으로 산정되는 종속변수이다. 따라서 분할비율이 산정되었다는 의미는 존속분할의 경우 분할존속회사와 분할신설회사 사이에서 (소멸분할의 경우 분할로 신설되는 회사들 사이에서) 분할로 승계될 재산의 범위 및 자본이 확정되어 분할되는 회사의 주주에

32) 다만 한국거래소는 투자자 보호를 위하여 필요한 경우 또는 주가에 미치는 영향이 미미한 경우 등 일정한 불성실공시 적용예외사유에 해당되는 경우 분할비율을 100분의 20 이상을 변경하여 공시하는 경우에도 불성실공시로 간주하지 않을 수 있다(유가증권시장 공시규정 제32조).

게 배정될 분할신설회사 주식의 배정비율 및 자본의 감소를 위한 분할존속회사 주식의 병합비율이 산정되었다는 의미가 된다. 따라서 이론적으로 분할비율의 산정은 분할되는 회사의 재산 중 분할존속회사에 잔류할 재산과 분할신설회사로 승계될 재산(승계재산목록)이 확정되는 것은 전제로 하고, 이러한 재산의 사후적인 변경은 곧 분할비율의 변경을 의미하게 된다. 다만 분할비율에 의한 이러한 효과는 절차적으로는 회사분할의 효력발생에 의존하는 것이므로 법률상으로는 분할기일을 기준으로 하여 분할등기에 따라 효력이 발생하는 것이 원칙일 것이다(상법 제530조의11, 제528조).

(2) 공통재산 또는 사업 관련성을 확정할 수 없는 재산의 귀속기준

회사분할을 전후하여 실무적으로는 어떤 적극재산 또는 소극재산(우발채무 또는 우발채권 포함)이 여하한 이유로 분할계획서 및 분할대차대표나 승계재산목록에 반영되지 못하고 그러한 재산이 사업 관련성이나 공통재산의 분할기준에 의하여도 어느 분할대상 사업부문에 귀속되는 것인지를 확정하기 어려운 경우가 발생할 수 있다. 이 경우에도 분할이 없었더라면 그러한 재산이 분할되는 회사의 재산으로 귀속되어야 하는 재산인 이상 분할 이후 이러한 재산을 어떤 기준으로 어떤 사업부문의 재산으로 귀속할 것인지를 정해 두어야 한다. 실무는 이러한 경우 분할비율, 즉 해당 분할에 의하여 분할되는 순자산가액(또는 자본금가액)의 비율로 분할 관련 회사들에게 귀속하는 것으로 정해 두는 것이 일반적이다.[33] 이와 같이 분할비율은 사전적으로 귀속

33) 금융감독원 전자공시시스템, (주)신세계 2011. 2. 15. 회사분할결정공시 ; 메리츠화재해상보험(주) 2010. 6. 30. 회사분할결정공시.

을 확정할 수 없는 재산의 사후적인 귀속기준으로 작용하게 되는바, 이렇게 함으로써 분할비율 산정단계에서 반영되지 않은 재산이 사후적으로 분할비율과 달리 귀속하는 경우 발생할 수 있는 분할비율의 변경요인을 최소화할 수 있다고 생각된다. 앞에서 언급한 바와 같이 분할비율을 산정하지 않는 물적분할에서도 이러한 경우 분할되는 순자산가액의 비율로 귀속을 결정하는 것이 실무이다.[34)]

2. 분할비율의 변경 가능성

분할계획서를 작성하고 분할비율이 산정되어 이사회 승인이 있은 날로부터 실제로 분할기준일 또는 분할등기에 의하여 분할의 효력이 발생하기까지 분할되는 회사의 자산 · 부채의 증감이나 분할대상 사업에 속한 자산 · 부채의 증감에 따라 분할대차대조표 및 분할비율에 변경요인이 발생할 수 있다. 그리고 상장법인을 분할하여 분할존속회사와 분할신설회사를 모두 상장하고자 하는 경우, 분할존속회사는 변경상장절차를 거치게 되므로 실무적으로 별 문제가 되지 않지만, 분할신설회사는 재상장절차를 거치게 되므로 인적분할에 따른 재상장요건(유가증권시장 상장규정 제36조 제2항, 제4항, 제2조 제3항 제2호)의 충족이 문제되는 상황에서는 이사회의 분할계획서 승인 또는 주주총회의 분할승인 이후에도 사후적으로 분할신설회사의 자산 · 부채 · 자본을 변경해야 할 필요가 있을 수 있으므로 이러한 경우 이론상 분할비율의 변경이 발생할 수 있다.

상법은 분할계획서 작성 기준일과 분할기일 간 재산변동의 처리방

34) 금융감독원 전자공시시스템, 롯데제과(주) 2011. 7. 15. 회사분할결정공시.

안에 대해서 구체적인 규정을 두고 있지 아니하다. 일반론 차원에서 자구수정이나 기술적인 사항 등 실질적 내용에 변경을 가져오지 않는 중요하지 않은 정도의 변경에 대해서는 새로운 변경승인절차를 거치지 않더라도 수정 또는 변경된 분할계획서 내지 분할비율의 유효성을 인정할 수 있을 것이지만, 결국 사후적인 변경 내용의 '중요성' 문제는 그러한 변경에도 불구하고 변경 이전의 분할계획서를 승인한 결의가 여전히 적법한지 여부, 구체적으로는 분할무효의 소와 관련하여 분할계획서의 내용이 강행법규에 위반되거나 현저히 불공정한지 또는 그와 같은 재산변동 내지 분할비율의 변동으로 말미암아 분할계획서 승인결의에 어떠한 하자가 생기는지 여부가 사후적인 분할비율 변경의 한계로 작용할 것이다.

이와 관련하여 실무례를 보면, 이사회에서 승인된 분할계획서에 대하여 공인회계사의 감사를 받지 아니한 결산자료를 기준으로 작성한 것이므로 분할기일에 변경될 수 있다고 기재하거나[35] 분할신설회사의 자산 · 부채 및 자본의 결정방법과 관련하여 재상장요건을 고려할 수 있음을 기재하여 공시하는 경우가 있고,[36] 관계기관과의 협의과정이나 관계 법령 및 주주총회의 승인과정에서 변경될 수 있음을 부기하거나 분할재무상태표에 대해서 분할기일에 분할되는 회사의 재무상태표 금액에 따라 변동될 수 있음을 부기함으로써 분할재산 내지는 분할비율의 변경 가능성을 유보하는 경우가 있다.[37] 실제로 공시자료에 의하면 이러한 유보문구에 근거하여 이사회 이후 주주총회 결의

35) 금융감독원 전자공시시스템, (주)태평양 2006. 5. 23. 분할신고서, 2006. 3. 15. 회사분할결정공시.

36) 금융감독원 전자공시시스템, (주)신세계 2011. 2. 15. 회사분할결정공시.

37) 금융감독원 전자공시시스템, 메리츠화재해상보험(주) 2010. 6. 30. 회사분할결정공시.

과정에서 분할비율이 변경된 경우도 있는 것으로 파악된다.

이러한 요인들에 기인하는 분할계획서 및 분할비율의 변경 가능성을 사전에 고지하여 유보하는 이상, 이를 부인할 것은 아니지만, 당초 이사회 또는 주주총회에서 승인되거나 공시된 분할계획서 및 분할비율의 변경은 분할되는 회사의 주주 및 채권자 등 이해관계자에게 미치는 효과를 고려할 때 최소화되어야 할 것이며, 주주 또는 채권자의 이해에 중대한 변경을 초래하는 경우라면 변경된 내용에 대해서 주주총회 승인절차 및 분할에 따른 상법상 연대책임을 부담하지 않는 경우에는 채권자 보호절차를 다시 거쳐야 할 것이다. 이러한 절차를 흠결하거나 분할계획서 또는 분할비율이 현저하게 불공정한 경우 분할무효의 원인이 될 수 있음은 물론이다(상법 제530조의11 제1항, 제529조).[38]

IV. 분할비율 관련 몇 가지 문제

1. 인적분할에서 자본감소의 필요성

인적분할의 경우 분할을 통해 분할신설회사로 사업과 재산이 이전하므로 분할회사는 필연적으로 재산이 감소하게 된다. 이와 관련하여 분할회사가 감소한 재산을 반영하여 자본을 감소하기 위한 주식병합

38) 앞에서 본 바와 같이 판례에 의하면 대우중공업(주) 소액주주들이 인적분할의 자본금 분할비율의 부당함을 들어 분할회사 이사들을 배임으로 고소하고 분할주주총회의 효력을 문제 삼은 결과 대우중공업(주)이 소액주주들과 자본금 분할비율을 상향조정한 것으로 파악된다(대법원 2010. 8. 19. 선고 2008다92336 판결 및 서울고등법원 2008. 11. 6. 선고 2004나66911 판결).

절차를 반드시 밟아야 하는지 여부에 의문이 있을 수 있다. 이는 분할에서 주식병합비율이 반드시 산정되어야 하는가의 문제와 관련된다. 상법상 회사분할시 자본감소를 반드시 하여야 하는 것은 아니라고 보는 것이 일반적인 견해이므로,[39] 자본감소가 수반되지 않는 회사분할에서는 적어도 본래적 의미의 주식병합절차를 밟을 필요는 없다고 생각된다. 다만 실무적으로는 세무상의 문제로 인해 인적분할에서 자본감소를 병행하는 경우가 대부분이므로 이 경우에는 주식병합절차를 밟아야 하고 주식병합비율이 산정된다.

2. 불비례적 분할신주의 배정과 분할비율

불비례적 분할신주의 배정이라 함은 단순분할의 경우에 분할 이후 분할회사 주주의 분할신설회사에 대한 지분이 종전 분할회사에서의 지분과 다른 경우를 의미하는 것이라 논의되고 있고,[40] 우리나라 분할 실무에서는 분할되는 회사가 보유하던 자기주식에 대해서 분할신설회사의 신주를 배정하지 않거나, 분할되는 회사의 자기주식을 분할신설회사로 이전함에 따라 분할신설회사가 분할로 이전받은 분할회사 자기주식에 대하여 신주를 배정하지 않아 결과적으로 기존 분할회사 주주들의 종전 지분비율이 변경되는 경우에 문제된다. 독일 기업재편법은 총 주주의 동의로 이러한 불비례적 배정이 유효하다고 하고, 우리 상법상 이러한 주식배정이 허용되는지 여부에 대해서는 상법이 이를 금지하지 않고 있고 비례적 분할신주의 배정에 대해서 검사인의

39) 이철송, 앞의 책(주 24), 903면.

40) 권기범, 앞의 책(주 23), 125면.

검사절차를 생략할 수 있도록 한 상법 제530조의4 제2항의 반대해석상 허용된다고 해석된다.[41] 다만 실무적으로는 세무상 분할회사의 주주가 분할신설회사로부터 받은 분할대가의 전액이 주식이고, 그 주식이 분할회사의 주주가 소유하던 주식의 비율에 따라 배정되는 것을 적격분할의 요건으로 요구하고 있으므로 불비례적으로 분할신주를 배정하는 경우 세무상의 불이익이 따를 수 있다(법인세법 제46조 제2항 제2호).

3. 자본금 분할비율과 순자산 분할비율의 불일치 가능성

이에 대한 상법의 규율은 존재하지 않고 이에 대한 논의 또한 찾아보기 어렵지만, 상법이 분할계획서에 신설회사의 자본과 준비금에 관한 사항을 기재하도록 하고 있고(제530조의5 제1항 제6호), 회사분할에서 분할신설회사가 존속회사로부터 출자받은 순재산의 가액이 신설회사의 자본금을 초과할 경우 그 초과금액은 신설회사의 분할차익으로서 자본준비금으로 적립되어야 하는바(상법 제459조 제1항 제3호의2), 이에 대해서는 상법이 분할회사에서 신설회사로 이전되는 재산을 전액 신설회사의 자본금으로 하지 않고 그중 일부는 신설회사의 준비금으로 적립할 수 있는 것을 전제로 한 것이라고 해석된다.[42] 분할존속회사 측면에서 상법은 감소할 자본과 준비금의 액을 기재하도록 하고 있으나(제530조의5 제2항 제1호) 이에 대해서는 회사의 인적분할에서 분할회사가 자본감소를 반드시 하여야 하는 것은 아니고, 자본감소를

41) 권기범, 앞의 책(주 23), 125면.

42) 이철송, 앞의 책(주 24), 902면.

실시하는 경우 그 내용을 분할계획서에 반영하여야 한다는 취지라고 이해되므로[43] 인적분할에서 자본감소 여부나 규모가 일률적으로 강제되는 것은 아니라고 생각된다. 이러한 해석을 종합하면 상법상 순자산의 분할비율과 자본금의 분할비율은 이론상 불일치할 수 있을 뿐만 아니라, 상법이 인적분할에서 분할존속회사나 분할신설회사의 자본금을 정하는 방법을 달리 규율하지 않는 이상 분할 당사자가 자본금에 대한 일반적인 제한하에서 합리적인 경영판단에 따라 자본금을 자유롭게 정하는 것을 막을 이유도 없다고 생각된다. 다만 앞에서 설명한 바와 같이 실무적으로는 양도차익에 대한 과세이연 등 세무상 혜택을 향유하기 위해서는 적격분할의 요건을 구비하여야 하므로 대부분의 인적분할에서 분할존속회사와 분할신설회사 사이에서 자본금의 분할비율과 순자산의 분할비율은 일치하는 것이 일반적이지만,[44] 불일치하는 경우도 발견된다.[45]

V. 맺음말

우리 상법이 1998년 개정상법을 통하여 회사분할제도를 신설한 것은 회사분할제도를 입법화하는 국제적인 추세의 반영일 뿐 아니라 기존의 영업양도 · 현물출자 · 합병 등의 수단과 병행하거나 결합할 수 있는 다양한 대안을 허용함으로써 인수 · 합병을 활성화하고 기업이

43) 이철송, 앞의 책(주 24), 903면.

44) 금융감독원 전자공시시스템, (주)신세계 2011. 2. 15. 회사분할결정공시.

45) 금융감독원 전자공시시스템, (주)태평양 2006. 5. 23. 분할신고서 첨부 이사회 회의록(분할 전후 요약 대차대조표).

보다 원활하게 사업구조개편을 할 수 있도록 하기 위한 것으로 이해된다. 실제로 1998년 개정상법 이후 대다수의 기업집단이 지주회사로 지배구조를 개편함에 있어 분할제도는 거의 불가결한 수단으로 폭넓게 활용되었다. 그러나 상법이 회사분할에 있어 재산분할의 범위와 주식교환비율 등 분할의 효과를 집약적으로 함축하는 분할비율에 대한 명시적 규율을 흠결함으로써 그 산정방법이나 공시방법 등을 전적으로 시장의 실무에 맡겨 두고 있는 것은 바람직하지 않다고 생각된다. 앞에서 본 바와 같이 회사분할이 광범위하게 활용되면서 분할비율 자체가 분할이해 당사자 사이에서 법률적 쟁송의 쟁점이 될 수 있다면 분할비율이 공정하게 산정되고 분할유형별로 통일적이고 적정하게 공시됨으로써 이해관계자의 분쟁을 예방할 수 있는 법적 규율이 마련되는 것이 필요하다고 생각된다. 그리고 상법이 물적분할과정에서 분할신설법인이 발행하는 주식을 전량 분할회사에 귀속되도록 함으로써 분할회사 주주가 분할단계에서 직접 분할신설회사 주식을 취득하는 것을 허용하지 않는 것은 불필요한 우회비용을 발생시킬 우려가 있으므로 이를 허용하자는 입장에 선다면, 이러한 경우 분할비율 내지 주식의 교환비율을 현행 실무와 달리 어떻게 산정하고 규제할 것인가의 문제도 추가적인 논의가 필요하다고 생각된다.

05

회사분할과 담보관계의 처리*

-근담보를 중심으로-

김병태** · 조중일***

I. 머리말

1. 들어가며

회사분할제도는 1998년 상법 개정과 함께 도입된 것으로서 기업구조의 개편 및 사업의 전문화를 도모하기 위한 장치로서 활용되고 있다. 하지만 회사분할제도는 그 경제적 중요성에도 불구하고 아직 구체적 쟁점들에 대한 명쾌한 법리가 정착되지 않고 있으며, 이는 회사분할과 관련한 근저당권 등 물적담보와 근보증 등 인적담보의 처리에 대해서도 마찬가지이다.

---

* 이 논문은 BFL 제49호(2011. 9)에 게재된 글을 수정 · 보완한 것이다.

** 법무법인 세종 변호사

*** 법무법인 세종 변호사

회사분할과 관련된 담보관계의 처리에 대한 논의에 있어서는 우선 회사분할의 특수성에 대한 고려가 필요하다. 즉 회사분할의 경우 분할계획서에서 정하는 바에 따라 법률의 규정에 의하여 분할되는 기존 회사(이하 '분할회사')의 권리 · 의무 및 법률상 지위가 회사분할에 의하여 새로 설립되는 회사(이하 '분할신설회사')에게 포괄적으로 승계된다는 점에서는 회사합병과 유사하고, 따라서 기본적으로 획일적인 법률관계의 처리에 중점을 두는 단체법 · 조직법의 영역에서 다루어져야 하는 문제이다. 그런데 회사분할에 있어서는 분할회사의 법인격이 그대로 존속하면서 분할신설회사가 분할회사의 권리와 의무 중에서 일부를 승계하게 되므로, 조직변경의 결과 별개의 법인격이 하나의 법인격으로 수렴되는 회사합병과는 달리 모든 법률관계의 처리에 있어서 분할회사 및 분할신설회사의 관계가 함께 고려되어야 한다는 특징이 있다. 즉 분할회사의 기존 권리 · 의무의 일부가 회사분할의 결과 분할신설회사에게 포괄적으로 이전되기 때문에 회사분할 이후 분할회사와 분할신설회사의 권리와 의무가 어떻게 정리되느냐는 거래 상대방의 권리와 의무에 상당한 영향을 미칠 수 있다.

이러한 특징은 회사분할과 관련하여 기본적으로 민사 · 상사 거래법적 관점에서 다루어지는 담보관계의 처리를 어렵게 만드는 요소가 될 수 있다. 좀 더 구체적으로 말하자면, 회사분할 이전에 분할회사가 당사자로서 관여하고 있던 담보관계에 회사분할의 결과 분할신설회사가 새로운 당사자로서 관여하게 되는 경우에는 회사분할에 의한 포괄승계의 법리와 함께 담보관계의 다른 당사자들의 입장과 지위도 고려될 필요가 있으며, 이러한 견지에서 회사분할에 있어서의 담보관계 처리는 회사법과 채권법 · 물권법이 적절하게 조화를 이룰 수 있도록 신중한 검토가 요청된다고 할 것이다.

이러한 관점에서 이 글에서는 회사분할과 관련된 담보관계의 처리와 관련하여 회사분할의 실무에서 발생할 수 있는 주요한 법적 쟁점들을 살펴보고 그러한 쟁점들의 처리에 관한 합리적인 해석론과 적절한 입법정책적 방향을 검토한다.

2. 주요 논점의 정리

일반적으로 담보는 물적담보와 인적담보(보증)로 구분되며, 피담보채무의 범위에 따라서 담보를 설정할 당시 피담보채무의 금액이 특정되는 보통담보와 담보를 설정할 당시에는 피담보채무의 최대한도액만이 특정되고 추후 일정한 사유가 발생하는 경우 피담보채무의 금액이 확정되는 근담보로 나뉜다. 그런데 근담보의 경우에는 피담보채무의 금액이 특정되어 있지 않고 피담보채무에 대한 수반성이 제한된다는 점에 비추어 볼 때 보통담보의 경우에 비하여 보다 다양한 논점에 대한 검토가 필요하다. 또한 저당권의 경우에는 다른 물적담보와 공통되는 요소에 추가하여 부동산 등기라는 공시제도와의 관계에서 추

〈표 1〉 담보유형별 분할회사의 지위

<table>
<tr><th>담보유형</th><th colspan="2">분할회사의 지위</th></tr>
<tr><td rowspan="4">물적담보</td><td colspan="2">채권자(담보권자)</td></tr>
<tr><td rowspan="2">채무자</td><td>직접 담보 제공한 경우</td></tr>
<tr><td>물상보증인이 있는 경우</td></tr>
<tr><td colspan="2">물상보증인</td></tr>
<tr><td rowspan="3">인적담보</td><td colspan="2">채권자</td></tr>
<tr><td colspan="2">주 채무자</td></tr>
<tr><td colspan="2">보증채무자</td></tr>
</table>

가적으로 검토할 요소가 있다. 이러한 견지에서 회사분할 과정에서의 담보관계 처리에 관하여는 근담보를 주요한 검토의 대상으로 하되, 물적담보의 경우에는 저당권을 위주로 살펴보는 것이 효과적이라고 생각된다.

한편 분할회사는 담보의 유형에 따라 〈표 1〉에서 기재된 바와 같이 여러 당사자의 지위를 가질 수 있을 것이다.

분할회사가 〈표 1〉의 각 항목 중에서 어느 하나에 해당하는 지위를 가지는 경우 그에 상응하여 분할회사는 채권자(담보권자), 채무자, 담보제공자 또는 분할신설회사와 같은 다른 당사자들과 법률관계를 형성하게 된다. 따라서 회사분할의 경우 분할회사와 관련된 담보관계를 처리함에 있어서는 그러한 법률관계의 내용과 특성이 회사분할의 절차 및 기본취지와 적절히 연계되어 고려될 필요가 있을 것이다.[1)]

1) 상법은 분할회사가 분할계획서에 분할의 대상을 임의로 기재하는 행위 등으로 인하여 발생할 수 있는 채권자의 피해를 방지하기 위해 분할 전 분할회사의 채무에 대한 분할회사와 분할신설회사의 연대책임 부담을 원칙으로 하면서 연대책임의 배제를 위해서는 채권자 보호절차를 거치도록 하고 있다(상법 제530조의9 제1항 및 제2항). 그런데 물적담보에 있어서 채무자 또는 인적담보에 있어서 주 채무자의 지위에 있는 회사에 대하여 회사분할이 이루어지는 경우 회사분할의 결과 책임부담의 주체와 책임재산에 변동이 발생함으로써 분할회사를 위하여 근담보를 제공한 제3자와 채권자(담보권자)의 지위에 일정한 영향을 미칠 수 있다. 이러한 경우 연대책임제도 내지 채권자 보호절차의 측면에서 채권자 또는 담보제공자의 보호를 위한 별도의 배려와 법적 분석이 필요한 것이 아닌지 의문이 제기될 수도 있을 것이다.
우선 채권자의 지위와 관련하여 살펴보면, 회사분할의 절차에서 채권자는 연대책임제도와 채권자 보호절차에 의하여 보호받게 된다는 점에 비추어 채무자인 분할회사의 회사분할과 관련된 담보관계의 처리에 있어서 채권자에게 발생할 수 있는 불이익에 대비한 법적 장치는 적절히 마련되어 있다고 볼 수 있다. 다만 분할회사의 채무에 대하여 근담보가 설정되어 있는 경우 피담보채무가 확정되지 않은 채 회사분할이 이루어지는 상황에서는 현행 상법상 연대책임의 구체적 범위가 불확실하고 이미 제공된 근담보가 피담보채무의 변제에 부족한지 여부가 불명료하여 채권자가 채권자 보호절차를 통하여 추가담보의 제공을 요구하기 어렵다는 점을 이유로 채권자의 보호가 미흡하다만 분할회사가 물상보증인 또는 보증채무자의 지위만을 가지고 있는 경우에는 회사분할의 과정에서 담보관계의 처리가 비교적 간명하게 이루어질 수 있을 것으로 보인다. 우선 분할회사가 물상보증인인 경우에 관하여 살펴보면, 물상보증인은 자신이 직접 부담하는 채무 없이 담보만 제공하는 것이므로 회사분할 이후 저당권의 제한이 있는 부동산의 소유권이 분할회사와 분할신설회사 중 누구에게 귀속되는 것인지가 분할계획서에 의하여 결정되면 되고, 그 이후의 법률관계는 일반적인 물상보증인과 채무자 또는 채권자의 관계와 별다른 차이 없이 취급되어도 무방할 것으로 사료된다. 또한 분할회사가 보증채무자인 경우에도 주 채무자와 채권자에 변동이 없는 이상 분할계획서에서 정하는 바에 의하여 보증채무를 누가 부담할 것인지가

다는 지적이 있을 수도 있다. 그러나 회사분할의 결과 위와 같은 상황에서 일률적으로 채권자에게 부정적 영향이 발생한다고 보기도 어렵거니와 무엇보다도 그러한 상황은 본질적으로 근담보제도의 특성에 기인한 것이라는 점을 감안하면 효율적인 사업구조 개편을 추구하는 회사분할제도의 취지상 그러한 지적은 부적절하다고 사료된다.

다음으로 분할회사를 위해 담보를 제공한 제3자의 지위와 관련하여 살펴보면, 회사분할 이후 그러한 담보의 실행으로 채권자에게 변제가 이루어지는 경우 해당 제3자는 회사분할 당시 이미 발생한 구체적인 구상채권을 보유하고 있지 않은 이상 단순히 장래 분할회사에 대하여 구상권을 행사할 수 있는 가능성을 가진 잠재적인 채권자로서 연대책임제도 또는 채권자 보호절차를 통하여 보호받기는 어렵다는 점에 비추어 채무자인 분할회사의 회사분할과 관련된 담보관계의 처리에 있어서 해당 제3자에 대한 보호 필요성이 지적될 수도 있다. 그러나 해당 제3자에게 일률적으로 그러한 보호 필요성이 발생한다고 보기는 어려울 뿐만 아니라 분할회사에 대한 회사분할의 과정에서 해당 제3자에게 불이익이 발생한다고 하여도 이는 본질적으로 근담보제도 및 담보제공자 지위의 특성에 기인하는 것으로서 해당 제3자의 보호를 위한 별도의 법적 조치는 오히려 회사분할제도의 기능과 취지를 훼손할 우려가 있다.

이러한 견지에서 이 글은 회사분할의 과정에서 이루어지는 근담보관계의 처리와 관련하여 분할회사의 채권자 또는 분할회사를 위한 담보제공자의 권리관계에 대한 논의를 전개함에 있어서 연대책임제도 내지 채권자 보호절차 측면에서의 조명은 생략하기로 한다.

확정되면 그에 따라서 통상의 보증채무관계와 마찬가지로 분할회사 및/또는 분할신설회사가 보증채무를 이행하면 족할 것으로 보인다.[2)]

전술한 사항에 비추어 볼 때, 이하에서는 집중적이고 효율적인 논의를 위해 회사분할의 과정에서 위와 같은 두 가지 경우[3)]를 제외한 나머지 경우에 있어서 근담보(물적담보의 경우에는 근저당권)와 관련된 제반 법률관계를 어떻게 처리해야 하는 것인지를 주요한 검토의 대상으로 하여 분할계획서의 작성 시점부터 회사분할 이후 등기처리 및/또는 담보권의 실행에 이르기까지의 시간적 순서에 따라서 간략히 살펴보기로 한다.

II. 물적담보 관련 검토

1. 분할회사가 근저당권자인 경우

(1) 근저당권의 승계 가능성

근저당권은 확정된 이후에는 보통 저당권과 동일하고, 회사분할로 인하여 피담보채권의 전부 또는 일부가 분할신설회사에게 이전된다

2) 분할회사가 보증채무자인 경우 채권자의 입장에서는 회사분할의 결과 분할회사와 분할신설회사에게 귀속되는 보증채무와 책임재산의 내용에 의하여 영향을 받을 수도 있다. 그러나 주 1에서 논의된 사항에 비추어 볼 때 보증계약 등 당사자들 사이의 약정에 의하여 권리관계를 조정하는 것은 별론으로 하고, 원칙적으로 그러한 영향을 이유로 채권자의 보호를 위해 분할회사의 보증채무관계의 기본적 내용에 변동을 초래할 만한 법적 조치가 수반될 필요까지는 없을 것으로 사료된다.

3) 이는 〈표 1〉에서 음영으로 표시된 부분에 해당하는 경우를 의미한다.

면 근저당권 역시 이전될 것이므로 특별한 문제가 없다. 또한 근저당권이 확정되기 전이라고 하더라도 피담보채무 발생의 원인이 되는 기본계약관계가 양도되는 경우에는 근저당권 역시 별도의 약정으로 그와 함께 양도가 가능한 것으로 해석되며,[4] 따라서 회사분할로 인하여 기본계약관계의 전부 또는 일부가 이전된다면 근저당권 역시 전부 또는 일부가 분할신설회사에게 이전될 수 있을 것이다.[5]

다만 회사분할에 의하여 근저당권의 피담보채무에 관한 기본계약관계가 이전된다고 하더라도 근저당권도 당연히 함께 이전되는 것으로 인정되지는 않기 때문에, 분할계획서에서 정하는 바에 따라 분할회사의 재산을 승계하게 되는 분할신설회사에게 분할회사가 보유한 근저당권이 이전되기 위해서는 분할계획서에서 피담보채무의 기본계약관계와 함께 그와 관련된 근저당권이 양도된다는 취지가 기재되어야 할 것이다.

현재 법원의 등기선례 역시 회사가 일부 사업을 분할하여 신규 회사를 설립하는 경우 분할계획서에 분할로 인하여 이전할 재산으로 기재하지 아니한 분할회사 명의의 근저당권에 대하여 회사분할을 원인

4) 대법원은 근저당권의 피담보채권의 확정 전에 피담보채권이 양도됨에도 불구하고 기본계약관계가 이전되지 않는 이상 근저당권은 이전되지 않는 것으로 보고 있다(대법원 2000. 12. 26. 선고 2000다54451 판결 등).

5) 이해의 편의를 위해 회사분할에 의하여 기본계약관계와 관련 근저당권의 일부가 이전될 필요성이 있는 사례를 들어 보면 다음과 같다. 즉 분할회사가 종래 거래 상대방과 A계약 및 B계약을 체결하고 거래를 하는 과정에서 발생하는 모든 채무를 포괄적으로 담보하기 위하여 그 소유의 부동산에 근저당을 설정한 상황에서 B계약을 바탕으로 이루어지던 거래관계가 회사분할에 의하여 이전되는 사업부문과 밀접한 연관성이 있어서 해당 거래관계의 기반이 되는 B계약은 회사분할의 결과 분할신설회사에게 이전되고 A계약은 여전히 분할회사에 의하여 유지되는 경우, 해당 근저당권의 담보가치 중에서 B계약에 의하여 발생하는 채무에 관한 담보가치는 분할신설회사에게 그리고 A계약에 의하여 발생하는 채무에 관한 담보가치는 분할회사에게 각자 구분하여 귀속될 필요가 있을 것이다.

으로 근저당권 이전등기를 할 수 없다고 하고 있으므로,[6] 실무상으로도 근저당권의 이전을 위해서는 반드시 근저당권이 이전된다는 내용이 분할계획서에 기재되어야만 한다.[7]

(2) 근저당권의 피담보채무의 범위

회사분할로 인하여 분할회사가 보유하고 있는 근저당권이 이전되는 경우 그 피담보채무의 범위에 대하여 살펴볼 필요가 있다. 그러한 경우에 있어서는 회사분할의 결과 이전되는 근저당권에 의하여 담보되는 피담보채무의 발생 근거가 되는 기본계약관계의 이전이 전제된다.[8]

그렇다면 일정한 영업부문에 관한 분할회사의 법적 지위가 포괄적으로 승계되어 해당 영업부문의 사업이 중단 없이 계속 수행되도록 하는 회사분할제도의 기본취지에 비추어 볼 때, 회사분할에 의하여 이전되는 근저당권의 기본적 내용은 회사분할 이후에도 그대로 유지되고 따라서 해당 근저당권의 피담보채무는 회사분할 이후 발생한 채무를 포함하여 그 근거가 되는 기본계약관계로부터 발생하여 최종 확정되는 채무라고 볼 수 있을 것이다. 그리고 이러한 해석은 해당 근저

---

6) 대법원 등기선례에 의하면 분할계획서에 분할로 인하여 설립되는 회사에 이전될 재산으로 기재되지 아니한 갑 회사 명의의 근저당권에 대해서는 회사분할을 등기원인으로 하여 갑 회사로부터 을 회사 명의로 근저당권 이전등기를 할 수 없다(등기선례 6-236).

7) 이 경우 이전되는 근저당권이 어느 정도로 특정되어 있어야 하는 것인지에 대하여는 아래 II. 1. (4)에서 살펴본다.

8) 한편 회사분할 당시 해당 기본계약관계에 기초하여 이미 발생한 일정한 금액의 채무가 존재하고 있다고 하여도 그 채무가 기본계약관계와 함께 당연히 승계되지는 않을 것이고, 그러한 경우 그 채무는 피담보채무의 범위에서 제외될 것이다. 다만 기본계약관계와 함께 이미 발생한 채무도 함께 분할계획서에 의해 승계되는 경우가 보편적일 것이다.

당권의 채무자와 물상보증인의 이해관계 조정이라는 측면에서도 그 타당성이 인정될 수 있을 것인바, 회사분할에 의하여 해당 근저당권의 채권자가 변경된다는 사정만으로 회사분할의 결과 해당 근저당권과 관련된 법률관계에 중대한 변동이 발생하고 그로 인하여 그들에게 특별한 불이익이 초래된다고 보기는 어려울 것이며, 이는 해당 근저당권의 채무자가 직접 자신이 보유한 부동산에 해당 근저당권을 설정한 경우에는 더욱 그러할 것이다.[9)]

(3) 근저당권의 귀속

근저당권의 기본계약 전체가 분할신설회사에게 승계되는 경우에는 근저당권의 전부가 분할신설회사에게 귀속되므로 특별한 문제가 없다. 그러나 근저당권에 의하여 담보되는 피담보채무의 발생 근거가 되는 기본계약관계 중 일부만 분할신설회사에게 귀속되는 경우에는 근저당권의 귀속에 관한 법률관계가 그리 간단하지 않다.

근저당권에 관하여 수 개의 기본계약관계가 존재하고 그중의 일부에 관하여 기본계약관계에 따른 채권자 지위의 승계가 있는 경우에는 양도인과 양수인이 근저당권을 준공유하는 것으로 보는 것이 일반적이다.[10)] 비록 회사분할과 관련하여 특별한 논의가 있는 것은 아니나,

9) 참고로 일본 민법에서는 원본의 확정 전에 근저당권자인 분할회사에 대하여 회사분할이 이루어지는 경우 분할 당시 존재하는 채권 이외에 분할회사와 분할신설회사가 회사분할 이후 취득하는 채권까지도 해당 근저당권에 의하여 담보되도록 하면서, 다만 이 경우 근저당권설정자의 입장에서는 채권자와 피담보채권의 범위가 확대되므로 그의 이익보호를 위해 분할 당시를 기준으로 하여 원본의 확정을 청구할 수 있는 권리를 인정하고 있다(일본 민법 제398조의10 제1항, 제3항, 제398조의9 제3항 내지 제5항).

10) 곽윤직(편)/박해성(집필), 민법주해〔제VII권 물권(4)〕, 박영사, 2007, 31면 ; 박준서(편)/여상훈(집필), 주석민법〔물권법(4)〕, 한국사법행정학회, 2000, 112면.

회사분할로 인하여 채권자 및 근저당권자 지위의 일부에 대한 승계가 이루어지는 경우에도 그와 동일하게 분할회사와 분할신설회사가 근저당권을 준공유하는 것으로 보아야 할 것이다.

이처럼 회사분할의 결과 분할회사와 분할신설회사가 근저당권을 준공유하는 것으로 보는 경우에는 근저당권의 준공유 지분을 어떻게 산정할 것인지에 대하여 살펴볼 필요가 있다.[11] 근저당권의 준공유 지분을 결정하는 방식으로는 크게 (i) 일률적으로 특정한 비율이 되도록 정하는 방식(예컨대 분할회사와 분할신설회사가 근저당권의 채권최고액의 범위에서 동일한 비율로 안분하여 준공유하는 것으로 정하는 방식 또는 분할비율에 따라서 준공유하는 것으로 정하는 방식)과 (ii) 최종적으로 피담보채무가 확정될 당시 준공유자의 채권액에 따라서 안분하는 방식 정도를 고려해 볼 수 있을 것이다.

대법원은 "여러 채권자가 같은 기회에 어느 부동산에 관하여 하나의 근저당권을 설정받아 이를 준공유하는 경우 그 근저당권은 준공유자들의 피담보채권액을 모두 합쳐서 채권최고액까지 담보하게 되고, 피담보채권이 확정되기 전에는 근저당권에 대한 준공유비율을 정할 수 없으나 피담보채권액이 확정되면 각자 그 확정된 채권액의 비율에 따라 근저당권을 준공유하는 것이 되므로, 준공유자는 각기 그 채권액의 비율에 따라 변제받는 것이 원칙이다"라고 판시하여 상기 (ii)의 방식을 취하는 것으로 보인다.[12]

---

11) 이는 주로 집행절차에서의 배당금 분배와 관련하여 문제될 수 있을 것으로 보인다.

12) 대법원 2008. 3. 13. 선고 2006다31887 판결 참조. 위 판결은 또한 준공유자 전원의 합의로 피담보채권의 확정 전에 위와 다른 비율을 정하거나 준공유자 중 일부가 먼저 변제받기로 약정하는 것도 가능하며, 각자의 공유지분을 미리 특정하여 근저당권설정등기를 마쳤다면 지분 비율로 근저당권을 준공유하는 것이 된다고 판시하였다.

회사분할에 의하여 이전되는 근저당권의 피담보채무의 발생 근거가 되는 수 개의 기본계약관계는 여러 형태로 존재할 수 있는데, 그러한 기본계약관계가 분할회사와 분할신설회사에게 분산되는 경우 각 기본계약관계의 비중이 다를 것이므로 각 견해에 의할 때 실제 배당액에 있어서는 차이가 발생한다. 좀 더 구체적으로 살펴보면, 상기 (i)의 방식과 (ii)의 방식 중에서 어느 쪽을 채택하느냐에 따라서 각 준공유자(분할회사 및 분할신설회사)가 확보할 수 있는 최소 배당금의 범위가 달라질 수 있다. 예컨대 A회사의 분할에 의하여 B회사가 신설되는 과정에서 양 회사가 채권최고액이 100인 근저당권을 준공유하게 되었고, 근저당권의 피담보채무가 확정될 당시 A사의 채권액은 60, B사의 채권액은 140이고 실제 배당절차에서 채권최고액만큼 배당이 이루어질 수 있다고 가정해 보자. 이 경우 상기 (i)의 방식 중에서 동일한 비율로 준공유 지분을 보유하는 방식에 의하면 A사는 50, B사는 50을 배당받게 될 것이다. 그러나 상기 (ii)의 방식에 의하면 A사는 30, B사는 70을 배당받게 될 것이다. 이러한 차이는 A사의 채권액이 50보다 적은 경우 두드러지게 될 것이다. 만약 A사의 채권이 30, B사의 채권이 170이라고 가정한다면, 상기 (i)의 방식 중에서 동일한 비율로 준공유 지분을 보유하는 방식[13)]에 의하면 A사는 30, B사는 50을 배당받게 될 것이다.[14)] 하지만 상기 (ii)의 방식에 따른다면 피담보채무의 확정 당시 채권액에 안분하여 배당이 이루어지게 될 것이므로 A사는 15, B

13) 이 경우 회사분할 당시 A사와 B사의 채권최고액이 각 50으로 정해지고 그 이후 해당 채권최고액이 계속 유지될 것이다.

14) 다만 이러한 경우 실제 위와 같이 배당을 한다고 하면, A사의 분할이라는 우연한 사정에 의하여 근저당권설정자 또는 후순위 채권자가 예기치 않은 이익을 얻게 되므로, B사(자신의 채권액에 미달하게 배당을 받은 자)는 A사가 배당을 받지 않은 20에 대해서 배당을 받을 수 있다고 해석해야 할 것이다(오시정, 근저당권의 이론과 실무, 육법사, 2004, 515면).

사는 85를 배당받게 될 것이다.

위와 같은 논점에 관하여서는 결국 회사분할제도의 본질과 당사자의 의사가 적절히 고려되고 조화를 이룰 수 있도록 하는 차원에서 합리적 해석이 이루어져야 할 것으로 생각된다. 일정한 사업부문의 동일성이 유지된 상태에서 그와 관련된 권리 · 의무 및 법률상 지위가 승계되는 회사분할제도의 본질을 감안한다면, 근저당권자와 근저당권설정자의 관계 역시 회사분할의 전후에 걸쳐서 동일하게 유지되어야 하고, 따라서 분할이 되지 않았을 경우 어떻게 배당하였을 것인지에 대한 충분한 고려가 필요하다. 그렇다면 원칙적으로는 분할회사와 분할신설회사가 피담보채권의 확정 당시 보유하게 되는 각 채권액에 비례하여 안분배당하는 견해가 타당한 것으로 사료된다. 이는 현재 법원의 집행실무 역시 위 대법원 판례의 취지와 동일하게 근저당권의 준공유자들이 각자의 채권최고액의 범위를 나누어 계산서를 제출하지 않는 한, 각 공유자의 배당 시점에서의 채권액의 비율에 따라 안분하고 있는 점에 비추어 볼 때에도 그러하다. 다만 이와 같이 해석할 경우 채무자로서는 자신이 관여할 수 없었던[15) · 16)] 회사분할이라는 사정으로 인하여 회사분할 이전과 비교하여 불이익을 입을 수도 있다. 예컨대 만약 위 사례에서 B사에게 귀속된 채권의 변제 이익이 높다고 가정한다면, 회사분할이 없는 상황에서는 배당금은 법정 변제충당 규정(민법 제477조)에 따라 B사에게 귀속된 채권의 변제에 충당되었을

15) 일반적인 근저당권의 일부 양도 또는 준공유 근저당권의 설정에는 계약의 일부 이전 또는 근저당권 설정계약 당시 채무자와의 별도 합의가 필요하다는 점에서 회사분할의 경우와는 다르다.

16) 대법원 등기선례는 분할로 인한 근저당권 이전등기를 신청함에 있어서 채무자 또는 근저당권 설정자에 대한 통지는 그 요건이 아니라고 한다(등기선례200507-3).

것인데, 회사분할로 인하여 채무자는 B사에게 귀속된 채권뿐 아니라 A사에게 귀속된 채권 모두의 일부만을 변제하게 된다.[17] 현행 제도 아래에서는 그러한 상황이 다소 불가피한 측면이 있으며 이를 시정하기 위한 다른 합리적 방안의 마련이 쉽지 않은 것으로 보이나, 향후 회사분할제도와 관련된 법적 고려사항의 처리 및 관련 입법조치에 있어서는 채무자의 변제 이익도 적절히 고려될 필요가 있지 않을까 생각한다.

(4) 근저당권 승계의 공시

분할계획서에 승계대상 재산으로 기재되어 있는 근저당권이 분할신설회사에게 이전되는 것은 회사분할로 인한 법률효과로서, 상법 제530조의10에 의하여 이루어지는 것이므로 민법 제187조에 따라 등기를 하지 않더라도 물권 변동의 효과는 발생한다. 그러나 후술하는 바

17) 이러한 문제점은 구체적으로 다음의 사례를 통해 확인할 수 있다. 예컨대 분할회사가 종래 거래 상대방과 A계약 및 B계약을 체결하고 거래를 하는 과정에서 발생하는 모든 채권을 포괄적으로 담보하기 위하여 채권최고액이 100인 근저당이 설정된 상황에서 회사분할이 이루어지고 그 결과 B계약은 분할신설회사에게 이전되고 A계약은 여전히 분할회사에 의하여 유지되는 경우를 상정해 보자. 이 경우 회사분할 이후 위 근저당이 실행되어 배당이 이루어질 당시 A계약에서 발생한 채무의 원금은 40, 이율은 4%, B계약에서 발생한 채무의 원금은 160, 이율은 6%(편의상 이미 발생한 이자는 없는 것으로 함)라고 하였을 때, 배당 시점에서의 분할회사와 분할신설회사의 채권액의 비율에 따라 배당금이 안분되면 A계약과 B계약에서 발생한 각 채무의 원금에 비례하여 분할회사에 20, 분할신설회사에 80이 각 배당되고 상대적으로 이율이 높은 B계약에서 발생한 채무의 원금 80과 A계약에서 발생한 채무의 원금 20이 남게 된다. 그런데 만일 회사분할 이전에 배당이 이루어졌다면 100의 배당액은 변제이익이 높은 B계약에서 발생한 채무의 원금에 전액 충당되고 해당 원금의 잔액 60과 A계약에서 발생한 채무의 원금 40이 남을 것이다. 요컨대 채무자의 입장에서는 회사분할로 인하여 근저당권의 실행에 따른 배당의 과정에서 변제의 이익이 낮은 채무에 우선하여 변제충당이 이루어지는 결과가 발생할 수 있는 것이다.

와 같이 근저당권의 효율적인 관리[18]나 말소를 위해서는 근저당권 이전의 부기등기가 필요하고, 이처럼 근저당권 이전의 부기등기를 할 때에는 분할회사와 분할신설회사가 공동으로 신청을 하여야 한다.[19]

이와 관련하여, 과연 어느 정도로 분할계획서상 승계대상 근저당권이 특정되어 있어야 하는 것인지가 문제된다. 우리나라에서 이 문제에 대한 관련 법규, 판례 또는 학설상 구체적인 논의는 거의 찾아보기 어려우나, 이에 대하여는 대체로 아래와 같은 견해들이 제시될 수 있을 것으로 보인다.

1) 각 근저당권 등기가 분할계획서상 목록 자체에 의해 다른 등기와 명확히 구분될 수 있을 정도로 세부항목이 모두 특정되어야 한다는 견해

이 견해는, 등기공무원의 심사권한은 형식적 심사에 그치는 것으로서[20] 등기 신청서류 자체에 의하여 등기를 할 수 있는 것인지 여부가 판단되어야 한다는 점을 강조하여, 회사분할에 의한 근저당권 이전등기의 경우 등기의 원인을 증명하는 서류는 분할계획서가 될 것이므로

18) 후술하는 바와 같이 근저당권의 실행을 위해 반드시 근저당권 이전의 부기등기가 필요한 것은 아니나, 이전등기가 경료되지 않은 상황에서는 집행단계에서 진정한 근저당권자가 대상 부동산의 강제집행절차 진행 자체를 인지하기가 어려운 상황이 발생하는 등의 관리상 문제가 일어날 가능성이 있다.

19) 등기예규 제616호. 부동산등기실무, 법원공무원교육원, 2011, 250면.

20) 대법원은 등기관의 심사권한에 대하여 "등기관은 등기신청에 대하여 부동산등기법상 그 등기신청에 필요한 서면이 제출되었는지 여부 및 제출된 서면이 형식적으로 진정한 것인지 여부를 심사할 권한을 갖고 있으나 그 등기신청이 실체법상의 권리관계와 일치하는지 여부를 심사할 실질적인 심사권한은 없으므로, 등기관으로서는 오직 제출된 서면 자체를 검토하거나 이를 등기부와 대조하는 등의 방법으로 등기신청의 적법 여부를 심사하여야 하고"라고 판시하여 형식적 심사주의를 채택하고 있는 것으로 평가된다(대법원 2005. 2. 25. 선고 2003다13048 판결).

분할계획서 자체에 의하여 각 이전등기의 대상이 되는 근저당권이 분할 후 신설회사에 이전되는 것임이 명확하게 특정되어야 하고, 따라서 부동산의 표시에 관한 사항, 등기 접수일자, 등기 접수번호, 근저당권자 및 채무자, 채권최고액 등이 모두 분할계획서상 구체적으로 특정되어야 한다는 입장이라고 할 수 있다.

2) 분할계획서에 의한 근저당권의 특정은 분할계획서 자체뿐만이 아니라 분할계획서와 등기부를 함께 검토하였을 때 다른 등기와 구별할 수 있는 정도인 부동산의 표시에 관한 사항, 근저당권자 및 채무자, 근저당권의 채권최고액 등만 기재되면 족하다는 견해

이 견해는 등기공무원의 형식적 심사권한에 의하여 등기 신청서류 자체만으로 이전등기를 신청하고자 하는 근저당권이 분할계획서에서 회사분할에 의하여 이전되는 재산으로 기재되어 있는 근저당권과 동일한 것임을 확인할 수 있어야 함을 인정하면서도, 그 특정의 정도에 있어서는 분할계획서에 등기 접수번호와 등기 접수일자까지 기재될 필요는 없고, 부동산의 표시에 관한 사항, 근저당권의 채권최고액, 근저당권자(채권자) 및 채무자 등이 기재되어 있어 해당 부동산의 등기부와 함께 검토하여 다른 근저당권 등기와 구별할 수 있는 정도라면 근저당권 이전등기를 하기에 충분한 특정이 이루어진 것으로 볼 수 있다는 입장이다.

3) 분할계획서와 기타 서류에 의하여 이전되는 재산임이 확인되면 족하다는 견해

이 견해는 분할계획서는 일정 범위의 권리 · 의무가 포괄적으로 분할신설회사에 이전됨을 표시하는 것이 일반적이라는 점을 강조하여,

근저당권의 경우 각 설정등기의 원인 서류인 근저당권 설정계약서상 근저당권의 기본계약관계가 분할계획서에서 분할신설회사에게 이전되는 계약의 범위에 포함되고 포괄적으로 해당 근저당권이 회사분할에 의하여 이전된다는 것이 확인된다면 근저당권이 특정된 것으로 보는 입장이라고 할 수 있다.

종래 회사분할로 인한 근저당권 이전등기를 위해서는 분할계획서상 근저당권이 이전되는 재산으로 기재되어 있어야 한다는 등기 선례가 있었을 뿐[21] 명확한 해석은 없었고, 실제 등기 실무상으로는 상기 1)의 견해 또는 상기 2)의 견해에 따라서 해석하는 경우가 많았다. 그러나 소규모 회사의 경우에는 분할대상 재산으로 기재되어야 할 근저당권이 많지 않겠으나, 대규모 회사, 특히 금융기관 또는 대리점 등 다수의 거래처로부터 근저당권을 설정받는 기업들이 회사분할을 하는 경우에는 수많은 담보권을 이전하여야 한다는 점에서 위와 같은 실무태도는 불합리한 점이 있었다. 모든 이전대상 근저당권의 세부내역을 빠짐없이 분할계획서에 기재해야 한다면, 분할계획서의 양이 방대해질 뿐만 아니라, 각 근저당권과 관련된 등기 또는 집행업무를 처리하기 위해서는 그때마다 해당 근저당권이 회사분할로 인하여 승계되었음을 입증하기 위하여 방대한 분량의 분할계획서를 제시하여야 하기 때문이다.

그런데 대법원은 최근 "회사분할로 인하여 부동산에 관한 권리의 이전등기신청을 하는 경우 원칙적으로 등기원인을 증명하는 서면으로서 이전의 대상이 된 권리를 부동산의 표시, 접수연월일, 접수번호 등으로 구체적으로 특정하여 기재한 분할계획서를 첨부하여야 하나,

21) 주 6의 등기 선례 6-236 참조.

분할계획서에서 이전되는 근저당권에 대하여 "○○사업으로 인하여 발생한 계약관계와 그에 따른 권리 · 의무관계를 담보하기 위하여 설정된 근저당권"이라고 기재한 분할계획서를 작성한 경우, 위 분할계획서와 해당 등기신청의 대상이 되는 근저당권이 회사분할로 인하여 이전되는 권리임을 소명하는 서면(분할회사와 분할신설회사가 작성한 근저당권이전확인서 등)을 첨부하고 근저당권이전등기신청을 할 수 있다"는 취지로 질의회신을 한 바 있다.[22] 종래 대법원은 금융감독위원회의 계약이전결정에 따라 부실금융기관 명의의 근저당권을 인수금융기관 명의로 이전하는 경우 이전의 대상인 근저당권을 특정하는 내용의 근저당권 이전증서를 작성하여 등기를 경료할 수 있도록 하였는데,[23] 회사분할의 경우에도 이와 유사한 형태로 근저당권 이전증서를 작성하여 간이하게 근저당권 이전등기를 경료할 수 있도록 한 것이다. 상기 질의회신은 분할로 인한 근저당권의 이전에 있어서 분할당사회사의 부담을 경감시킨다는 차원에서 상기 3)의 견해와 같은 맥락에 있으면서도 근저당권 설정계약서 등 근저당권의 기본계약관계를 확인할 수 있는 서면의 제출 없이 분할당사회사들이 함께 작성하는 확인서의 첨부만으로 근저당권 이전등기를 할 수 있도록 함으로써 오히려 상기 3)의 견해보다도 분할당사회사의 근저당권 이전등기를 용이하게 실행할 수 있도록 한 것으로 이해된다.

회사분할로 인한 근저당권 이전등기는 분할회사와 분할신설회사가 공동으로 신청하도록 되어 있으므로, 분할계획서에 구체적으로 승계대상 근저당권이 특정되어 있지 않다고 하더라도 일방적인 이전등기의 경료로 인하여 분할회사가 손해를 보게 되는 것은 상정하기 어렵

22) 2010. 12. 2. 부동산등기과-2275 질의회답.

23) 대법원 법원행정처 등기예규 제954호 참조.

다. 또한 후순위 채권자 또는 채무자(물상보증인)의 입장에서는 어차피 (선순위)근저당권에 대해서는 채권최고액의 범위 내에서 해당 근저당권자가 우선배당을 받아 갈 것을 인지하고 있으므로, 해당 근저당권의 이전에 대하여 미리 분할계획서에 의하여 세세하게 특정을 하지 않았다고 하여 불측의 손해를 입게 될 가능성은 거의 없다고 할 것이다. 또한 만약 회사가 분할되지 않았다면 후순위 채권자 또는 채무자(물상보증인)는 당연히 분할 후 분할신설회사에 이전되는 계약관계에 기한 채권을 포함하여 (선순위)근저당권자가 배당을 받아 간 후 잔여재산에 대하여 배당 등을 받았을 것이라는 점에서도 분할계획서에 미리 특정하여 해당 근저당권이 이전됨을 공시하여야 할 필요성도 크지 않다고 할 것이다. 이러한 점을 감안하면 대법원의 위 질의회신은 회사분할절차에서 근저당권의 이전을 용이하게 할 수 있도록 절차상 특례를 인정해 주는 것으로 회사분할을 통하여 사업구조 개편을 추진하려는 기업의 입장에서는 환영할 만한 것으로 평가될 수 있을 것이다.

(5) 근저당권의 실행

회사분할로 인하여 분할신설회사에게 이전된 근저당권의 피담보채무를 채무자가 이행하지 못하여 분할신설회사가 그 근저당권을 실행하게 되는 경우 분할신설회사는 법률의 규정에 의하여 근저당권을 일부 이전받은 것이므로, 근저당권의 일부 이전등기 없이 회사분할로 인한 근저당권부 채권의 포괄승계의 원인을 증명하는 서면을 첨부함으로써(민사집행법 제264조 제2항) 근저당권의 실행이 가능하다. 이는 기본계약관계 중 일부만 이전되어 근저당권을 준공유하는 경우에도

동일하다.[24)]

한편 회사분할로 인한 근저당권의 이전을 위해 별도의 이전등기가 필요하지 않다고 하여도, 기본계약관계 중 일부만 이전되어 근저당권을 준공유하게 된 이후 근저당권의 일부 이전등기를 경료하지 않은 경우에는 집행단계에서 문제가 발생할 가능성이 있다. 즉 분할회사는 단독으로 근저당권 실행을 위한 경매신청을 할 수 있고, 그러한 경우 집행법원으로서는 근저당권이 준공유되고 있다는 사실을 알 수 없으므로, 분할회사의 채권액만을 기준으로 배당액을 계산할 가능성이 높으며, 이 경우 분할신설회사로서는 근저당권의 실행 사실 자체를 인지하기가 어려울 것이다. 또한 제3자의 경매신청에 의하여 경매가 진행될 경우에는 채권신고 또는 배당신청을 할 것인지에 대한 통지가 등기명의자인 분할회사에게만 이루어지게 되어 분할신설회사는 담보권을 상실하고, 무담보채권만을 보유하게 되는 손해가 발생할 수 있다.

물론 이러한 상황은 분할회사가 근저당권 이전등기를 경료하지 않았기 때문에 발생하는 것이기는 하나, 채무불이행이 발생하지 않고 거래가 계속되는 경우도 많으므로 실무상 모든 근저당권에 대하여 즉시 이전등기를 하는 경우가 많지 않다는 점[25)]에 비추어 보면 적절한 예방책을 수립할 필요가 있을 것이다. 이러한 예방책으로는 분할회사와 분할신설회사가 집행절차의 진행경과 등 근저당권의 실행과 관련된 사정을 상호간 적시에 사전통지하여 주고 일정한 기준에 따라 부

24) 민사집행실무제요 II, 법원행정처, 2003, 640면. 다만 피담보채권이 가분채권이 아닌 경우에는 각 채권의 행사방법에 따라 실행이 가능할 것이다.

25) 승계대상 근저당권이 많은 경우에는 근저당권의 이전등기를 위하여 지불하게 되는 제반비용 역시 상당한 금액이 될 것이다.

대비용을 분담하기로 하는 등 근저당권의 관리에 대한 원칙과 절차를 미리 정하는 약정을 체결하고, 채무자의 신용리스크가 커서 경매절차가 진행될 가능성이 높거나 채권최고액이 큰 경우 등 일응의 기준을 설정하여 문제 발생의 가능성이 높은 근저당권에 대해서는 미리 이전등기를 경료하여 두는 것을 생각해 볼 수 있다.

(6) 근저당권 설정등기의 말소

근저당권의 이전등기 전에 근저당권 설정등기를 말소하여야 하는 경우 그 등기원인이 회사분할 전에 발생한 것인 때에는 회사분할로 인한 근저당권 이전등기를 생략하고 회사분할을 증명하는 서면과 담보말소에 필요한 서류를 함께 등기소에 제출하면 되고, 이때 근저당권 말소등기의 등기의무자는 분할회사가 된다. 반면 그 등기원인이 분할등기 이후에 발생한 것인 때에는 근저당권 말소등기의 전제로서 회사분할로 인한 근저당권의 전부 또는 일부 이전등기가 이루어진 다음 분할신설회사가 단독으로(근저당권의 전부가 이전되는 경우) 또는 분할회사와 공동으로(근저당권의 일부가 이전되는 경우) 근저당권 말소등기의 등기의무자가 된다(등기예규 제458호 참조).

2. 분할회사가 근저당권의 채무자인 경우

(1) 물상보증인의 지위와 피담보채무의 범위

1) 논점의 정리

근저당권의 채무자인 회사가 회사분할을 하는 과정에서 해당 근저당권의 피담보채무의 발생 근거인 기본계약관계가 분할신설회사에게 포괄적으로 승계되는 경우, 해당 근저당권의 설정자가 피분할회사 자신일 때에는 현실적으로 회사분할의 결과 해당 근저당권의 대상이 되는 부동산 또는 근저당권의 설정에 관한 계약관계가 분할신설회사에게 이전되는 경우가 많을 것이다. 설령 그렇지 않은 경우에도, 분할회사의 일정한 사업부문이 동일성을 유지한 채 분할신설회사에 포괄적으로 승계되는 회사분할의 속성과 취지에 비추어 볼 때 분할회사와 해당 기본계약관계의 상대방 당사자인 채권자(근저당권자) 사이에서는 달리 특별한 사정이 없는 한 원칙적으로 거래관계가 계속 유지되는 것으로 해석함이 타당하다. 따라서 분할회사가 그러한 거래관계를 위하여 설정한 근저당권도 되도록이면 그 현상을 유지하도록 하는 것이 분할회사와 해당 채권자의 의사라고 해석하는 것이 합리적이며 자연스럽다고 사료된다.

그런데 만일 제3자가 분할회사의 채무를 담보하기 위하여 근저당권을 설정하여 준 상태에서 해당 근저당권의 피담보채무의 발생 근거인 기본계약관계가 회사분할에 의하여 분할신설회사에게 포괄적으로 승계되는 경우에는 분할회사가 분할계획서에서 해당 근저당권을 이전의 대상으로 직접 규정할 수 없고 근저당권은 피담보채무에 대한 수반성이 없어 기존 피담보채무의 이전에 의하여 해당 근저당권의 이전을 도모할 수도 없다. 따라서 회사분할 이후에도 해당 근저당권에 의하여 분할신설회사의 피담보채무가 계속 담보될 수 있는 것인지 의문이 제기될 수 있다. 또한 회사분할에 의하여 해당 근저당권의 법률관계가 유지된다고 하는 경우에는 그 피담보채무가 언제 확정되고 그 범위는 어떻게 되는 것인지가 여전히 불확실하다. 물론 근저당권 담보관계의 당사자들이 위와 같은 의문이나 불확실성을 초래하는 논점들에 대하여 사전 협의를 거쳐 담보권설정계약 등 관련 계약에서 그러한 논점들의 처리에 관한 조항(예컨대 근저당권의 채무자인 회사에 대하여 회사분할이 이루어지는 경우 분할회사를 위하여 근저당권을 설정하여 준 물상보증인은 근저당권을 일방적으로 해지할 수 있는 권리를 보유할 수 있도록 하는 조항)을 명시적으로 상세하게 규정하였다면 기본적으로 관련 계약에서 합의된 바에 따라 담보관계를 처리하면 될 것이다. 그러나 실제 담보권설정계약 등 관련 계약에서 그러한 논점들의 처리에 관하여 상세한 조항을 마련하여 두는 사례는 찾아보기 어렵다. 또한 현재 우리나라의 학설이나 판례에서도 회사분할과 관련된 그러한 논점들에 대한 구체적 논의가 충분히 이루어지지 않고 있는 것으로 보인다. 다만 회사분할과 같이 법령에 의한 권리의 변동이 발생하는 합병에 대한 논의와 회사분할에 의하여 분할신설회사가 근저당권의 채무자 지위를 포괄적으로 승계하는 경우 종국적으로 해당 채무관계와 일응 유사한 형태를 가지는 것으로 보이는 면책적 채무인수와 관련된 근저당권의 확정 여부에 대한 논의가 있을 뿐이다. 아래에서는 우선 그러한 기존 논의에 관하여 살펴본 다음, 제3자가 분할회사를 위하여 설정한 근저당권의 피담보채무의 발생 근거인 기본계약관계가 회사분할에 의하여 분할신설회사에게 포괄적으로 승계되는 경우의 합리적 처리방향은 무엇인지를 검토하도록 한다.

2) 회사합병 및 면책적 채무인수 관련 논의

① 회사합병 관련 논의

근저당권의 채무자인 회사가 합병하는 경우에 있어서 근저당권 관계의 처리와 관련하여, 학설상으로는 (i) 당사자 사이에는 물적 신뢰관계가 존재하고, 합병 후의 회사는 재산 · 신용에 있어서 우월한 것이 보통이며, 채권자는 해지권에 의하여 기본계약관계를 종료시킬 수 있으므로 합병으로 인하여 당사자들 사이의 기존 법률관계에 본질적인 변동을 초래할 필요가 없다는 점에 비추어 원칙적으로 근저당권의 승계가 이루어진다고 보아야 한다고 하면서도 특정근저당이 아닌 포괄근저당 또는 한정근저당의 경우는 승계를 인정하지 않는 견해[26)]와 (ii) 담보제공자와 채무자가 동일인인 경우에는 승계를 긍정하나, 담보제공자가 채무자가 아닌 제3자인 경우 합병 후의 존속회사 또는 신설회사와 담보제공자가 근저당거래의 존속을 합의하여 채무자변경등기를 하면 근저당권이 확정되지 않는 것으로 보되, 그러한 합의와 등기가 있기 전에는 잠정적으로 근저당거래를 할 수 없고 나아가 상당한 기간이 지나도록 그러한 합의와 등기가 없는 때에는, 그 근저당권의 피담보채권이 확정되는 것으로 보아야 한다는 견해[27)]가 제기되고 있다.

그리고 대법원은 "물상보증인이 설정한 근저당권의 채무자가 합병으로 소멸하는 경우 물상보증인이 존속회사 또는 신설회사를 위하여 근저당권설정계약을 존속시키는 데 동의한 경우에 한하여 합병 후에도 기본계약에 기한 근저당거래를 계속할 수 있고, 합병 후 상당한 기간이 지나도록 그러한 동의가 없는 때에는 합병 당시를 기준으로 근저당권의 피담보채무가 확정된다"고 판시[28)]하여 상기 (ii)의 견해와 같은 입장을 취하고 있다.

---

26) 이영준(편)/이영준(집필), 주석 물권법(下), 한국사법행정학회, 1993, 423면.
27) 오시정, 앞의 책(주 14), 184면.
28) 대법원 2010. 1. 28. 선고 2008다12057 판결.

② 면책적 채무인수의 경우

민법 제459조[29]는 "전채무자의 채무에 대한 보증이나 제3자가 제공한 담보는 채무인수로 인하여 소멸한다. 그러나 보증인이나 제3자가 채무인수에 동의한 경우에는 그러하지 아니하다"라고 규정하고 있으므로 물상보증인이 제공한 근저당권은 물상보증인이 동의하지 않는 한 채무인수의 경우에 원칙적으로 소멸하게 된다. 다만 채무자가 설정한 근저당권의 경우에는 해석론으로 채무인수가 채권자 · 인수인 간의 계약에 의한 경우에는 소멸하고, 채무자 · 인수인 간의 계약에 의한 경우에는 민법 제459조 단서를 유추하여 존속한다고 해석하는 견해가 있다.[30]

3) 회사분할의 경우 관련 검토

제3자가 분할회사를 위하여 물상보증인으로서 근저당권을 설정하여 준 경우에는 근저당권자와 물상보증인의 공동 신청에 의하여 근저당권의 채무자변경등기가 이루어질 것이므로 물상보증인의 의사가 상당히 반영될 수밖에 없다. 그런데 물상보증인은 대체로 분할회사 또는 주주와의 특별한 신뢰관계에 기초하여 담보를 제공해 주는 경우가 많을 것이고, 회사분할에 의하여 근저당권의 채무자가 분할회사와 분할신설회사로 이원화되는 경우 그러한 신뢰관계의 기초가 깨질 가능성이 없지 않다. 그럼에도 불구하고 물상보증인은 채권자와는 달리 회사분할절차에서 별다른 보호를 받을 수 없기 때문에[31] 근저당거래

---

29) 민법은 면책적 채무인수에 관하여만 규정하고 있고, 중첩적 채무인수는 해석에 의하여 인정되는 것이므로 민법 제459조는 면책적 채무인수에 관해서만 적용된다고 할 것이다.

30) 곽윤직, 채권총론, 박영사, 2006, 231면.

31) 전술한 바와 같이 장래 근저당권이 실행되는 경우 물상보증인이 근저당권의 채무자인

관계의 계속을 반대하면서 근저당권의 채무자변경등기에 협조하지 않을 가능성이 있다. 또한 결과적으로 회사분할에 의하여 분할신설회사가 근저당권의 주 채무자 지위를 포괄적으로 승계하는 경우 그 이후에 발생하는 채무에 대해서는 면책적 채무인수와 동일한 형태를 띠게 되므로, 민법 제459조에 의하여 근저당권이 소멸된다는 주장을 할 가능성 역시 배제할 수 없다.

그러나 다른 한편 물상보증인은 이미 일정 한도에서 분할회사에게 물적담보를 제공한다는 의사로 근저당권을 설정해 준 것이고, 책임의 범위가 채권최고액으로 한정되어 있다는 점에 비추어 볼 때 근저당권 설정 당시 물상보증인의 신뢰에 대한 보호의 필요성이 비교적 높지 않은 것도 사실이다.[32] 또한 채권자(근저당권자)의 입장에서는 물상보증인이 제공한 담보가 분할회사와 계속적 거래관계를 유지하는 주요한 요소의 하나일 터인데 채무자의 회사분할이라는 사유로 인하여 근저당권이 확정된다고 보는 경우에는 채권자의 입장에서도 불측의 손해를 입고 분할회사 또는 분할신설회사와 계속적 거래관계를 유지하

분할회사와 분할신설회사에 대하여 구상채권을 가질 수 있다고 하여도 회사분할 당시 그러한 구상채권이 구체적으로 발생하지 않은 이상 물상보증인은 채권자 보호절차에 의하여 보호를 받을 수 있는 채권자에 해당한다고 보기는 어려울 것이다.

32) 회사합병의 경우에는 소멸회사를 위하여 근저당권을 설정한 물상보증인이 원래 근저당권을 설정할 당시 인식하고 있지 못하였던 합병 이후 존속회사 또는 신설회사의 소멸회사의 사업과 다른 기존 사업의 내용, 지분구조, 지배구조 및 재무상태 등이 물상보증인의 소멸회사에 대한 신뢰의 바탕이 되었던 소멸회사의 사업, 지분구조, 지배구조 및 재무상태 등과 질적 · 양적인 측면에서 중대한 변동이 발생할 수도 있다. 그러나 회사분할에 있어서는 많은 경우 물상보증인이 근저당권의 설정 당시 인식하고 있었던 분할회사의 사업 및 재무상태 등이 동일성을 유지한 채 분리되고 회사분할 이후 분할회사와 분할신설회사의 지분구조 및 지배구조에 분할회사와 비교하여 본질적인 변화가 발생하기도 어렵다는 점에 비추어 보면 회사분할이 회사합병에 비하여 물상보증인의 분할회사에 대한 신뢰에 미칠 수 있는 영향은 상대적으로 미약할 것으로 사료된다.

기 어려울 수도 있다. 그런데 이러한 결과는 기업의 동일성을 유지한 채 원활하고 신속한 사업재편을 도모하기 위한 회사분할제도의 취지에 부합하지 않는다고 할 것이다. 그리고 민법 제459조는 채무 '인수'에 대하여 인정되는 것인데, 동일성을 유지하면서 법률의 규정에 의하여 법적 지위의 포괄적 승계가 이루어지는 회사분할에 대하여 민법 제459조가 그대로 적용된다고 보기도 어려운 측면이 있다.

전술한 사정을 종합하여 볼 때 물상보증인이 제공한 근저당권이 회사분할로 인하여 확정되거나 소멸되는지 여부를 일률적으로 단정하여 판단하기는 어려우며, 관련 담보관계의 명확한 처리를 위해서는 회사분할에 의한 신속하고 획일적인 사업구조 개편이라는 회사법적인 측면과 관여 당사자들의 의사와 이익보호의 측면이 충분히 고려된 입법적 해결방안이 마련될 필요가 있다고 사료된다. 그러나 아직 입법적 해결이 이루어지지 않은 현재의 상황에서는 일응 회사분할제도의 취지를 좀 더 강조하여 물상보증인이 분할회사를 위하여 제공한 근저당권이 회사분할에 의하여 소멸되거나 확정되지는 않는다고 해석하는 것이 바람직하지 않을까 생각한다. 다만 그러한 경우에도 실질적으로 물상보증인의 동의 없이는 채무자변경의 등기가 이루어질 수 없고, 물상보증인이 동의하지 않는 경우 소송절차에 의할 수밖에 없다는 점[33)]을 감안한다면 실제 회사분할절차를 통하여 근저당권의 채무자가 추가되기 위해서는 우선적으로 물상보증인과 분할회사의 신뢰관계에 기초하여 물상보증인과 사전협의를 거치고 가급적 그로부터

33) 현재 확립된 판례가 없는 상황에서 만약 분쟁이 발생할 경우 법원에서 물상보증인이 근저당 채무자의 변경등기에 응할 의무가 없다고 판단할 가능성을 배제할 수 없고, 법원에서 그러한 판단을 할 경우 분할회사는 채권자에 대하여 채무불이행의 책임을 부담하게 될 수도 있다는 점에서 그러한 분쟁의 발생은 회사분할의 과정에서 적지 않은 부담으로 작용할 수 있다.

동의를 받아 두는 것이 보다 신중하고 안전한 처리방안일 것이다.[34)]

(2) 분할계획서의 작성 및 승계의 범위

회사분할로 인하여 근저당권의 채무자 지위가 이전된다고 보기 위해서는 분할계획서에서 근저당권의 피담보채무를 발생시키는 기본계약관계에 따른 채무자 지위가 이전된다는 기재가 이루어져야 할 것이다. 이처럼 회사분할로 인하여 분할신설회사가 근저당권의 피담보채무의 발생 근거가 되는 기본계약관계에 의한 당사자 지위를 승계하는 경우 분할신설회사가 해당 기본계약관계에 기하여 분할 이후에 발생하는 모든 채무의 채무자가 된다는 점에는 이론의 여지가 없다.

그러나 위와 같은 경우 분할신설회사가 기존에 이미 발생한 채무의 채무자 지위 역시 승계하는 것인지 여부는 불확실하며, 회사분할의 결과 반드시 그러한 승계가 이루어진다고 단정할 수는 없을 것이다. 생각건대 특별한 사정이 없는 한 많은 경우 기존에 이미 발생한 채무에 대해서도 분할되는 영업과의 관련성에 따라 분할신설회사가 승계하는 것으로 분할계획서가 작성될 것이라는 점에 비추어 기존에 발생한 채무의 승계 여부가 문제되는 사례는 그리 많지 않을 것으로 보인다. 다만 분할계획서상 해당 채무가 분할대상 재산에서 명시적으로 배제

34) 참고로 일본 민법에서는 원본의 확정 전에 근저당권의 채무자인 분할회사에 대하여 회사분할이 이루어지는 경우 분할 당시 존재하는 채권 이외에 분할회사와 분할신설회사가 회사분할 이후 부담하는 채무까지도 해당 근저당권에 의하여 담보되도록 하면서, 다만 이 경우 분할회사 이외의 제3자인 근저당권설정자의 입장에서는 채무자와 피담보채권의 범위가 확대되므로 그의 이익보호를 위해 분할 당시를 기준으로 하여 원본의 확정을 청구할 수 있는 권리를 인정하고 있다(일본 민법 제398조의10 제2항 및 제3항, 제398조의9 제3항 내지 제5항).

되어 있는 경우에는 달리 특별한 사정이 없는 한 이는 회사분할에 의하여 분할신설회사에게 승계되지 않는다고 보아야 할 것이고, 따라서 회사분할에 의하여 분할신설회사에 승계된 기본계약관계에 따른 근저당권은 회사분할 이후 발생하는 채무만을 담보하게 될 것이다.

(3) 채무자의 추가 · 변경에 관한 등기

회사분할의 결과 근저당권의 피담보채무의 발생 근거가 되는 기본계약관계 중 일부가 분할신설회사에게 이전되는 경우에는 해당 근저당권의 채무자가 추가되고, 만일 해당 기본계약관계 전부가 분할신설회사에게 이전된다면 근저당권의 채무자 변경이 이루어지게 될 것이다.

회사분할로 인한 근저당권의 채무자 추가 · 변경에 관한 등기와 관련하여 명시적으로 다루고 있는 등기예규가 있는 것은 아니나, 대법원 등기예규인 근저당권에 관한 등기사무처리지침에서는 근저당권의 기본계약의 인수에 대하여 근저당권자와 근저당권설정자의 공동 신청으로 부기등기의 형식으로 채무자의 변경 또는 추가등기가 가능하도록 하고 있으므로 이에 준하여 채무자 추가 · 변경의 등기를 하면 될 것이다.[35)]

(4) 채무자가 추가되는 경우 피담보채무의 분배 비율

근저당권의 채무자인 분할회사가 분할됨으로써 근저당권의 피담보채무의 발생 근거가 되는 기본계약관계 전부가 이전되는 경우에는 분

35) 대법원 등기예규 제880호 참조.

할회사와 분할신설회사의 입장에서는 피담보채무의 범위와 관련하여 특별히 문제될 만한 사항이 없을 것으로 보인다. 그러나 해당 기본계약관계의 일부가 이전되는 경우에는 회사분할 이후 분할회사와 분할신설회사가 부담하게 되는 채무가 어떠한 범위에서 근저당권에 의하여 담보될 것인지에 대하여 살펴볼 필요가 있다. 왜냐하면 근저당권의 채무자 지위의 일부가 이전된다면 각 근저당권[36]은 동일 순위이고, 그렇다면 근저당권이 실행되었을 경우 배당금은 각 채무에 대한 법정변제충당의 순서에 따라 소멸될 것이기 때문이다. 물론 배당금이 근저당권의 피담보채무를 모두 소멸시키기에 충분하다면 문제가 되지는 않을 것이나, 배당금이 근저당권의 피담보채무의 일부만을 소멸시킬 수 있는 경우라면 상기 사항은 각 채무자에게 중요한 문제가 될 것이다.

회사분할 이후 분할회사와 분할신설회사가 자신들의 피담보채무를 위하여 근저당권을 공용하는 것으로 인정되는 경우에 있어서 피담보채무의 분배 비율도 회사분할의 결과 분할회사와 분할신설회사가 근저당권을 준공유하는 경우와 마찬가지로 크게 (i) 일률적으로 특정한 비율이 되도록 정하는 방식과 (ii) 최종적으로 피담보채무가 확정될 당시 분할회사와 분할신설회사의 채무액에 따라서 안분하는 방식을 고려해 볼 수 있을 것이다. 나아가 전자의 경우에는 현실적으로 다시 분할회사와 분할신설회사가 근저당권의 채권최고액의 범위에서 동일한 비율로 안분하여 근저당권을 공용하는 것으로 보는 방식과 분할비율에 따라서 공용하는 것으로 보는 방식 정도를 생각해 볼 수 있다.

36) 물론 근저당권이 분할되는 것은 아니므로 위와 같은 표현이 정확한 것은 아니나, 논의의 편의를 위하여 각 채무자에 대한 관계에서 별개의 근저당권이 존재하는 것과 유사한 의미에서 위와 같은 용어를 사용한다.

생각건대 위와 같이 분할회사와 분할신설회사가 채무자로서 근저당권을 공용하는 경우에도 피담보채무의 분배 비율을 미리 특정하였을 때에는 구체적 타당성을 결하는 불합리한 결과가 초래될 수 있고 이는 사업부문의 동일성을 유지한 상태에서의 사업구조 개편을 도모하기 위한 회사분할제도의 본질과 부합하지 않는다.

그렇다면 그러한 경우에도 실제 피담보채무가 확정될 당시 분할회사와 분할신설회사의 각 채무액을 기준으로 안분하는 등 회사분할의 결과 분할회사와 분할신설회사가 근저당권을 준공유하는 경우와 관련된 논의에 준하여 담보관계를 처리하는 것이 타당하다고 사료되며 현재 법원의 집행실무 역시 동일한 것으로 파악된다.

(5) 근저당권의 실행

근저당권의 채무자가 추가되었을 경우에도 근저당권 자체는 하나이고, 다만 그 근저당권은 복수의 채무자의 채무를 담보하는 것이므로, 채무자 1인의 채무 불이행이 있다면 채권자(근저당권자)는 근저당권을 실행할 수 있을 것이다. 그런데 이와 관련하여서는 채무자 1인에 대하여 근저당권의 확정 사유가 발생한 경우 다른 근저당 채무자의 채무 역시 확정이 되는지 여부가 문제될 수 있다.

근저당권의 경우 명시적인 규정은 없으나 일반적으로 (i) 결산기의 도래, (ii) 기본계약의 해지, (iii) 당사자의 합의, (iv) 근저당권자의 경매신청 또는 (v) 채무자 내지 물상보증인에 대한 파산선고 또는 회생절차개시결정 등의 시점에 근저당권이 확정되는 것으로 보고 있다.

그런데 위와 같은 각 사유는 채무자 중 1인에 대하여 생긴 사유이고, 비록 근저당권의 채무자로서 추가된 회사(분할신설회사)와 기존 채무자(분할회사)가 하나의 근저당권에 동시에 채무자로 되어 있다고 하더라도 양 당사자의 채권자와의 거래관계는 회사분할 이후에는 별개로 이루어지므로, 채무자 중 1인에 대하여 생긴 근저당권의 확정 사유가 다른 채무자와의 관계에서도 영향을 미친다고 보아서는 안 될 것이다. 만약 그러한 영향을 인정한다면, 다른 채무자로서는 근저당권의 확정 사실을 알 수 없음에도 불구하고 확정 시점 이후의 채무의 증감은 배당에서 고려되지 않아 그에게 불리한 결과[37]가 발생할 수도 있기 때문이다.

이 경우 앞서 본 동일한 순위의 별개의 근저당권이 설정되어 있는 경우의 배당금의 분배방식과 마찬가지로 이미 확정 사유가 발생한 채무자의 채무는 확정된 금액으로 하고, 다른 채무자의 채무는 그 채무자에 대한 확정 사유가 발생한 시점에서 확정된 금액으로 하여 배당에서는 각 확정된 금액에 따라 안분배당하는 것이 합리적인 처리방향이라고 사료된다.

37) 이에 관하여 구체적으로 사례를 들어 설명하면 다음과 같다. 만약 A는 60의 채무를 부담하고, B는 40의 채무를 부담하고 있으며, 근저당 목적물의 가액은 50이라고 가정할 경우, 배당 결과 A의 채무는 30, B의 채무는 20이 변제될 것이다. 그런데 B가 근저당권 확정 사실을 모르고 계속적인 거래로 60의 채무를 부담하게 된 경우, 만일 A의 근저당권 확정의 효과가 B에게도 미친다면 A, B의 채무는 위와 동일하게 30, 20이 변제되는 것에 반하여, B에게는 A의 근저당권 확정의 효과가 미치지 않는다면 A의 채무와 B의 채무는 모두 25가 변제될 것이다. 따라서 A의 근저당권 확정의 효과가 B에게도 미치는 것으로 인정하는 경우 B는 자신의 의사와 무관하게 채권자에 대하여 40의 채무를 여전히 부담하고 그에 따른 이자 역시 부담하게 될 것이나, A의 근저당권 확정의 효과가 B에게는 미치지 않는다고 한다면 B는 채권자에게 35의 채무와 그에 상응하는 이자를 부담하게 될 것이다.

⑹ 채무자 상호간의 관계

분할회사가 자신의 부동산에 대하여 근저당권을 설정해 준 이후 그 근저당권의 채무자가 회사분할로 인하여 추가 또는 변경된 경우에는 근저당 목적물을 소유하고 있는 회사와 다른 회사의 관계가 문제될 수 있다. 근저당 목적물을 소유하고 있는 회사로서는 자신이 부담하지 않는 채무에 대해서도 근저당 목적물에 의하여 담보되고 자신의 채무 불이행이 없어도 근저당권이 실행되어 근저당 목적물의 소유권을 잃을 수 있기 때문이다.

생각건대 이 경우 채무자 상호간의 관계에 대하여 별도의 약정이 있다면 그에 따라야 하겠으나, 그러한 약정이 없다면 근저당 목적물의 소유자인 분할당사회사와 다른 분할당사회사의 관계는 물상보증인과 채무자 사이의 관계와 유사하게 보아야 할 것이다. 따라서 위와 같은 경우 분할당사회사 사이의 구상관계에 대하여는 물상보증인의 구상권에 관한 민법의 규정이 유추적용될 수 있을 것이다.

III. 보증채무 관련 검토

1. 분할회사가 보증채권자인 경우

⑴ 보증채권의 승계 가능성

보증채무는 주 채무에 대한 부종성 또는 수반성이 있으므로, 주 채무자에 대한 채권이 이전되면 당사자 사이에 별도의 특약이 없는 한 보증인에 대한 채권도 함께 이전하고 별도로 보증인에 대하여 통지를 할 필요가 없다.[38] 따라서 회사분할의 경우에도 분할계획서에 의하여 채권이 이전대상 재산으로 기재되어 분할신설회사에 포괄승계된다면 보증인이 회사분할 전 분할회사에 대하여 부담하고 있는 보증채무 역시 별도의 이전절차 없이 분할신설회사에게 이전된다고 할 것이다.

한편 근보증의 경우, 근보증채무의 확정 전에 기본계약관계의 이전 없이 개별 주 채무의 일부만 양도된 경우에는 보증채무의 수반성이 제한될 수 있다.[39] 그러나 회사분할로 인하여 기본계약관계의 전부 또는 일부가 분할신설회사에게 포괄적으로 승계되는 경우에는 개별채권의 이전이 아닌 주 채무의 발생 근거가 되는 계약 자체가 이전되는 것이므로, 분할신설회사에게 보증인에 대한 보증채권의 전부 또는 일부가 이전된다고 할 것이다.

이러한 보증채권 및 보증계약관계의 회사분할에 의한 이전을 확실하게 하기 위해서는 실제 회사분할절차의 진행과정에서 분할계획서에서 보증의 대상이 되는 채권 및 계약관계를 이전대상으로 기재하면서, 그러한 채권 및 계약관계의 보증에 관한 권리 및 계약관계 역시 이전대상이 된다는 점을 명확히 할 필요가 있을 것이다.

(2) 보증채권의 공동 귀속

보증은 보증채무자와 채권자의 계약에 의하여 보증채무자가 주 채무와는 별개의 보증채무를 부담하는 것이다. 회사분할에서 분할신설회사가 분할회사로부터 근보증계약을 승계하게 되면 보증인은 분할

38) 대법원 2002. 9. 10. 선고 2002다21509 판결 참조.
39) 곽윤직(편)/ 박병대(집필), 민법주해〔제X권 채권(3)〕, 박영사, 2007, 380면.

신설회사와의 관계에서도 근보증계약관계를 형성하게 되는 것으로서 계약의 일부 또는 전부 이전에 의하여 분할신설회사는 분할회사와 보증인 사이의 근보증계약에 가입하게 되는 것(일부 이전의 경우) 또는 분할회사와 보증인 사이의 근보증계약을 인수하는 것(전부 이전의 경우)으로 볼 수 있다.[40)] 이 경우 분할신설회사는 근보증계약에 따라서 발생하는 채권에 관하여 분할회사 또는 보증인과 함께 다수당사자의 채권관계를 이루게 될 것이다.

그런데 채권의 목적물인 급부가 가분인 경우에는 특별한 의사표시가 없으면 각 채권자 또는 각 채무자는 균등한 비율로 권리가 있고 의무를 부담하는 분할채권관계가 성립하게 된다(민법 제408조). 회사분할의 결과 근보증채권이 분할회사와 분할신설회사에게 공동으로 귀속됨으로써 다수당사자의 채권관계가 형성되는 경우에는 피담보채권이 가분적인 금전채권이므로 원칙적으로 분할회사와 분할신설회사가 동일한 지분비율로 근보증채권을 분할하여 보유하게 될 것이다. 그러나 근보증관계에 있어서는 채무액이 장래 확정되는 특수성으로 인하여 회사분할 당시 분할회사와 분할신설회사에게 귀속되는 보증채권의 범위를 확정하는 것이 사후적으로 어느 일방에게 불리한 결과를 초래하여 구체적 타당성을 흠결하게 되는 난점이 있을 수 있다.[41)] 이러한 문제

40) 다만 회사분할에 의한 계약의 전부 또는 일부의 이전은 법률의 규정에 의한 법률상 지위의 포괄승계에 따른 것으로 계약 상대방의 동의를 요하는 계약가입 및 계약인수와는 그 법적 성격이 다르다고 할 것이다.

41) 이는 주로 근보증채무의 보증 한도액이 설정되어 있거나 보증채무자의 책임재산이 충분하지 못하다는 등의 사정으로 인하여 보증채무자에 의하여 피담보채권 전액이 모두 변제되지 못하는 경우에 문제될 것이다. 한편 보증인 보호를 위한 특별법의 적용을 받게 되는 근보증계약의 경우에는 보증 한도액을 정하여야 하므로 그러한 근보증계약과 관련하여 근보증채권자인 회사에 대하여 회사분할이 이루어질 때에는 근보증관계를 처리함에 있어서 동일한 문제가 발생할 수 있을 것이다.

는 회사분할의 과정에서 근보증채권이 균등한 비율이 아니라 분할비율 또는 다른 기준에 따라 분할회사와 분할신설회사에게 각 귀속되는 것으로 해석한다고 하여도 마찬가지이며, 분할회사와 분할신설회사에게 최종적으로 귀속되는 구체적인 보증채권 금액의 비율이 보증채권의 확정 이전에 회사분할 당시 미리 특정된 비율과 다르게 정해지는 한 계속 발생할 수 있을 것이다.

위와 같은 문제점을 감안하면, 회사분할로 인하여 근보증채권이 분할회사와 분할신설회사에게 공동으로 귀속되는 경우 분할계획서에서 보증채권의 지분비율에 대하여 명시적으로 규정하고 있지 않다면 근보증채권은 피담보채권액이 확정되기 이전에는 구체적 분할비율이 정해지지 않은 분할채권으로서의 성질을 가지고, 추후 피담보채권이 확정되는 때에 비로소 확정된 보증채권의 금액에 따라서 분할회사와 분할신설회사 사이의 지분비율이 정해지도록 하는 것이 당사자의 의사라고 해석함이 합리적이라고 사료된다. 다만 이러한 해석에 의하는 경우에도 법원에 의하여 주도되고 일정한 절차에 따라서 이루어지는 근저당권의 실행과 달리 기본적으로 보증채무자에 대한 이행청구의 형태로 실행되는 보증채권에 있어서 보증채권자인 분할회사와 분할신설회사가 언제 어떠한 방식으로 권리를 실행할 수 있는 것인지 살펴볼 필요가 있다. 이와 관련하여서는 대체로 다음과 같은 두 가지 견해가 제시될 수 있을 것으로 보인다.

1) 분할회사와 분할신설회사 양자의 피담보채권이 모두 확정되었을 때 비로소 그 확정된 금액의 비율에 따라 분할회사와 분할신설회사가 보증채무자에게 보증채무의 이행을 청구할 수 있다는 견해

이러한 견해는 근저당권의 준공유에 관한 판례의 태도를 유추한 것

으로 볼 수 있다. 그런데 이러한 견해에 의하는 경우에는 다시 구체적으로 어느 시점에 분할회사와 분할신설회사 양자의 피담보채권이 모두 확정되는 것으로 볼 것이냐가 문제된다. 만약 분할회사와 분할신설회사 중에서 어느 하나에 대하여서만 근보증의 피담보채권 확정 사유가 발생하였을 때 다른 근보증채권자에 대해서는 피담보채권이 확정되지 않는다고 한다면, 이미 확정 사유가 발생한 보증채권자는 다른 보증채권자의 근보증채권이 확정되기 이전에는 보증채권의 액수가 정해지지 않기 때문에 보증채무자에게 이행을 청구하지 못하는 결과가 발생할 수 있다. 그런데 이러한 결과를 피하기 위해 분할회사와 분할신설회사 중에서 어느 1인에게 근보증채권의 확정 사유가 발생하였을 때 다른 보증채권자에 대해서도 근보증채권이 확정되는 것으로 인정하는 경우에는 다른 보증채권자의 확정 사유 발생이라는 사유에 의하여 아직 확정 사유가 발생하지 않은 보증채권자의 의사와는 상관없이 피담보채권이 확정되는데, 이 역시 불합리한 측면이 있다.

2) 분할회사와 분할신설회사 중에 먼저 근보증채권이 확정된 회사는 보증한도액의 범위 내에서 우선적으로 채권의 변제를 받을 수 있고, 나중에 채권이 확정된 회사는 먼저 변제를 받은 회사와의 관계에서 사후 정산을 요구할 수 있다는 견해

이러한 견해에 따르면 분할회사와 분할신설회사 사이에서는 보증채권에 대한 권리가 합리적으로 분배될 수 있을 것으로 보인다. 다만 채권액의 일부를 지급받은 보증채권자는 자신이 만족을 받지 못한 한도에서 주 채무자에게 변제를 요구할 것인데,[42] 이 경우 만일 보증채

42) 아래 사례가 좀 더 구체적인 이해에 도움이 될 수 있을 것이다. 예컨대 A가 B라는 주 채

무자가 이미 주 채무자에 대하여 구상권을 행사하였다면 주 채무자로서는 이중으로 청구를 당하게 되어서 불합리한 것이 아니냐는 의문이 제기될 수도 있다.

그러나 이러한 문제점은 자신이 변제받은 보증채권액의 일부를 다른 보증채권자에게 정산하여 준 보증채권자가 다른 보증채권자의 주 채무자에 대한 채권을 대위하여 변제를 청구할 수 있는 것으로 구성한다면 해소될 수 있을 것으로 생각된다. 이 경우 주 채무자는 나중에 변제를 청구한 보증채권자에 대해서는 아직 채권을 변제하지 않은 상황이므로 위와 같이 채권을 대위 행사하는 보증채권자에 대한 변제를 이중변제라고 보기도 어렵다. 나아가 상기 2)의 견해에 따르면 보증채권자인 분할회사와 분할신설회사 사이에서 보증채무의 불이행으로 인한 위험을 공평하게 부담할 수 있게 될 것이다. 그렇다면 위와 같은 사항에 비추어 볼 때 상기 2)의 견해가 상기 1)의 견해에 비하여 보다 타당한 것으로 판단된다.

무자와 복수의 거래관계를 유지하면서 계속적으로 발생하는 채무의 담보를 위하여 C라는 근보증채무자와 보증한도 150의 채무보증계약을 체결하였다고 가정해 보자. 이 때 A가 회사분할을 하면서 B와의 계약관계 중 일부를 A′(분할신설회사)가 승계하고 그와 함께 해당 계약관계에 따라 발생하는 채무를 담보하기 위한 근보증계약의 일부도 승계하였다면 C의 근보증채무는 A 및 A′의 B에 대한 채권을 담보하기 위하여 존속할 것이다. 그런데 A의 채권액이 먼저 100으로 확정되고 B가 이를 변제하지 못한다면 A는 C로부터 변제를 받고 C는 100을 B에게 구상할 것이다. 한편 이후 A′의 채권이 100으로 확정되고 B가 역시 변제를 하지 못하였다면, C가 근보증채무자로서 변제의무를 부담하게 된다. 이 경우 상기 2)의 견해에 의하면 C는 이미 100을 A에게 변제하였으므로 결국 A′는 C로부터 50만을 변제받고 나머지 채권액 50 중에서 25(확정된 채권액을 기준으로 보증한도액을 분할한 후, A가 회사분할 후 자신의 지분비율에 따른 보증한도액을 초과하여 변제받은 부분)를 A로부터 지급받을 것이고, 이 경우 A는 다시 B에게 25에 대한 구상권을 행사하게 될 것이다.

2. 분할회사가 주 채무자인 경우

분할회사가 주 채무자이고 그 채무를 담보하는 근보증채무자가 있는 경우, 주 채무의 발생 원인이 되는 계약관계 및 이미 발생한 채무의 귀속에 관하여는 분할계획서에 기재되는 바에 따라 결정될 것이다. 다만 이 경우 보증인에 대해서 주 채무자의 회사분할 이후에도 계속하여 보증책임을 부담하도록 할 것인지 여부에 대하여는 별도의 검토가 필요하다.

민법 제459조는 면책적 채무인수의 경우 채무에 대한 보증은 소멸하는 것으로 정하고 있다. 그런데 앞서 본 바와 같이 회사분할 이후의 채무의 귀속에 관한 형태는 채무인수와 결과적으로는 유사하다. 하지만 채무인수와 같은 법률행위에 의한 것이 아니라 회사분할이라는 특별한 법률요건에 의하여 채무자 지위의 포괄승계가 이루어짐으로써 채무인수와 유사한 구조가 결과적으로 발생한다고 하여, 그것이 채무인수와 완전히 동일하다고 할 수는 없으므로 민법 제459조의 규정이 적용된다고 단정하기도 어렵다.

생각건대 보증인 보호의 측면에서는 주 채무자의 회사분할절차에서 근보증인에 대하여 민법 제459조의 유추적용을 인정하는 것도 의미는 있을 것으로 보인다. 하지만 민법 제459조는 보증인 또는 물상보증인이 주 채무자와 특별한 신뢰관계가 있어 이에 따라 담보를 제공하기 때문에 그러한 신뢰관계가 없는 제3자가 채무를 면책적으로 인수한 경우에도 채무인수인에 대하여 담보를 제공하도록 하는 것은 부당하다는 관점에서 입법화된 것임을 감안하면, 적절한 입법조치의 필요성은 별론으로 하고 현행 제도 아래에서 회사분할로 인하여 하나의 채무자가 2개 이상의 회사로 분할되면서 채무인수의 결과가 발생하는 것에 대하여 민법 제459조를 무조건적으로 유추적용하는 것은 무리한 해석으로 보인다.[43] 다만 실제 회사분할절차의 진행에 있어서는 불필요한 분쟁의 발생을 방지하는 차원에서 보증인과의 사전협의를 거치는 방안을 고려해 볼 수도 있을 것이다.

이와 관련하여 대법원 2009. 5. 28. 선고 2008다63949 판결은 분할회사의 채무에 대하여 지급보증서가 발급되었는데 회사분할로 인하여 그 채무의 일부만을 분할신설회사가 부담하고 나머지 채무를 분할회사가 부담하게 되는 경우 일반적으로는 분할신설회사가 부담하는 채무와 분할회사가 부담하는 채무는 모두 그 지급보증의 대상이 되며 분할로 인하여 그 지급보증채무 자체가 분할되는 것은 아니라고 판시하였다. 다만 위 판결에서 대법원은 이른바 비중첩적 구분보증[44]의 경우에는 각 지급보증의 대상이 된 주 채무 중 일부씩이 분할신설회사에 각 인수되고, 인수된 그 일부 주 채무가 변제 등에 의하여 소멸되었다면 그에 상응하는 각 지급보증채무액도 자동으로 소멸된다고 하였다. 이 경우 각 지급보증의 대상이 되는 주 채무 중 어느 부분이 분할신설회사 또는 분할회사에 귀속하게 될 것인지는 분할계획서에 의하여 정해져야 할 것이나, 만일 분할계획서에 그와 같은 사항을 정해 두지

43) 최근 일본 법원의 판례 중에는 회사분할에 있어서 채무인수가 이루어진다고 하여도 채권자의 동의가 없는 한 분할회사의 채무가 면책적 채무인수에 의하여 소멸되는 것은 아니며 따라서 해당 채무에 관한 보증채무도 소멸하지 않는다는 취지로 판시한 것을 발견할 수 있다〔大阪地裁堺支部 平成22年9月13日 判決(金判1352號7頁). 이는 위 판시된 내용대로 추후 확정되었다〕.

44) 위 판결의 사안에서 문제된 비중첩적 구분보증은 분할회사를 위해 지급보증서를 발급한 여러 은행들이 분할회사의 주 채무 중 일정 부분을 금액으로 구분하여 각각 별도로 보증하되 그 은행별로 보증하는 주 채무부분이 중첩되지 않게 하고 또한 지급보증서 발급 은행들이 보증한 부분과 그 나머지 무보증부분으로 독립적으로 구분하는 것이었다.

않았다면 위와 같은 비중첩적 구분보증의 경우에는 특별한 사정이 없는 한 분할신설회사 또는 분할회사에 각 귀속되는 지급보증대상 주채무는 그 각 지급보증금액 비율에 따라 안분한 금액만큼 구분되어 그 각 지급보증의 대상이 된다는 것이 대법원의 입장이다.

Ⅳ. 결론

전술한 바와 같이 회사분할과 관련된 분할회사의 근담보를 둘러싼 법률관계는 분할회사의 지위에 따라서 회사분할에 의한 포괄승계의 법리(회사법적 관점)와 담보관계의 법리(담보관계 당사자들의 의사 및 공시제도의 관점)를 조화롭게 고려하여 처리될 필요가 있다고 할 것이다. 그런데 우리나라에서는 아직 회사분할에 있어서 분할회사의 담보관계 처리와 관련하여 판례나 학설에 의하여 구체적인 기준이 정립되어 있지 않은 것은 물론이고 그러한 기준에 관한 논의도 거의 찾아보기 어려운 실정이라고 할 수 있다.

이처럼 회사분할에 있어서 근담보관계의 처리에 관한 법리가 정립되어 있지 않음으로써 회사분할의 과정에서 그와 관련하여 당사자들 사이에서 법적 분쟁이나 논란이 발생할 우려가 있고, 그러한 우려는 효율적인 사업구조 개편을 도모하기 위한 회사분할제도의 기능을 저해하는 요소로 작용할 수 있다. 이 글에서는 회사분할에 있어서 근담보관계의 처리와 관련된 적절한 법적 분석의 방향을 모색하여 보았다. 그러나 그에 관한 법적 불확실성을 완화하고 회사분할에 의하여 보다 원활한 사업재편이 이루어질 수 있도록 하기 위해서는 향후 적절한 입법조치가 이루어지거나 적어도 판례와 학설을 통하여 관련 법리가 확립되어 나갈 필요가 있을 것이다. 다만 현행 제도 아래에서 회사분할을 실행하는 회사의 입장에서는 회사분할과 관련된 근담보관계의 처리에 관한 법적 불확실성을 고려하여 채무발생의 근거가 되는 기본계약 및 담보설정계약과 분할계획서에서 관련 법적 쟁점이 될 수 있는 사항들에 관하여 구체적인 규정을 마련하고 회사분할을 실행하는 과정에서 이해관계자와 사전 의견조율을 거치는 것이 바람직할 것이다.

06

회사분할과 전환사채, 스톡옵션*

김상준** · 이태현***

I. 서론

상법상 회사분할이란 합병에 반대되는 개념으로 분할을 하려는 회사[1)]가 적극 · 소극재산의 일부를 분리하여 적어도 하나 이상의 신설회사 또는 기존회사[2)]에게 포괄승계하고, 그 대가로 승계회사의 주식이 분할회사의 주주 또는 분할회사에게 부여되는 회사법적 행위를 말

* 이 논문은 BFL 제49호(2011. 9)에 게재된 글을 수정 · 보완한 것이다.

** 법무법인 지평 변호사

*** 법무법인 지평 변호사

1) 우리나라에서는 학자에 따라 분할회사 · 피분할회사 · 양도회사 · 분할되는 회사 · 분할을 하는 회사 등의 명칭으로 혼용되고 있으나, 이 글에서는 분할회사로 통일하여 부르기로 한다.

2) 분할로 신설되는 회사 역시 학자에 따라 분할수익회사 · 분할수혜회사 · 수익회사 · 수혜회사 · 인수회사 · 승계회사 등으로 달리 불리나 이 글에서는 승계회사로 통일하여 부르기로 한다.

한다. 하나의 회사가 둘로 분리되면 분할회사에 대하여 권리를 가지고 있던 이해관계인의 권리보호가 중요한 문제로 대두되는데, 회사의 책임재산에 의하여 권리가 담보되는 채권자들은 상법상 연대책임 내지 채권자 이의절차에 관한 규정에 의하여 보호받게 된다.

그러나 상법은 주식으로 전환될 수 있는 권리를 가진 전환사채 또는 신주인수권부사채와 같은 주식연계사채[3)]와 잠재적 주주권이 내포되어 있는 주식매수선택권(소위 '스톡옵션')[4)]의 보호 내지 처리방법에 대하여 아무런 규정을 두고 있지 않다. 단지 분할대상인 재산의 확정과 처리에 대하여 분할계획서 또는 분할합병계약서에 의하도록 규정하고 있을 뿐,[5)] 전환사채권자 또는 신주인수권부사채나 스톡옵션권자와 같은 잠재적 주주의 권리를 어떻게 보호하고 처리할지에 대한 구체적인 방법이 제시되어 있지 않아 그 보호가 미흡한 상황이다.

회사분할시 잠재적 주주로서 전환사채권자[6)]나 스톡옵션권자의 보호가 필요한 이유는 (i) 그들이 가진 전환권 내지 주식매수선택권은 비대체적 권리로서 일반적 채권과 같이 취급되지 못하는 특수성이 존재하고, (ii) 위 각 권리자는 '분할 전 회사'의 주주가 될 수 있는 잠재적 권리자들인데 회사가 분할되면 (위 각 권리자에 대한 회사의 의무 승

3) 전환사채 및 스톡옵션과 유사한 신주인수권부사채의 경우에도 회사분할의 경우 신주인수권의 처리 내지 그 보호방안에 대한 논의가 필요하나 신주인수권부사채는 전환사채와 유사하므로 이 글에서는 특별히 언급이 필요한 경우를 제외하고는 전환사채를 중심으로 검토하기로 한다.

4) 이 글에서는 주식매수선택권을 스톡옵션으로 부르기로 한다.

5) 상법 제530조의5 제7호, 제530조의6 제6호.

6) 물론 전환사채는 사채의 성격도 있기 때문에 채권자 보호에 관한 규정(이의제출권이나 연대책임의 대상)에 의하여 보호받을 수 있으나, 사채를 주식으로 전환할 수 있는 전환권은 보호규정이 없으므로 이 글에서 보호의 대상으로 논의하는 부분은 잠재적 주주로서의 권리인 전환권에 국한된다.

계 여부를 불문하고) 어떤 경우이든 분할 전 회사와는 다른 재무구조와 영업단위를 보유한 회사의 주주가 되어야 하는 변화가 생긴다는 점에서 권리침해가 우려되기 때문이다. 이러한 점을 감안할 때 위 각 권리자가 회사에 대하여 가지는 잠재적 주주권의 보호가 문제된다. 그러나 이에 대한 명시적 법규정이 없어 해석에 의존할 수밖에 없는 상황이라 논의에 어려움이 있고, 학계에서도 이에 대한 구체적인 논의는 활발하지 않은 것으로 보인다. 회사분할시 전환사채 또는 신주인수권부사채나 스톡옵션의 승계나 전환권 내지 스톡옵션권의 조정 등이 직접적으로 쟁점이 된 대법원 판례도 아직 없는 것으로 보인다. 다만 하급심 판례 중 관련 내용에 대한 참고할 만한 판례는 관련 부분에서 소개하기로 한다.

이 글에서는 각 권리에 공통적인 문제로서 (i) 전환사채와 스톡옵션을 발행한 회사가 각 권리자에게 부담하는 비대체적 채무도 분할의 대상이 될 수 있는지, (ii) 각 권리자들에게 이의제출권이 보장되는지와 그 의무는 연대책임의 대상이 되는지를 먼저 살펴보고, 다음으로 (iii) 전환사채권자와 스톡옵션권자의 회사분할시 보호방안에 대하여 현재 국내외 학계에서 논의되고 있는 내용을 소개하고, (iv) 기타 사례 내지 판례와 외국의 입법례를 살펴보고자 한다.

II. 전환사채 / 스톡옵션의 분할 가능성

1. 비대체적 권리의 분할 가능성

전환사채의 전환권 내지 스톡옵션에 대한 회사의 의무는 금전채권과 같은 대체적 권리가 아닌 비대체적 권리인데 이러한 비대체적 권리도 회사분할의 대상이 될 수 있는지 문제된다. 이론적으로 비대체적 권리도 부분적 포괄승계를 본질로 하는 분할의 경우 분할계획서나 분할합병계약서에 정한 바에 따라 승계회사로 이전될 수 있다고 보는 견해가 있다.[7] 이 견해는 전환사채의 경우 회사합병시 적용되는 전환사채의 등기에 관한 규정을 회사분할에 준용하고 있으며(상법 제530조의11 제1항, 상법 제528조 제2항), 상업등기선례(1-247 2003. 11. 14)[8]에서도 회사분할시 승계되는 전환사채의 등기방법에 대하여 규정하고 있다는 점을 논거로 들고 있다. 등기실무상 허용된다는 점 외에도, 분할의 대상은 재산이고 그 재산이 적극 및 소극재산이기만 하면, 대차대조표의 부(部)에 계상될 수 있는지 여부를 불문하고 분할의 대상으로 보아야 한다는 점에서 전환사채의 전환권 내지 스톡옵션에 대한 회사의 의무도 회사분할의 대상이 될 수 있다고 보는 것이 합리적이다.

---

7) 권기범, 기업구조조정법(제3판), 삼지원, 2002, 354-355면.

8) 주식회사 분할시 신주인수권부사채나 전환사채의 승계가 있는 경우 승계에 따른 등기를 하여야 하는 시점에 관한 등기선례(2003. 11. 14. 공탁법인 3402-270 질의회답).

(i) 주식회사를 분할하는 경우에 신주인수권부사채(전환사채도 동일)의 승계가 있는 때에는 원칙적으로 상법 제528조 제2항, 제530조의11 제1항의 규정에 따라 사채의 승계사실을 증명하는 서면(예 : 분할계획서, 분할계획서 승인의 주주총회의사록 등)을 첨부하여 분할에 따른 각 등기신청과 동시에 사채의 등기신청을 하여야 할 것이다.

(ii) 그러나 신주인수권부사채의 승계에 관한 등기가 분할에 따른 각 등기신청과 동시에 경료되지 못한 경우에는 등기해태의 책임 여부는 별론으로 하고 사채의 승계가 있었다는 사실을 증명하는 서면(예 : 분할 당시의 분할계획서와 분할계획서 승인의 주주총회의사록, 승계에 따른 세부사항을 정한 이사회의사록, 채권자 보호절차의 이행을 증명하는 서면 등)을 첨부하여 분할에 따른 각 등기의 종료 후에라도 등기신청을 할 수는 있을 것이다.

(iii) 이때 등기관은 신청인이 제출한 신청서와 각 첨부서면, 해당 등기부 등을 심사자료로 하여 분할의 효력발생시점을 기준으로 신주인수권부사채가 분할계획서에 따라 이전 승계되는 적극 · 소극재산에 포함되었는지를 조사하여 수리 여부를 결정하여야 할 것이다.

다만 전환사채나 스톡옵션은 어떠한 특정 사업부와 연관되어 있다고 보기 어려운 경우가 많을 것이므로 특정 사업부를 분할하고자 하는 경우 그 전부를 이전할지, 아니면 분할비율대로 나누어 이전할지에 대하여는 분할계획서나 분할합병계약서에 기재된 바에 따르게 될 것이다.

2. 계약상 양도금지조항의 효력

전환사채인수계약서 또는 스톡옵션부여계약서에는 일반적으로 계약상 권리 또는 의무에 대한 양도금지조항이 대부분 규정되어 있는데, 당사자 간 합의에 의한 양도금지(제한)조항으로 인해 전환사채권자 또는 스톡옵션권자에 대한 분할회사의 의무가 분할대상에서 제외되는지 의문이 있을 수 있다.

이에 대하여는 견해가 대립하고 있는바, (i) 당사자의 합의에 의한 양도제한규정은 분할의 경우에 적용되지 않기 때문에 관련 계약상 권리와 의무는 승계될 수 있다고 해석하는 견해[9]와 (ii) 존속분할과 일정한 소멸분할[10]의 경우에 양도금지채권은 양수회사로 이전되지 않는다는 견해[11]가 대립한다. 생각건대 당사자 합의에 의한 양도제한규정에도 불구하고 관련 계약상의 권리와 의무는 분할계획에 의하여 승계회사로 이전될 수 있다고 보는 견해가 타당하다고 본다. 왜냐하면 회

9) 권기범, 앞의 책(주 7), 357면.

10) 당사자가 변경되면 계약의 내용이 전혀 달라지거나 이미 계약의 내용에 당사자가 변경되면 계약을 종료할 것을 예정한 때.

11) 김성호, 주식회사 분할의 법리, 한국학술정보(주), 2006, 130면 ; 윤현석, "회사분할제도의 유연성과 편의성 제고를 위한 연구 — 상법 및 세법의 개정방안을 중심으로—," 한양대학교 박사학위논문, 2000, 84면.

사분할이 기업구조조정수단으로서 작용하여 달성되는 이익과 양도를 제한함으로써 보호되는 이익을 비교형량할 때 전자가 후자에 비하여 크다고 평가될 수 있고 당사자 간 합의는 채권으로서 대세효(對世效)가 없으므로 특별한 사정이 없는 한, 제3자에게 그 효과가 미치지 않기 때문이며, 분할의 법률효과가 부분적 포괄승계라는 점에서 보아도 그렇다.

만일 분할회사와 체결한 전환사채인수계약서에 회사분할을 금지하거나 회사분할을 계약의 해제사유로 규정한 경우라도 전환사채를 승계회사로 이전시키는 것이 법률상 금지되지는 않을 것이고 다만 분할회사와 전환사채권자 사이에 계약에 따른 의무위반이 발생할 것이다.[12] 따라서 실제로는 분할회사의 계약상 의무위반과 그에 따른 손해배상이 문제될 수 있으므로 당사자 간 분쟁의 소지를 줄이기 위해 사전에 전환사채권자 내지 스톡옵션권리자의 동의를 받아 분할대상으로 하는 것이 타당할 것으로 보인다.

III. 전환사채권자의 전환권 보호

1. 회사분할과 전환사채권자 보호의 필요성

전환사채의 전환권은 회사를 분할하지 않더라도 그 희석화에 따른

12) 실무상 전환사채인수계약에서 회사분할을 명시적으로 금지하는 조항은 찾아보기 어렵고, 단지 회사분할과 같은 회사의 구조를 변경하는 행위에 대하여 전환사채권자의 사전 동의를 받도록 하고, 그러한 동의를 받지 않은 경우 이를 기한이익상실 사유로 규정하는 경우가 종종 있다.

보호가 항상 문제된다. 즉 전환권의 가치란 그 행사로 인하여 취득할 주식의 가치에 의하여 좌우되는데, 전환사채 발행 이후 회사가 주식 구성을 변경시키는 행위, 예를 들어 주식분할 · 주식병합 · 주식소각 · 준비금의 자본전입 등 회사의 자본거래가 있거나 회사가 분할 · 합병 · 영업양도 · 기타 주식의 가치에 중대한 영향을 미칠 수 있는 행위를 하는 경우 전환권 행사로 받게 될 주식의 실질가치(1주당 순자산가치)가 저하될 수 있다. 이와 같이 전환사채 발행 이후 발행회사의 주식가치가 하락하는 것을 전환권의 희석화[13]라고 한다. 일반적으로 이러한 전환권 희석화를 방지하기 위하여 전환사채인수계약서에는 회사의 자본거래로 인한 주식가치 하락에 대한 조정조항(adjustment)[14]을 두며, 발행회사가 주권상장법인인 경우 시가하락에 따른 조정조항(refixing)[15]을 두는 경우도 있다.

그런데 통상적 전환사채인수계약에서는 회사분할의 경우에 대비한 조항이 없는 경우도 많고, 있다 하더라도 회사분할 이전의 전환권의

13) 김아름, "전환사채 발행에서 주주와 사채권자 보호에 관한 연구—A Study of Convertible Bonds," 연세대학교 석사학위논문, 2003, 126면.

14) 일반적으로 adjustment의 조정산식은 다음과 같다.

조정 후 전환가액=조정 전 전환가액×〔기발행주식 수+신발행주식 수×(1주당 발행가액/시가)〕/〔기발행주식 수+신발행주식 수〕

15) 증권의 발행 및 공시 등에 관한 규정 제5-23조의 기준을 적용하여 시가하락에 따른 전환가액 하향조정을 인정하고 있으며, 발행가액의 70%(정관에 구체적인 최저한도가 정해져 있는 경우에는 해당 최저한도)와 조정일 전일을 기산일로 하여 위 규정에 따라 산정한 시가 중 높은 가액 이상의 범위에서 조정이 가능하다고 본다. 시가하락에 따른 조정조항은 매우 다양한 방식으로 규정되며 이 글에서는 이에 대한 소개는 생략하기로 한다. 최근에는 감자 내지 주식병합에 따른 주식가치 상승요인이 발생한 경우 전환가액의 상향조정을 의무화하는 조항이 신설된 바 있다(위 규정 제5-23조의2, 2010년 11월 10일 시행). 이 조항은 사회적으로 문제된 불평등한 전환사채인수계약에 대하여 제동을 걸기 위한 조치로서 구체적 타당성을 꾀한 조문이라 하겠다.

가치를 보장할 수 있도록 합리적으로 조정하여야 한다는 식의 추상적 규정을 두는 경우가 일반적이다. 따라서 회사분할시 전환사채가 승계되지 않은 경우와 승계된 경우 등의 다양한 경우의 수에 대한 보호방안이 제시되지 못하고 있는 실정이다.

한편 회사분할로 인하여 분할회사의 기존 자산은 분할비율에 따라 분할회사와 승계회사에 안분되므로 각 회사의 순자산은 변동된다.[16] 각 회사의 1주당 주식가치는 분할의 개별 사례별로 따져 보아야 하겠지만, 회사분할로 인해 기존과 사정이 다른 둘 이상의 회사가 생기는 이상 전환사채권자는 어느 하나의 회사에 대한 전환권 행사만으로는 기존의 전환권과 동일한 권리를 보장받지 못할 가능성이 높아지게 된다. 특히 분할의 목적이 부실사업부의 분할 후 정리를 위한 것이라면 승계회사로 전환사채권자에 대한 의무가 승계된 경우 전환사채권자는 자신의 의사와 상관없이 매우 불리한 지위에 놓이게 된다. 이러한 점에서 회사분할시 전환사채권자 보호가 문제되는 것이다.

2. 이의제출권의 확대 필요성

전환사채권자는 주주와 채권자의 중간적 지위를 가지고 있지만 본질적으로는 분할회사에 대한 채권자의 지위를 보유하고 있기 때문에 상법규정에 의하여 (사)채권자로서의 보호를 받게 된다. 즉 승계회사와 분할회사는 원칙적으로 전환사채권자의 채권에 대하여 연대책임을 부담하며[17] 연대책임을 배제하기로 하는 경우에는 채권자 이의절

16) 다만 물적분할의 경우 분할회사는 승계회사로부터 분할되는 자산에 상응하는 주식을 교부받기 때문에 분할회사의 순자산 변동은 없다고 할 것이다.

17) 상법 제530조의9 제1항.

차를 거쳐 전환사채권자에 대하여 이의 여부를 최고하여야 한다.[18] 다만 사채권자는 일반 채권자와는 달리 사채권자가 개별적으로 이의를 제출할 수 없고, 사채권의 종류별로 구성된 사채권자집회를 개최하여 그 결의를 거쳐야 한다(제530조의9 제4항, 제530조의11 제2항, 제439조 제3항). 나아가 사채권자집회는 법원의 인가를 받아야 비로소 그 효력이 발생한다(제498조 제1항). 이에 대한 재판은 이해관계인의 의견을 들은 후 하여야 하고 이유를 붙여 결정한다(비송사건절차법 제113조 제2항, 제110조 제1항).[19]

따라서 (i) 단순분할을 하면서 연대책임을 배제하는 경우, (ii) 분할합병을 하는 경우에는 전환사채권자가 이의를 제출할 기회를 가지며 이의제출로써 변제 내지 담보제공을 받을 기회를 가지므로 사채권의 원리금 상환은 일응 보호된다(상법 제530조의9 제4항, 제527조의5, 제232조). 그러나 전환사채에 관한 의무가 승계회사로 승계된다면 원래 의도되지 않았던 승계회사의 주주가 되는 수밖에 없어 잠재적 주주권은 보호되지 못한다는 문제가 있으며, 단순분할을 하면서 연대책임의 약정을 하는 경우라면 이의제출권의 기회조차 상실하여 부실한 승계회사(순자산이 0에 가까운 경우)로 전환사채에 관한 의무가 승계되는 경우에는 전환사채권자는 조직변경의 희생양이 될 수밖에 없다.[20] 이러한 연유로 전환사채권자의 이의제출권을 단순분할에서 연대책임을 지는 경우에도 확대 적용하고, 사채권자집회의 이의제출권뿐만 아니라 개

18) 상법 제530조의9 제2항, 제530조의11 제2항, 제527조의5.

19) 사채권자 집회결의 인가에 대한 자세한 내용은 법원행정처, 재판실무(V) 상사비송재판실무편람 편을 참조.

20) 분할회사와 승계회사가 연대책임을 부담하더라도 전환사채권자의 전환권 행사의 상대방은 승계회사에 국한되므로 분할 전 회사에 대한 잠재적 주주로서의 권리는 보호되지 못한다는 의미이다.

별 사채권자의 이의제출권도 보장해 주어야 한다는 견해가 주장되고 있다.[21]

이러한 견해들에 대하여 전환권과 같은 비금전채권은 변제도 불가능하고 그 가치를 사전에 가늠하기 어려워 담보제공도 쉽지 않으므로 이의제출대상 채권이 아니며, 전환사채권자에게 이의제출권을 확대 인정하면 채권자 평등에 반하고 기업구조조정이 저해될 수 있기 때문에 이의제출권의 확대에 반대하는 견해가 있다.[22]

사견으로는 잠재적 주주로서의 특수성을 감안한 이의제출권의 확대는 명문의 규정이 없는 이상 인정되기 어려우므로 현행 상법하에서 전환사채권자는 명문의 규정에 따른 채권자로서의 이의제출권만 인정된다고 본다. 다만 전환사채권자의 잠재적 주주로서의 특수성을 감안한다면 회사분할시 전환권의 보장수단으로 개별적으로 이의를 제출할 권리도 입법론으로 고려해 볼 만하다고 생각한다. 다만 이러한 이의제출권에 대한 회사의 의무로는 변제 내지 담보제공이 아닌 전환권 보장을 위한 다른 방법이 제시되어야 할 것이다.

3. 비대체적 채무의 연대책임대상 여부

전환사채권자가 보유하고 있는 전환권은 사채의 대용납입을 통하여 미리 전환사채인수계약서에 정해진 전환조건에 따라 회사의 주식을 매수할 수 있는 권리(일종의 형성권)로서 금전채권과 달리 비대체적 의무이다. 이와 같이 전환사채의 전환권과 같은 비대체적 의무도 연

21) 김동민, "회사분할을 통한 기업구조조정에 관한 연구 — 소수주주 및 채권자보호를 중심으로—," 서울대학교 박사학위논문, 2003, 140면.

22) 김성호, 앞의 책(주 11), 197면.

대책임의 대상이 되는지 의문이 있을 수 있다.

전환권과 같은 비대체적 권리는 그 권리의 성질상 사채권자의 기대권으로서 연대책임으로 구제될 성질의 권리는 아니라고 보는 견해가 있으나,[23] 회사분할의 등기 이전에 분할회사가 부담한 채무가 금전채무가 아닌 비대체적 의무, 예를 들어 경업금지의무, 신주인수권(소지)자의 권리행사에 응할 의무 등도 해당 의무가 불이행되면 손해배상채무로 전환될 수 있기 때문에 이와 같이 전환된 손해배상채무에 대하여 분할회사와 승계회사가 연대책임을 부담하는 것으로 해석하는 것이 타당하다.[24] 따라서 전환사채권자는 사채권에 대하여 연대책임을 주장하거나, 전환권을 행사하였으나 원래 사채의 인수목적대로 이행되지 않거나 전환된 가치가 동등하지 않은 경우 발생하는 손해배상에 대하여 연대책임을 물을 수 있다고 본다. 이러한 연대책임은 단순한 채권자 보호를 넘어 분할회사의 자의적인 재산배분 나아가 분할제도의 남용을 사전에 억제하는 역할도 하는 것이다.[25]

한편 이러한 손해배상의무에 대한 연대책임과는 별도로 분할회사의 전환사채에 관한 상환의무를 승계한 승계회사가 본래 그 사채의 인수목적대로 이행하지 못하는 경우에 분할당사회사(분할회사와 승계회사)는 당연히 원래의 전환사채가 전환된 가치와 동등한 정도의 다른 급부 예컨대 그 권리 내용이 동등한 수혜회사의 주식이나 사채 등으로 이행할 의무를 부담한다고 보는 견해도 있다.[26] 이에 더하여 분할회사

23) 김성호, "주식회사의 분할에 관한 연구," 고려대학교 박사학위논문, 1999, 161-162면.

24) 최기원, 신회사법론 제13대정판, 박영사, 2009, 1181면 ; 권기범, 앞의 책(주 7), 398면 ; 김동민, "회사분할에서 채권자보호를 위한 연대책임규정의 한계," 상사법연구 제25권 제4호(2007. 2), 한국상사법학회, 216면.

25) 독일 기업재편법 정부초안 이유서 제133조, 권기범, 앞의 책(주 7), 394면에서 재인용.

26) 김동민, 앞의 논문(주 24), 216면.

와 승계회사 모두에게 전환권을 행사할 수 있도록 입법화하여야 한다는 주장이 제시되기도 한다.[27] 그러나 손해배상채무로 전환되기 전까지 연대책임을 근거로 전환사채권자가 분할회사와 승계회사 모두에게 전환권을 무조건 행사할 수 있다는 해석은 현실적이지 않다고 본다. 따라서 전환권에 대한 연대책임을 인정하기보다는 전환권의 희석화 방지를 위한 전환사채권자의 이해조정의 한 방법으로 분할비율에 따라 분할회사와 승계회사에게 각각 전환권을 행사할 수 있도록 할 필요가 있고 이는 분할배정자유의 원칙상 가능한 방법이라고 생각한다.

4. 전환권 보호를 위한 방법론

전환권의 보호에 대하여 전환사채가 승계회사로 승계되지 않은 경우와 승계된 경우로 나누어 그 보호방안을 비교적 상세하게 설명하는 일본 학자의 견해[28]가 있어 이를 소개하기로 한다. 전환사채가 승계회사로 승계되지 않고 분할회사에 존속하는 경우에는 전환권 행사의 상대방이 분할회사이기 때문에 분할회사의 실질적 자산변동이 중요하므로 분할신주의 귀속대상에 따른 물적/인적분할을 구분하여 그 차이를 검토하고, 전환사채가 승계회사로 승계된 경우에는 기존 전환사채권의 가치 변동 여부와 승계회사 기존 주주의 권리보호를 함께 고려하므로 신설/흡수분할로 구분하여 검토한다.

27) 김성호, 앞의 책(주 11), 155면 ; 이건욱, "회사분할과 이해관계인의 보호에 관한 연구," 고려대학교 석사학위논문, 2009, 82면.

28) 島本茂樹, "會社分割法制の創設と實務對應," 商事法務 제1589호(2001. 3. 15), 20면. 본 견해는 신주인수권부사채나 스톡옵션에도 동일하게 적용될 수 있는 것으로 설명하고 있다. 시마모토 시게키 논문의 주요 내용에 대해서는 김성호, 앞의 책(주 7), 168면 이하에서도 설명하고 있다.

〈표 1〉 회사분할과 전환권 보호에 관한 방법론

구분		처리방식
승계되지 않고 분할회사에 존속하는 경우	물적분할	분할대상 재산에 상당하는 주식이 분할회사 자체에 귀속하여 분할회사의 순자산이 변경되지 않으므로 전환사채 전환권의 가치에 변동이 없다고 볼 수 있어 전환가액의 조정은 불필요함. 즉 장래에 발행될 주식가치의 희석화가 발생하지 않기 때문임.
	인적분할	승계회사에 대한 재산의 승계대가로 분할회사의 주주에게 승계회사의 주식이 배분되어 분할회사의 재산에 변동이 생기므로 분할회사가 주식병합 및 소각 등에 의하여 자본감소를 하지 않는 한, 전환가액에 대한 조정이 필요하게 됨.
승계회사에게 승계된 경우	신설분할	왜냐하면 분할회사의 주식 수가 그대로인 상태에서 재산만이 승계회사로 이전하여 분할회사의 순자산이 감소하면 분할회사의 주식가치는 회사분할 전에 비하여 이론상 하락하기 때문임. 승계된 재산과 승계회사에서 발행된 주식의 관계가 균형을 이루는 한 권리가치의 하락은 생기지 않음. 이때 신설회사에서 발행할 주식 수는 분할계획서에 미리 정해질 것임.
	흡수분할[29]	합병에 준하여 분할비율에 따른 전환사채의 전환가액 조정이 필요할 것임. 승계회사의 기존 전환사채권자의 권리가치 하락도 함께 문제될 것인데, 이론적으로 흡수분할의 경우 승계회사가 전환사채를 발행하고 있는 경우 주식배정비율이 적정하다면 승계회사가 발행하고 있는 기존 전환권의 가치는 하락하지 않으므로 전환가액의 조정은 필요하지 않음.

29) 우리 법의 분할합병에 해당한다.

〈표 2〉 회사분할과 1주당 가치의 변화 예시

구분	순자산	주식 수	1주당 가치
분할 전 회사	100	100	1
분할회사	90	100(자본감소 없는 경우)[30)]	0.9
승계회사	10	10(분할신주)	1

필자가 생각하기로는 위 견해는 전환권 행사대상 회사의 순자산과 발행주식 수를 기준으로 산정한 1주당 순자산가치를 감안하여 전환권의 희석화(1주당 가치의 변동)가 발생하였는지 여부를 판단한 후 전환가액 조정의 필요성을 결정하는 구조로 이해된다. 예컨대 순자산이 100이고 발행주식 총수가 100주인 분할 전 회사가 순자산 10의 승계회사를 신설하는 인적(신설)분할을 하면서 분할회사의 자본감소가 없는 경우, 분할신주의 배정비율[31)]은 0.1이 되고 분할신주는 10주(100주×분할신주의 배정비율 0.1)를 발행하게 되는바, 분할회사와 승계회사의 1주당 순자산가치는 〈표 2〉와 같다.

위와 같은 상황에서 승계회사는 위 견해에서 말하는 "승계된 재산과 승계회사에서 발행된 주식의 관계가 균형"을 이루게 되어 분할 전후 전환권의 가치(1주당 가치)가 동일하게 되고 이에 따라 전환가액의 조정이 불필요하다. 한편 분할회사의 경우는 자본감소를 수반하지 않아 순자산은 감소하였음에도 주식 수가 그대로 유지되어 전환권의 희석화(1주당 가치의 감소)가 발생하기 때문에 그 희석화를 방지하는 수준의 전환가액 조정이 필요하다는 것이다. 위에서 제시된 견해는 회

30) 분할회사가 존속하는 경우 분할회사의 자본감소가 필수적인지에 대하여는 긍정하는 견해와 부정하는 견해로 나뉘나 필수적이지 않다는 견해가 우세하다.

31) 분할기일 기준 재무제표상 분할대상부문의 순자산의 장부가액을 분할 전 순자산의 장부가액으로 나누어 산정한다.

사분할시 순자산의 변동과 이에 따른 1주당 가치를 감안하여 전환권 보호를 위한 조정의 기준을 제시하고 있다는 점에서 유익하고 고려 가능한 논의라고 생각한다. 다만 이러한 기준을 고려하더라도 분할 전 전환사채를 발행한 회사는 분할계획서나 분할합병계약서에 전환사채에 대한 의무승계 여부, 전환권 보호에 대한 규정 등을 상세하게 기재할 필요가 있다고 본다. 이는 전환사채권자의 보호뿐만 아니라 분할당사회사의 주주 보호를 위하여도 필요한 조치일 것이다.

다만 현대 사회에서 회사의 가치는 순자산만을 기준으로 하는 것이 아니라 그 사업의 특성과 영업 전망 등을 고려하여 수익가치 · 미래가치 · 영업이익 등을 총체적으로 고려하여 정해진다는 점에서 시마모토 시게키(島本茂樹)의 견해는 다양한 회사가치를 반영하지 못하고, 특히 승계회사가 비상장법인인 경우 전환사채가 승계된다면 주식의 유통성 감소의 불이익을 조정하지 못하는 한계가 있다. 그리고 회사분할이 부실사업부의 구조조정 목적에서 승계회사의 순자산을 0에 가깝게 하여 분할하는 때에 전환사채의무가 승계되는 경우라면 전환가액의 조정만으로 전환권의 희석을 방지하기 어려울 것으로 보인다. 이러한 경우에 대비하여 앞서 입법론으로 제시한 이의제출권 범위의 확대 등의 조치가 전향적으로 검토될 필요가 있다고 본다. 또한 실무상으로도 전환사채를 분할비율에 따라 분할당사회사에 안분하고 종전 전환권의 가치를 유지하는 조정을 통하여 전환사채권자를 보호하는 방식도 고려해 볼 만하다고 생각한다.

5. 공시사례

대우자동차판매(주)는 인적분할방식으로 대우송도개발(주)을 존속법인으로 하고 대우자동차판매(주)와 대우산업개발(주)을 신설한다고 공시하면서 분할되는 회사가 발행한 신주인수권증권(신주인수권부사채 발행에 따른 신주인수권증권을 말한다)에 대해서는 분할비율에 따라 분할되는 회사와 신설회사 갑 및 신설회사 을로 안분되어, 분할되는 회사 또는 신설회사 갑 및 신설회사 을에 대하여 신주인수권증권의 권리 행사시 각 회사의 주식으로 부여함으로써 신주인수권부사채에서 분리된 신주인수권을 분할비율에 따라 분할회사와 승계회사에 안분한다고 기재한 적 있다.[32] 그리고 (주)세화〔상호 변경 후 (주)에듀언스〕[33]와 (주)코아크로스[34]는 분할 전 회사에 존재하는 신주인수권을 자본금에 비례하여 분할되는 회사 및 신설회사로 각각 안분하였고, (주)에쓰씨엔지니어링은 분할 전 회사에 존재하는 신주인수권을 모두 신설회사로 이전한 바 있다.[35] 필자의 사견으로 회사분할시 신주인수권의 처리는 분할재산 배정 자유의 원칙상 분할당사회사의 재량이지만 신주인수권자 및 기존 주주의 권리의 조화라는 측면에서는 분할비율에 따라 분할당사회사에 각각 안분하는 것이 합리적 방법이라고 생각한다.

6. 우리나라 하급심 판례

하급심 판례[36]에서 (주)프리샛〔상호 변경 후 (주)삼보모터스〕[37]의 회사

32) 2011. 3. 21.자 대우자동차판매(주) 금융감독원 전자공시 증권신고서 참조. 다만 대우자동차판매는 2011. 7. 29. 분할계획을 철회했다.

33) 2005. 12. 15.자 (주)세화 금융감독원 전자공시 분할신고서 참조.

34) 2006. 9. 21.자 (주)코아크로스 금융감독원 전자공시 분할신고서 참조.

35) 2006. 4. 17.자 (주)에쓰씨엔지니어링 금융감독원 전자공시 분할신고서 참조.

36) 서울동부지방법원 2007. 11. 22. 선고 2005가합8192 판결. 위 판결은 항소심에서 신주인수권자에게 12억 원을 지급하는 조건으로 조정된 것으로 보인다〔금융감독원 2011. 2. 28.자 (주)삼보모터스(변경 전 상호 (주)프리샛) 공시 참조〕.

분할과 관련하여 신주인수권 전부를 신설회사로 승계시킨 것이 문제된 사안이 있어 이를 소개한다.

코스닥상장법인인 (주)프리샛은 인적분할방식으로 비상장법인인 (주)아이디씨텍을 승계회사로 신설하면서 분할 당시 존재하는 신주인수권을 모두 승계회사로 이전하는 것으로 정하여 회사분할을 완료하였는바, 이에 대하여 (해외)신주인수권부사채에서 분리된 신주인수권을 보유하고 있던 자가 회사분할 무효를 주위적으로 청구하면서, 예비적으로 분할비율에 따라 분할당사회사 각각에게 신주인수권을 행사할 권리가 있음을 확인하고 손해배상을 청구한 사례이다.

이에 대하여 하급심 법원은 신주인수권의 행사기간이 도과하였다는 이유로 회사분할무효확인 및 각 분할당사회사에 대한 신주인수권의 확인청구에는 확인의 이익이 없다고 각하하면서, 손해배상청구는 인용하였다. 그 판결 이유에서 법원은, 신주인수권자에 대한 상법상 별도의 보호 내지 승계규정은 없으나 신주인수권자의 동의 없이 임의로 승계회사로 신주인수권을 이전시킬 수 없다고 보아야 하므로 회사분할시 신주인수권을 승계회사에 승계하기 위해서는 신주인수권자의 동의를 얻거나 권리침해를 방지하기 위하여 분할비율에 따라 각 분할당사회사가 신주인수권자에게 각각 신주를 발행할 의무를 부담하며 이러한 의무를 위반하여 신주인수권자에게 손해가 발생하는 경우 이는 채무불이행 또는 불법행위를 구성할 수 있다는 입장을 취하였다. 그리고 손해배상액은 분할등기 당시를 기준으로 신주인수권의 행사가액과 주가의 차액(parity)을 산정한 신주인수권의 객관적 가치로 보고 신주인수권자가 청구한 손해배상청구액 전부를 인용하였다.[38)]

---

37) 2005. 3. 7.자 (주)프리샛 금융감독원 전자공시 분할신고서 참조.

38) 이에 대하여 신주인수권자가 항소하였으나 서울고등법원에서 손해배상하는 것으로

신주인수권의 행사기간이 도과하여 회사분할무효나 분할비율에 따른 신주인수권의 행사에 대한 직접적 판단을 받지는 못하였으나 판결 이유에 제시된 회사분할시 신주인수권자의 보호에 대한 견해는 실무상 유의할 필요가 있다고 생각한다.

IV. 스톡옵션 보호

1. 스톡옵션의 희석화 가능성

스톡옵션도 전환사채의 전환권과 마찬가지로 회사에 대한 신주를 인수할 권리를 가지므로[39] 회사분할시 스톡옵션의 희석화가 문제될 수 있고, 전환사채에서와 같이 어느 회사에 대한 스톡옵션을 가지느냐에 따라 스톡옵션권자의 권리는 상당한 영향을 받을 수 있다. 특히 전환사채와는 달리 채권자로서의 지위가 인정되기 어려우므로 스톡옵션 희석화 방지에 대한 조치는 보다 중요하다고 생각된다.

2. 채권자 이의절차에서의 이의제기 가능성

전환사채권자는 앞서 살펴본 바와 같이 채권자의 지위를 가지고 있음이 비교적 명백하므로 회사분할시 연대책임을 배제하는 경우 채권

조정되어 대법원의 판단을 받지 못한 것으로 보인다.

39) 스톡옵션의 종류 중 신주발행형과 자기주식교부형이 여기에 속하며 차액보상의 경우에는 상대적으로 일반적 금전채권자와 유사한 측면이 있어 달리 볼 필요는 있다고 생각한다.

자 이의절차를 통해 이의제기가 가능하다. 그러나 스톡옵션권자에게도 채권자로서의 이의제기가 가능한지에 대하여는 명시적으로 그 가능성을 언급한 판례는 발견되지 않는다. 이에 대하여 이의제출권의 행사 주체에 비금전채권자도 손해배상청구권으로 변할 수 있기 때문에 포함된다고 보나, 스톡옵션권자는 제외된다는 견해가 있다.[40] 필자도 스톡옵션권자의 권리는 잠재적 권리로서 그 경제적 가치를 권리행사 전에 판단하기 어려워 변제 내지 담보제공의 기준을 설정하기 곤란하므로 이의제출권자에서 제외하는 것이 타당하다고 본다. 설령 행사 가능기간 중에 있는 스톡옵션의 경제적 가치를 평가할 수 있다고 하더라도 신주발행형과 자기주식취득형 스톡옵션은 미리 정한 금액을 지급하고 주식을 받을 권리를 가지는 것이므로 일반적 채권자와 다르게 취급하는 것이 타당하다. 다만 전환사채부분에서 살펴본 바와 같이 스톡옵션권자에게도 회사분할시 이의제출권을 부여하는 방안을 입법론으로 검토할 필요가 있다고 생각한다.

3. 연대책임의 대상 여부

회사가 스톡옵션권자에게 부담하는 의무도 비대체적인 의무이므로, 스톡옵션권자에 대한 분할회사와 승계회사의 연대책임 여부는 전환사채의 전환권에 대한 논의와 유사하다.

40) 권기범, 앞의 책(주 7), 392면.

4. 스톡옵션계약에 의한 처리

2000년 7월 6일 스톡옵션 표준모델제정위원회가 제정한 (고정부/주가지수연동/경영성과지표연동/할증) 스톡옵션표준계약서 제11조에서는 회사분할의 경우 스톡옵션의 처리에 대하여 다음과 같이 규정하고 있다. "제11조 제2항 갑의 분할(물적분할의 경우를 제외함)로 인하여 회사를 신설하거나 갑의 일부가 다른 회사와 합병하는 경우에는 분할계획 또는 분할합병계약에 의해 다른 회사가 선택권에 대한 의무를 승계하지 않는 경우에는 을은 분할계획서 또는 분할합병계약서를 승인하는 주주총회의 결의일로부터 2주 내에 선택권을 행사하여야 한다. 단 분할이 을에 대한 선택권 부여일 이후 3년 내(자본시장과 금융투자에 관한 법률을 반영하면 2년—필자 주)에 이루어지는 경우에는 갑은 다른 회사가 을에 대한 의무를 승계할 것을 분할계획 또는 분할계약의 내용으로 하여야 한다."

그러나 스톡옵션표준계약서 내용은 회사분할시 의무재직기간이 경과하지 아니한 스톡옵션에 대하여 일률적으로 승계회사에게 승계시키고 있어 근로관계 등의 구체적 타당성을 고려하지 못한 문제가 있고, 승계되지 않는 경우에도 분할결의일로부터 2주 내에 행사하도록 강제하는 것은 스톡옵션권자의 권리를 부당하게 침해하는 것으로 보인다. 승계 이후 스톡옵션 가치의 희석 문제를 조정하는 조항이 구체적으로 마련되어 있지 않은 이상 승계회사의 다양한 행위로 인하여 보호받지 못할 가능성이 있는 것이다.[41] 따라서 위 규정은 실무상 그

41) 안수현, "스톡옵션제도(Stock Option)에 관한 법적 연구," 서울대학교 박사학위논문, 2001, 186면.

리 권장할 만한 조항이 아니라고 생각한다.

5. 회사분할시 스톡옵션 처리에 대한 국내외 논의

회사분할시 스톡옵션의 처리에 대하여 분할 후에 분할회사로부터 승계회사로 이전되는[42] 임원 및 근로자가 분할회사의 주식매수선택권을 상실하는 대신에 승계회사의 주식매수선택권을 부여받는 조정방안(redemption adjustment)을 취하되 행사가액과 수량은 분할회사의 주주에게 대한 승계회사의 주식 배정사항을 고려하여 조정이 필요하다는 견해[43]가 제시되고 있다.[44]

일본에서는 앞서 전환사채부분에서 살펴본 바와 같이 스톡옵션이 승계되는 경우와 승계되지 않는 경우를 나누어 그 조정 여부를 설명하는 견해(이 글 III. 4. 〈표 1〉과 동일 내용)[45]가 스톡옵션의 경우에도 동

42) 일반적으로 회사가 분할하는 경우 거의 모든 분할계획서에 근로계약관계의 이전에 대하여 승계회사는 분할기일 현재 분할대상부문에 근무하는 모든 종업원의 고용 및 관련 법률관계를 승계하는 것으로 정한다. 판례에 따르더라도 회사분할의 경우 근로자가 명시적으로 거부권을 행사하지 않는 이상, 원칙적으로 분할계획서에 기재된 사업부문의 근로관계가 당연히 승계되는 것으로 판단하고 있다(대법원 1991. 12. 13. 선고 91다32657 판결 ; 서울행정법원 2008. 9. 11. 선고 2007구합45583 판결). 따라서 임직원이 승계되면 그들에게 부여된 스톡옵션도 승계회사에게 승계되는 것으로 본다.

43) 윤현석, 앞의 논문(주 11), 118면 ; 김동민, 앞의 논문(주 21), 142면 ; 염미경, "주식매수선택권에 관한 법적 규제—미국법과의 비교를 중심으로—," 고려대학교 박사학위논문, 2001, 156면.

44) 참고로 금융감독원 유권해석(2007-075)에 따르면, 비례적 인적분할의 경우 분할비율에 따라 분할회사와 승계회사 모두에 대한 스톡옵션의 부여가 법률적으로 가능할 경우 회계처리방법은 분할회사의 자본조정에 계상된 스톡옵션을 장부가액 그대로 분할비율에 따라 승계법인에게 승계하고 승계법인은 이를 재평가하지 않는 방식으로 처리한다고 하여 분할비율에 따른 스톡옵션의 안분승계시 회계처리방법을 제시하고 있다.

45) 島本茂樹, 앞의 논문(주 28), 20면.

일하게 주장되고 있다.

한편 미국 회사법상 회사분할규정은 존재하지 않지만[46] 사실상 회사분할이 이루어지고 있으며, 실무상으로는 일반적으로 분할회사의 스톡옵션을 승계회사의 스톡옵션으로 대체하는 방법을 취한다고 한다.[47] 회사분할시 스톡옵션의 처리방식에 대하여 아래와 같이 두 가지 방식으로 처리가 가능하다는 미국 실무상 논의가 있는바,[48] 국내 실무에서도 참고할 만하다.

(1) 재부여 조정방식(redenomination)

분할회사에 잔류하는 직원과 승계회사로 이직하는 직원을 구분하여 분할 이후 각 회사의 재무변동을 고려하여 기존의 스톡옵션의 가치가 보장될 수 있도록 새로운 스톡옵션을 다시 부여하는 방안으로 승계회사로 이직하는 직원은 분할회사의 스톡옵션을 상실하는 대신 승계회사의 스톡옵션 권리를 다시 부여받고, 스톡옵션 행사의 대상이 되는 승계회사의 주식 수 및 행사가격은 분할 전 분할회사의 스톡옵션의 가치를 반영하여 재설정된다. 그리고 분할회사에 잔류하는 직원에 대하여 종전과 같은 스톡옵션을 보유하지만, 스톡옵션 행사의 대상이 되는 분할회사의 주식 수 및 행사가격은 회사분할의 영향을 감안하여 조정된다.

---

46) 이철송, 회사법 강의, 박영사, 2011, 917면.

47) Edward D. Graskamp, "Structuring Compensation Plans for Spinoffs," Compensation and Benefit Review, Now-Dec 1991 v23, internet file p.5 ; 심영일, 스톡옵션의 이론과 실무, 다산출판사, 2002, 166면에서 재인용.

48) 심영일, 앞의 책(주 47), 166-168면.

〈표 3〉 회사분할과 스톡옵션의 경제적 가치 조정(유지)방법

구분	분할 전	분할 후
공정시장가치	50달러	5달러
분할조정비율	10	
행사주식 수	1,000주	10,000주(1,000주×10)
옵션행사가격	30달러	3달러(30달러÷10)
주당차액	20달러	2달러
총 차액	20,000달러	20,000달러

(2) 분할옵션 조정방식(split option adjustment)

회사분할 이후 직원의 귀속에 상관없이 분할회사 및 승계회사 양쪽 모두에 대한 스톡옵션 권리를 부여하는 방안으로 직원은 회사분할과 동시에 분할회사 및 승계회사의 스톡옵션을 부여받게 되지만, 옵션의 대상이 되는 분할회사의 주식 수 및 행사가격은 그 합계가 회사분할 전 스톡옵션의 가치와 동등하도록 조정된다.

결국 어떤 방식이든 회사분할 이후 직원이 받을 수 있는 주식의 시장가치를 회사분할 이전의 스톡옵션과 동일한 시장(경제적) 가치가 유지될 수 있어야 한다는 설명이다.[49] 구체적으로는 그 조정방법을 살펴보면, 분할회사 분할기일 전일의 공정시장가치(fair market value)[50]를 분할기일 또는 그후 공정시장가치로 나눈 분할조정비율(spin-off adjustment ratio)을 구한 후, 종전 옵션행사가격을 분할조정비율로 나누고, 행사주식 수는 분할조정비율을 곱하여 스톡옵션의 경제적 가치(행사

49) Patrick A. Gaughan, Mergers, Acquisitions, and Corporate Restructuring(4th Edition), Wiley (2007), p.421.

50) 시가 내지 외부평가기관에 의하여 산정된 객관적 기업가치를 의미한다고 볼 수 있다.

시 이익)를 동일하게 조정하는 것으로 보인다.[51)] 이를 예시하면 〈표 3〉과 같다.

6. 공시사례

씨제이(주)는 인적분할방식으로 씨제이제일제당(주)을 신설하면서 분할기일을 기준으로, 근로관계가 분할에 의하여 승계회사로 승계되는 자가 보유하는 주식매수선택권 및 퇴직한 자가 보유하는 주식매수선택권에 대한 존속회사의 의무를 행사기간이 도래한 경우에는 분할비율에 따라 분할회사와 신설회사가 의무를 부담하고, 행사기간이 미도래한 경우에는 전량 신설회사로 이전시키는 것으로 정한 바 있다.[52)]

한편 (주)이엔페이퍼〔변경 후 상호 아트원제지(주)〕는 인적분할방식으로 KGP(주)를 신설하면서 분할에 의하여 분할회사와 승계회사에 귀속되는 임직원이 가지는 주식매수선택권은 귀속되는 각 회사에 대해서만 효력을 가지며, 이에 따라 분할 전 주식매수선택권과 동등한 가치가 되도록 각 회사에서 이사회 결의에 의하여 각 귀속되는 임직원에 대한 주식매수선택권의 행사대상이 되는 주식의 수와 행사가격을 조정한 바 있다.[53)]

위 각 회사는 각각 합리적 기준에 따라 스톡옵션에 대한 분할계획을 수립한 것으로 보이나, 씨제이(주)의 경우에는 분할비율에 따른 행사를 허용하여 기존의 가치를 유지하는 방식(분할옵션 조정방식)을 취

51) 미합중국 소재 회사인 Lucent Technologies Inc.의 2002. 5. 17.자 SEC 공시사례 EX-99.(A)30 "Information Sheet" about Spin-off of Agere.

52) 2007. 7. 11.자 씨제이제일제당(주) 금융감독원 전자공시 분할신고서 참조.

53) 2008. 11. 14.자 (주)이엔페이퍼 금융감독원 전자공시 분할신고서 참조.

한 것으로 보이고, (주)이엔페이퍼는 스톡옵션권자가 각각 귀속되는 회사에 대한 권리행사만을 인정하되 주식 수와 행사가격의 조정을 통하여 기존의 가치를 유지하는 방식(재부여 조정방식)을 취한 것으로 볼 수 있다.

7. 회사분할과 스톡옵션이 문제된 하급심 판례

회사분할과 스톡옵션의 처리가 직접 문제된 하급심 판례는 발견하기 어렵다. 다만 서울고등법원 판결 중에 회사분할 이전에 퇴직한 스톡옵션권자가 회사분할 이후 자신의 퇴직이 자유로운 의사에 의한 것이 아니라는 이유로 분할당사회사 전부에 대하여 스톡옵션권을 행사한 사안에서, 스톡옵션권자의 퇴직이 무효라고 판단한 후 분할비율에 따라 각 분할당사회사에 대한 주권교부청구를 인용한 적이 있다.[54] 본 사안은 회사분할시 스톡옵션의 처리가 직접적으로 문제된 사안은 아니나, 스톡옵션권자가 회사분할 이후 분할비율에 따라 각 분할당사회사 모두에 대하여 스톡옵션권 행사를 인정하였다는 점에서 참고할 만한 사례라고 생각한다.

54) 서울고등법원 2004. 7. 28. 선고 2004나7783 판결. 현대백화점이 현대백화점 에이치앤에스와 현대백화점으로 분할하면서 분할비율을 1대 4로 정한 사안으로서 분할 전 현대백화점을 퇴직한 스톡옵션권자가 회사분할 이후 분할비율에 따라 현대백화점 에이치앤에스 및 현대백화점 각각에게 스톡옵션을 행사하였으며, 법원은 이를 인용한 사례이다.

V. 외국의 입법례

1. 일본 회사법상 신주예약권 및 회사분할 관련 규정

일본 회사법에서는 신주예약권이라는 일종의 신주콜옵션이 인정되며, 일본 회사법상 신주예약권이란 권리자(신주예약권자)가 미리 정해진 기간(권리행사기간) 내에 미리 정해진 가격(권리행사가격)으로 회사에 대해 신주발행을 청구할 수 있는 권리로 회사는 신주예약권 행사자에게 신주 또는 이에 갈음하여 자기주식을 교부하여야 한다. 신주예약권은 우리나라 법상 스톡옵션을 포함하는 개념이며, 신주예약권이 사채에 부가되는 경우에는 전환권 내지 신주인수권으로서 역할을 하는 것으로 설명된다.[55] 따라서 신주예약권에 대한 일본 회사법의 규정은 우리나라 전환사채, 신주인수권부사채 및 스톡옵션에 모두 참고가 될 수 있다고 본다. 본 항에서는 일본 회사법상 명칭인 신주예약권을 그대로 사용하기로 한다.

일본 회사법에 의하면 흡수분할 · 신설분할 모두, 신주예약권의 승계는 흡수분할계약 · 신설분할계획의 규정에 정하도록 규정하고 있다. 흡수분할계약에는 승계회사가 흡수분할시 분할회사가 발행하고 있는 신주예약권의 신주예약권자에 대하여 해당 신주예약권을 대신하는 승계회사의 신주예약권을 교부하는 때는 (i) 승계회사 신주예약권을 교부받는 분할회사 신주예약권자가 가지는 신주예약권의 내용, (ii) 분할회사의 신주예약권자에 대하여 교부하는 승계회사 신주예약권의 내용 및 수 또는 그 산정방법, (iii) 분할회사의 신주예약권자에

55) 권종호, 주요국가의 기업규제 개혁법제에 관한 비교법적 연구(IV)—일본—, 한국법제연구원, 2008, 33면.

대한 승계회사의 신주예약권의 할당에 관한 사항에 대하여 규정하도록 되어 있다(일본 회사법 제758조 제1항 제5호, 제6호). 분할회사의 신주예약권자가 보유하는 신주예약권은 효력발생일(흡수분할계약에서 흡수분할이 그 효력을 발생하는 날로서 규정된 날)에 소멸하고, 해당 신주예약권자는 위 (iii)의 규정에 따라서 승계회사의 신주예약권자가 된다. 이러한 규정은 신설분할에도 동일하게 적용된다(일본 회사법 제763조 제10호, 제11호, 제764조 제7항).

그리고 일정한 경우 신주예약권에 대한 매수청구를 인정하여 권리보호를 두텁게 하고 있다. 즉 흡수분할계약 · 신설분할계획에 있어서 신주예약권의 승계와 분할회사가 발행하는 신주예약권의 내용을 정하여 발행회사가 회사분할을 할 경우에 신주예약권의 승계에 관한 조건이 합치하지 않는 때는 신주예약권자에 대한 예측할 수 없는 불이익을 회피하기 위하여, (흡수/신설)분할회사의 신주예약권자는 발행회사에 대하여 신주예약권의 매수청구를 할 수 있게 된다.[56] 신주예약권 매수청구절차는 일본 회사법 제787조와 제808조에 규정되어 있다.[57]

---

56) 安部健介/須藤一郎, 新株予約權の法務 會計 · 稅務, 稅務硏究會出版局, 2008, 371-373면.

57) (i) 공고절차 : 흡수분할주식회사는 흡수분할의 효력발생일의 20일 전까지 신주예약권 매수청구의 대상으로 될 수 있는 신주예약권자에 대하여, 흡수분할을 하는 취지 등을 통지 또는 공고하여야 한다(회사법 제787조 제3항 제2호, 제4항).

(ii) 매수청구 : 신주예약권매수청구는 흡수분할의 효력발생일의 20일 전부터 효력발생일의 전일까지의 기간 동안에, 그 신주예약권매수청구에 관계된 신주예약권의 내용 및 수를 명확히 해야 한다(동조 제5항).

매수청구의 철회 내지 효력 상실 : 신주예약권매수청구를 한 신주예약권자는 흡수분할주식회사의 승낙을 얻은 경우에 한해 그 신주예약권매수청구를 철회할 수 있다(동조 제6항). 흡수분할을 중지한 경우, 신주예약권매수청구는 효력을 잃는다(동조 제7항). 신설분할의 경우에도 같은 규정이 마련되어 있다(회사법 제808조 제3항 내지 제7항).

(iii) 매수가격결정 : 흡수분할주식회사의 신주예약권자로부터 신주예약권매수청구가 있는 경우에 신주예약권의 가격결정에 대해, 신주예약권자와 흡수분할주식회사 사이에 협의가 성립된 때에는 흡수분할의 효력발생일로부터 60일 이내에 그 대금을 지불

분할계획서에 신주예약권의 승계와 추가발행 및 조정에 관한 사항을 기재하도록 하고 신주예약권에 대한 매수청구를 인정한 점에서 우리나라 입법론으로 참고할 만하다고 생각된다.

2. 독일 및 유럽연합의 입법례

참고로 독일 기업재편법 및 EU분할지침(제6지침)은 분할회사에 있어서 전환사채처럼 '의결권이 부여되지 아니하는 특별한 권리'를 가지는 자들에게 분할 후의 승계회사도 '동등한 권리'를 보장하도록 강제하고 있다(독일 기업재편법 제125조, 제23조, EU 분할지침 제13조).[58] 여기서 말하는 동등한 권리는 법적 · 형식적 측면에서 대등한 것만을 의미하는 것이 아니라 경제적인 측면에서 대등한 다른 급부라도 무방하다고 본다.[59] 이러한 규정은 쌍무계약의 적합화라는 이론으로 설명되

하여야 한다(회사법 제788조 제1항). 신주예약권의 가격결정에 대해 흡수분할의 효력발생일로부터 30일 이내에 협의가 성립되지 않은 때에는, 신주예약권자 또는 흡수분할주식회사는 그 기간의 만료일 후 30일 이내에 재판소에 가격결정을 신청할 수 있다(동조 제2항). 이 경우에 흡수분할의 효력발생일로부터 60일 이내에 관련 가격결정의 신청이 없는 때에는, 그 기간만료 후에는 신주예약권자는 언제라도 신주예약권매수청구를 철회할 수 있다(동조 제3항). 흡수분할주식회사는 재판소가 결정한 가격에 대하여, 효력발생일로부터 60일간의 기간만료 후 연리 6% 이자도 지급하여야 한다(동조 제4항).

(iv) 매수의 효력발생 : 신주예약권매수의 효력은 흡수분할계약신주예약권에 대해서는 흡수분할의 효력발생일에 발생하나(동조 제5항 제2호), 그 이외의 신주예약권(즉 흡수분할계약에 있어 신주예약권의 승계의 정함이 없는 신주예약권)에 대해서는 해당 신주예약권의 대금지불시점에 발생한다(동조 제5항 제3호). 신주예약권증권이 발행되어 있는 신주예약권의 매수청구에 대해서는, 신주예약권증권과의 상환으로 대금을 지불한다(동조 제6항). 신설분할에 있어서도 동일한 규정이 있다(회사법 제809조).

58) 김동민, 앞의 논문(주 21), 138면.

59) H. Dehmer, Umwandlungsgesetz, 23, Randnummer.9., 권기범, 앞의 책(주 7), 353면에서 재인용.

기도 하는데[60] 어떠한 것이 경제적 측면에서 동등한 권리로 볼 것인지 등 구체적인 내용의 확정에 대하여는 여러 가지 해석의 가능성과 어려움이 여전히 존재한다.

VI. 결론

회사분할시 전환사채권자나 스톡옵션권자와 같이 잠재적 주주권을 가진 자의 권리보호에 대하여 우리 상법은 명시적 규정이 없어 그 권리보호가 미흡한 상황이다. 전환사채의 경우 사채권자로서 이의제출권(이에 따른 변제나 담보제공)이나 연대책임으로 보호된다고 하나 이는 단순히 채권자로서의 보호이지 잠재적 주주권(전환권)의 보호는 아니니다.

다만 최근 국내 사례와 하급심 판례에서 살펴본 바와 같이 실무상으로는 이미 신주인수권부사채권자와 스톡옵션권자의 보호를 위하여 분할비율에 따른 안분승계 내지 종전 권리보호를 위한 조정 등을 통하여 관련 당사자들의 권리를 보호하기 위한 조치를 취하고 있다. 이는 각 이해관계인과 분할 전 회사가 체결하고 있는 신주인수권부사채 인수계약이나 스톡옵션부여계약상 회사분할로 인하여 회사가 손해배상의무를 지게 될 위험을 회피하기 위한 조치로 이해된다. 즉 우리나라의 실무는 법률에 직접적 근거는 없지만 관련 계약의 작성과 해석을 바탕으로 이해관계의 조정을 시도하고 있는 것으로 보인다. 다만 이러한 시도도 일부 회사에 국한된 것으로 보이며, 여타 많은 회사들은 상법상 규정이 없어 위와 같은 잠재적 주주들의 권리보호에 대하

60) 김성호, 앞의 책(주 7), 132면.

여 특별한 주의를 기울이지 않고 있는 것으로 보이며, 그에 따라 분쟁 위험성이 상존하는 것으로 보인다.

이러한 실무상 문제를 해결하기 위하여는 가능한 범위 내에서 전환사채권자나 스톡옵션권자의 권리보호를 위한 장치나 원칙들이 상법에 규정될 필요가 있다. 이의제출권의 확대, 전환권(신주인수권) 등의 보호를 위한 조정방안 규정 등에 대한 논의가 필요할 것이다. 다만 어느 정도의 수준에서 규정을 구체화할지는 어려운 문제이며, 회사분할의 두 이념인 '기업구조조정'과 '이해관계인의 보호'가 적절한 균형을 이루는 방향으로 관련 규정이 정립되고 해석될 필요가 있다고 본다.

최근 공포된 개정상법에 이러한 내용이 반영되지 못한 것을 아쉽게 생각하며, 추후 학계와 실무계의 활발한 논의를 통해 전환사채권자 · 신주인수권부사채권자 · 스톡옵션권자의 권리보호를 위한 조치들이 구체적으로 입법화되기를 기대해 본다.

07

회사분할시 채권자 보호의 기본 법리*

노혁준**

I. 들어가면서

1. 분할의 특수성과 채권자 보호 문제

일반적으로 기업의 경제 활동 가운데에서 발생하는 채권 · 채무관계의 내용 및 그 보호의 방식은 당사자들이 자율적으로 결정하는 것이 원칙이다. 다만 계약에 의한 자치적 규율이 제대로 작동되기 어려운 때에는 법이 개입하여 강제적 규범을 적용하기도 한다. 이러한 예로서 흔히 (i) 사전교섭비용에 비하여 거래규모가 너무 작은 경우, (ii) 채권자들이 스스로를 보호하기에 너무 순진한(naive) 경우, (iii) 집단 행동

* 이 논문은 BFL 제38호(2009. 11)에 게재된 글을 수정 · 보완한 것이다.
** 서울대학교 법학전문대학원 교수

문제(collective action problem)—어떤 조항의 도입에 따른 이익은 전체가 누림에도 불구하고 그 도입을 위한 비용은 이를 위해 노력하는 개인이 부담하게 되는 문제—로 인해 모든 채권자 나아가 사회 전체적으로 효율적인 규정이 도입되지 않는 경우 등이 거론되고 있다.[1)]

합병 · 분할과 같은 기업구조조정행위인 경우에 많은 나라에서 별도의 채권자 보호절차를 강제하는 것도 이와 같은 맥락에서 이해할 수 있다. 합병의 경우 합병당사회사들의 인적 · 물적자산 및 부채가 합쳐져 하나의 결합체가 되는 것이므로, 기존 채권자들이 갖고 있던 채권의 변제 가능성에 큰 변동이 발생할 수 있다. 합병에 따른 파급효과는 합병당사회사의 전체 채권자에게 미치는 것이지만, 개별 채권자들로서는 교섭비용 등을 감안하여 별도의 보호장치를 강구하지 못할 가능성이 많다. 나아가 기업에 대한 불법행위로 채권자는 사전교섭에 따른 보호장치 마련의 길 자체가 제한되어 있다. 이러한 상황에서 예컨대 합병에 관련된 정보를 채권자들에게도 알리도록 강제하는 등 법적 규범이 개입함으로써 계약에 의한 자치적 규율의 흠결을 보완할 수 있는 것이다.

이 글에서 다루고 있는 분할의 경우에도 채권자 보호의 필요성은 합병에 못지않다. 합병의 경우, 채권자 보호 문제는 주로 우량회사와 부실회사 간 합병시 우량회사의 기존 채권자 보호의 관점에서 다루어진다. 분할의 경우, 합병과 유사한 측면이 있는 분할합병은 차치하더라도, 우량부문과 부실부문의 분리시 부실부문을 맡게 된 회사에 관한 채권자 보호 문제가 발생한다. 우량부문과 부실부문의 분리는 모든 회사에서 일어날 수 있을 뿐 아니라 한 회사의 분할계획서에 의해

1) Reinier R. Kraakman et al., The Anatomy of Corporate Law, Oxford (2004), p.72.

시도될 수 있다는 점에서, 합병보다 오히려 분할의 경우에 채권자 보호 문제가 더 중요하게 다루어질 필요가 있다.

이 글은 이러한 점에 착안하여 회사분할시에 관련 회사들의 채권자에 대한 법적 보호의 범위와 방법을 다루고자 한다. 이러한 보호장치는 엄격하게 구비될수록 좋은 것인가? 적어도 다음 두 가지 측면에서 볼 때 보호장치의 무조건적 확장은 바람직하지 않다. 첫째, 일률적인 규제는 당연히 그에 따른 비용을 수반한다. 우리나라의 분할법제는 기업의 탄력적인 구조조정을 돕는다는 차원에서 1998년에 도입된 것이다. 채권자 보호장치가 강화될수록 분할추진회사의 절차적 · 재정적 부담은 가중되고 분할제도가 제대로 활용되지 못할 가능성이 크다. 둘째, 다른 기업구조조정수단과의 균형 문제이다. 예컨대 영업 현물출자에 의한 회사설립과 물적분할은 기존 회사의 일정 사업부문을 분리하여 100% 자회사를 설립한다는 점에서 — 기존 회사의 채권을 계속 보유하고 있는 채권자들의 입장에서 볼 때 — 큰 차이가 없다. 이렇듯 분할과 유사한 다른 제도가 있는 경우, 분할에 관련된 채권자 보호제도는 다른 제도와 정합성을 갖도록 설계되어야 할 것이다.

2. 채권자 보호수단의 유형

이론적으로 볼 때 회사분할시 채권자에게 부여할 수 있는 보호수단에는 여러 유형이 있다.[2)]

첫째로 분할에 관한 사전 · 사후 공시제도이다. 우리나라의 경우 분

2) 그 밖에 채권자에 의한 분할무효의 소가 언급될 수 있으나, 이는 아래의 채권자 보호수단이 제대로 작동되지 못한 경우에 대비한 절차적 수단이지 그 자체가 어떠한 실체적 내용을 갖고 있는 것은 아니다.

할당사회사는 분할계획서 또는 분할합병계약서 등 법정서류를 주주총회 2주 전부터 분할등기일 또는 분할합병일 이후 6개월간 본점에 비치하여야 하는바(상법 제530조의7 제1항, 제2항), 주주뿐 아니라 회사채권자도 언제든지 위 서류의 열람 · 등사를 요구할 수 있도록 되어 있다(동법 제530조의7 제3항, 제522조의2 제2항). 또한 상장법인의 분할시에는 주요 사항보고서의 제출을 통해 그 내용을 공시하여야 한다[자본시장과 금융투자업에 관한 법률(이하 '자본시장법') 제161조 제1항 제6호]. 이렇듯 회사분할을 대외에 공시하도록 한 것은 다른 입법례에서도 흔히 발견되는 것이다. 이는 채권자에 의한 다른 권리 행사의 전제가 될 수 있고 회사로서도 큰 부담이 발생하는 것은 아니므로, 그 존재의의에 큰 의문이 없다.

둘째로 분할에 관한 결정권을 이사회 · 주주총회뿐 아니라 채권자집회 또는 법원 등에 분점시키는 방식이다. 회사의 업무결정은 이사회에 의하여 이루어지고 그것이 근본적이고 중요한 것이어도 주주총회의 승인을 요할 뿐, 통상 채권자나 회사 외부기관이 결정권자로 관여하지는 않는다. 그러나 채권자들의 이익 침해가 우려되는 경우 그 총합적 의사를 묻는다든지 법원의 허가를 받도록 하는 등의 방식이 이론상 불가능하지는 않다. 영국에서의 구조개편 기안(scheme of arrangement)은 회사인수뿐 아니라 회사분할을 위해서도 사용될 수 있는바, 그 최종적인 효력은 (주주들에 의한 승인[3] 이후에) 법원의 인가시에 비로소 발생한다.[4] 또한 그 과정에서 필요한 경우 채권자 단체에 의한

3) 영국 회사법(Companies Act 2006) 제899조에 의하면 참석한 주주들 중 과반수가 찬성해야 하고, 참석한 주식가치 중 75% 이상의 주식이 찬성할 것이 가결요건이다.

4) 영국 회사법 제899조.

승인이 요구되기도 한다.[5] EU의 분할 관련 제6지침(이하 'EU 제6지침')[6] 제23조도 법원감독에 의한 분할을 규정하면서 법원으로 하여금 주주총회 이외에 분할당사회사의 채권자 집회를 소집할 수 있도록 하고 있다.

우리나라에서는 합병 · 분할 · 감자에 관한 사채권자들의 이의시 사채권자 집회의 결의를 요구하고 있을 뿐(상법 제439조 제3항, 제530조 제2항, 제530조의9 제4항)이고, 분할의 성부가 채권자들의 총합적 의사나 법원의 승인에 좌우되는 것은 아니다. 생각건대 법원에 후견의 역할을 부여하거나 채권자 단체에 분할의 성사 여부를 결정하도록 하는 것은, 회사가 도산상태에 있는 등 특별한 사정이 있지 않은 이상 부적절하다고 생각된다. 분할결정권자를 다단계화하는 것은 분할의 활용폭을 줄이는 결과를 가져올 것이다. 다른 한편으로는 채권자 다수의 의사에 의해 채권자 집단의 의사가 결정된다면 개별 채권자의 이익에 반하는 분할이 진행될 가능성도 있다. 이를 보완하기 위해 후술하는 담보제공제도 등을 도입한다면 결국 결정권을 채권자 단체에 부여하는 방식을 구태여 유지할 필요가 있는지 의문이 제기될 수 있는 것이다.

셋째로 분할 여부의 결정은 이사회 · 주주총회의 결의에 의하되, 채권자의 지위약화에 대비하여 담보력을 강화시켜 주는 방법이다. 구체적으로는 분할을 전후하여 관련 회사들 간 연대책임을 인정하는 방안

5) 영국 회사법 제899조. 채권자들의 채권액에 따라 의결권이 주어지고, 회사의 자산구조상 실제로 이익을 얻기 어려운 채권자들은 절차에서 배제된다. Geoffrey Morse, Charlesworth's Company Law(17th Ed.), Sweet & Maxwell (2005), p.661, 각주 15, 17 참조.

6) Sixth Council Directive 82/891/EEC of 17 December 1982.

과 개별 채권자들에 대하여 추가담보 등을 제공하는 방안이 있다. 이 글의 주된 논점이다.

마지막으로 아예 분할에 관련된 특별한 채권자 보호수단을 두지 않는 방식도 생각해 볼 수 있다. 다만 이 경우에도 채권자 보호를 포기하는 것은 아니고, 통상의 계약법 등 일반적인 기존 제도를 이용하게 된다. 미국의 입법례는 기본적으로 이러한 입장에 서 있다. 프랑스, 독일 등의 경우와 달리 미국에서는 분할을 회사법적 차원에서 별도로 규율하지 않고 단지 일정한 요건을 갖춘 분할(이른바 spin-off, split-off, split-up)[7]에 대해 세법상 과세특례를 두고 있을 뿐이다. 채권자의 보호는 (i) 채권발생원인인 대출계약 등에서 미리 정하는 채권자의 사건승인조항 등에 의하거나, (ii) 배당에 대한 규제(예컨대 우리나라의 인적분할과 유사한 스핀오프의 경우 모회사에 의한 자회사 주식의 현물배당이 있다고 보아 배당규제를 받게 됨)에 의하거나, (iii) 사기적 양도(fraudulent conveyance)에 대한 규제(예컨대 스핀오프 등으로 회사의 재정이 악화된 경우 채권자 또는 파산관재인이 그 취소를 구하거나 이를 부인할 수 있음)에 의하게 된다.[8] 다만 이러한 접근법이 우리나라에 적절할 것인지는 의문이다. 먼

7) 그 요건은 회사분할에 의하여 이익잉여금을 주주에게 분배하는 것을 방지하는 기능을 하고 있는바, 기존 회사에 의한 지배요건, 주식이나 지분의 분배요건, 적극적 사업에의 종사요건, 사업목적 및 소유관계 계속의 요건 등이 있다. 상세한 것은 한만수, "기업구조조정의 과세에 관한 연구 : 미국제도와의 비교를 통한 개선책을 중심으로," 서울대학교 박사학위논문, 1999, 101-111면 참조.

8) Samuel C. Thompson, Jr., Business Planning for Mergers and Acquisitions, Carolina Academic Press (1997), p.1154 이하에는 스핀오프의 회사법적 측면을 검토하면서 이사의 의무, 배당규제, 사기적 양도에 대한 규제만을 논하고 있을 뿐이고, Patrick A. Gaughan, Mergers, Acquisitions and Corporate Restructurings(4th Ed.), Wiley (2007), pp.402-442에서는 다양한 분할방법에 관하여 설명하면서도 별도의 채권자 보호절차를 논하지 않고 있다.

저 채권자들이 항상 분할 등에 대비하여 사전적인 안전장치를 마련해 두는 것은 아니다. 비자발적인 채권자가 불법행위 피해자의 경우 더욱 그러하다.

또한 현행법하의 배당규제로 분할시 채권자를 충분히 보호할 수 있는가? 물적분할을 분할의 원형으로 하면서, 다만 현물배당방식으로 인적분할의 결과를 달성할 수 있도록 한 일본과 달리[9] 우리나라의 분할법제는 인적분할과 물적분할을 구분하는 법제에 의한다. 현행법상 인적분할시 기존 주주들에게 신설되는 법인 주식을 배정하는 행위를 배당규제 차원에서 접근하기는 어렵다. 다음으로 분할시 채권자는 민법상 채권자취소권을 적극 활용할 수 있는가?[10] 채무자가 행한 법률행위의 종류나 성질은 문제되지 않는다고 전제하면[11] 회사의 분할행위 역시 채권자취소권의 대상이 될 여지가 있으나, 현실적인 손해발생의 입증 등 행사요건을 갖추기가 쉽지 않다.[12]

결국 채권자 보호수단의 유형 중 우리나라에서 주로 논의되어야 할

9) 즉 일본 회사법 제758조 제8호, 제760조 제7호, 제763조 제12호, 제765조 제1항 제8호에 의하면 분할회사는 교부받은 승계회사, 신설회사 주식의 전부 또는 일부를 회사분할 효력발생시에 (i) 전부취득조항부 종류주식의 취득대가로서 또는 (ii) 잉여금의 배당(현물배당)으로서 분할회사의 주주에게 교부할 수 있다. 이때에는 분할회사 채권자에 대한 이의절차가 필요한 반면(일본 회사법 제789조 제1항 제2호, 제810조 제1항 제2호), 분배 가능액에 의한 제한을 받지는 않는다(일본 회사법 제792조, 제812조).

10) 합명회사의 경우 채권자를 해할 의사로 설립된 경우 회사설립 취소사유가 되지만(상법 제185조), 여기에서는 분할당사회사로서 주식회사를 논의의 대상으로 하므로 위 상법조항은 적용되지 않는다.

11) 곽윤직 집필대표, 민법주해 IX(김능환 집필부분), 박영사, 1995, 815면에 의하면 공익법인의 설립과 같은 합동행위 등도 취소의 목적이 될 수 있다고 한다.

12) 회사분할과 사해행위 취소에 관하여는 이 책 제14장 「남용적 회사분할에 관한 일본에서의 논의」 참조.

것은 위 세 번째 담보력 강화방안이다. 우리 상법전도 이를 중심으로 구성되어 있다.

3. 논의의 방향

앞서 언급한 것처럼 이 글에서는 회사분할시 문제되는 채권자 보호수단 중 분할 관련 회사의 연대책임과 분할 관련 채권자의 이의제도에 초점을 맞추어 검토한다. 문헌에 따라서는 합병 · 감자 · 조직변경 · 분할시의 채권자에 대한 공고 내지 최고와 이에 대한 채권자 이의를 '채권자 보호절차'로 명명하기도 하나, 여기에서는 이를 다른 채권자 보호수단과 구분하기 위하여 '채권자 이의절차' 또는 '채권자 이의제도'로 부르기로 한다. 채권자 보호수단의 일종으로 언급되는 공시제도 등은 이 글의 논의대상이 아니다. 또한 회사분할시 근로자의 보호문제는 별도의 논의를 요하는 것이므로 역시 대상에서 배제한다.[13)]

먼저 총론적인 고찰로서 회사분할 중 어떠한 유형에 대하여 별도의 채권자 보호수단이 부여되어야 하는지를 살펴본다(II). 회사법상 다른 구조조정수단과의 균형이나 채권자들에게 미치는 영향을 고려해 볼 때, 회사분할이기는 하지만 채권자들에 대한 별도의 배려가 불필요한 유형은 없는지 살펴보고, 나아가 배려가 필요하다면 위 연대책임과 이의제도 중 어느 것이 적절할지 비교하는 것이다. 다음으로 상법상 회사의 연대책임의 내용과 그 배제방식 등에 관하여 검토하고(III), 채권자 이의의 절차와 해태시의 효과 등을 살펴본다(IV). 나아가 관련 문

13) 예컨대 일본에서는 '회사의 분할에 수반한 노동계약의 승계 등에 관한 법률'이라는 특별법에 의하여 분할시 근로관계의 승계 문제를 규율하고 있다.

제로서 분할시 감자 문제와 채무초과회사의 분할 문제를 검토한다(V). 마지막 장에서는 이를 종합하면서 입법상 개선사항을 제시한다(VI).

II. 일반론 ─ 분할의 유형에 따른 채권자 보호의 필요성 및 방법

1. 회사분할의 유형과 분할시 채권이전의 유형

일반적으로 회사분할은 (i) 기존 회사(이하 '승계회사')가 분리되는 부문을 승계하게 되는지 여부에 따라 분할합병과 단순분할로 분류되고, (ii) 분리의 대가인 주식을 분리시키는 회사(이하 '분할회사') 자체에 교부하는지 여부에 따라 인적분할과 물적분할로 분류된다. 즉 (i)의 분류에 따르면 분할시에 승계회사가 존재하여 분할회사의 일부 부문과 승계회사 간 합병이 발생하면 분할합병이고, 이러한 승계회사 없이 분할회사가 자체적으로 새로운 회사(이하 '신설회사')를 분사시키면 이는 단순분할이다. (ii)의 분류에 따르면 분할신주가 분할회사에 교부되면 물적분할이고, 분할회사의 주주들에게 교부되면 인적분할이다. 물론 이 밖에도 원래의 분할회사가 분할 이후에 소멸하는지 여부에 따라 회사분할을 분류하는 방식도 있고,[14] 기존 회사의 일부 부문과 분할회사(또는 그 일부 부문)가 합쳐서 새로운 회사가 만들어지는 형태의 신설분할합병 등 다양한 변형이 가능하나 여기에서는 논외로 한다. 즉 이하의 분할합병은 특별한 언급이 없는 한 승계회사가 분할회사로

14) EU 제6지침은 분할회사가 소멸하는 것을 전제로 분할을 규율한다. 그러나 우리나라의 경우 원래의 분할회사가 분할로 인해 소멸하는 형태의 이른바 소멸분할 또는 완전분할은 그 사례가 많지 않은 것으로 보인다.

부터 분리되는 부문을 흡수합병하는 것만을 의미한다.

위 분할합병과 단순분할, 인적분할과 물적분할을 상호결합시키면 이론적으로는 네 가지 형태, 즉 (a) 단순분할이면서 인적분할인 경우(상법 제530조의2 제1항), (b) 단순분할이면서 물적분할인 경우(동법 제530조의12), (c) 분할합병이면서 인적분할인 경우(동법 제530조의2 제2항), (d) 분할합병이면서 물적분할인 경우가 가능하다. 앞의 세 유형이 우리 상법상 허용된다는 점에 대하여는 의문이 없지만, (d)의 유형에 관하여는 논란의 여지가 있다. 즉 물적분할에 관한 상법 제530조의12는 "… 분할 또는 분할합병으로 인하여 설립되는 회사의 주식의 총수를 취득하는 경우"라고 하여 '회사의 신설이 없는 물적분할'과 '분할회사가 분할신주 전체를 취득하지 못하는 물적분할'이 허용되지 않는 것처럼 규정한다.[15] 만약 입법의도가 그러했다면 그 타당성에 대하여는 비판의 소지가 크다 할 것이지만, 이에 관한 상세한 논의는 다른 원고로 미루고, 여기에서는 일단 위 (a), (b), (c) 세 유형을 검토대상으로 한다. 현행 등기실무처럼 (d) 유형도 해석론상 가능하다고 본다면,[16] 그에 대한 적용법리는 위 (a) 내지 (c)에 준하여 생각하면 될 것이다. 이하에서는 명칭의 편의상 (a) 유형을 인적분할, (b) 유형을 물적분할, (c) 유형을 분할합병이라고 칭한다.

한편 분할회사는 회사의 분할을 통해 어떠한 자산 · 부채를 이전시킬지 결정할 수 있으며, 이를 분할회사의 기존 채권자 입장에서 본다면 회사분할시 그 보유채권은 다음 한 가지 유형에 속하게 된다. (i) 분

15) 예컨대 최기원, 상법학신론(上)(제18판), 박영사, 2009, 1342면은 위 조문의 문언을 근거로 하여 흡수분할합병형태의 물적분할은 상법상 허용되지 않는다고 본다.

16) 상업등기선례 1-246 이른바 물적흡수분할합병의 경우에도 분할합병에 따른 변경등기가 허용되는지 여부(2003. 10. 8. 공탁법인 3402-239 질의회답) 참조.

할회사에 그대로 잔존하는 경우, (ii) 면책적으로 신설회사 또는 승계회사에 이전되는 경우, (iii) 중첩적으로 신설회사 또는 승계회사에 이전되는 경우이다. 물론 근본적인 의문으로서, 면책적으로 채권을 이전하려면 채권자의 동의(민법 제454조 제1항) 등 일반 면책적 채무인수의 절차를 밟아야 한다는 전제하에, 만약 그러한 절차를 밟았다면 굳이 채권자 보호를 논할 의미가 없는 것이 아닌가 하는 생각이 들 수 있다. 물론 위 절차를 밟은 경우 별도의 채권자 보호절차를 부여할 필요가 없을 것이다. 하지만 분할에 따른 포괄적 이전의 효력으로 개별 채무인수절차 없이도 채권 · 채무관계가 이전된다고 할 것이므로,[17] 별도의 특칙이 없는 한 채권자 보호 문제가 발생한다. 분할계획서 또는 분할합병계약서에 분할회사의 채권이 신설회사 또는 승계회사에 이전하도록 되어 있는 경우 통상 면책적 이전으로 보는 것이 보통이다.[18]

각 채권자들에 대한 보호의 필요성 및 방법은 위 회사분할의 유형, 채권이전의 유형에 따라 달라질 것이므로 이를 나누어 살펴볼 필요가 있다.

2. 각 회사분할시 채권자 보호의 필요성

(1) 인적분할의 경우

분할회사의 채권을 그대로 갖고 있는 채권자인 경우 인적분할을 통

17) 神田秀樹, 會社法(第10版), 弘文堂, 2008, 331면. 실제로 영업양수도 대신 회사분할을 택하는 중요한 이유 중의 하나는 개별적인 이전계약을 일일이 체결할 필요가 없어서 절차가 간이하다는 점이다.

18) 권기범, 기업구조조정법(제4판), 삼영사, 2011, 384면.

하여 우량자산이 신설회사에 이전되어 담보력이 약화될 수 있으므로 이에 대한 보호수단이 필요하게 된다. 신설회사에 면책적으로 이전되는 채권의 채권자인 경우에도 마찬가지이다. 마지막으로 중첩적으로 이전되는 경우는 어떠한가? 중첩적인 채무인수의 효과에 대하여는 부진정 연대책임관계가 발생한다고 보는 것이 일반적이다.[19] 분할 관련 회사 간 중첩적 채무인수가 이루어졌다면, 별도의 채권자 보호수단을 법으로 강제할 필요는 없다고 생각된다. 분할을 전후하여 채권의 변제 가능성에 큰 변동이 있다고 보기 어렵기 때문이다. 물론 두 회사로 분리되어 영업 주체를 달리하는 경우 수익력의 변동이 발생하여 결과적으로 분리된 두 회사에 대한 채권의 실효성이 종전의 한 회사에 대한 것보다 떨어지는 결과가 나타날 수도 있으나, 이러한 부분까지 고려하여 미리 일률적인 채권자 보호수단을 부여할 필요는 없다고 할 것이다.

(2) 물적분할의 경우

분할회사의 채권을 그대로 갖고 있는 채권자인 경우 별도의 보호수단을 마련할 필요가 없다고 할 것이다. 물적분할시 분할회사는 신설회사에 이전되는 재산에 대응하여 신설회사의 주식을 100% 취득하게 되므로 분할로 인한 책임재산의 변동은 크지 않다. 어찌 보면 인적분할의 경우 이렇게 취득한 주식을 분할회사의 기존 주주에게 분배하는 행위가 포함되므로 채권자 보호 문제가 심각할 수 있으나, 물적분할처럼 분할신주를 그대로 보유하는 상황에서는 분할회사의 채권자에

19) 곽윤직 집필대표, 민법주해 X(민형기 집필부분), 박영사, 1995, 623면.

게 큰 위험이 발생했다고 보기 어렵다. 물론 분할회사 채권자의 입장에서는 어떤 재산을 분할회사가 직접 보유하는 것과 분할회사의 100% 자회사가 보유하는 것은 분할회사 및 자회사 도산에 위 재산에 대해 강제집행의 우선순위에 차이가 있기는 하다. 하지만 기존 회사가 어떤 영업부문을 현물출자하여 회사를 신설하면서 100% 주주가 되는 경우, 기존 회사의 채권자들은 실제로 물적분할이 일어난 경우와 유사한 입장에 놓이게 된다. 위 영업 현물출자시 기존 채권자들에 대해 특별한 보호를 부여하지 않는 점과 비교할 경우에도, 물적분할시 분할회사의 채권자에 대해 별도의 특례를 규정할 필요성은 크지 않아 보인다.

반면 물적분할로 인해 설립된 신설회사에 면책적으로 이전되는 채권자인 경우는 그 변제 가능성에 큰 차이가 발생하므로 별도의 보호수단이 필요하다.

마지막으로 채권이 중첩적으로 이전된 경우 앞서 인적분할의 예에서 본 것처럼 분할의 전후에 채권자의 지위에 큰 변동이 생겼다고 보기 어려우므로 별도의 보호수단이 필요하지 않다고 볼 것이다.

(3) 분할합병의 경우

분할합병의 경우에는 기존 분할회사의 채권자 보호 문제뿐 아니라 그 상대방이 되는 승계회사의 채권자 보호 문제도 나타난다. 승계회사의 채권자인 경우 분할합병을 통하여 실제 일부 합병이 발생하는 것이므로 일반적인 합병시 채권자 보호절차에 준하여 보호받으면 된다.

기존 분할회사에 그대로 존속하는 채권인 경우 앞서 본 인적분할에서처럼 우량자산이 이전되어 담보력이 약화될 수 있으므로 이에 대한 보호수단이 필요하게 된다. 채권이 면책적으로 승계회사에 이전되는 경우는 어떠한가? 이 경우 이전되는 재산만을 떼어 놓고 볼 때 변제가능성이 충분하다고 하더라도, 승계회사와 합쳐지는 결과 승계회사의 재무상태에 따라 변제가 불확실해질 수 있으므로 합병에 준하는 채권자 보호절차가 필요할 것이다.

채권이 중첩적으로 승계회사에 이전되는 경우에도 승계회사의 재무상태가 중요한 변수가 되므로 합병에 준하는 채권자 보호절차가 필요하다고 하겠다.

3. 보호방법의 비교—연대책임제도와 채권자 이의제도

위 채권자 보호의 필요성이 제기되는 분할유형에서 어떠한 보호수단을 규정할 것인가? 앞서 언급한 바와 같이 다양한 채권자 보호수단이 있지만, 여기에서는 우리 상법상 규정되어 있는 분할당사회사 간 연대책임제도와 채권자 이의제도의 장단점을 비교해 본다.

연대책임제도와 채권자 이의제도의 상세한 법리는 후술하기로 하고, 여기에서는 비교에 필요한 범위에서 살펴본다. 연대책임제도는 분할회사에 잔존하게 되는 기존 채무에 관해 신설회사 · 승계회사 등이 연대책임을 부담하고, 반대로 신설회사 · 승계회사에 면책적으로 이전되는 기존 채무에 관하여는 분할회사가 연대책임을 부담하는 제도이다(상법 제530조의9 제1항). 채권의 중첩적 이전시 '개별 채권'에 관해 관련 회사들이 (부진정) 연대책임을 지게 되는 것에 반해, 이 제도에서는 기존 분할회사의 '전체로서의 채권'에 관해 분할당사회사들이 연대책임을 부담하게 된다.

반면 채권자 이의제도는 분할에 대해 이의를 제출한 분할회사의 기존 채권자들에게 변제, 상당한 담보제공 등을 받을 권리를 부여하는 제도이다(상법 제530조의9 제4항, 제527조의5 참조).

위 두 제도는 그 운용 형태에 따라 각기 다양한 모습을 띨 수 있지만 — 예컨대 연대책임제도라 하더라도 그 범위와 시기를 제한하는 등 변형이 가능하다 — 정형적으로 나타날 수 있는 차이점을 생각해 보면 다음과 같다. 채권자 이의제도의 장점으로는 (i) 직접적으로 개별 채권에 대한 담보력을 강화시켜 줄 수 있다. 분할당사회사가 연대책임을 부담한다 하더라도 향후 해당 회사들의 재무상태가 모두 악화될 수 있음을 고려한다면, 채권자는 직접적인 담보제공을 선호할 유인이 있다. 또한 (ii) 분할당사회사의 의도가 분할의 시행 이후 재무적으로나 경영적으로나 독립적으로 운영되도록 하는 것이라면 채권자 이의제도가 더 적합할 수 있다. 연대책임제도는 실질적으로 분할회사의 모든 채무를 신설회사 또는 승계회사가 중첩적으로 인수하는 결과가 되므로, 책임의 단절 측면에서 보면 완전하지 못한 분할이 된다. 실제 회사분할의 다음 단계로서 분할된 회사의 대외매각을 상정하고 있는 경우가 많은바, 책임이 분리되지 않은 경우 대외매각에 어려움을 겪을 수 있다.

반면 채권자 이의제도의 단점으로는 (i) 채권자 이의제도에 따른 담보제공 요구가 많아지는 경우 분할거래 자체가 무산될 가능성이 있다. 반면 연대책임제도를 택하는 경우 단순히 연대책임만을 부담함으로써 개별 채권자들의 요구를 무마할 수 있게 된다. (ii) 채권자 이의제도에 따른 변제 등이 일부 채권에 대하여만 이루어진 경우 채권자 간 평등을 침해할 우려가 있다. 비록 모든 채권자에게 이의권이 부여되지만, 관련 공고를 확인하지 못하거나 최고를 받지 못한 채권자들은 특히 분할당사회사들의 재정상태가 악화된 경우 위 변제 · 담보제공을 받은 채권자에 비해 불리한 입장에 서게 된다. 반면 연대책임제도 하에서는 이의권 행사 여부에 따른 불평등 문제는 발생하지 않는다.

다음으로 두 제도의 병존 가능성을 검토한다. 연대책임제도가 적용되는 범위에서 채권자 이의제도를 중첩하여 적용할 필요는 없어지는가? 반대로 채권자 이의제도에 의해 보호받는 채권자에게 추가로 연대책임제도에 따른 보호를 부여할 필요는 없는가? 물론 앞서 살펴본 바와 같이 두 제도의 작용 측면에 다소 차이가 있는 것은 사실이다. 하지만 위 두 제도를 중첩적으로 적용하는 것은 과도하다고 생각된다.[20] 예컨대 채권자 이의절차를 밟은 이후에도 분할당사회사가 연대책임을 지는 경우를 상정해 본다. 만약 위 이의절차에 의하여 변제 · 담보제공 등을 받았다면 그 이상의 연대책임은 큰 의미가 없다. 공고를 확인하거나 최고를 받고서도 이의를 제기하지 않은 경우 추가적인 보호를 부여할 필요가 크지 않다고 할 것이다. 문제는 이를 알지 못해 이의를 제기하지 못할 경우, 이러한 채권자들에 대해 추가적으로 분할당사회사들의 연대책임을 인정하면 채권자들을 두텁게 보호하게 된다. 그러나 이러한 경우에 일괄적으로 추가구제수단을 인정한다면 합병 · 자본감소시의 채권자 보호절차(상법 제527조의5, 제439조 제2항)와 비교할 때 형평에 맞지 않고, 공고를 확인할 인센티브를 줄이는 결과가 될 수 있다. 따라서 후술하듯 연대책임은 예외적인 경우에만 보완적으로 병용될 수 있는 것이고,[21] 일반적으로 채권자 이의절차와 연대

20) 이에 대하여 권기범, 앞의 책(주 18), 422면은 채권자 보호장치로서 분할당사회사의 연대책임 이외에 이의제출권을 추가적으로 허용할 것인지 여부는 근본적인 입법정책의 문제일 뿐이므로, 이를 도입하는 이상에는 분할회사가 존속하든 소멸하든 그리고 승계회사가 신설회사이든 기존회사이든 묻지 않고 인정하여야 한다고 본다.

21) 예컨대 분할회사가 채권자 이의절차를 밟았다 하더라도 정당한 사유로 인해 이

책임제도를 중첩적으로 적용할 것은 아니라고 본다. 채권자 보호제도의 강화는 분할의 비용을 높이는 것이므로 필요한 경우에 한하여야 한다. 각 제도를 보다 합리적으로 운용하기 위한 방안에 관하여는 후술한다.

4. 소결론－외국 입법례와 우리나라의 현행 제도

(1) 외국 입법례

일본은 연대책임을 기축으로 삼고 있는 우리나라와 달리 주로 채권자 이의절차를 통한 보호가 이루어진다. 다음의 〈표 1〉에서 음영으로 표시된 부분은, 앞서 살펴본 이론적 검토 결과 별도의 채권자 보호수단이 필요하지 않은 것으로 생각되는 분할유형이다.

〈표 1〉 일본 회사법상 분할시 채권자 보호수단

		분할회사에 잔존*	면책적 이전*	중첩적 이전*
인적분할		이의절차	이의절차	학설 대립
물적분할		-	이의절차	-
분할합병	분할회사 채권자	이의절차	이의절차	학설 대립
	승계회사 채권자	이의절차		

* 분할회사 기존 채권자의 지위변동 여부
■ 이론상 채권자 보호수단이 필요하지 않은 부분

일본에서의 인적분할 형태를 본다. 일본 회사법상 분할의 원형은 물적분할이지만(일본 회사법 제758조 제2호, 제763조 제6호), 앞서 언급한

의권을 행사할 수 없었던 채권자는 연대책임을 주장할 수 있다고 보아야 할 것이다.

것처럼 주식회사인 경우 물적분할 후 분할신주의 분할회사에의 현물배당 등을 통해 실질적으로는 인적분할을 실행할 수도 있다.[22] 이때 분배 가능액에 의한 제한을 받지는 않지만, 원칙적으로 채권자 이의절차를 밟아야 한다. 다만 이러한 인적분할의 형태라도 분할회사와 신설회사 사이에 (중첩적 채무인수 · 연대보증 등을 통해) 연대책임관계가 생기는 경우 채권자 이의절차가 필요한지에 관하여는 학설이 나뉘고 있다.[23]

일본의 물적분할의 경우 계속 분할회사에 채권을 갖는 경우에는 별다른 보호절차가 필요 없다. 반면 그 채권이 면책적으로 신설회사에 이전하면서 분할회사의 연대보증 등이 없는 경우에는 채권자 이의절차가 필요하게 된다(일본 회사법 제789조 제1항 제2호, 제810조 제1항 제2호).

일본에서의 분할합병 중에는 분할신주를 분할회사에 교부하는 물적분할합병이 허용되고 오히려 이를 원형으로 한다. 앞서 언급한 것처럼 우리나라의 상법 조문상 위 물적분할합병의 허용성에 관하여 논란이 있으므로, 여기에서는 일본에서의 인적분할합병, 즉 분할신주를 분할회사의 주주에게 현물배당하는 형태를 살펴본다. 승계회사의 채권자에 대하여는 합병과 마찬가지로 채권자 이의절차가 적용된다(일본 회사법 제799조 제1항 제2호). 분할회사의 채권자인 경우 위 인적분할과 마찬가지의 논의가 적용된다. 원래 이의절차가 필요하다고 할 것인바, 다만 분할회사와 승계회사 간 연대책임관계가 생기는 경우에 대하여는 학설 대립이 있다.

다음으로 EU의 경우 프랑스 등의 영향으로 미국과 달리 일찍부터

22) 주 9 참조.

23) 江頭憲治郎 / 門口正人 共編, 會社法大系 4 : 組織再編, 會社訴訟, 會社非訟, 解散, 淸算(羽田野宣彦 집필부분), 青林書院, 2008, 90면은 필요 없다는 입장인 반면, 江頭憲治郎, 株式會社法(제2판), 有斐閣, 2008, 821면은 입법론으로는 채권자 이의절차가 불필요하지만 해석론적으로는 그 절차를 밟아야 한다는 입장이다.

분할의 법제화를 추진하여 1982년 EU 제6지침이 발효되었다. 이 지침은 공개회사[24)]에 적용이 되는 것인바, 분할의 형태를 크게 (i) 합병에 의한 분할(division by acquisition), (ii) 회사신설에 의한 분할(division by the formation of new companies), (iii) 법원감독에 의한 분할(division by the supervision of judicial authority), (iv) 기타(other operation treated as divisions)로 구분하고 있다. 여기에서 논의하는 연대책임제도, 채권자 이의제도와 관련한 것은 주로 (i), (ii) 형태이다. EU의 위 분할은 분할회사(the company being divided)의 소멸을 전제로 하여 (i)의 경우 승계회사가 2개 이상이 되고, (ii)의 경우 신설회사가 2개 이상이 된다(EU 제6지침 제2조 제1항, 제21조 제1항). 따라서 분할회사에 잔존하는 채권자라든지 분할회사와 신설회사 (또는 승계회사) 사이의 중첩적 채권관계 등의 개념은 존재하지 않는다. 또한 분할회사가 없으므로 우리나라의 물적분할 형태도 없다. 회사신설에 의한 분할인 경우에도 합병에 의한 분할에 있어서의 채권자 보호조항을 그대로 준용하므로(EU 제6지침 제22조 제1항), 합병에 의한 분할을 중심으로 살펴본다.

EU 제6지침상 합병에 의한 분할은 예컨대 가구업과 운송업을 영위하던 A회사가 분할을 통해 해산하면서 가구업을 B회사에게, 운송업을 C회사에 각 흡수합병시키는 것이다. 이때 문제되는 것은 위 분할 이전의 A, B, C회사의 기존 채권자들의 보호인바, EU회원국들은 이를 위해 적절한 보호장치(adequate system of protection)를 마련해 두어야 한다. 다만 이때 분할회사의 기존 채권자와 승계회사의 기존 채권자 사이에 차별을 둘 수도 있다(EU 제6지침 제12조 제1항 및 제4항, 제3지침 제13조 제3항). EU 제6지침이 주로 규정하는 것은 분할회사(A회사)의 기존 채

24) 그 구체적인 범위는 제3지침(Third Council Directive 78/855/EEC 9 October, 1978) 제1조에 의한다.

권자 보호 문제이다. 그 보호방법으로 크게 연대책임(jointly and severally liable)과 담보제공(adequate safeguard) 등을 들고 있다. EU회원국들은 분할당사회사의 재무상태에 비추어 필요하다고 인정되는 경우, 아직 변제기가 도래하지 않은 무담보채권자들에 담보제공 등을 하도록 하는 규정을 두어야 한다(EU 제6지침 제12조 제2항). 다만 EU회원국들이 승계회사들 간의 연대책임을 규정한 경우, 위 담보제공 등을 함께 제도화하는 것도 가능하나 꼭 그럴 필요는 없다(EU 제6지침 제12조 제6항, 제7항). 결국 위 EU 제6지침은 기본적으로 연대책임제도와 채권자 이의제도 모두 또는 그중 하나를 정할 수 있도록 하되, 다만 그 선택권을 개별 회사가 아닌 EU회원국들에게 부여하고 있는 것으로 이해할 수 있다.[25)]

(2) 우리나라의 현행 제도

우리 회사법상 분할시 채권자 보호제도를 개관하면 〈표 2〉와 같다. 인적분할과 물적분할인 경우 분할당사회사들은 원칙적으로 연대책임을 지는바, 연대책임을 배제하기 위해서는 채권자 이의절차를 밟아야 한다(상법 제530조의9 제1항 내지 제4항). 인적분할 또는 물적분할에 의해 채권이 중첩적으로 신설회사로 이전되는 경우, 그 '중첩적' 이전 중에 이미 연대책임 개념이 포함되어 있고 연대책임을 배제하기 위한 이의절차는 위 중첩적 이전 개념과 모순되는 것이므로, 별도의 채권

25) 그 밖에 위 지침에 따르면 승계회사들의 연대책임은 승계된 순자산으로 제한될 수 있고, 분할이 법원의 감독하에 이루어진 경우로서 채권자들의 과반수로서 채권가치의 4분의 3 이상을 보유한 채권자들이 동의한 경우 배제될 수 있다고 되어 있다(제12조 제3항, 제7항).

자 보호수단은 부여할 필요가 없게 된다. 반면 분할합병인 경우 분할회사의 기존 채무에 관하여는 연대책임을 부담하는 이외에 채권자 이의절차도 거치도록 되어 있다(상법 제530조의11 제2항, 제527조의5). 후술하듯이 분할합병에 관한 주주총회 결의시 연대책임 배제도 함께 결의하고 채권자 이의절차를 진행함으로써 결국 채권자 이의절차만을 진행시키는 것도 가능할 것으로 보이나, 분할합병시 채권자 보호수단의 원형은 연대책임과 채권자 이의절차의 양자택일이 아니라 병용이다.

〈표 2〉 현행 상법상 분할시 채권자 보호수단

<table>
<tr><th colspan="2"></th><th>분할회사에 잔존*</th><th>면책적 이전*</th><th>중첩적 이전*</th></tr>
<tr><td colspan="2">인적분할</td><td>연대책임
또는 이의절차</td><td>연대책임
또는 이의절차</td><td>-</td></tr>
<tr><td colspan="2">물적분할</td><td>연대책임
또는 이의절차</td><td>연대책임
또는 이의절차</td><td>-</td></tr>
<tr><td rowspan="2">분할합병</td><td>분할회사 채권자</td><td>연대책임과
채권자이의절차 병용</td><td>연대책임과
채권자이의절차 병용</td><td>연대책임과
채권자이의절차 병용</td></tr>
<tr><td>승계회사 채권자</td><td colspan="3">이의절차</td></tr>
</table>

* 분할회사 기존 채권자의 지위변동 여부

** 승계회사에 대한 기존 채권은 기존 회사에 대한 기존 채권과 달리 항상 승계회사에 잔존한다.

■ 이론상 채권자 보호수단이 필요하지 않은 부분

앞서 살펴본 이론적 검토에 비추어 볼 때 현행법 규정에 관하여 두 가지 의문이 제기된다. 첫째로 채권자 보호절차의 필요성 여부이다. 〈표 1〉과 마찬가지로 〈표 2〉에서도 음영으로 표시된 부분은 이론상 별도로 채권자 보호절차를 마련할 필요가 없는 분할유형이다. 현행법에서는 물적분할의 경우 그대로 분할회사에 채권을 갖고 있는 채권자에 대하여도 연대책임 또는 채권자 이의절차에 의한 보호를 부여한다.[26] 앞서 언급한 바와 같이 이러한 경우 채권자의 지위가 크게 불리해지는 것은 아니므로 별도의 보호수단을 부여할 필요가 없다고 할 것이다. 둘째로 분할합병의 경우에 연대책임과 채권자 이의절차를 둘 다 부여할 것인지 여부이다. 이 경우 합병에 준하여 채권자 이의절차만 부여하면 충분하고 두 절차를 모두 요구하는 것은 과도하다고 할 것이다. 앞서 언급한 것처럼 채권자 이의절차에 의해 담보를 부여받은 채권자, 최고 등을 받고서도 이의하지 않은 채권자에게는 별도의 연대책임에 의한 추가적인 보호를 제공할 이유를 찾기 어렵고, 최고 등을 받지 못한 채권자인 경우에도 합병 · 자본감소 등의 경우와의 형평성 등을 고려할 때 원칙적으로 추가적인 보호가 필요하다고 보기 어렵다. 따라서 분할합병의 경우 통상적인 합병에서처럼 채권자 이의절차를 밟도록 하든지 아니면 다른 분할유형에서처럼 회사의 선택에 따라 연대책임 또는 채권자 이의절차에 의하도록 하면 충분하다고 생각된다.

III. 분할 관련 회사의 연대책임

1. 상법상 연대책임의 내용

앞서 언급한 대로 분할회사의 채권은 신설회사 또는 승계회사에 면책적으로 이전되기도 하고 중첩적으로 이전되기도 하며 그대로 잔존

26) 손주찬 / 정동윤 집필대표, 주석 상법 : 회사 IV(권기범 집필부분), 한국사법행정학회, 2003, 642면.

할 수도 있다. 연대책임의 발생 및 배제가 문제되는 것은 위 채권이 잔존하거나 면책적으로 이전되는 경우이다. 분할계획서나 분할합병계약서에 어떤 채권을 중첩적으로 이전하기로 한 경우 이는 분할 관련 회사들의 의사에 의해 연대책임을 부담하기로 한 것이므로, 아래 상법 제530조의9의 책임분리절차를 밟을 이유가 없다.

(1) 연대책임의 주체

상법 제530조의9 제1항은 "분할회사, 단순분할신설회사, 분할승계회사 또는 분할합병신설회사는 분할 또는 분할합병 전의 분할회사채무에 관하여 연대하여 변제할 책임이 있다"고 규정함으로써, 분할시 연대책임제도에 의한 채권자 보호를 기본원칙으로 삼고 있다.[27)]

먼저 누가 이러한 연대책임을 지는지가 문제된다. (a) 단순분할시의 신설회사(단순분할신설회사)와 분할합병시의 신설회사(분할합병신설회사)는 연대책임의 주체임이 조문상 분명하다. (b) 분할회사 및 승계회사의 경우에도 연대책임의 주체임이 조문상 명백하다. 이에 따르면 (i) 분할회사는 신설회사 또는 승계회사로 (면책적으로) 이전된 채무에 관하여 연대책임을 부담하고, (ii) 승계회사는 분할회사에 잔존하는 분할 전의 분할회사채무에 관하여 연대책임을 지게 된다. 채권자 보호의 실질적 필요성 측면에서 볼 때, 예컨대 분할회사에 잔존하는 채권자가 신설회사의 재산에 관하여 책임을 물을 수 있다면, 신설회사에 면책적으로 이전된 채권자 역시 분할회사의 재산에 관하여 책임을 물

27) 구법은 "분할 또는 분할합병으로 인하여 설립되는 회사 또는 존속하는 회사는 분할 또는 분할합병 전의 회사채무에 관해 연대하여 변재할 책임이 있다" 고 하였으나, 2015. 12. 1. 현행과 같이 개정되었다.

을 수 있는 것이 형평에도 맞는다.

다음으로 (c) 신설회사가 다수인 경우는 어떠한가? 똑같은 문제는 승계회사가 다수인 경우에도 발생하나 여기에서는 신설회사가 다수인 경우를 중심으로 살펴본다. 이때 분할회사에 잔존하는 채권에 관하여는 모든 신설회사가 연대하여 책임을 지게 될 것이다. 한 신설회사(P)에 면책적으로 이전된 채권에 대하여는 어떠한가? 이때 분할회사가 연대책임을 지는 것은 분명하나 다른 신설회사(Q)의 연대책임 여부가 문제된다. 이 경우에도 분할 이전의 분할회사채무였다가 이전된 이상 연대책임이 인정된다고 볼 것이다. 위 예에서 분할을 통해 분할회사의 우량자산이 모두 Q에게 이전된 경우, P에 면책적으로 이전된 채권의 채권자는 분할회사와 P 간의 연대책임만으로는 충분한 보호를 받지 못할 수 있다. 따라서 Q도 P에 이전된 채권에 관하여 연대책임을 부담한다고 봄이 타당하다.

마지막으로 (d) 분할회사가 다수인 경우는 어떠한가? 다수의 분할회사(R, S)가 기존의 승계회사(T)에 재산을 출연하여 흡수분할합병하는 경우도 마찬가지의 문제가 발생할 것이나 여기에서는 새로운 회사(U)를 신설하는 신설분할합병을 상정한다. 이때 신설회사와 각 분할회사(즉 R과 U 사이, S와 U 사이)는 상법 제530조의9 제1항에 따라 연대책임관계에 있다. 분할회사 사이(즉 R과 S 사이)에서는 어떠한가? 위 예에서 R에 잔존하는 채무에 관하여 S가 연대책임을 부담하는가? R에 잔존하는 채권자로서는, R의 우량자산이 U로 이전되고 S의 불량자산이 U로 이전되어 U가 전체적으로 부실화하는 경우, R과 U에 대한 연대책임을 묻는 것으로 만족하지 않고 S에 대하여까지 연대책임을 확장할 필요성을 느낄 수 있다. 그러나 이러한 문제는 위 거래의 합병적 요소에 의해 발생한 것이므로, 분할합병의 경우에 상법상 인정되어 있는 채권자 이의절차(제530조의11 제2항, 제527조의5)에 의하면 족하고 별도로 상법 제530조의9에 의한 연대책임을 부과할 것은 아니라고 생각한다.[28)]

(2) 연대책임의 대상 및 법적 성격

연대책임의 대상이 되는 것은 '분할 또는 분할합병 전의 분할회사 채무'이다(상법 제530조의9 제1항). 이는 분할 또는 분할합병의 효력발생 전, 즉 분할등기 이전에 발생하였던 분할회사의 채무를 의미한다. 이미 발생한 채무라면 그 변제기의 도래 여부는 묻지 않는다.[29)] 관련된 입법례로서 EU 제6지침은 분할계획이 공표되기 이전에 성립된 채권으로서 아직 변제기가 도래하지 않은 경우만을 보호대상으로 하고 있는 점에서 우리와 차이가 있다(제12조 제1항).

분할회사의 기존 채무라면, 분할회사에 잔존하든지 신설회사 또는 승계회사에 이전되었는지 묻지 않고 연대책임의 대상이 된다고 할 것이다.[30)] 반면 분할합병 이전 승계회사에 존재하던 채무는 연대책임의 대상이 아니다. 이러한 승계회사의 채권자는 분할합병에 관한 채권자 이의절차에 따른 보호를 받게 될 것이다.

---

28) 권기범, 앞의 책(주 18), 430면은 상법 제530조의9 제1항의 문언을 액면 그대로 해석한다면 복수 분할회사 간 연대책임을 긍정할 수도 있겠으나, 그렇게까지 분할회사의 채권자들을 두텁게 보호하려는 것이 입법자의 의도는 아닐 것이라고 보면서 이를 부정적으로 해석한다.

29) 대법원 2008. 2. 14. 선고 2007다73321 판결. 다만 분할 이전에 과징금의 부과근거가 되는 사실행위만 존재하였을 뿐이라면, 분할 이후에 신설회사에 과징금 부과에 따른 책임을 물을 수 없다는 것으로 대법원 2007. 11. 29. 선고 2006두18928 판결 ; 대법원 2009. 6. 25. 선고 2008두17035 판결.

30) 권기범, 앞의 책(주 18), 429면도 동지.

이러한 승계회사의 채권자는 분할합병에 관한 채권자 이의절차에 따른 보호를 받게 될 것이다.

채권의 성립시기와 관련하여서는 몇 가지 쟁점이 있다. 첫 번째로 제조물책임에서 보듯이 이미 분할등기 이전에 불법행위가 이루어졌으나 아직 당사자들이 이를 정확히 인지하지 못한 경우에도 연대책임의 대상이 된다고 할 것이다. 두 번째로 분할회사에 대한 어떤 채권이 성립하지는 않았으나 그 기초가 되는 '법률관계'가 분할등기 이전에 존재하는 경우이다. 대법원은 이 경우 연대책임의 대상이 된다고 본다. 예컨대 분할회사에 대한 구상금채권 성립의 기초가 되는 신용보증약정 및 대출계약이 분할등기 이전에 이미 존재한다면, 구상금채권의 직접적인 원인이 되는 대출채무의 대위변제가 분할등기 이후에 이루어졌다 하더라도, 구상금채권자는 분할회사 및 신설회사(또는 승계회사)에 대하여 연대책임을 주장할 수 있다.[31] 세 번째로 어떤 채권 성립의 기초가 되는 '사실관계'만이 존재하는 경우이다. 분할 이전의 사실관계에 기초하여 공정거래위원회가 분할 이후 과징금을 부과한 경우, 위 연대책임조항은 적용되지 않는다고 볼 것이다. 즉 (i) 공정거래위원회가 분할등기 후 분할회사에 과징금 처분을 한 경우 신설회사 또는 승계회사는 이에 대하여 연대책임을 부담하지 않고, (ii) 공정거래위원회가 신설회사 또는 승계회사에 과징금 처분을 한 경우에도 분할회사는 이에 대한 연대책임을 부담하지 않는다. 연대책임의 대상은 '분할회사'가 '분할등기 이전'에 부담하고 있던 채무인바, 위 과징금채권은 분할등기 이후에 비로소 발생한 것으로 보아야 하기 때문이

31) 대법원 2010. 12. 23. 선고 2010다71660 판결 ; 대법원 2012. 5. 24. 선고 2012다18861 판결.

다. 다만 위 (ii)와 관련하여 약간 다른 각도에서의 문제가 대법원에서 다투어진 바 있다. 과연 공정거래위원회가 분할등기 이전의 담합 등 사실관계를 근거로 분할등기 이후에 (관련 영업을 이어받은) '신설회사 또는 승계회사'에 과징금을 부과할 수 있는지 여부이다.[32] 이에 관하여 대법원은 "회사분할에 있어서 신설회사 또는 존속회사가 승계하는 것은 분할하는 회사의 권리와 의무라 할 것인바, 분할하는 회사의 분할 전 독점규제 및 공정거래에 관한 법률 위반행위를 이유로 과징금이 부과되기 전까지는 단순한 사실행위만 존재할 뿐 그 과징금과 관련하여 분할하는 회사에게 승계의 대상이 되는 어떠한 의무가 있다고 할 수 없고, 특별한 규정이 없는 한 신설회사에 대하여 분할하는 회사의 분할 전 독점규제 및 공정거래에 관한 법률 위반행위를 이유로 과징금을 부과하는 것은 허용되지 않는다"고 하여 비록 관련 영업을 이어받았다 하더라도 분할등기 이전에 이루어진 행위에 대하여 신설회사 또는 승계회사에게 과징금을 부과할 수 없다고 풀이하고 있었다.[33] 이는 과징금 부과대상을 어떻게 볼 것인지에 관한 정책적인 문제라고 할 수 있다. 2012. 6. 22.부터 새로 시행된 독점규제 및 공정거래에 관한 법률에 의하면, 공정거래위원회는 어떤 사업자(분할회사)가 분할 또는 분할합병 이전에 독점규제 및 공정거래에 관한 법률을 위반한 경우 (i) 분할회사, (ii) 신설회사 또는 (iii) 승계회사에 대하여 위 위반행위에 관한 과징금을 부과할 수 있게 되었다(독점규제 및 공정거

32) 이에 관한 해외에서의 논의에 관하여는 강수진/이승민, "회사분할과 공정거래법 위반행위에 대한 책임의 승계," BFL 제49호(2011. 9), 서울대학교 금융법센터 ; 노혁준, "프랑스의 회사분할 법제에 관한 연구 : 분할의 효력을 중심으로," 법제연구 제39호(2010. 12), 한국법제연구원 참조.

33) 대법원 2007. 11. 29. 선고 2006두18928 판결 ; 대법원 2009. 6. 25. 선고 2008두17035 판결 ; 대법원 2011. 5. 26. 선고 2008두18335 판결.

래에 관한 법률 제55조의3 제3항).

연대책임의 법적 성격에 관하여는 이를 민법 제413조 이하의 연대책임으로 보는 견해, 민법상 부진정연대책임으로 보는 견해, 민법 제437조 제2문의 연대보증으로 보는 견해[34] 등이 있다.[35] 법문상 별도의 언급이 없는 이상 이를 연대보증으로 보기는 어려울 것이고, 통상 면책적 이전을 하였음에도 법 규정에 따라 연대책임을 부담하게 되는 것으로서 채무자들 사이에 공동목적에 의한 주관적인 관련성이 없는 것이므로, 부진정연대책임이라고 해석함이 타당하다. 판례는 마찬가지 입장이다.[36]

---

34) 권기범, 앞의 책(주 18), 432-433면은 이를 연대책임으로 보게 되면 대차대조표상 채무로의 계상이 커지는 문제점이 있고, 부진정연대책임으로 보게 되면 구상관계가 명확하지 않게 되는 문제점이 있다고 한다. 그러나 부진정연대책임으로 보더라도 각자 직접 부담하는 채무를 넘어서는 부분에 대하여 구상권을 인정할 수 있으므로 불명확성에 관한 문제점은 크지 않다고 할 것이다.

35) 한편 이러한 논의가 분할의 회계처리에 어떠한 영향을 미치게 되는 것인지는 불분명하다. 현재 분할에 관한 회계처리는 이러한 연대책임 문제를 직접 계정에 반영하지는 않는 것으로 보인다. 황선도, 기업분할과 합병실무, 상장협 실무전집 23, 2003, 55-57면 ; 박정우/정래용, M&A와 자본거래의 세무(제2판), 영화조세통람, 2007, 573-582면 참조. 최기원, 앞의 책(주 15), 1343면은 (부진정)연대채무관계인 때에는 이러한 연대채무를 부채로 계상하여야 하고, 연대보증채무관계인 때에는 이를 단순한 주석사항으로 기재하면 된다고 보는 듯하다. 일본의 경우 알고 있는 채권자에 대한 개별 통지를 해태하는 등 사유로 연대채무관계가 된 때에는 (i) 채무전액을 부채로 계상한 다음 자신이 부담하는 채무를 초과하는 액을 구상채권으로 계상하는 방안, (ii) 자신이 부담하는 채무만을 부채로 계상한 다음 연대책임관계를 주석으로 기재하는 방안에 관한 논의가 있다. 武井一浩/平林素子, 會社分割の實務, 商事法務硏究會, 2000, 104면.

36) 대법원 2010. 8. 26. 선고 2009다95769 판결. 부진정연대책임의 일반원칙상 분할 또는 분할합병 이후 분할회사에 시효중단사유가 발생하였더라도 신설회사 또는 승계회사에 위 시효중단 효력이 미치지는 않는다(대법원 2017. 5. 30. 선고 2016다34867 판결).

2. 연대책임의 배제

(1) 배제의 방법

상법 제530조의9 제2항, 제3항은 위 원칙적인 연대책임에 대한 예외로서 책임을 따로따로 분리시킬 수 있는 절차적 요건을 규정한다. 원래 분할시 개별 채무의 부담 주체는 분할계획서나 분할합병계약서에 의하여 정해지게 된다. 이러한 분담에도 불구하고 상법 제530조의9 제1항의 특칙에 따라 연대책임을 부담하던 것이, 위 예외조항에 따른 절차를 밟으면 대외적으로도 책임을 분리시킬 수 있게 되는 것이다.

배제의 절차적인 요건은 분할회사 주주총회의 특별 결의로 연대책임의 배제를 정하고 채권자 이의절차를 밟는 것이다(상법 제530조의9 제2항, 제3항). 위 결의는 분할의 실행 여부를 결정하는 주주총회 특별 결의(상법 제530조의3 제1항)와는 그 내용을 달리하는 것이지만, 같은 기회에 결의하는 예가 많을 것이다. 연대책임의 배제를 정한 경우 이를 반드시 분할계획서나 분할합병계약서에 기재하여야 한다(상법 제530조의5 제8호, 제530조의6 제7호).

연대책임이 배제되는 경우 어떤 형태로든 후술하는 채권자 이의절차가 필요하게 되므로, 결국 회사가 분할시에 그의 선택에 따라 ① 연대책임을 부담하는 방식을 택할지, ② 채권자 이의절차를 밟음으로써 담보 등을 제공하여 연대책임을 회피할 것인지 결정하는 모양새를 갖추고 있다. 물적분할이나 인적분할의 경우 위 양자택일이 규정상 명확하다(상법 제530조의9, 제527조의5). 다만 분할합병의 경우 그 규정방식이 혼란스럽다. 상법 제530조의9 제3항은 분할합병의 경우에도 연대책임을 배제할 수 있다고 하면서도 별도로 이에 관련된 채권자 이의절차를 요구하지는 않는다. 채권자 이의절차에 관한 규정은 제530조의11 제2항에서 나온다. 즉 분할합병의 경우에는 (연대책임의 배제 여부를 떠나) 일률적으로 채권자 이의절차를 밟도록 하고 있는 것이다. 따라서 분할회사로서는 (i) 분할에 관한 주주총회 결의시 연대책임 배제도 함께 결의하고 채권자 이의절차를 진행함으로써 담보제공 등의 채권자 보호수단만을 부여할 수 있고(위 ②의 선택), (ii) 위 연대책임 배제 결의가 없는 경우 채권자 이의절차를 진행하였더라도 연대책임을 부담하는 (위 ①, ②의 병존) 결과가 될 수 있다. 분할회사의 입장에서는 당연히 (i) 방식을 선호할 것이다. 앞서 언급한 대로 채권자 이의절차와 연대책임을 동시에 부과할 필요성은 없다 할 것이므로, 채권자 이의절차를 밟은 이상 연대책임은 원칙적으로 배제되는 것으로 개정함이 타당하다.

(2) 배제의 범위 문제

1) 상법 제530조의9 제2~3항의 변천

구 상법은 연대책임의 배제시 신설회사 또는 승계회사가 '출자한 재산에 관한 채무'만을 부담할 것을 정할 수 있다고 했다(구 상법 제530조의9 제2항, 제3항). 판례에 따르면 '출자한 재산'이란 분할되는 회사의 특정 재산을 의미하는 것이 아니라 조직적 일체성을 가진 영업, 즉 특정의 영업과 그 영업에 필요한 재산을 의미하며, '출자한 재산에 관한 채무'라 함은 신설회사가 분할되는 회사로부터 승계한 영업에 관한 채무로서 해당 영업 자체에 직접적으로 관계된 채무뿐만 아니라 그 영업을 수행하기 위해 필요한 적극재산과 관련된 모든 채무가 포함된다고

보았다.[37)]

이와 관련하여 분할시 채권 · 채무분담의 자유와 관련하여 논란이 있었다. 예컨대 A회사의 사업부문인 중공업 · 식품업 중 식품업 부문을 부채 포함 없이 분리하여 B회사로 신설한 경우, 주주총회 등을 통한 연대책임 분리절차를 실시하는 것이 어떠한 효력을 갖는가?[38)] 이 경우 대내적으로는 내부분담을 정하였지만 대외적으로 그 분담의 효력을 그대로 인정할 수 없는데, 구체적으로 이를 어떻게 처리할지에 관해 구 상법상 다음의 방식이 논의되었다.

(i)의 방식으로서 위 채권 · 채무의 내부적 분담은 그대로 유효하고, 다만 제530조의9 제2항에 따라 대외적으로는 식품업 부분의 부채에 관해 B회사도 부진정연대책임을 진다고 보는 방법이다.

(ii)의 방식으로서 위 채권 · 채무의 내부적 분담은 그대로 유효하고, 다만 제530조의9 제2항의 요건을 갖추지 못하였으므로 원칙으로 돌아가 A, B회사는 A회사의 분할 이전 중공업 · 식품업 관련 채무에 관하

---

37) 대법원 2010. 2. 25. 선고 2008다74963 판결 ; 대법원 2010. 8. 19. 선고 2008다92336 판결.

38) 다만 실제 사례를 보면 분할시 영업 관련성을 기준으로 분할회사와 신설회사/승계회사 간 채무의 귀속 여부를 정하고 연대책임의 배제도 이에 의하는 경우가 많았다. 예컨대 롯데쇼핑 주식회사의 롯데KKD 주식회사 물적분할결정신고서(2009. 9. 18)에 의하면, 연대책임의 배제를 규정하면서 일체의 적극 · 소극재산을 분할대상부문에 관한 것이면 신설회사에, 그 이외의 것이면 분할되는 회사에 귀속되는 것으로 하고 나아가 "분할되는 회사의 사업과 관련하여 분할기일 이전의 행위 또는 사실로 인하여 분할기일 이후에 발생 · 확정되는 채무 또는 분할기일 이전에 이미 발생/확정되었으나 이를 인지하지 못하는 등의 여하한 사정에 의하여 이 분할계획서…에 반영되지 못한 채무에 대해서는 그 원인이 되는 행위 또는 사실이 분할대상부문과 직접적으로 관련된 경우에 한하여 신설회사에게, 분할대상부문과 직접적으로 관련되지 아니한 경우(어느 부문에 관한 것인가를 확정하기 어려운 경우도 포함함)에는 분할되는 회사에게 귀속되는 것으로 한다" 고 규정한다.

여 연대하여 책임을 진다고 보는 방안이다.

그 밖에 (iii)의 방식으로서 일단 연대책임 분리절차가 이루어지는 이상 신설회사의 출자에 관한 채무는 함께 승계되는 것으로 보아 B회사는 내부적으로도 기존 식품업의 채무를 승계하였다고 볼 수도 있다. 대외적으로는 위 기존 식품업 채무에 관하여 두 회사가 연대책임을 지는 것으로 보는 입장도 있을 수 있고, A회사의 기존 중공업 · 식품업 채무에 관하여 두 회사가 연대책임을 지는 것으로 보는 입장도 있을 수 있다.

대법원은 "… 특별한 사정이 없는 한 신설회사에 출자한 재산에 관한 채무는 그것이 분할기준일 후부터 분할 전까지 발생한 것이라도 신설회사에 승계되는 것으로 보아야 할 것인바, 이 사건 연체임료채무는 대우중공업이 신설회사인 피고에게 출자한 임대보증금반환채권과 동일한 임대차계약에 기하여 발생한 것이므로 출자한 재산에 관한 채무라고 할 수 있다 …" 고 판시한 바 있고,[39] 또한 "… 분할합병의 경우 존립회사가 분할합병 전의 회사의 채무를 승계하지 않기로 하는 내용의 합의가 제530조의9에 위반한 것이어서 채권자에 대한 관계에서 효력이 없다 …" 고 보고 있었다.[40] 위 판결들은 위 예에서 A회사의 식품업 관련 채권자가 B회사에 대하여 연대책임을 청구한 것을 인용한 사례로서 어떤 입장에서 서더라도 판례와 같은 결론에 이를 수 있다.[41] 분할 당사자들의 의사를 존중하는 (i)의 방식이 이론적으로

39) 대법원 2004. 7. 9. 선고 2004다17191 판결.

40) 대법원 2006. 10. 12. 선고 2006다26380 판결 ; 대법원 2009. 4. 23. 선고 2008다96291, 96307 판결. 그중 앞의 판결에 관한 평석으로는 김동민, "회사분할에서 수혜회사에 승계되는 영업재산의 범위와 연대책임 배제의 한계," 상사판례연구 VII, 박영사, 2007.

41) 대법원 2004. 7. 9. 선고 2004다17191 판결은 "… 출자한 재산에 관한 채무는 그것

는 우수하다고 평가되었다.

입법적으로는 '출자한 재산에 관한 채무'에 관하여 연대책임을 면할 수 없도록 한 위 제530조의9 제2항, 제3항은 비판의 소지가 컸다. 위 제한 요건의 부과는 채권자 보호를 주된 목적으로 하는 것인바, 이러한 목적은 채권자 이의절차를 통하여도 달성될 수 있는 것이다. 채권자에 대한 개별 통지에 따른 이의절차를 밟은 경우라면 비록 출자한 재산에 관한 채무라 할지라도 연대책임을 배제할 수 있도록 함이 타당하다.[42] 이에 따라 2015. 12. 1. 개정된 상법은 '출자한 재산에 관한 채무'라는 제한을 삭제하였다. 현행법상 신설회사 또는 승계회사가 출자한 재산에 관한 채무뿐 아니라 이와 무관한 채무에 대하여 단독으로 책임을 지기로 하는 형태의 연대책임 배제도 허용된다고 한 것이다.[43]

2) 일부 채권에 관한 연대책임 배제

분할회사는 자유롭게 면책적 · 중첩적으로 이전할 채무와 잔존시킬

이 분할기준일 후부터 분할 전까지 발생한 것이라도 신설회사에 승계되는 것으로 보아야 할 것인바…"라고 하여 (iii)의 방식에 의한 것으로 보여질 여지가 있으나, 최근의 대법원 2009. 4. 23. 선고 2008다96291, 96307 판결 등은 "…채권자에 대한 관계에서 효력이 없다…"고 하여 당사자 간 내부분담이 원칙적으로 유효하되 채권자에 대한 관계에서만 연대책임 부담이 생긴다는 취지로 풀이될 수도 있다.

42) 물론 법인세법 시행령 제82조 제3항, 부가가치세법 시행령 제17조 제2항 등에 의하면 과세특례를 적용받으려면 분할사업부문의 자산 및 부채가 포괄적으로 승계되어야 하는 것으로 되어 있다. 하지만 이러한 과세특례를 포기하고 자산만을 이전하려는 거래를 원천적으로 차단할 필요가 있는지 의문이다.

43) 최기원, 앞의 책(주 15), 1348면은 분할회사의 영업과 관련되지 않은 일반채무를 승계회사에 이전하면서 연대책임을 배제하는 약정을 체결하였더라도 이러한 유형의 채무에 대하여는 연대책임을 면하기 어렵다고 한다. 武井一浩/平林素子, 앞의 책(주 35), 92면도 이전되는 영업에 관련되지 않은 채무인 경우 분할계획서에 기재하여도 포괄승계에 의한 이전이 이루어지지 않는다고 본다.

채무를 선택할 수 있다. 중첩적으로 이전시킨다는 것은 그 자체로 연대책임을 부담한다는 것이므로 연대책임 배제의 대상은 면책적으로 이전되는 채무 또는 잔존하는 채무이다. 배제는 개별 채권별로 이루어질 수 있음은 물론이다. 예컨대 채권자 A에 대한 채무는 그대로 잔존하면서 연대책임을 배제하고, 채권자 B에 대한 채무는 신설회사로 면책적으로 이전하면서 연대책임을 부담하는 형태 등이다. 나아가 개별 채권이 가분이라면 그중 일부에 대하여 연대책임을 배제하는 형태, 예컨대 위 예에서 A에 대한 채무 10억 중 5억에 대하여만 연대책임을 배제하는 형태도 위 연대책임 배제요건을 갖추면 가능하다고 생각된다.

3) 미확정채무에 관한 연대책임 배제

아직 변제기가 도래하지 않은 채무라 하더라도 연대책임의 대상이 될 수 있음은 앞서 언급한 것과 같다. 이때 그 채권자를 알고 있으면 그에 대하여 개별 통지에 의한 채권자 이의절차를 밟아 연대책임을 배제할 수 있다. 미확정채무 또는 우발채무의 경우는 어떠한가? 예컨대 분할회사의 특정 사업부문(모든 관련 자산 및 부채)을 신설회사로 이전하면서 채권자 이의절차에 따른 연대책임 배제절차를 마친 경우 분할 이전에 위 특정 사업부문에서 발생한 제조물책임에 대하여 분할회사는 연대책임을 부담하지 않는가? 만약 이러한 연대책임 배제가 허용된다면 분할회사는 위험사업부분을 (재무상태가 취약한 신설회사로) 분리시킴으로써 책임을 회피할 길을 얻게 된다. 이러한 행위를 막기 위하여 예컨대 일본 회사법은 불법행위에 의해 발생된 채무에 관해서는 개별 통지에 의한 채권자 이의절차를 거쳐야만 연대책임을 배제할 수 있도록 하고 있다(제789조 제3항, 제810조 제3항).

연대책임 배제에 관한 채권자 이의절차는 채권자들이 공고 또는 개별 통지에 의해 자신을 보호할 기회를 부여받는다는 것을 전제로 한다. 따라서 정당한 사유로 자신이 채권자인지 몰랐던 탓에 이의권을 행사하는 것이 불가능하였던 자에 대하여는 그 채권의 근거가 불법행위청구권이든 아니면 계약상의 청구권이든 연대책임 배제가 적용되지 않는 것으로 입법적 보완을 할 필요가 있다.

3. 기타 — 구상관계와 순차분할 문제

앞서 언급한 대로 원래 분할계획서나 분할합병계약서에 의하여 개별 채무의 부담 내지 귀속 주체가 정해지게 된다.[44)] 어떤 분할당사회사가 이러한 대내적 부담부분과 달리 대외적으로 연대책임을 이행한 경우 당연히 구상권을 행사할 수 있다. 이러한 구상권의 행사에 관한 사항을 분할당사회사가 미리 정해 두는 것도 가능할 것이다.[45)] 실제 사례에서도 이렇듯 구상관계를 명확히 정해 놓는 경우가 많다.[46)] 또한

---

44) 예컨대 주식회사 넥센의 주식회사 넥센디앤에스 회사분할결정신고서(2009. 6. 15)에 따르면, 분할회사와 물적분할 신설회사 간 연대책임을 전제로 하면서도 "…분할대상부문에 관한 것이면 분할신설회사에게, 분할대상부문 이외의 부문에 관한 것이면 분할되는 회사에게 각각 귀속되는 것을 원칙으로 합니다"라고 하여 대내적인 권리 · 의무의 귀속 주체를 정하고 있다.

45) 武井一浩 / 平林素子, 앞의 책(주 35), 103면 참조. 대법원도 분할계획서상 구상의무 조항에 터잡은 분할회사의 신설회사에 대한 구상권을 인정한다(대법원 2016. 8. 29. 선고 2014다210098 판결).

46) 예컨대 대한통운 주식회사가 금호통운렌터카 주식회사를 물적분할방식으로 설립하기 위해 제출한 회사분할결정신고서(2009. 9. 16)에 따르면 "분할되는 회사와 신설회사가 분할 전의 회사채무에 관하여 연대채무를 부담함으로 인하여, 분할되는 회사가 본 분할계획서에 따라 신설회사가 승계한 채무를 변제하거나 분할되는 회사의 기타 출재로 공동면책이 된 때에는 분할되는 회사가 신설회사에 대하여 구

구상권을 담보하기 위하여 질권 · 저당권을 설정할 수도 있는데, 신설회사가 그 상대방일 때에는 민법상 혼동의 발생을 막기 위하여 분할등기 후 별도의 담보권 설정절차를 밟아야 할 것이다.

분할회사 P가 1차 분할을 하여 Q회사를 신설하였는데 다시 Q회사가 2차 분할을 하여 R회사를 신설한 경우, P는 R회사의 채권자에 대하여 연대책임을 지는가?[47] 예컨대 분할회사 P에 우량자산이 남아 있는 상태에서 Q, R로 채권의 순차 면책적 이전이 이루어진 경우 그러한 채권자의 보호가 문제된다. 반대로 위 사례에서 우량자산이 Q, R로 순차로 이전된 때에 분할회사 P에 남은 채권자가 R회사에 대하여 연대책임을 물을 수 있는지도 문제된다. 순차적인 분할에 관하여 연대책임을 확장하는 경우 당사자들의 지위를 불안정하게 만들 우려가 있으나, 현행법의 해석상 P회사는 R회사의 채권자에 대하여, R회사는 P회사의 채권자에 대하여 연대책임을 진다고 보아야 할 것이다. 그 채권이 P회사에서 Q회사로 면책적으로 이전된 채권자라 할지라도, 상법하에서는 마치 중첩적으로 이전된 것처럼 P, Q회사의 연대책임을 물을 수 있다. 이후 그 채권이 R회사로 면책적으로 이전되었다 하더라도, 마찬가지로 중첩적으로 이전된 것으로 보아 P, Q, R회사에 연대책임을 물을 수 있는 것이다. 이러한 법리는 P회사에 남겨진 채권자가

상권을 행사할 수 있고, 신설회사가 본 분할계획서에 따라 분할되는 회사에 귀속된 채무를 변제하거나 신설회사의 기타 출재로 공동면책이 된 때에는 신설회사가 분할되는 회사에 대하여 구상권을 행사할 수 있다"는 조항을 두고 있다. 이러한 유형은 하나은행의 하나카드 주식회사 분할결정신고서(2009. 4. 23), SK에너지 주식회사의 SK루브리컨츠 주식회사 분할결정신고서(2009. 7. 16) 등 많은 사례에서 나타난다.

47) 이러한 순차분할은 실무에서도 종종 관찰된다. 대법원 2006. 10. 12. 선고 2006다26380 판결도 순차분할에 관한 사례이다.

R회사에 대한 책임을 물을 때에도 마찬가지이다. R회사는 Q회사 및 R회사 간 분할 이전에 발생한 Q회사의 (P회사에 대한) 연대책임에 관하여 다시 연대책임을 지게 되므로, 결국 P에 남겨진 채권자는 Q회사뿐 아니라 R회사에 대하여도 연대책임을 물을 수 있게 된다.[48] 순차분할시 이러한 연대책임의 확장을 막기 위해서는 연대책임 배제절차를 활용하여야 할 것이다.[49]

Ⅳ. 분할 관련 채권자의 이의제도

1. 절차의 내용

(1) 회사의 공고 또는 통지의무의 발생

분할 관련 채권자의 이의제도는 연대책임을 배제하려는 경우(상법 제530조의9 제4항) 또는 분할합병을 하려는 경우(동법 제530조의11)에, 분할회사 또는 승계회사가 주주총회 결의 후 2주 이내에 회사채권자에 대하여 이의가 있으면 제출할 것을 공고하고 알고 있는 채권자에 대하여는 개별적으로 최고하는 제도이다. 이의를 제출하지 않은 채권자

48) 위 대법원 판례의 사안에서도 연대책임의 배제가 인정되지 않은 결과 원래의 분할회사(해동전설)의 잔존채권자인 원고가 그로부터 물적분할된 영우전설로부터 재차 (전기공사부문을) 분할합병한 피고를 상대로 공사대금의 연대책임을 물을 수 있었다.

49) 순차분할시 연대책임의 인정 가능성에 대하여는 노혁준, "회사분할 관련 최근 판례들의 비판적 검토," 상사판례연구 제25집 제2권(2012. 6), 한국상사판례학회, 95-98면 ; 대법원 2009. 4. 26. 선고 2008다96291, 96307 판결.

는 이를 승인한 것으로 간주되어 분할무효의 소 등을 제기할 수 없게 되고(동법 제530조의11, 제529조 제1항, 제527조의5), 이의를 제출한 채권자에 대하여는 후술하듯이 분할회사 또는 승계회사가 변제 또는 상당한 담보를 제공하거나 이를 목적으로 상당한 재산을 신탁회사에 신탁하여야 한다.

분할시 채권자 이의절차는 주식회사의 합병(상법 제527조의5), 감자(동법 제439조 제2항, 제232조), 조직변경(동법 제608조, 제232조)에서와 거의 동일하게 규정되어 있다. 다만 분할의 경우 회사가 분리되는 점에서 다른 회사법상의 행위와는 차이가 있는바, 분리되는 회사들 간 연대책임을 부담함으로써 다른 회사법상 행위에서는 필수적인 채권자 이의절차를 대체할 수 있고 오히려 이러한 연대책임의 부담이 원형으로 되어 있는 점에서 구별된다.

연대책임을 배제하기 위한 채권자 이의절차인 경우 물적분할 · 인적분할의 분할회사에서 이러한 절차를 밟아야 할 것이다(상법 제530조의9 제2항, 제4항). 한편 분할합병의 경우 승계회사 및 분할회사에서 채권자 이의절차가 요구된다고 하겠다(동법 제530조의11 제2항, 제527조의5).[50] 이는 간이분할합병 · 소규모분할합병(동법 제530조의11 제2항, 제527조의2, 제527조의3)인 경우에도 마찬가지라고 하겠다. 그 밖에 분할합병이 아닌 단순한 인적분할로서 분할회사와 신설회사 간 연대책임을 부담하기로 하는 경우라도, 분할회사의 주주에게 교부금을 지급하는 때에는 이를 구비해야 한다는 입장도 있다.[51]

상업등기법 제98조 제1항 제3호, 제94조 제3호에 따르면, 분할 또는

50) 권기범, 앞의 책(주 18), 390면.

51) 이철송, 회사법강의(제20판), 박영사, 2012, 1074면.

분할합병으로 변경등기 또는 설립등기의 신청시에는 채권자 이의절차에 따라 공고 또는 최고를 한 사실과, 이의를 진술한 채권자가 있는 때에는 이에 대하여 변제 또는 담보를 제공하거나 신탁을 한 사실을 증명하는 서면을 첨부하도록 하고 있다. 따라서 위 채권자 이의절차가 필요함에도 이를 경료하지 않은 경우 분할등기 자체가 불가능하게 되어 있다.

(2) 공고 또는 통지의 상대방

공고 또는 통지의 상대방인 채권자에는 금전채권자뿐 아니라 비금전채권자도 포함된다고 할 것이다.[52]

전술한 바와 같이 상법은 공고의 상대방과 통지의 상대방을 구분하여 '알고 있는 채권자'에 대하여는 개별 통지할 것을 요구한다. 알고 있는 채권자 중에는 확정적으로 채권자로 인식하고 있는 자 이외에 현재 그 존부에 관하여 다툼이 있는 자, 예컨대 분할회사에 대한 채권을 주장하면서 소송 중인 자도 포함된다고 할 것이다.[53] 기명사채권자

52) 江頭憲治郎/門口正人 共編, 앞의 책(주 23), 20면도 통상은 금전채권자가 대상이 되지만 비금전채권자의 경우에도 변제 등의 방법에 의하여 보호될 수 있다면 포함될 것이라고 한다.

53) 대법원의 비영리법인의 해산에 관한 판결 중에는 "민법 제89조에서 알고 있는 채권자는 손해배상채권으로서 당사자 사이에 그 액에 대하여 다툼이 있는 채권이 제외되어야 한다는 근거가 없을뿐더러 법인해산결의 이전에 이미 본소를 제기한 원고는 응당 채무자인 피고가 알고 있는 채권자라 할 것이므로 청산인의 채권신고의 제척기간 내에 채권신고를 하지 않았다고 하여 청산으로부터 제외될 것이 아님이 위 법조의 취지에 비추어 명백하다"고 판시한 적이 있다고 하고〔대법원 1964. 6. 16. 선고 64다5 판결. 곽윤직 집필대표, 민법주해 IX(최기원 집필부분), 박영사, 1992에서 인용〕, 일본의 大判昭 7. 4. 30. 民集11巻706頁에서도 회사와 계쟁

는 알고 있는 채권자로 보지만, 무기명사채권자는 알지 못하는 채권자로 볼 것이다.[54] 다만 사채권자인 경우 개별적으로 이의를 제출할 수 없고 사채권자 집회의 결의가 필요하다(상법 제530조의9 제4항, 제439조 제3항, 제530조의11 제2항).[55]

대법원은 "… 개별 최고가 필요한 '회사가 알고 있는 채권자'란 채권자가 누구이고 채권이 어떠한 내용의 청구권인지가 대체로 회사에게 알려져 있는 채권자를 말하는 것이고, 회사에 알려져 있는지 여부는 개개의 경우에 제반 사정을 종합적으로 고려하여 판단하여야 할 것인데, 회사의 장부 기타 근거에 의하여 성명과 주소가 회사에 알려져 있는 자는 물론이고 회사 대표이사 개인이 알고 있는 채권자도 포함된다"고 하여[56] 그 범위를 상당히 폭넓게 인정한다. 알고 있는 채권자에 대한 개별 최고는 당사자 간에 별도로 약정할 수 있으므로 예컨대 사채의 사업설명서 등에 규정된 방식에 따라 사채권자들에게 통지하지 않았다면 적법한 통지로 볼 수 없다.[57]

입법적으로 어떤 기준에 의해 공고의 상대방과 통지의 상대방을 나

중인 자를 알고 있는 채권자로 본 사례가 있다〔江頭憲治郎/門口正人 共編, 앞의 책(주 23), 20면 참조〕. 반면 권오성, 자본감소결의에 이의를 제출할 수 있는 채권자의 범위, 대한변협신문 2009. 5. 4.자, 5면에 의하면 서울고등법원 2003. 5. 13. 선고 2002나65037 판결은 "감자결의에 이의를 제출할 수 있는 채권자의 범위와 관련하여, 여기서의 채권자란 위 규정의 취지 및 회사법률관계의 획일적인 처리라는 관점에서 적어도 감자 당시에는 그 채권의 존재가 확정되어 있는 채권자일 것이 요구된다"고 하면서 "원고들처럼 현재 소송이 계속되고 있고, 그 채권의 존부 자체가 다투어지고 있는 채권자는 위 채권자 보호절차에서의 채권자라고 볼 수 없다"고 판시하였다고 한다.

54) 江頭憲治郎/門口正人 共編, 앞의 책(주 23), 23면.

55) 이는 일본 회사법도 마찬가지이다. 제740조 제1항 참조.

56) 대법원 2011. 9. 29. 선고 2011다38516 판결.

57) 서울고등법원 2008. 6. 27. 선고 2006나64865 판결.

늘지에 관하여 논란이 있을 수 있다. 아무래도 공고에 의한다면[58] 개별 통지에 의한 경우보다 절차비용이 적게 들지만, 관련 내용이 제대로 전달되지 못할 가능성이 높아 채권자에 불리할 수 있다. 분할의 활성화 측면을 강조한다면 공고의 범위를 넓히자는 입장에 서게 될 것이고,[59] 채권자 보호를 강조하면 가급적 개별 통지를 원칙으로 보게 된다. 특히 회사분할의 경우 합병 · 감자 · 조직변경에서의 채권자 이의절차와 달리 우량부문과 부실부문을 별개의 법인으로 분리하고 그 연대책임을 배제함으로써 채권자에게 피해를 입힐 가능성이 크다.[60] 만약 공고의 상대방을 확장하려면 정당한 사유로 공고를 알지 못한 자를 보호하는 특례를 두는 등 보완조치가 필요하다고 하겠다.

2. 공고 또는 통지 해태의 효과

회사분할시 채권자 이의절차는 연대책임을 배제하기 위하여 또는 분할합병시에 실행되는 것이다. 절차 흠결의 효과는 이 두 경우를 나

58) 상법 제289조 제3항에 의하면 회사의 공고는 관보 또는 시사에 관한 사항을 게재하는 일간신문에 한다. 2009년 5월의 개정을 통해 같은 항 단서가 추가되어 회사는 공고를 그 정관이 정하는 바에 따라 전자적 방법으로도 할 수 있게 되었다.

59) 일본 회사법 제810조 제3항은 정관의 정함에 따라 일간신문에 의한 공고 또는 전자공고를 한 때에는 원칙적으로 알고 있는 채권자에 대한 개별 최고를 할 필요가 없다고 한다. 이는 합병시의 채권자 이의절차에도 마찬가지이다(일본 회사법 제789조 제3항, 제799조 제3항).

60) 일본 회사법은 이를 고려한 탓인지 합병시의 채권자 이의절차와 달리 분할시에는 분할회사의 불법행위에 대한 최고를 일간신문에 의한 공고 또는 전자공고로 갈음하지 못하도록 하고 있다(제810조 제3항 단서). 江頭憲治郎/門口正人 共編, 앞의 책(주 23), 23면에 의하면 이렇듯 분할시 불법행위 채권자를 특별히 규정한 것은 공해나 약해와 같이 다액의 손해배상채무를 지는 회사가 소액의 자산과 함께 이러한 손해배상채무를 회사분할의 대상으로 할 가능성이 있기 때문이라고 한다.

누어 살펴볼 필요가 있다.

만약 단순분할시 연대책임을 배제한다면서도 공고 또는 통지절차를 제대로 실행하지 않은 경우는 어떠한가? 이에 대하여 연대책임의 배제에 관한 내용은 그 자체로 분할거래의 중요한 부분을 이루는 것이므로(상법 제530조의5 제1항 제8호 참조), 배제를 위한 제반 절차를 밟지 않은 경우, 곧 분할무효사유에 해당한다는 견해가 주장될 수 있다.[61] 이에 따르면 분할무효를 인정하지 않고 단순히 연대책임을 부과한다면 채권자 보호를 기할 수 있지만 분할 및 연대책임 배제를 결의한 주주총회의 의사를 무시하는 것이 된다. 그러나 분할을 위한 주주총회 승인과 연대책임 배제에 관한 주주총회 승인은 개념적으로 구분된다고 할 것이고, 연대책임 배제를 위한 절차의 흠결은 연대책임원칙으로의 복귀를 초래한다고 봄이 타당하다. 대법원도 알고 있는 채권자에 대한 개별 통지를 흠결한 사례에서 "분할되는 회사와 신설회사의 채무관계가 분할채무관계로 바뀌는 것은 분할되는 회사가 자신이 알고 있는 채권자에게 개별적인 최고절차를 제대로 거쳤을 것을 요건으로 하는 것이라고 보아야 하며, 만약 그러한 개별적인 최고를 누락한 경우에는 그 채권자에 대하여 분할채무관계의 효력이 발생할 수 없고 원칙으로 돌아가 신설회사와 분할되는 회사가 연대하여 변제할 책임을 지게 되는 것이라고 해석함이 옳다"고 하여 같은 입장을 취하고 있다.[62] 다만 대법원은 회사가 알고 있는 채권자에 대한 개별 통지를 누락하였다고 하더라도 "채권자가 회사분할에 관여되어 있고 회사분할을 미리 알고 있는 지위에 있으며, 사전에 회사분할에 대한

61) 부산고등법원 2004. 3. 31. 선고 2003나11424 판결의 당사자 주장 참조.

62) 대법원 2004. 8. 30. 선고 2003다25973 판결 ; 대법원 2004. 3. 3. 선고 2003나11424 판결도 같은 취지이다.

이의제기를 포기하였다고 볼 만한 사정이 있는 등 예측하지 못한 손해를 입을 우려가 없다고 인정되는 경우에는 개별적인 최고를 누락하였다고 하여 그 채권자에 대하여 신설회사와 분할되는 회사가 연대하여 변제할 책임이 되살아난다고 할 수 없다"고 하여 예외를 인정한다.[63)]

위 연대책임에 필요한 절차를 모두 마쳤다는 점에 관한 증명책임은 분할채무관계를 주장하는 쪽에 있다. 따라서 분할합병계약서에 출자한 재산에 관한 채무만을 부담한다는 취지가 기재되어 주주총회의 승인을 받았다는 점에 관한 입증이 없는 이상, 분할합병계약서에 분할로 인해 이전되는 재산 및 가액이 명시되었고, 분할채무관계라는 취지의 신문공고가 이루었으며, 채권자들이 분할합병에 동의하였다고 하더라도 연대책임이 배제되지 않는다.[64)]

채권자 이의절차의 흠결을 이유로 나아가 분할의 무효를 주장할 수 있는가? 단순분할시 채권자 보호의 기본방식은 연대책임이고 분할관련 회사가 연대책임을 부담할 때에는 별도의 채권자 보호절차를 밟을 필요가 없다는 점을 고려할 때 연대책임에서 더 나아가 분할 자체의 무효를 주장하는 것은 과도한 것으로 보인다. 이에 대하여는 (i) 연대책임을 부담하지 않음을 전제로 회사분할에 이의를 제기하지 않은 다른 채권자의 보호가 문제되는 경우, (ii) 단순한 연대책임으로는 채권자의 보호에 불충분한 경우에는 예외적으로 분할무효 사유로 인정될 수 있다는 견해도 유력하다.[65)]

반면 분할합병시에 필요한 공고 또는 통지절차를 밟지 않은 경우는

63) 대법원 2010. 2. 25. 선고 2008다74963 판결.

64) 대법원 2010. 8. 26. 선고 2009다95769 판결.

65) 김상곤/이승환, "분할 관련 소송," BFL 제54호(2012. 7), 서울대학교 금융법센터, 32면은 분할무효 원인으로 인정하면서 재량기각을 적절히 활용하여 법적 안정성을 기할 수 있다고 본다.

어떠한가? 이러한 때의 공고 및 통지는 연대책임 여부를 불문하고 실행되는 것인바, 일반적인 합병시 채권자 이의절차의 흠결과 마찬가지로 해석되어야 할 것이다. 따라서 그 자체로 분할합병 무효사유가 될 수 있다고 생각한다.

일본의 경우 채권자 보호의 방법은 채권자 이의절차로 일원화되어 있는바, 이를 흠결한 경우의 효과를 법에서 규정한다. 개별 최고가 필요한 경우에 이를 실행하지 않은 경우, 분할계획 또는 분할계약에 채무자로 되어 있지 않은 회사도 물적유한책임을[66] 부담한다. 즉 분할회사는 분할 효력발생일의 재산액을 한도로, 승계회사 또는 신설회사는 승계된 재산액을 한도로 하여 함께 변제할 책임을 부담한다(일본 회사법 제759조 제2항 및 제3항, 제764조 제2항 및 제3항).[67] 순자산의 가액이 아니라 재산가액이 한도를 구성하며, 가액에 관한 입증책임은 채무자가 되는 분할회사 · 신설회사 또는 승계회사가 지게 된다.[68]

3. 이의를 제출한 채권자에 대한 조치

분할회사 또는 승계회사는 채권자 이의절차에서 이의를 제출한 채

66) 武井一浩 / 平林素子, 앞의 책(주 35), 100면에 의한 법적 성격 정의이다.

67) 예컨대 분할회사 A가 100억 엔의 재산을 갖고 있던 중 80억 엔의 재산을 분할한 경우 이를 이전받은 신설회사 B(또는 승계회사 C)는 개별 최고를 제대로 받지 못한 채권자 P에 대하여 비록 분할계획서상(또는 분할합병계약서상) P에 대한 채권을 분할회사 A가 부담하는 것으로 되어 있었다 하더라도 80억 엔의 한도 내에서 책임을 부담한다. 같은 사안에서 개별 최고를 제대로 받지 못한 채권자 Q에 대하여 비록 분할계획서상(또는 분할합병계약서상) Q에 대한 채권을 신설회사 B(또는 승계회사 C)가 부담하는 것으로 되어 있다 하더라도 분할회사 A는 20억 엔의 한도 내에서 책임을 부담한다. 神田秀樹, 앞의 책(주 17), 331면.

68) 武井一浩 / 平林素子, 앞의 책(주 35), 100면 참조.

권자에 대해서는 변제 또는 상당한 담보를 제공하거나 이를 목적으로 하여 상당한 재산을 신탁회사에 신탁하여야 한다(상법 제530조의9 제4항, 제530조의11 제2항, 제527조의5 제3항, 제232조 제3항). 이와 관련하여 몇 가지 논란이 제기된다.

먼저 상당한 담보제공의 방식이다. 전술한 바와 같이 위 이의를 제출한 채권자에 대한 조치 여부는 분할등기시 첨부서류로 포함되어야 한다. 만약 분할회사에 대한 다액의 채권을 다투는 자가 이의를 제기하였다면 그 주장 전액에 상당하는 담보의 제공 또는 재산의 신탁을 요구하는 것이 실무이다. 원래 상당한 담보란 그 채권액에 상응하는 금액을 법원에 공탁하거나 물적담보를 제공하는 방식에 의하는 것이 보통이지만, 보증보험증권도 가능하다고 할 것이고,[69] 그 밖에 은행에 의한 이행보증서 등도 탄력적으로 허용되고 있다.[70] 나아가 위 사안처럼 액수에 다툼이 있는 경우 반드시 전액에 관한 담보 · 신탁 등을 요구하는 것이 합리적인지는 의문이다. 한편 이의를 제출한 채권자의 채권이 지적재산권의 사용권 등 비대체적 권리인 경우에는 그 불이행시의 손해액에 상응하는 담보를 제공하는 방식이 가능하다고 보아야 할 것이다. 그렇지 않으면 일부 비대체적 채권자들에게 분할에 관한 거부권을 주는 결과가 될 수 있기 때문이다.

다음으로 채권자의 이의제출권을 어떻게 합리적으로 제한할 것인지의 문제이다. 법문에 의하면 채권자는 변제 가능성을 불문하고 이의를 제출할 수 있는 것처럼 되어 있다. 그러나 채권자가 이미 물상보증 등 충분한 담보물을 갖고 있는 경우에는 이미 상당한 담보가 제공

69) 손주찬 / 정동윤 집필대표, 주석 상법 : 회사 III, 한국사법행정학회, 594면.
70) 2011. 1. 3. 사법등기관-2 질의회답.

된 것으로 보아 이의제출을 할 수 없다고 보아야 할 것이다.[71] 그 밖의 경우에는 분할당사회사의 재무구조가 건전하여 분할이 실질적으로 채권자 지위에 악영향을 미치지 않더라도 이의제출을 막기가 어렵다. 입법적으로 제고를 필요로 한다. 예컨대 독일의 경우 기존 채무이행에 관한 위험수준이 증가하지 않은 이상 채권자가 합병시 담보제공을 요구할 수 없도록 하고 있고(독일 기업재편법 제22조 제1항 제2문), 일본에서도 합병 · 분할 등의 경우 채권자를 해할 우려가 없는 경우에는 별다른 채권자 보호조치를 취할 필요가 없도록 하고 있다(일본 회사법 제789조 제5항 단서, 제799조 제3항 단서, 제810조 제5항 단서).[72]

V. 관련 문제

1. 회사분할과 분할회사의 감자

상법 제530조의5 제2항에 의하면 분할시 분할계획서에 분할회사의 감자에 관한 사항을 정하도록 되어 있고, 이는 제530조의6 제3항에 의하여 분할합병에 준용되므로, 인적 · 물적분할합병시 반드시 분할회

71) 손주찬/정동윤 집필대표, 앞의 책(주 26), 545면. 다만 이는 합병에 관한 논의이다.

72) 이러한 채권자 보호조치의 예외조항은 1997년 상법 개정을 통해 합병 · 감자 법제에 포함되었다가 이후 회사분할법제에도 도입된 것이다. 채권자를 해할 우려가 없는지 여부에 대하여는 채권회수의 가능성이 합병 전후에 변화하였는지 여부에 의하여 판단해야 한다는 견해가 많다〔上柳克郎/鴻常夫 編集代表, 新版註釋會社法(第4補巻 1997年改正), 2000, 43면〕. 그 입증책임은 회사가 부담하는바 증빙으로는 조직재편행위 후의 회사의 재무상황이 양호하다는 것을 보이는 당사회사의 회계장부, 자료 등을 생각할 수 있다〔江頭憲治郎/門口正人 共編, 앞의 책(주 23), 22면〕.

사의 감자가 필요한 것으로 이해될 여지가 있다. 그러나 분할회사의 재무상태가 양호하여 분할 이후에도 분할회사의 순자산이 자본금을 상회할 수 있으므로 회사분할이 항상 감자를 수반한다고 보기 어렵다.[73] 분할로 인해 분할회사의 장부상 순자산액이 자본금을 하회하게 된 경우에도 감자 실행 여부는 회사의 선택사항이라고 할 것이다. 다만 분할 결과 분할회사가 실질적인 가치 기준으로 채무초과상태가 되는 경우는 별도의 문제이므로 항을 바꾸어 살펴본다. 결국 위 조문은 감자를 강제하는 조문이 아니라 감자가 있는 경우 이를 분할계획서 · 분할합병계약서에 기재하도록 정한 것에 불과하다.

실제로는 많은 경우에 분할시 분할회사의 감자도 이루어진다. 감자의 절차적 요건 중 주주총회의 특별결의는 분할의 요건이기도 하므로, 감자의 방법 등이 포함된 분할계획서 · 분할합병계약서를 승인하면 승인요건을 충족하게 된다. 문제는 감자의 또 다른 절차적 요건인 채권자 이의절차이다. 감자를 하는 경우 채권자 이의절차가 강제되고 그 내용은 연대책임 배제를 위한 채권자 이의절차와 동일하므로 분할회사로서는 위 이의절차를 연대책임 배제를 위한 것으로도 구성할 가능성이 있다. 즉 분할회사가 주주총회에서 감자 및 연대책임 배제에 관한 사항이 포함된 분할계획서 또는 분할합병계획서를 특별 결의로 승인받고, 감자 및 연대책임 배제를 위하여 채권자 이의절차를 진행할 수도 있다. 이러한 경우 알고 있는 채권자에게 개별 통지하지 않는 등 이의절차를 제대로 진행하지 않은 경우 어떻게 처리할 것인가? 생각건대 이때의 이의절차는 단순히 연대책임을 배제하기 위한 것이 아니라 감자절차 나아가 회사분할절차의 중요한 요소이므로 분할무효

73) 권기범, 앞의 책(주 18), 392면 ; 황선도, 앞의 책(주 35), 22면.

사유로 보아야 할 것이다. 보통 감자무효 판결의 효력에는 소급효가 인정되지만(상법 제446조, 제190조 본문), 위 무효사유에 기한 분할무효 판결의 효력에는 소급효가 부인된다고 하겠다(동법 제530조의11 제1항, 제240조, 제190조 단서).

2. 회사분할과 채무초과회사

크게 두 가지가 논의의 대상이 된다. (i) 분할시 이전되는 순자산이 마이너스일 수 있는가? 즉 순자산 마이너스인 회사를 신설하거나(인적 · 물적분할의 경우), 마이너스인 순자산을 승계회사에 이전하는(분할합병) 형태의 분할이 가능한가? 나아가 (ii) 분할로 인해 분할회사의 순자산이 마이너스가 되는 형태의 분할은 가능한가? 이하의 논의는 단순한 장부가가 아닌 실질적인 가치를 기준으로 한다. 일본의 경우 신회사법 이전부터 회사분할시 분할당사회사에 '채무의 이행 가능성이 있는 점'과 '그 이유'를 개시할 것을 요구하였고(일본 구 상법 제374조의2 제1항 제3호, 제374조의18 제1항 제3호), 채무의 이행 가능성이 없으면 회사분할무효사유가 된다고 보았다.[74] 일본의 신회사법하에서는 '채무의 이행 가능성에 관한 사항'의 개시가 요구되는바(회사법 시행규칙 제182조 제1항 제5호, 제183조 제6호), 구 상법에 비해 완화된 것이기는 하나 여전히 채무초과회사에 관련된 분할을 엄격히 규제하는 태도를 취한다.[75] 아래에서 보듯이 이러한 분할이 허용되어야 할 이론적 · 실제적

74) 名古屋地判 平成 16. 10. 29. 1881-122.

75) 만약 채무의 이행 가능성이 없는 경우 다수설은 회사법하에서 그 자체를 분할무효사유로 볼 수 없다고 보는 듯하나〔江頭憲治郎/門口正人 共編, 앞의 책(주 23), 19면; 相澤哲/細川充, "組織再編行爲," 商事法務 제1769호(2006. 6. 15), 19면〕, 여전히 분할무효사유에 해당한다고 보는 견해도 있다〔江頭憲治郎, 앞의 책(주 23), 817면〕.

근거가 있음을 고려할 때 일본의 접근방식이 타당한지는 의문이다.

먼저 인적 · 물적분할로 인해 '회사가 신설되는 경우' 분할 이외에 회사의 설립행위가 있는 것이고 현행법상 순자산이 마이너스인 회사를 설립하는 것은 허용되지 않는다고 할 것이므로, 위 (i) 질문에 대하여는 부정적으로 답할 수밖에 없다. 인적분할이든 물적분할이든 신설회사는 신주를 발행해야 하는데 마이너스 순자산의 대가로 신주를 발행하는 것은 상정하기 어렵다.

그러나 마이너스 순자산을 '승계회사로 이전하는 경우'에는 (i) 질문에 대한 답이 달라질 여지가 있다. 대법원 판례 중에는 채무초과상태인 회사를 소멸회사로 하는 흡수합병이 불가능한 것처럼 설시한 사례가 있으나,[76] 합병당사회사들이 시너지 효과 등을 고려하여 (비록 따로 순자산을 평가할 때에는 마이너스지만) 이전되는 자산 및 부채에 일정한 가치를 부여할 가능성이 있고, 이를 원천적으로 금지할 필요는 없다. 이때 존속회사의 주주 · 채권자 등의 보호는 주식매수청구권, 채권자이의절차 등을 통해 일정 부분 달성할 수 있다. 마찬가지로 분할합병의 경우에도 마이너스인 순자산을 승계회사에 이전하는 거래가 불가능하지 않다고 생각된다.[77] 앞서 살펴본 바와 같이 일본에서는 분할시 분할당사회사의 채무 이행 가능성에 관한 사항을 개시하도록 요구하고 있는바, 위 채무 이행 가능성만 인정된다면 이른바 분할차손이 발

76) 대법원 2008. 1. 10. 선고 2007다64136 판결. 이 판례에 대한 평석으로 노혁준, "부실계열사 합병과 합병비율," 상사법연구 제27권 제4호(2009. 2) 한국상사법학회, 235면 이하 참조.

77) 다만 상업등기선례 1-243 흡수분할합병시 무증자합병이 가능한지 여부(2002. 1. 2. 등기 3402-2 질의회답)에 따르면, 승계회사로 이전되는 순자산가치가 0인 경우 합병차익이 존재하지 않으므로 분할회사의 주주에게 주식을 배정하지 않는 무증자합병이 가능하다고 하고 있는바, 이는 이전되는 자산 및 부채의 순가치가 마이너스인 경우 분할합병을 허용하지 않겠다는 취지로 해석될 여지가 있다.

생하는 분할합병을 일정한 절차를 밟아[78] 실행할 수 있는 것으로 되어 있다.[79]

위 (ii) 질문에 대하여는, 분할로 인해 분할회사의 순자산이 마이너스가 되는 형태의 분할도 이를 금지할 이유가 없다고 생각된다. 마찬가지로 분할회사의 주주와 채권자의 보호는 주식매수청구권, 연대책임 내지는 채권자 이의절차를 통해 달성할 수 있다. 또한 부실기업이 우량부문을 분리한 후 청산절차에 들어가는 수순을 밟을 필요성이 인정되는 경우도 생각할 수 있을 것이다.[80] 분할 이후 채무의 이행 가능성을 중시하는 일본에서도 실질채무초과상태라고 하여 반드시 채무의 이행 가능성이 없는 것은 아니라고 그 규제를 완화하려는 해석론이 전개되고 있다.[81]

VI. 맺으면서

회사분할법제는 합병과는 다른 다양한 쟁점을 내포하고 있음에도 불구하고 상대적으로 다른 기업구조조정법제보다는 적은 관심을 받

---

78) 일본 회사법 제795조 제2항 제1호에 의하면 승계회사가 승계하는 채무액이 승계자산액을 초과하는 경우에 승계회사의 이사는 분할승인 주주총회에서 분할차손의 발생이유, 처리방침 등을 설명해야 한다. 다만 주의할 것은 이는 장부상 가격을 기준으로 하는 것이고, 실제 객관적인 부채가액이 자산가액을 초과하는 경우에도 이를 적용할 수 있을지에 대하여는 논란이 있다.

79) 다만 武井一浩/平林素子, 앞의 책(주 35), 112면은 채무초과부분을 승계회사에게 이전하는 경우 승계회사의 변제자력이 충분하더라도 (마이너스 순자산에 대하여) 신주를 발행하는 형태의 분할합병은 불가능하다고 본다.

80) 권기범, 앞의 책(주 18), 393면.

81) 相澤哲 / 細川充, 앞의 논문(주 75), 19면.

아 왔다. 이 글에서는 회사분할법제의 중핵이라고 할 수 있는 채권자 보호 문제, 그중에서도 연대책임제도와 채권자 이의제도를 중심으로 살펴보았다. 최근 계약관계의 부분적 포괄승계라는 분할의 장점이 부각됨에 따라, 사업의 분리가 필요한 기업들이 회사분할제도를 활용하는 사례가 부쩍 증가하고 있다. 분할 관련 이해당사자 보호와 간이한 분할도구의 필요성을 조화시킬 수 있도록 분할법제를 정비하는 노력이 요청된다고 하겠다.

구체적으로 이 글에서는 먼저 분할시 채권자 보호수단이 필요한 경우를 분석하고, 현행 상법의 규정과 달리 물적분할시 분할회사에 잔존하는 채권자들에 대하여는 별도의 채권자 보호절차가 필요 없음을 보였다.

다음으로 현행법상 채권자 보호수단 중 연대책임제도와 채권자 이의제도를 비교한 후, 비록 분할합병의 경우라도 위 두 가지 제도를 병용할 필요는 없다는 점을 지적하였다.

분할회사의 연대책임과 관련하여서는, 특히 상법 제530조의9 제2항, 제3항이 신설회사 또는 승계회사로 하여금 '출자한 재산에 관한 채무'인 경우 반드시 연대책임을 부담하도록 하고 있는바, 이에 대하여 의문을 제기하였다.

마지막으로 분할 관련 채권자의 이의제도와 관련하여서는, 특히 이의를 제출한 채권자에 대한 담보제공방식을 탄력적으로 허용하고, 채권자의 이의 제출권을 합리적으로 제한할 것 등을 제안하였다.

08

회사분할시 채권자 보호의 실무상 쟁점*

윤용준**

I. 서론

회사가 분할[1]하는 경우 분할대상 권리의무의 선정에는 원칙적으로 사적 자치, 즉 소위 배정자유의 원칙이 적용되므로, 분할회사[2]는 법령과 신의칙에 반하지 않는 이상 신설회사로 이전할 채무를 분할계획서

* 이 논문은 BFL 제49호(2011. 9)에 게재된 글을 수정 · 보완한 것이다.

** 법무법인 광장 변호사

1) 이 글에서는 분할이라는 용어를 분할합병은 포함하지 않는 단순분할만을 지칭하는 것으로 사용한다. 분할과 분할합병은 많은 경우 적용되는 규정과 법리가 공통되지만, 양자에 적용되는 규정과 법리가 항상 동일한 것은 아니다. 이 글에서는 논의의 편의와 지면의 제약을 고려하여 원칙적으로는 분할을 중심으로 논의를 진행하고, 분할합병에 관한 논의는 필요한 범위에서만 언급한다.

2) 이 글에서는 분할을 하는 회사를 분할회사, 분할로 신설되는 회사를 신설회사라 부른다. 그리고 분할합병의 경우에는 분할회사의 일부 재산을 승계하는 회사를 승계회사라 부른다.

를 통해 자유롭게 정할 수 있다.[3] 그리고 부분적 포괄승계라는 분할의 법적 효력으로 인해 분할에 따른 채무의 이전에는 채권자의 승낙이나 동의도 필요하지 않다.[4] 결국 분할회사가 특정 채무를 신설회사에 이전하는 것으로 분할계획서에 정하는 경우에는 분할로 인해 채권자의 의사와 무관한 채무자 변경이라는 결과가 초래된다. 또한 분할이 있는 경우 분할회사가 기존에 보유하던 재산은 분리되어 분할회사와 신설회사로 나뉘어 귀속되므로, 분할회사의 기존 채권자 입장에서는 분할로 인해 채무자의 책임재산 감소라는 불이익도 초래되는 셈이다.

분할이라는 채권자의 의사와 무관한 사건으로 인해 채권자가 이러한 불이익을 입는 것을 법률이 아무 제한 없이 용인할 수 없음은 물론이다. 하지만 기업의 탄력적인 구조조정 촉진이라는 분할제도의 목적을 고려하면 분할당사회사의 이익은 무시한 채 무조건 채권자만을 보호할 수는 없는 것도 사실이다. 여기서 분할시 구체적으로 어떤 방법과 수준으로 채권자를 보호함으로써 분할당사회사와 채권자의 이해관계를 조정할 것인가라는 어려운 문제가 제기된다. 이에 관한 각국의 입법례는 분할당사회사의 연대책임과 채권자의 이의제출권 보장을 주요 내용으로 한다는 점에서는 대체로 유사하지만 세부적인 내용에 있어서는 매우 상이한 모습을 보이고 있다.[5]

3) 권기범, 기업구조조정법, 삼지원, 2002, 358-359면 ; 김동민, "회사분할에서 채권자보호를 위한 연대책임 규정의 한계," 상사법연구 제25권 제4호(2007. 2), 한국상사법학회, 197면 ; 허인, "회사분할과 채권자의 보호에 관한 소고," 경영법률 제17권 제2호(2007. 1), 한국경영법률학회, 210면.

4) 권기범, 앞의 책(주 3), 353면 ; 이철송, 회사법강의, 박영사, 2011, 935면 ; 노혁준, "회사분할시의 채권자 보호," BFL 제38호(2009. 11), 서울대학교 금융법센터, 21면.

5) 각국의 입법례에 관한 상세한 소개는 김동민, "회사분할에 있어서 외국의 입법례에 관한 소고—회사채권자의 권리보호를 중심으로," 사회과학연구 제18권(2004), 상명대학교 사회과학연구소 ; 김동민, "일본 상법상 회사의 분할제도에 관한 연구—회사채권자

우리 법의 입장은 어떠한가? 상법은 분할시 채권자 보호와 관련하여 다음과 같이 규정하고 있다. (i) 분할이 있는 경우 분할당사회사는 분할 전 회사채무에 대해 연대책임을 부담한다(상법 제530조의9 제1항). 다만 (ii) 분할회사가 분할계획서에 신설회사가 분할회사의 채무 중에서 출자한 재산에 관한 채무만을 부담할 것을 정해 주주총회 특별 결의에 의한 승인을 받고, 소정의 채권자 보호절차를 취한 경우에는 분할당사회사의 연대책임은 배제된다(상법 제530조의9 제2항 및 제4항, 제527조의5, 제232조 제2항 및 제3항).[6] 즉 상법은 분할시 분할당사회사가 연대책임을 부담하는 대신 채권자는 분할에 이의할 수 없는 것을 원칙으로 하되, 예외적으로 분할당사회사가 연대책임을 배제하고자 하는 경우에는 채권자에게 분할에 대한 이의제출권을 보장함으로써 분할당사회사와 채권자의 이해를 절충하고 있는 것이다.

이 글에서는 위와 같은 상법상 분할시 채권자 보호제도, 즉 분할당사회사의 원칙적 연대책임 부담과 예외적 연대책임 배제와 관련하여 종래 실무상 제기되어 온 주요 쟁점들을 실무적인 관점에서 판례를 중심으로 검토하고자 한다. 논의의 편의상 상법이 규정하고 있는 원칙과 예외, 즉 (i) 분할당사회사가 연대책임을 부담하는 경우와 (ii) 분할당사회사의 연대책임이 배제된 경우로 나누어 살펴본다.

의 권리보호를 중심으로," 사회과학연구 제19권(2004), 상명대학교 사회과학연구소 참고. 각국의 입법례에 관한 간략한 비교 설명은 노혁준, 앞의 논문(주 4), 18-20면 참고.

6) 다만, 이 부분은 2015. 12. 1. 공포되고 2016. 3. 2. 시행된 개정 상법(이하 '2016년 개정 상법')에 따라 분할회사가 분할계획서에 신설회사가 분할회사의 채무 중에서 (출자한 재산에 관한 채무일 필요 없이) "분할계획서에서 승계하기로 정한 채무"에 대한 책임만을 부담하는 것으로 규정해 주주총회 특별결의에 의한 승인을 받고, 소정의 채권자보호절차를 취한 경우에는 분할당사회사의 연대책임은 배제되는 것으로 개정되었다. 한편, 상법은 그 밖에도 분할시 채권자 보호의 수단으로 분할계획서를 포함한 분할 관련 서류의 공시의무를 분할회사에 부과하고, 또한 그 서류에 대한 채권자의 열람청구권 및 등초본 교부청구권을 인정하고 있다(상법 제530조의7 제1항 및 제3항, 제522조의2 제2항).

II. 분할당사회사가 연대책임을 부담하는 경우의 실무상 쟁점

앞에서 본 바와 같이 분할시 채권자 보호와 관련하여 상법이 예정하고 있는 원칙은 분할당사회사가 분할 전 회사채무에 대해 연대책임을 부담하는 것이다(상법 제530조의9 제1항). 실무상으로는 분할이 향후 추진될 별도의 M&A를 위한 사전절차로서가 아니라, 지주회사 전환과 같은 기업 내부의 구조조정수단으로 활용되는 경우에는 분할회사와 신설회사가 연대책임을 부담하는 내용으로 분할계획서가 작성되는 예가 많다.[7)·8)]

분할당사회사가 연대책임을 부담하는 경우와 관련해서는 종래 실무상 (i) 연대책임의 주체, (ii) 연대책임의 대상 그리고 (iii) 분할당사회사 사이의 구상관계에 관해 상당한 논란이 있어 왔으며, 그 외에도 (iv) 분할당사회사가 연대책임을 부담하는 상태에서 분할회사의 감자가 병행되는 경우 채권자 보호절차의 이행이 필요한지 여부가 문제되어 왔다. 이하에서 차례로 살펴본다.

1. 연대책임의 주체

상법은 '분할로 인하여 설립되는 회사 또는 존속하는 회사'를 연대책임의 주체로 규정하고 있으므로(상법 제530조의9 제1항), 그 문언상

7) 실제로 분할을 통해 지주회사로 전환한 (주)LG, SK(주) 및 CJ(주)의 분할계획서는 모두 분할당사회사가 연대책임을 부담하는 내용으로 작성되었다.

8) 실무적 관점에서 분할당사회사의 연대책임 부담이 선택되는 가장 큰 이유는 그 경우 채권자 보호절차를 거칠 필요가 없기 때문이다. 특히 채권자의 수가 많고 채권의 액수가 큰 대규모 회사의 경우 채권자 보호절차를 이행하지 않을 수 있다는 것은 매우 큰 실익이라고 할 수 있다.

분할회사와 신설회사가 연대책임의 주체가 된다는 점에는 큰 의문이 없다. 종래 실무상 문제가 되어 온 것은 신설회사나 분할회사가 다수인 경우, 그리고 분할이 여러 번 일어나는 순차분할의 경우 연대책임 관계를 어떻게 볼 것인가 하는 점이었다.

신설회사가 다수인 경우 각 신설회사와 분할회사 사이에 연대책임이 존재할 뿐 아니라, 신설회사 상호간에도 연대책임이 존재한다고 보는 것에는 현재 대체로 이설이 없다.[9] 그리고 분할회사가 다수인 경우[10]에는 신설회사는 각 분할회사에 대해 연대책임을 부담하고, 각 분할회사는 신설회사에 대해 분할에 따라 자신이 신설회사로 이전한 채무에 대해 연대책임을 부담하지만, 분할회사 상호간에는 연대책임이 존재하지 않는다는 것에도 역시 대체로 견해가 일치하고 있는 것으로 보인다.[11]

종래 상당한 논란이 있던 문제가, 예컨대 A가 분할하여 B를 설립하고, 다시 B가 분할하여 C를 설립한 순차분할의 경우, A와 B 그리고 B와 C뿐 아니라, A와 C도 상호 연대책임을 부담하느냐는 것이었다.[12] 하지만 이러한 경우 A와 C 사이에도 연대책임이 존재한다는 취지의 판례[13]가 등장함에 따라 이에 관한 논란은 현재는 종식된 것으로 이해

9) 이철송, 앞의 책(주 4), 937면 ; 권기범, 앞의 책(주 3), 395면 ; 노혁준, 앞의 논문(주 4), 27면.

10) 다수의 분할회사가 각각 재산의 일부를 분할하여 하나의 신설회사를 세우는 신설분할합병의 경우를 말한다.

11) 이철송, 앞의 책(주 4), 937면 ; 권기범, 앞의 책(주 3), 397면 ; 노혁준, 앞의 논문(주 4), 28면.

12) 권기범, 앞의 책(주 3), 397면.

13) 대법원 2006. 10. 12. 선고 2006다26380 판결. 이 판례의 사안에서 A는 X사업부문을 분할하여 B를 설립하면서 분할계획서에 B에게 X사업부문의 채무는 전혀 이전되지 않고, 분할당사회사의 연대책임은 배제된다고 규정하였다. 그후 B는 다시 X사업부문을 분할하여 C와 합병하였고, 분할합병계약서에는 역시 C에게 X사업부문의 채무는 전혀 이전되지 않고 분할합병당사회사의 연대책임은 배제되는 것으로 규정하였다. 원고는

된다.[14)]

2. 연대책임의 대상

(1) 분할 전의 회사채무

상법은 분할당사회사가 부담하는 연대책임의 대상을 '분할 전의 회사채무'로 규정하고 있다(상법 제530조의9 제1항). 분할 전의 회사채무는 분할 전[15)]에 '성립' 또는 '발생'한 분할회사의 채무로서 분할 후에도 분할회사에 잔존하는 채무 및 분할로 인해 신설회사로 이전된 채무를 의미하고, 그 채무가 분할 전에 성립 또는 발생되어 있기만 하면 변제기가 분할 후에 도래하더라도 분할 전의 회사채무에 해당하는 것으로 일반적으로 이해되고 있다.[16)]

문제는 구체적으로 어떤 경우에 분할 전에 채무가 '성립' 또는 '발생'했다고 볼 것인가이다. 분할회사가 분할 전에 불법행위를 행하거나

위 분할 전에 A에 대해 X사업부문 관련 공사대금채권을 취득한 채권자로서 위 분할합병 이후 C에게 그 채무의 이행을 청구하였다. 대법원은 위 분할과 분할합병에서의 연대책임 배제는 채권자에 대한 관계에서 효력이 없다고 판단한 후, 그렇다면 C는 원고의 채권에 관해 B와 연대책임을 부담하고 B는 A와 원고의 채권에 관해 연대책임을 부담하므로, 결국 C는 A와 원고의 채권에 관해 연대책임을 부담한다고 판시하였다.

14) 노혁준, 앞의 논문(주 4), 32면.

15) '분할 전'의 의미를 분할에 관한 주주총회의 승인결의 이전으로 해석하는 견해도 있으나〔하창효, "회사분할에 있어 채권자와 소수주주의 보호," 상사판례연구 제21집 제2권(2008. 6), 한국상사판례학회, 173면〕, 분할의 효력발생 전, 즉 분할등기 전을 의미하는 것으로 보는 것이 일반적이다〔이철송, 앞의 책(주 4), 936면 ; 권기범, 앞의 책(주 3), 399면 ; 노혁준, 앞의 논문(주 4), 28면 ; 김동민, 앞의 논문(주 3), 211면〕. 판례도 같은 취지인 것으로 이해된다(대법원 2007. 11. 29. 선고 2006두18928 판결).

16) 대법원 2008. 2. 14. 선고 2007다73321 판결 ; 권기범, 앞의 책(주 3), 396면, 399면 ; 이철송, 앞의 책(주 4), 936면 ; 노혁준, 앞의 논문(주 4), 28면 ; 김동민, 앞의 논문(주 3), 211면.

금전을 빌린 경우와 같이 법적인 관점에서 채무가 분할 전에 구체적으로 발생 및 확정된 경우가 이에 해당한다는 점에는 의문이 없다. 그러면 채무가 분할 전에 구체적으로 발생 및 확정되지는 않았지만 채무를 발생시킬 수 있는 가능성이 있는 사실관계가 존재하는 경우는 어떻게 보아야 하는가? 이 문제 자체에 관해 명확한 입장을 밝힌 판례는 없다. 하지만 대법원은 분할회사의 독점규제 및 공정거래에 관한 법률 위반행위가 분할 전에 행해진 후 분할로 인해 위반행위와 관련된 사업부문이 신설회사로 이전된 사안에서, 신설회사가 승계하는 것은 분할회사의 권리의무이지 사실관계는 아니고, 분할회사의 분할 전 법 위반행위를 이유로 과징금이 부과되기 전까지는 단순한 사실관계만 존재할 뿐 그 과징금과 관련하여 승계의 대상이 되는 어떤 의무가 있다고 할 수 없으므로, 신설회사에 대해 분할회사의 분할 전 위반행위를 이유로 과징금을 부과하는 것은 허용되지 않는다고 판시하여,[17] 단순한 사실관계는 적어도 분할에 따른 승계의 대상인 권리의무(상법 제530조의10)에 해당하지 않는다는 점을 분명히 하였다.[18]

그렇다면 이 판례를 분할에 따른 승계의 대상인 권리의무뿐 아니라 분할당사회사의 연대책임의 대상이 되는 채무도 분할 전에 실제로 발생 및 확정된 것만을 의미하고, 분할 전에 단순히 채무를 발생시킬 수 있는 가능성이 있는 사실관계만 존재하는 경우에는 이는 아직 성립

17) 대법원 2007. 11. 29. 선고 2006두18928 판결 ; 대법원 2009. 6. 25. 선고 2008두17035 판결 ; 대법원 2011. 5. 26. 선고 2008두18335 판결.

18) 사실 이 판례가 나오기 전의 실무는 법률적으로 의미 있는 사실관계도 분할에 따른 승계대상으로 이해하여 그러한 내용으로 분할계획서를 작성하는 예가 많았고, 공정거래위원회도 위반행위와 관련된 사업부문이 분할에 따라 신설회사로 이전된 경우에는 그 위반행위가 분할 전에 발생한 경우에도 분할회사가 아닌 신설회사에 과징금을 부과하는 것이 일반적이었다.

또는 발생된 채무가 아닌 것으로 보아 분할당사회사의 연대책임의 대상이 되는 '분할 전의 회사채무'에 해당하지 않는다는 취지로 이해할 수 있는가? 그와 같이 보는 견해가 있고,[19] 적어도 논리적으로는 이 입장이 타당하다고 생각한다. 단순한 사실관계를 법적인 관점에서 '의무'로 볼 수 없어 분할에 따른 승계대상으로 인정할 수 없다면, 그러한 사실관계를 '채무'로 관념할 수도 없다고 보는 것이 논리적이기 때문이다. 그리고 판례 중에는 분할계획서가 '분할 전의 원인행위로 인해 분할 이후 우발채무가 발생하는 경우 분할당사회사가 연대책임을 부담'한다고 규정하고 있었음에도 공정거래위원회는 분할 전의 법 위반행위에 관해 분할회사가 아닌 신설회사에게 과징금을 부과할 수 없다고 판시한 것이 있는데,[20] 이러한 판시는 단순히 채무를 발생시킬 수 있는 가능성이 있는 사실관계는 분할에 따른 승계의 대상인 권리의무뿐 아니라 분할당사회사의 연대책임의 대상이 되는 분할 전의 회사채무에도 해당하지 않는다고 보는 것이 판례의 입장임을 시사하고 있는 것으로 이해될 여지가 많다.

다만 현재까지의 판례는 분할 전에 법 위반행위가 있는 경우 공정거래위원회가 과징금을 부과할 수 있는 대상이 누구인가라는 다소 특수한 사안에 관한 것이었고, 또한 판례는 분할에 따른 승계대상의 범위에 관해서는 분명한 입장을 밝혔지만, 분할당사회사의 연대책임의 대상인 '분할 전의 회사채무'의 범위에 관해서는 아직 명확하게 입장을 밝힌 것은 아니므로, 이 문제에 관해 판례의 입장이 정립되었다고 말하는 것은 다소 성급하다고 생각한다. 특히 후술하는 바와 같이 소위 우발채무에 대한 분할당사회사의 연대책임이 문제되는 경우 분할

19) 이철송, 앞의 책(주 4), 936면.

20) 대법원 2009. 6. 25. 선고 2008두17035 판결 ; 대법원 2011. 5. 26. 선고 2008두18335 판결.

전에 단순한 사실관계만 존재하는 경우를 무조건 연대책임의 대상이 아니라고 본다면, 채권자 보호의 관점에서 구체적 타당성을 결한 결론이 도출되는 상황이 발생할 수 있을 것으로 생각된다는 점에서 더욱 그러하다.

(2) 우발채무에 관한 분할당사회사의 연대책임

실무상 분할당사회사의 연대책임의 대상인지가 문제되는 대표적인 사례가 우발채무의 경우이다. 우발채무는 법률 용어는 아니지만, 법률 실무 특히 분할의 맥락에서는 예컨대 분할 전에 이미 불법행위가 존재했으나 분할회사가 이를 알지 못한 경우, 분할 전에 존재한 담합행위로 인해 분할 이후 과징금이 부과된 경우, 분할 전에 제조된 제품의 결함으로 인해 분할 이후 제조물책임이 발생한 경우 등과 같이 분할 이전에 채무가 구체적으로 발생 및 확정되었는지 여부를 불문하고, 분할당사회사가 분할 시점에는 명료하게 알지 못했으나 분할 이후 채무가 발견 또는 발생한 경우를 모두 포괄하는 넓은 개념으로 사용되고 있다.[21)·22)]

---

21) 회계학에서는 우발채무 대신 우발부채라는 용어가 사용된다. 우발부채는 (i) 과거 사건은 발생하였으나 기업이 전적으로 통제할 수 없는 하나 또는 그 이상의 불확실한 미래 사건의 발생 여부에 의하여서만 그 존재 여부가 확인되는 잠재적 의무, 또는 (ii) 과거 사건이나 거래의 결과로 발생한 현재의무이지만 그 의무를 이행하기 위하여 자원이 유출될 가능성이 매우 높지 않거나 또는 그 가능성은 매우 높으나 해당 의무를 이행하여야 할 금액을 신뢰성 있게 추정할 수 없는 경우에 해당하는 잠재적인 부채로 정의된다(기업회계기준서 제17호 "충당부채와 우발부채 · 우발자산," 한국회계연구원 회계기준위원회, 2004. 10. 13. 제정, 3면). 우발부채는 부채로 인식하지 않으며, 다만 의무를 이행하기 위하여 자원이 유출될 가능성이 아주 낮지 않은 한 우발부채는 유형별로 그 성격을 주석에 설명하고, 가능하면 우발부채의 추정금액, 자원의 유출 금액 및 시기와 관련된 불확실성 정도, 제3자에 의한 변제의 가능성을 주석에 기재해야 한다(앞의 기

그렇다면 이와 같은 우발채무는 분할당사회사의 연대책임의 대상이 되는가? 이에 관해 명시적으로 논의하고 있는 판례나 학설은 찾아보기 어려운 것 같으나, 결국 이 문제는 이러한 우발채무가 분할당사회사의 연대책임의 대상인 '분할 전의 회사채무'에 해당하는지를 기준으로 판단해야 할 것이다. 그리고 이런 관점에서 보면 분할당사회사가 그 채무의 존재 사실을 몰랐지만, 사실 채무 자체는 분할 전에 이미 구체적으로 성립 및 발생한 경우(예컨대 분할 전에 이미 불법행위가 존재해서 손해배상채무가 성립해 있었으나 분할회사가 이를 알지 못한 경우) 이러한 우발채무가 연대책임의 대상이 되는 분할 전의 회사채무에 해당한다는 점에는 큰 의문이 없다.

문제는 우발채무의 발생기초가 되는 사실관계만 분할 전에 존재하고, 구체적인 우발채무 자체는 분할 이후 발생 및 확정된 경우(예컨대 분할 전에 담합행위가 존재했으나 그에 따른 과징금은 분할 이후 부과된 경우, 분할 전에 결함이 있는 제품이 제조되어 유통되었으나 분할 후에 그 제품으로 인한 손해가 발생한 경우)를 어떻게 볼 것인가이다. 물론 앞에서 살펴본 분할시 승계대상인 권리의무에 관한 판례의 입장이 연대책임의

업회계기준서, 4면). 즉 회계학에서 말하는 우발부채는 기본적으로 기업이 이미 인지하고 있는 의무이지만, 그 의무의 발생이 확정적이지 않거나, 그 의무의 금액이 확정적이지 않은 것, 예컨대 소송이 계류 중인 채무, 보증채무 등을 의미하며, 법률 실무에서 말하는 우발채무와 그 의미가 동일한 것은 아니다.

22) 학설 중에는 우발채무를 회계학에서 말하는 우발부채와 유사한 개념으로 파악하고, 이를 다시 채권자와 채무의 액수 등 채무의 구체적인 내용을 분할회사가 알고 있었는지 여부에 따라 진정한 의미의 우발채무와 부진정한 의미의 우발채무로 구분하고 있는 견해〔김동민, "회사분할에 있어서 우발채무에 대한 책임의 귀속," 기업법연구 제15집(2003. 12), 한국기업법학회, 272-276면 ; 이황, "회사분할과 과징금 납부책임의 승계 가능성—대법원 2007. 11. 29. 선고 2006두18928 판결을 중심으로," 고려법학 제53호(2009. 6), 고려대학교 법학연구원, 220-221면 ; 하창효, 앞의 논문(주 15), 174면〕가 있다. 하지만 이러한 정의와 분류가 실무에서 일반적으로 통용되지는 않는 것으로 이해된다.

대상인 분할 전의 회사채무에도 그대로 적용된다고 본다면, 매우 단순 명료한 결론이 도출될 수 있을 것이다. 즉 그렇게 본다면 이러한 우발채무는 분할 전에 성립 또는 발생한 채무로 볼 수 없으므로, 언제나 분할당사회사의 연대책임의 대상이 아니라고 보게 될 것이다.

하지만 이러한 결론이 예컨대 분할 이후 분할회사가 청산으로 소멸되어 과징금을 분할회사에 부과할 수 없는 경우, 분할 이후 대규모의 제조물책임이 발생했는데 그 책임의 단독 주체가 되는 분할회사의 책임재산이 현저히 부족한 경우 등의 사안에서도 항상 타당한가? 즉 이런 경우 분할 전에는 사실관계만 존재했다는 이유로 자력이 있고 문제가 발생한 사업부문을 분할 이후 영위하고 있는 신설회사의 연대책임을 언제나 부정해야 하는가? 단순하게 일반화할 수는 없는 문제이지만, 적어도 사실관계는 분할이나 연대책임의 대상이 아니라는 논리만으로 이런 경우 무조건 분할당사회사의 연대책임을 부정하는 것은 합리적이라고 볼 수 없다고 생각한다.

따라서 사견으로는 분할당사회사의 연대책임의 대상이 되는 '분할 전의 회사채무'는 분할 전에 구체적인 채무가 성립 또는 발생한 경우만을 의미하고, 단순히 채무를 발생시킬 가능성이 있는 사실관계만 존재하는 경우는 그에 해당하지 않는다는 판례의 입장은 원칙론으로서만 유지하고, 사안에 따라서는 채권자 보호의 관점에서 사실관계라고 하더라도 그 사실관계가 명확하게 특정 채무의 발생기초로 볼 수 있을 정도로 구체적이고 성숙한 것이라면, 연대책임의 대상이 되는 '분할 전의 회사채무'에 해당하는 것으로 보는 것이 타당하다고 생각한다.[23] 그렇게 보면 위에서 언급한 분할 전에 담합행위가 존재하고

23) 사실 종래의 실무도 '분할 전의 회사채무'를 이해함에 있어 채무가 분할 전에 실제로

그에 대한 과징금이 분할 이후 부과된 경우나 분할 전에 결함이 있는 제품이 제조되어 유통되고 분할 후에 그 제품의 결함으로 인한 손해가 발생한 경우는 모두 그 채무의 발생기초인 사실관계가 분할 전에 이미 구체적으로 성숙되었다고 볼 여지가 많으므로 (물론 사안별로 결론이 달라질 수는 있겠지만) 대부분 연대책임의 대상으로 인정될 가능성이 높을 것이다. 그리고 이렇게 보는 경우 '분할 전의 회사채무'의 범위와 '분할시 승계대상인 의무'의 범위가 서로 다르다고 할 수는 없으므로, 사실관계는 무조건 분할에 따른 승계대상이 아니라고 보는 판례의 입장도 같은 취지로 변경될 필요가 있다고 생각한다.

(3) 금융채무의 변제기 연장 또는 대환과 분할당사회사의 연대책임

실무상 분할당사회사의 연대책임의 대상인지가 자주 문제되는 또 다른 대표적인 사례는 금융채무의 변제기 연장 또는 대환의 경우이다. 분할회사가 분할 전에 금융채무를 부담하고 있는 경우 그 채무가 분할당사회사의 연대책임의 대상이라는 점은 의문이 없다. 실무상 논란이 있는 부분은 그와 같은 금융채무가 분할 이후 채권자(금융기관)와 채무자(분할회사 또는 신설회사) 사이의 합의로 변제기가 연장되거나 대환[24)]되는 경우에도 분할당사회사의 연대책임이 그대로 존속하

존재하지는 않더라도 그 채무의 발생기초가 분할 전에 존재하면 해당 채무는 분할 전에 성립한 것으로 보는 것이 일반적이었고, 학설도 대체로 같은 취지였다〔권기범, 앞의 책(주 3), 399면 ; 김동민, 앞의 논문(주 3), 211면〕.

24) 대환은 은행 등의 금융기관이 기존 채무의 변제기 연장 등의 목적으로 현실적인 자금수수 없이 형식적으로 채무자에게 신규대출을 하고 그 신규대출과 기존 채무를 상계하는 것을 말한다〔이재환, "상호신용금고의 어음할인의 성격과 어음할인으로 인한 채무가 대환된 경우 연대보증인의 보증책임 존속여부," 대법원 판례해설 제21호(1994. 11), 법원도서관, 150면〕.

느냐는 것이다.

현재 이 문제에 관해 명확한 입장을 밝힌 판례나 학설은 없는 것으로 보인다. 다만 판례는 보증의 경우에는 보증인의 승낙 없이 기존 채무의 변제기가 연장된 경우에도 그러한 변제기 연장은 보증인의 책임을 가중하는 것이라고 할 수 없으므로 보증책임은 원칙적으로 그대로 존속한다고 판시하고 있고,[25] 기존 채무의 대환의 경우에도 대환은 특별한 사정이 없는 한 형식적으로는 별도의 대출에 해당하나 실질적으로는 기존 채무의 변제기 연장에 불과하므로 그 법률적 성질은 기존 채무가 여전히 동일성을 유지한 채 존속하는 준소비대차로 보아야 하고, 따라서 대환시에는 보증책임이 면제된다는 별도 약정이 존재하는 등의 특별한 사정이 없는 한 역시 보증책임은 대환의 경우에도 그대로 존속한다고 보고 있다.[26]

보증에 관한 위와 같은 판례의 입장이 분할당사회사의 연대책임에도 그대로 적용될 수 있을까? 이에 관해 논의하는 학설은 없는 것으로 보이지만, 사견으로는 적용된다고 보아야 할 것으로 생각한다. 판례가 단순 변제기 연장이나 준소비대차의 성격을 가지는 대환의 경우에는 채무가 동일성을 유지한다고 보고 있는 이상, 동일 채무에 관한 분할당사회사의 연대책임이 변제기 연장이나 대환으로 인해 소멸한다고 보기는 어렵다고 생각되고,[27] 또한 이자율 등 주요 조건의 변경이 없

25) 대법원 1996. 2. 23. 선고 95다49141 판결. 학설도 대체로 같은 입장이다〔곽윤직(편)/박병대(집필), 민법주해 제X권 채권(3), 박영사, 261-264면〕.

26) 대법원 1994. 6. 10. 선고 94다3445 판결 ; 대법원 2002. 9. 24. 선고 2000다49374 판결 ; 대법원 2002. 10. 11. 선고 2001다7445 판결. 다만 판례는 대출의 종류와 이자율이 변경되는 등 구 채무와 신채무 사이에 동일성이 인정되지 않는 대환의 경우에는 구 채무에 대한 보증의 효력이 신채무에 미치지 아니한다고 판시하고 있다(대법원 1991. 12. 10. 선고 91다24281 판결).

27) 이 점은 후술하는 바와 같이 분할당사회사가 부담하는 연대책임의 법적 성격이 연대

어 채무의 동일성이 인정되는 변제기 연장이나 대환의 경우 이와 같은 결론이 연대책임을 부담하는 분할당사회사에게 부당한 부담을 주는 것도 아니라고 생각되기 때문이다.

3. 분할당사회사 사이의 구상 문제

분할에 따라 분할당사회사가 상호 연대책임을 부담하고, 실제로 분할 이후 분할당사회사 중 하나가 이러한 연대책임을 이행한 경우, 분할당사회사 사이의 내부적인 구상관계는 어떻게 정해져야 하는가? 아쉽게도 현재 이 질문에 관해 명확한 입장을 밝힌 판례나 학설은 없는 것으로 보인다. 다만 이와 관련해서는 구상관계 판단의 전제 문제로 분할당사회사가 부담하는 연대책임의 법적 성격이 무엇인지에 관한 논의가 있어 왔고, 종래 학설상으로는 이를 연대보증으로 보아야 한다는 견해,[28] 부진정연대채무로 보아야 한다는 견해[29] 등이 주장되어 왔지만, 최근 대법원 판례[30]는 분할당사회사가 부담하는 연대책임의 법적 성격은 부진정연대채무라고 판시하였다.

보증이 아닌 부진정연대라고 하더라도 달리 볼 것은 아니라고 생각한다.

28) 권기범, 앞의 책(주 3), 399면 ; 최기원, 신회사법론, 박영사, 2009, 1178면 ; 김동민, 앞의 논문(주 3), 207면 ; 허인, 앞의 논문(주 3), 228면.

29) 노혁준, 앞의 논문(주 4), 28-29면 ; 하창효, 앞의 논문(주 15), 170면.

30) 대법원 2010. 8. 26. 선고 2009다95769 판결. "분할당사회사가 상법 제530조의9 제1항에 의하여 각자 분할계획서나 분할합병계약서에 본래 부담하기로 정한 채무 이외의 채무에 대하여 연대책임을 지는 경우, 이는 회사분할로 인하여 채무자의 책임재산에 변동이 생기게 되어 채권 회수에 불이익한 영향을 받는 채권자를 보호하기 위하여 부과된 법정책임으로서 특별한 사정이 없는 한 그 법정 연대책임의 부담에 관하여 분할당사회사 사이에 주관적 공동관계가 있다고 보기 어려우므로, 분할당사회사는 각자 분할계획서나 분할합병계약서에 본래 부담하기로 정한 채무 이외의 채무에 대하여 부진정연대관계에 있다고 봄이 상당하다."

문제는 판례가 이 연대책임의 성격을 연대보증이 아닌 부진정연대채무로 파악함으로써 분할당사회사의 내부적 구상관계 문제는 여전히 불명확한 상태로 남게 되었다는 것이다. 분할당사회사가 부담하는 연대책임의 법적 성격을 연대보증으로 보게 되면, 보증의 법리상 자신의 채무가 아닌 다른 분할당사회사의 채무를 연대하여 이행한 분할당사회사는 당연히 그 채무 전액에 관해 구상권을 갖는다고 보게 될 것이다.[31] 하지만 이 연대책임의 법적 성격을 부진정연대채무라고 보게 되면, 물론 부진정연대채무의 경우에도 내부적 구상관계가 인정될 수 있기는 하지만 구체적으로 연대책임을 이행한 분할당사회사가 그 채무 전액에 대해 다른 분할당사회사에 대해 구상권을 행사할 수 있는지의 문제는 여전히 명확하지 않다.[32]

그럼에도 불구하고 사견으로는 비록 분할당사회사의 연대책임의 법적 성격은 부진정연대채무라고 하더라도, 분할당사회사 사이의 구상관계는 연대보증설과 마찬가지로 만일 신설회사나 분할회사가 자신에게 이전되거나 또는 잔존하는 것으로 분할계획서에 정해진 채무가 아닌 다른 채무에 대해 연대책임을 이행하게 되면, 그 신설회사 또

31) 사실 이와 같이 분할당사회사 사이의 구상관계가 간명해지는 장점이 있다는 것이 종래 연대보증설을 취하는 학설의 주요 논거였다〔권기범, 앞의 책(주 3), 399면 ; 최기원, 앞의 책(주 28), 1178면 ; 김동민, 앞의 논문(주 3), 207면 ; 허인, 앞의 논문(주 3), 228면〕.

32) 판례는 공동불법행위 사안에서 부진정연대채무자 사이의 내부적 구상관계 판단기준에 관해 "불법행위 및 손해와 관련하여 그 발생 내지 확대에 대한 각 부진정연대채무자의 주의의무의 정도에 상응한 과실의 정도를 비롯한 기여도 등 사고 내지 손해와 직접적으로 관련된 대외적 요소를 고려하여야 함은 물론, 나아가 부진정연대채무자 사이에 특별한 내부적 법률관계가 있어 그 실질적 관계를 기초로 한 요소를 참작하지 않으면 현저하게 형평에 어긋난다고 인정되는 경우에는 그 대내적 요소도 참작하여야 한다"는 일반론을 제시하고 있을 뿐(대법원 2001. 1. 19. 선고 2000다33607 판결), 분할의 경우 연대책임을 이행한 분할당사회사가 그 채무 전액에 대해 다른 분할당사회사에 대해 구상권을 행사할 수 있는지에 관해서는 아직 명확하게 판시한 바가 없다.

는 분할회사는 그와 같이 연대책임을 이행한 채무 전액에 대해 다른 분할당사회사에게 구상권을 행사할 수 있다고 보는 것이 옳다고 생각한다.[33] 분할에 따른 연대책임의 대상은 분할 전의 회사채무인데, 이 분할 전의 회사채무는 분할계획서에 따라 일부는 신설회사로 이전되고 일부는 분할회사에 잔존하는 것으로 정해지게 되므로, 그 정함에 따라 분할당사회사 사이의 내부적 부담부분도 결정되고, 그 내부적 부담부분대로 구상관계도 정해진다고 보는 것이 분할당사회사의 의사에 부합할 뿐 아니라, 나아가 분할계획서를 기초로 주주총회에서 의결권을 행사하고, 이의 제출 여부를 결정한 주주와 채권자의 의사에도 부합한다고 생각되기 때문이다.[34]

그렇다면 분할계획서가 '분할 전에 존재하는 사실관계에 기초해서 분할 후에 발생한 채무'가 신설회사에 귀속되는 것으로 정하고 있는 경우에도, 그 채무를 부담한 분할회사가 분할계획서에 기해 신설회사에 구상권을 행사할 수 있다고 볼 수 있을까? 예를 들어 분할계획서가 "A사업부문의 모든 채무가 신설회사에 이전되고, 분할 이전에 A사업부문과 관련된 행위나 사건으로 인해 발생한 우발채무도 모두 신설회사가 부담하며, 분할회사가 이에 관해 연대책임을 부담하는 경우 신설회사에 구상할 수 있다"고 규정하고 있는 경우, A사업부문과 관련된 분할 전 담합행위로 인해 분할회사에 분할 후 과징금이 부과되어 분할회사가 이를 납부했다면, 분할회사는 신설회사에 그 과징금 상당

33) 노혁준, 앞의 논문(주 4), 31-32면도 같은 취지인 것으로 이해된다.

34) 물론 이에 관해서는 위와 같이 보는 것이 판례가 분할당사회사가 부담하는 연대책임의 법적 성격을 연대보증이 아니라 부진정연대채무라고 판시한 것과 양립할 수 있는 것인지가 문제될 여지가 있기는 하지만, 부진정연대채무의 경우에도 어느 채무자의 부담부분이 없다고 보는 것이 불가능하지 않다(대법원 2005. 10. 13. 선고 2003다24147 판결).

액을 구상할 수 있는가의 문제이다.

현재 이 문제에 관한 명확한 판례나 학설상의 논의는 없는 것으로 보인다. 다만 앞에서 본 사실관계는 분할에 따른 승계대상이 아니라고 보고 있는 판례[35)]에 따를 때에는 이 경우에는 구상권이 인정되지 않는다고 볼 수밖에 없을 것으로 생각된다.[36)] 판례가 사실관계는 분할에 따른 승계대상이 아니라고 한 취지는 분할계획서에 그러한 사실관계가 신설회사로 승계되는 것으로 기재한다고 하더라도 그러한 기재는 효력이 없다고 본 것이므로, 그와 같이 효력이 없는 분할계획서 기재에 따라 분할당사회사의 내부적 부담부분과 구상관계가 정해진다고 볼 수는 없을 것이기 때문이다. 또한 분할계획서는 분할당사회사가 합의로 작성하는 것이 아니라 분할회사가 일방적으로 작성하는 것이므로, 분할계획서의 기재는 원칙적으로 상법상 분할계획서의 기재사항으로 규정된 것에 한해 법적 효력을 인정할 수 있을 것이고, 그렇지 않은 사항은 비록 분할계획서에 기재되어 있다고 해도 신설회사를 구속하는 효력이 있다고 볼 수 없을 것이다. 그런데 분할당사회사의 구상관계를 정하는 것은 상법상 분할계획서 기재사항으로 열거되어 있지 않으므로(상법 제530조의5 제1항), 판례와 같이 사실관계는 분할에 따른 승계대상이 아니라고 전제한다면, 비록 분할계획서에 분할로 인해 신설회사로 이전되는 사업부문과 관련 있는 사실관계에 기초해 분할 이후 발생한 채무는 신설회사에 귀속되고 분할회사가 이를 부담하는 경우에는 신설회사에 대해 구상권을 행사할 수 있다는 명문 규정이 있

35) 대법원 2007. 11. 29. 선고 2006두18928 판결 ; 대법원 2009. 6. 25. 선고 2008두17035 판결 ; 대법원 2011. 5. 26. 선고 2008두18335 판결.

36) 다만 우발채무라고 하더라도 분할 전에 이미 구체적으로 성립 또는 발생한 채무의 경우에는 원칙으로 돌아가 분할계획서의 기재에 따른 구상관계를 인정하여야 할 것이다.

다고 하더라도, 그러한 규정은 신설회사에 대해 법적 구속력을 가진다고 보기 어려울 것이다.[37] 다만 현재 판례의 입장에 따를 때에는 위와 같이 해석할 수밖에 없다고 생각되긴 하나, 앞에서 본 바와 같이 이러한 판례의 입장이 타당한 것인지, 그리고 앞으로도 그대로 유지될 것인지에 관해서는 상당한 의문이 있다.

4. 분할당사회사가 연대책임을 부담하는 분할에서 감자가 병행되는 경우 채권자 보호절차가 요구되는지 여부

상법은 분할회사가 존속하는 형태의 분할의 경우에는, 분할회사의 '감소할 자본과 준비금의 액' 및 '자본감소의 방법'을 분할계획서에 기재하도록 하고 있다(상법 제530조의5 제2항 제1호 및 제2호). 다만 이 규정에도 불구하고 분할회사의 감자는 강제되는 것이 아니라 분할회사의 선택사항이라고 보는 것이 실무의 입장[38]이며, 학설도 대체로 같은 입

37) 다만 분할합병의 경우에는 비록 분할합병당사회사 사이의 구상관계는 분할합병계약서의 기재사항이 아니라고 하더라도(상법 제530조의6 제1항 및 제2항), 사적 자치의 원칙상 분할합병당사회사들이 상호 합의하여 구상권에 관한 조항을 분할합병계약서에 둔 경우 그러한 조항의 법적 구속력을 부정할 수는 없다고 생각된다. 따라서 분할과 분할합병의 구상관계가 서로 달라진다는 점에서 그 결론의 합리성에 의문은 있으나, 현재 판례의 입장에 따르더라도 분할합병의 경우에는 분할합병계약서에 구상권에 관한 명문의 조항이 있다면 그 조항대로 구상권의 효력을 인정할 수 있을 것으로 생각된다.

38) 대법원 공탁상업등기과 3402-781 질의회답, "주식회사 분할시 피분할회사의 자본감소절차가 반드시 필요한지 여부," 2001. 12. 4. 등기선례 200112-18. "주식회사의 분할 및 분할합병시 분할되는 것은 회사의 재산, 즉 특정 영업을 위하여 조직화되고 유기적 일체를 이루는 적극 및 소극재산이므로, 피분할회사가 존속하는 불완전분할의 경우 분할로 피분할회사의 재산이 감소한다고 해서 필요적으로 자본감소를 수반하는 것은 아니며, 자본감소에 관한 사항이 분할계획서 또는 분할합병계약서에 포함된 때에 한하여 자본감소절차가 필요하다."

장을 취하고 있다.[39)]

이와 관련하여 종래 실무상 논란이 있던 부분은 상법이 회사가 감자를 하는 경우에는 채권자 보호절차를 거쳐야 한다고 규정(상법 제439조 제2항, 제232조)하고 있는 것과 관련하여 분할당사회사가 연대책임을 부담하여 원칙적으로는 채권자 보호절차를 거칠 필요가 없는 분할의 경우에도 분할회사가 감자를 하는 경우에는 채권자 보호절차가 요구되는가 하는 점이었다.

학설 중에는 이 경우에도 채권자 보호절차가 요구된다는 견해가 있다.[40)] 하지만 실무는 분할회사가 자본을 감소하는 경우, (i) 그 자본 감소가 주주에 대한 출자의 환급이 없는 명목상의 것이고, (ii) 분할 후 분할회사의 자본과 신설회사의 자본의 합계액이 분할 전 분할회사의 자본액 이상이며, (iii) 신설회사가 분할회사의 채무에 관하여 연대하여 변제할 책임을 부담한다면 등기 신청서에 채권자 보호절차를 거쳤음을 증명하는 서면을 첨부할 필요가 없다는 등기선례[41)]에 따라 위와 같은 요건을 충족하는 경우에는 분할회사가 감자를 하는 경우에도 채권자 보호절차는 요구되지 않는 것으로 보고 있다. 감자시 채권자 보호절차가 요구되는 근본적인 이유는 감자에 따른 회사의 책임재산 감소로 인해 채권자에게 불이익이 초래될 수 있기 때문인데, 위 등기선

---

39) 이철송, 앞의 책(주 4), 922면 ; 권기범, 앞의 책(주 3), 362면 ; 노혁준, 앞의 논문(주 4), 36면. 다만 분할회사의 순자산액이 분할로 인하여 분할회사의 자본금과 법정준비금의 합계액에 미달하는 경우에 관해서는 분할회사가 반드시 자본금과 순자산액과의 차액(즉 자본결손액)만큼 감자를 하여야 한다는 견해〔권기범, 앞의 책(주 3), 362면〕와 이 경우에도 감자실행 여부는 분할회사의 선택사항이라고 보는 견해〔노혁준, 앞의 논문(주 4), 36면〕가 대립하고 있다.

40) 권기범, 앞의 책(주 3), 405면.

41) 대법원 공탁상업등기과 468 질의회답, "회사 분할에 따른 등기시 채권자 보호절차를 거쳤음을 증명하는 서면의 첨부 요부," 2007. 5. 3. 상업등기선례 200705-2.

례와 같이 주주에 대한 출자의 환급이 없고 분할당사회사가 연대책임을 부담하는 경우라면 그 감자는 채권자에게 불이익을 초래할 우려가 없고, 또한 이런 경우까지 채권자 보호절차를 요구하게 되면 분할당사회사가 연대책임을 부담할 유인이 사라진다는 점에서 실무의 태도는 타당하다고 생각한다.[42)]

III. 분할당사회사의 연대책임이 배제되는 경우의 실무상 쟁점

상법은 분할시에 원칙적으로 분할당사회사가 분할 전의 회사채무에 대해 연대책임을 부담하도록 하되(상법 제530조의9 제1항), 예외적으로 분할계획서에 신설회사가 분할회사의 채무 중에서 '출자한 재산에 관한 채무'만을 부담할 것을 정해 주주총회 특별 결의에 의한 승인을 받고, 채권자 보호절차를 취하는 경우에는 분할당사회사가 연대책임을 배제할 수 있는 길을 열어 주고 있다(상법 제530조의9 제2항 및 제4항, 제527조의5, 제232조 제2항 및 제3항). 실무상으로는 분할이 향후 추진될 별도의 M&A를 위한 사전절차로서 활용되는 경우 분할당사회사의 연대책임을 배제하는 사례가 많다.[43)] 예를 들어 분할 후 신설회사나 분할회사의 주식이 매각되는 경우, 주식의 매수인으로서는 당연히 분할당사회사가 연대책임을 부담하고 있는 것보다는 연대책임이 배제되어 있는 상태를 선호할 것이기 때문이다.

---

42) 이철송, 앞의 책(주 4), 930면도 같은 취지로 이해된다.

43) 분할 이후 신설회사인 (주)대우건설, (주)대우인터내셔널, (주)대우정밀〔현 ST대우(주)〕 등에 대해 M&A가 이루어진 (주)대우와 대우통신(주)을 비롯한 구 대우그룹 계열회사들의 분할이 대표적인 예이다.

분할당사회사의 연대책임을 배제하는 경우와 관련해서 종래 실무상 (i) '출자한 재산에 관한 채무'의 의미와 관련하여 연대책임 배제의 범위나 한계 그리고 (ii) 채권자 보호절차와 관련하여 최고의 대상인 '알고 있는 채권자' 범위, 채권자가 이의를 제출하는 경우 처리방법, 채권자 보호절차 흠결의 법적 효과 등이 문제되어 왔으며, 또한 (iii) 분할당사회사의 연대책임이 배제된 상태에서 분할 이후 우발채무가 발견된 경우 그 처리 문제가 논란이 되고 있다. 이하에서 차례로 살펴본다.

1. 연대책임 배제의 범위 또는 한계—출자한 재산에 관한 채무[44)]

상법은 분할당사회사의 연대책임이 배제되기 위해서는 분할계획서에 신설회사가 분할회사의 채무 중에서 '출자한 재산에 관한 채무'만을 부담하는 것으로 정해 주주총회의 특별 결의를 받을 것을 요구하고 있다(상법 제530조의9 제2항). 즉 상법은 채권자 보호절차만 거치면 분할당사회사의 연대책임이 언제나 배제될 수 있다고 규정하고 있는 것이 아니라, 신설회사는 분할회사의 채무 중에서 출자한 재산에 관한 채무만을 부담하고, 분할회사는 신설회사가 부담하지 아니하는 채무만을 부담하는 경우에 한해 연대책임 배제를 인정하고 있는 것이다.

학설 중에는 위 상법규정을 책임과 채무를 혼동하고 있는 것이라고 비판하면서, 위 규정은 분할당사회사가 분할계획서의 정함에 따라 각

44) 2016년 개정 상법에 따라 상법 제530조의9 조2항에서 "출자한 재산에 관한 채무" 요건이 삭제되고 이제 분할회사가 분할계획서에 단순히 신설회사가 분할회사의 채무 중에서 "분할계획서에서 승계하기로 정한 채무"에 대한 책임만을 부담하는 것으로 규정해, 주주총회 특별결의에 의한 승인을 받고 소정의 채권자보호절차를 취한 경우에는 분할당사회사의 연대책임은 배제되므로, 이하의 논의는 지금은 입법적으로 해결되었다.

기 승계한 채무에 관해서만 분할책임을 질 수 있다는 뜻으로 해석해야 한다는 견해[45]가 있다. 하지만 위 규정의 문언상 입법론[46]으로는 몰라도 해석론으로 그와 같은 견해를 취하기는 어렵다고 생각한다. 즉 상법 제530조의9 제2항은 그 문언대로 분할당사회사의 연대책임이 배제되기 위해서는 신설회사는 분할회사의 채무 중에서 출자한 재산에 관한 채무만을 부담하고 분할회사는 나머지 채무를 부담하는 것으로 분할계획서가 작성되고, 그 분할계획서가 주주총회의 승인을 받아야 하는 것으로 이해해야 한다고 본다. 판례[47]도 같은 입장이다.

문제는 분할계획서가 "신설회사는 분할회사의 채무 중에서 출자한 재산에 관한 채무만을 부담하고, 분할회사는 신설회사가 부담하지 아니하는 채무만을 부담"하는 것이 아닌 다른 내용으로 작성되어 주주

45) 이철송, 앞의 책(주 4), 938-939면.

46) 노혁준, 앞의 논문(주 4), 30-31면.

47) 대법원 2006. 10. 12. 선고 2006다26380 판결. "상법 제530조의9 제1항, 제2항, 제3항의 규정을 종합하여 보면, 상법은 회사가 분할 또는 분할합병되고 분할되는 회사가 분할 후에도 존속하는 경우에, 분할되는 회사의 채권자를 보호하기 위하여 분할되는 회사와 분할에 의하여 설립되는 회사(이하 '신설회사'라 한다) 또는 분할합병에 따른 출자를 받는 존립 중의 회사(이하 '존립회사'라 한다)가 분할 또는 분할합병 전의 회사채무에 관하여 연대책임을 지는 것을 원칙으로 하고, 다만 만약 이러한 연대책임의 원칙을 엄격하게 고수한다면 회사분할제도의 활용을 가로막는 요소로 작용할 수 있으므로 연대책임의 원칙에 대한 예외를 인정하여 신설회사 또는 존립회사가 분할되는 회사의 채무 중에서 출자받은 재산에 관한 채무만을 부담할 것을 분할되는 회사의 주주총회의 특별 결의로써 정할 수 있게 하면서, 그 경우에는 신설회사 또는 존립회사가 분할되는 회사의 채무 중에서 그 부분의 채무만을 부담하고, 분할되는 회사는 신설회사 또는 존립회사가 부담하지 아니하는 채무만을 부담하게 하여 채무관계가 분할채무관계로 바뀌도록 규정하고 있다고 해석되므로(대법원 2004. 8. 30. 선고 2003다25973 판결 등 참조), 신설회사 또는 존립회사가 분할 또는 분할합병 전의 회사채무를 전혀 승계하지 않기로 하는 내용의 합의는 상법 제530조의9에 위반한 것이어서 상법 제527조의5에 정한 채권자 보호절차를 거쳤는지 여부를 불문하고 채권자에 대한 관계에서 아무런 효력이 없고, 따라서 신설회사 또는 존립회사는 분할 또는 분할합병 전의 회사채무에 대하여 분할되는 회사와 연대책임을 진다고 할 것이다." 대법원 2009. 4. 23. 선고 2008다96291 판결도 같은 취지이다.

총회 승인을 받은 경우 그 법적 효과이다. 즉 이 경우 (i) 연대책임 배제의 효력은 완전히 부정되어 신설회사와 분할회사는 분할 전의 회사채무 전부에 대하여 연대책임을 부담하게 된다고 해석해야 하는가, 아니면 (ii) 신설회사가 분할회사의 채무 중에서 출자한 재산에 관한 채무 중 일부만을 부담하는 것으로 분할계획서가 작성된 경우에는 신설회사는 나머지 출자한 재산에 관한 채무에 대해 연대책임을 부담하고, 반대로 신설회사가 분할회사의 채무 중에서 출자한 재산에 관한 채무 이외의 채무도 부담하는 것으로 분할계획서가 작성된 경우에는 분할회사가 그러한 채무에 대해 연대책임을 부담한다고 해석해야 하는가?

학설 중에는 분할당사회사는 출자한 재산에 관한 채무인 경우에는 그 귀속 및 연대책임 배제절차 등에도 불구하고 연대책임을 부담한다고 하거나,[48] 또는 신설회사에 이전되는 영업과 관련되지 않은 채무를 신설회사에 이전시키면서 분할당사회사의 연대책임을 배제하더라도 그러한 유형의 채무에 대해서는 연대책임을 면하기 어렵다고 보는 견해[49]가 있는데, 이러한 견해는 기본적으로 후자의 입장을 취한 것으로 이해된다.

하지만 판례는 전자의 입장을 취하고 있는 것으로 보인다. 즉 대법원[50]은 분할계획서에 신설회사가 분할회사의 채무 중에서 '출자한 재산에 관한 채무'만을 부담할 것을 정한 것이 아니라, 전혀 채무를 부담하지 않는 것으로 정한 경우에는 이는 상법 제530조의9에 위반한 것이어서 채권자 보호절차를 거쳤는지 여부를 불문하고 채권자에 대한 관계에서 아무런 효력이 없고, 따라서 신설회사는 분할 전의 회사채

48) 노혁준, 앞의 논문(주 4), 30면.

49) 최기원, 앞의 책(주 28), 1185면.

50) 대법원 2006. 10. 12. 선고 2006다26380 판결.

무에 대하여 분할회사와 연대책임을 진다고 판시하였다. 즉 이 사안은 물론 분할계획서가 신설회사는 아무런 채무도 부담하지 않는 내용으로 작성된 극단적인 경우이긴 했으나, 판례는 판시이유를 통해 신설회사가 분할회사의 채무 중에서 출자한 재산에 관한 채무만을 부담하는 것으로 분할계획서가 작성된 경우가 아니면, 채권자 보호절차를 거쳤다고 하더라도 연대책임 배제는 효력이 없으므로 분할당사회사는 분할 전의 회사채무에 대하여 연대책임을 부담한다는 입장을 분명히 밝혔다.[51] 그리고 판례[52]는 상법 제530조의9 제2항이 규정하는 '출자한 재산에 관한 채무'라 함은 신설회사가 분할되는 회사로부터 승계한 영업에 관한 채무로서 해당 영업 자체에 직접적으로 관계된 채무뿐만 아니라 그 영업을 수행하기 위해 필요한 적극재산과 관련된 모든 채무가 포함된다고 판시하고 있다. 결국 판례의 입장을 종합하면, 분할당사회사의 연대책임이 배제되기 위해서는 신설회사가 분할회사의 채무 중에서 '신설회사가 분할회사로부터 승계한 영업에 관한 채무'만을 부담하는 내용으로 분할계획서가 작성되어야 하고, 그 외의 경우에는 분할당사회사의 연대책임은 배제되지 않는다는 결론이 된다.[53]

상법 제530조의9 제2항의 문언과 분할당사회사의 연대책임이 배제

51) 학설 중에는 위 판례의 논리를 비판하면서 분할계획서에서 신설회사가 전혀 채무를 부담하지 않기로 규정하고 있는 경우에도, 분할당사회사가 모든 분할 전의 회사채무에 대해 연대책임을 부담하는 것으로 볼 것이 아니라, 대는 소를 포함한다는 논리에 따라 신설회사는 '분할회사로부터 승계한 영업에 관한 채무'에 대해서만 연대책임을 부담하는 것으로 해석하는 것이 논리적이라는 취지의 견해〔이철송, 앞의 책(주 4), 942-943면〕가 주장되고 있다. 반면 이와는 반대로 판례를 지지하는 견해(김동민, "회사분할에서 수혜회사에 승계되는 영업재산의 범위와 연대책임 배제의 한계," 상사판례연구 VII, 박영사, 2007, 168-169면)도 주장되고 있다.

52) 대법원 2010. 8. 19. 선고 2008다92336 판결.

53) 결국 판례는 연대책임이 배제되는 형태의 분할에서는 분할의 대상을 영업으로 한정하고 있는 셈이다.

되는 경우 채권자는 보통 분할계획서의 자세한 내용까지 숙지하지는 못하고 단순히 신설회사는 자신에게 승계된 영업 관련 채무를 부담하고, 분할회사는 신설회사에 이전되지 않은 채무를 부담한다고 이해하고 분할에 대한 이의 여부를 결정할 가능성이 높다는 점을 고려하면, 신설회사가 분할회사의 채무 중에서 '분할회사로부터 승계한 영업에 관한 채무'만을 부담하는 것을 분할당사회사 연대책임 배제의 요건으로 이해하고 있는 판례의 입장은 기본적으로는 타당하다고 생각한다. 하지만 이런 입장을 예컨대 분할계획서가 신설회사에 이전되는 영업 관련 채무 중에서 극히 일부의 채무를 이전대상에서 배제한 경우나 반대로 신설회사가 이전되는 영업과 관련이 없는 아주 소액의 채무를 부담하는 경우에도 그대로 적용하여, 이런 경우에도 언제나 연대책임 배제는 전혀 효력이 없고, 분할당사회사는 분할 전의 회사채무 전부에 대해 연대책임을 부담한다고 해석하여야 하는가?

판례의 논리를 일관할 경우에는 그렇게 보아야 할 것으로 생각된다. 하지만 현실적으로 신설회사가 승계하는 영업에 관련된 채무를 언제나 명확하게 특정할 수 있는 것은 아니므로, 분할당사회사는 실수로 이전대상에서 일부 채무를 누락하거나 일부 채무를 이전대상에 추가할 수도 있고, 또한 실수가 아니라 의도적이었다고 하더라도 이런 경미한 위반이 있는 경우까지 분할당사회사의 연대책임 배제를 완전히 부정하는 것은 합리적이라고 보기 어렵다. 따라서 사견으로는 위와 같이 위반이 경미한 경우에는 분할당사회사가 모든 분할 전 회사채무에 대해 연대책임을 부담한다고 볼 것이 아니라, 경우를 나누어 신설회사가 분할회사의 채무 중에서 출자한 재산에 관한 채무 중 일부만을 부담하는 것으로 분할계획서가 작성된 경우에는 신설회사는 나머지 출자한 재산에 관한 채무에 대해 연대책임을 부담하고, 신설회사가 분할회사의 채무 중에서 출자한 재산에 관한 채무 이외의 채무를 부담하는 것으로 분할계획서가 작성된 경우에는 분할회사가 그러한 채무에 대해 연대책임을 부담한다고 보는 것이 옳다고 생각한다. 이러한 해석이 분할계획서를 작성한 분할회사의 의도와 주주 등 이해관계자의 이해에 부합할 뿐 아니라, 채권자 보호의 관점에서도 크게 불합리한 결과를 초래하지는 않는다고 생각되기 때문이다. 그리고 보다 근본적으로 어떤 채무가 신설회사가 승계하는 영업에 관련된 채무인지 여부가 불분명한 경우에는 사적 자치 및 배정자유의 원칙을 존중하여 가급적 연대책임 배제의 유효성을 인정하는 해석을 하는 것이 바람직하다고 생각한다.

2. 채권자 보호절차 관련 문제

(1) 최고의 대상 — 알고 있는 채권자

상법은 분할당사회사의 연대책임을 배제하고자 하는 경우 분할회사는 주주총회의 승인결의가 있은 날부터 2주 내에 채권자에 대하여 분할에 이의가 있으면 1개월 이상의 기간 내에 이의를 제출할 것을 공고하고, '알고 있는 채권자'에 대하여는 이를 따로 최고할 것을 요구하고 있다(상법 제530조의9 제4항, 제527조의5).[54) 이와 관련하여 해석상 문제가 되는 것은 최고의 대상인 '알고 있는 채권자'의 구체적인 범위이며, 특히 비금전채권자, 소액채권자, 채권의 존부에 관하여 다툼이 있거나 소송이 계속 중인 채권자 등이 알고 있는 채권자로서 개

54) 분할과는 달리 분할합병의 경우에는 연대책임 배제 여부와 무관하게 채권자 보호절차의 이행이 강제된다(상법 제530조의11 제2항, 제527조의5).

별 최고의 대상인지에 관해 종래 학설과 실무상 상당한 논란이 있어 왔다.[55)·56)]

다만 물론 아직까지 명확한 판례가 나오거나 통설이 정립된 것은 아니지만, 현재 학설은 대체로 '회사가 알고 있는 채권자'는 장부 기타 자료에 의하여 성명과 주소가 회사에게 알려짐으로써 그 채권자의 채권이 존재한다는 사실을 회사가 아는 채권자를 말하고, 나아가 그 채권의 채권액이나 변제기까지 회사가 알고 있을 필요는 없다고 보고 있으며,[57)] 따라서 입법론은 별론으로 하고 적어도 해석론으로서는 비금전채권자, 소액채권자, 채권의 존부에 관하여 다툼이 있거나 소송이 계속 중인 채권자 등도 원칙적으로 최고의 대상인 알고 있는 채권자에 해당한다고 보고 있는 것으로 이해된다. 사견으로도 채권자의 범위를 제한하고 있지 않은 현행 상법의 해석론으로는 그와 같이 볼 수

---

55) 이와 같은 논란은 합병과 분할 및 분할합병에 공통된 것이다.

56) 예를 들어 (i) 비금전채권자가 최고의 대상인지에 관해서는 긍정하는 취지의 견해〔권기범, 앞의 책(주 3), 392면 ; 이철송, 앞의 책(주 4), 115면 ; 노혁준, 앞의 논문(주 4), 33면 ; 김홍수, "회사합병과 채권자 보호," 경제법 · 상사법논집(춘강 손주찬 교수 정년기념 논문집), 한국경제법학회, 1989, 566면〕와 부정하는 취지의 견해〔허인, 앞의 논문(주 3), 217면 ; 김동민, "회사분할을 통한 기업구조조정에 관한 연구 — 소수주주 및 채권자 보호를 중심으로 —," 서울대학교 법학박사 학위논문, 2003, 120면〕가 대립하고 있고, (ii) 소액채권자의 경우에도 입법론은 별론으로 하고 해석론으로는 다른 채권자와 동일하게 개별 최고를 해야 한다는 취지의 견해〔권기범, 앞의 책(주 3), 257면〕와 소액채권자에 대하여는 개별 최고를 요하지 않는다고 보는 견해〔김홍수, 앞의 논문, 566면 ; 김동민, 앞의 논문(주 50), 173면〕가 대립하고 있다. 그리고 (iii) 채권의 존부에 관하여 다툼이 있는 자, 예를 들어 현재 채권의 존부에 관한 소송이 제기된 채권자의 경우에도 최고 대상에 포함된다는 견해〔권기범, 앞의 책(주 3), 257면 ; 노혁준, 앞의 논문(주 4), 33면 ; 허인, 앞의 논문(주 3), 218면〕와 일률적으로 판단할 수 없고 사건의 경과, 소송자료 기타 여러 사정을 종합적으로 고려하여 판단해야 한다는 견해〔김홍수, 앞의 논문, 565-566면 ; 김동민, 앞의 논문(주 50), 171면〕가 주장되고 있다.

57) 권기범, 앞의 책(주 3), 256면 ; 김동민, 앞의 논문(주 50), 171면 ; 허인, 앞의 논문(주 3), 218면.

밖에 없다고 생각한다.

하지만 상법의 해석상으로는 위와 같이 최고의 대상을 넓게 파악하는 것이 불가피한 것과 반대로, 실무상으로는 분할시 이렇게 넓은 범위의 채권자에게 모두 개별 최고를 하는 것은 사실상 거의 불가능하다는 현실적인 문제가 존재한다. 그에 따라 실제로 기업들은 분할시 가급적 많은 채권자에 대하여 최대한 개별 최고를 하되, 일부 비금전채권자, 소액채권자 또는 채권의 존부에 관하여 다툼이 있거나 소송이 계속 중인 채권자 등에 대해서는 개별 최고를 하지 않는 경우가 많다. 그 이유는 기업이 위와 같은 채권자에 대해서까지 개별 최고를 하는 것은 사실상 불가능하거나 시간 및 비용의 측면에서 부적절하기 때문이기도 하지만, 법률적으로도 후술하는 바와 같이 분할시 일부 채권자에 대한 개별 최고 누락으로 인해 분할이 무효가 되는 것은 아니고, 단지 최고가 누락된 채권에 한해 연대책임 배제의 효과가 부정된다는 것이 판례[58]의 입장이므로, 기업의 입장에서는 무리하게 모든 채권자에 대해 개별 최고를 하는 것보다는, 분할 이후 혹시 최고를 받지 못한 일부 채권자가 이의를 제기하는 경우에는 그 채권자에 대해 분할당사회사가 연대책임을 부담하는 것이 오히려 효율적이라는 현실적인 고려가 있기 때문이기도 하다.[59]

이와 같이 현행 상법이 규정하고 있는 분할시 최고의 대상에 관해서는 규제와 현실 사이에 상당한 괴리가 존재하고 있고, 그에 따라 학

---

58) 대법원 2004. 8. 30. 선고 2003다25973 판결 등.

59) 나아가 설사 일부 채권자에 대한 최고의 누락이 분할무효사유가 된다고 보더라도, 분할무효의 소에는 6개월의 제소기간이 적용될 뿐 아니라(상법 제530조의11 제1항, 제529조 제2항), 채권자의 수가 적거나 금액이 소액이라면 재량기각 사유(상법 제530조의11 제1항, 제240조, 제189조)에 해당할 가능성이 높다는 것도 기업들의 고려 사항이 되고 있다.

설 중에는 입법론으로 금융산업의 구조개선에 관한 법률상 합병의 경우(금융산업의 구조개선에 관한 법률 제5조 제3항)와 같이 상법상으로도 개별 최고는 없이 공고만 요하는 것으로 채권자 보호절차를 일원화하는 방안을 적극 고려할 필요가 있다는 견해[60]도 주장되고 있다. 사견으로도 채권자 보호절차를 공고로 일원화하거나, 상장회사의 경우 발행주식총수의 1% 이하의 주식을 소유한 소액주주들에 대해서는 주주총회 소집통지를 공고로 갈음(상법 제542조의4 제1항, 상법 시행령 제10조 제1항 및 제2항)하고 있는 것과 유사한 방식으로 적어도 일정 금액 이하의 채권에 대해서는 개별 최고를 요구하지 않는 방안을 고려할 필요가 있다고 생각한다.

(2) 이의에 대한 처리방법

상법은 채권자 보호절차에서 이의를 제출한 채권자가 있는 경우에는 회사는 그 채권자에 대하여 변제 또는 상당한 담보를 제공하거나 이를 목적으로 하여 상당한 재산을 신탁할 것을 요구하고 있다(상법 제530조의9 제4항, 제527조의5 제3항, 제232조 제3항). 이 중에서 실무상 주로 사용되는 방법은 담보의 제공이며, 이와 관련해서는 특히 담보의 '상당성'과 관련해서 어떤 종류의 담보가 상법상 허용되고, 또한 담보의 가액은 어느 정도여야 하는지가 문제되고 있다.

먼저 담보의 종류의 경우 상법은 제공할 수 있는 담보의 종류에 대해 아무런 제한을 두고 있지 않으므로, 그 담보가 법적으로 인정되는 것이라면 모든 종류의 담보가 허용된다고 보아야 할 것으로 생각된

60) 권기범, 앞의 책(주 3), 257면 ; 김동민, 앞의 논문(주 50), 175-176면.

다. 실무상으로도 공탁이나 부동산에 대한 저당권, 주식에 대한 질권 등의 물적담보뿐 아니라 보증보험증권, 은행의 지급보증서 등의 인적담보도 널리 사용되고 있다. 이와 관련하여 금융기관이 아닌 제3자의 보증도 가능한 것인지가 문제되는데, 보증보험증권과 은행의 지급보증서가 담보로 인정되고 있는 것에 비추어 보증인의 자력과 신용이 객관적으로 보아 충분하다면 이를 부정할 이유는 없다고 생각한다. 등기선례[61]도 같은 취지이다.

다음으로 회사가 채권자에게 제공해야 하는 담보의 가액과 관련해서는 채권액에 관해 채권자와 회사 사이에 이견이 있는 경우[62]의 처리방법이 주로 문제된다. 실무상으로는 회사가 추후 논란의 여지를 피하기 위해 일단 채권자의 주장대로 채권액을 인정하여 그에 상당하는 담보를 제공하는 사례가 많기는 하지만,[63] 이론적으로는 회사가 현저히 불합리한 채권액을 주장하는 채권자에게 언제나 그 주장하는 채권액을 기준으로 담보를 제공해야 할 필요는 없고 객관적으로 보아 합리적인 채권액을 산정하여 이를 기준으로 상당한 담보를 제공하면 족하다고 생각한다.[64]

---

61) 대법원 사법등기심의관-2 질의회답, "유한회사의 합병에 대한 이의를 진술한 채권자가 있는 경우 상업등기법 제107조 제3호의 담보를 제공한 사실을 증명하는 서면," 2011. 1. 3. 상업등기선례 201101-1. "상법 제603조, 제232조 제3항의 상당한 담보인지 여부는 사회통념에 따라 객관적으로 판단하여야 하는바, 은행법에 의하여 설립된 은행이 채권액에 상당하는 지급보증을 한 경우에는 특별한 사정이 없는 한 그 상당성을 인정할 수 있으며, 그 이외의 인적담보의 상당성 여부는 물적담보만큼의 충분한 지급확보가 가능한지 여부, 채권의 존부나 채권액에 다툼이 있는지 여부, 합병 전후의 재무상태 등을 종합적으로 고려하여 판단할 사항이다."

62) 이와 관련하여 특히 문제가 되는 경우가 이의를 제출한 채권자의 채권이 비금전채권이어서 불이행시의 손해액을 기준으로 채권액을 산정해야 하는 경우이다.

63) 노혁준, 앞의 논문(주 4), 35면.

64) 노혁준, 앞의 논문(주 4), 35면도 같은 취지로 이해된다.

(3) 채권자 보호절차 흠결의 법적 효과

분할당사회사의 연대책임을 배제하면서도 알고 있는 채권자에게 최고를 하지 않는 등 채권자 보호절차를 흠결한 경우의 법적 효과에 대해서는 종래 분할당사회사의 연대책임이 부활하는지, 아니면 분할무효사유가 되는지에 관해 논란[65]이 있어 왔다. 다만 현재 판례[66]는 확고하게 최고가 누락된 채권자에 대한 관계에서는 분할당사회사의 연대책임이 부활한다는 입장을 취하고 있으므로, 이와 관련하여 현재 실무상 문제가 되고 있는 것은 채권자 보호절차 흠결의 경우 연대책임 부활에 더해 분할무효사유도 인정할 수 있는가 하는 점이다.

이와 관련하여 하급심 판례 중에는 채권자 보호절차 흠결을 분할무효사유로 보기는 곤란하다는 취지의 것[67]과 분할무효사유가 됨을 전제로 재량기각한 것[68]이 모두 존재한다. 학설도 연대책임의 부활을 인정하는 것에 더해 분할무효사유를 인정하지는 않는 입장[69]과 분할무효사유도 인정하는 입장[70]이 모두 주장되고 있다. 사견으로는 분할당사회사의 연대책임이 인정되는 경우 원래 채권자 보호절차를 거칠 필요가 없다는 점을 고려하면(상법 제530조의9 제4항), 연대책임의 부활을 인정하는 것에 더해 분할무효사유까지 인정할 필요는 없다고 생각한

65) 권기범, 앞의 책(주 3), 403면.

66) 대법원 2004. 8. 30. 선고 2003다25973 판결 ; 대법원 2006. 11. 23. 선고 2005두4731 판결 ; 대법원 2010. 2. 25. 선고 2008다74963 판결.

67) 부산고등법원 2004. 3. 31. 선고 2003나11424 판결.

68) 수원지방법원 성남지원 2010. 4. 14. 선고 2009가합14537 판결.

69) 노혁준, 앞의 논문(주 4), 34면 ; 하창효, 앞의 논문(주 15), 177-178면 ; 유남영, "회사의 분할과 채권자 보호절차에 관한 소고," 인권과 정의 제318호(2003. 2), 대한변호사협회, 108-109면.

70) 최기원, 앞의 책(주 28), 1195면 ; 김동민, 앞의 논문(주 50), 181면.

다. 그리고 만일 이론적으로는 채권자 보호절차 흠결이 분할무효사유가 된다는 입장에 선다고 하더라도, 연대책임 부활이 인정되는 이상 현실적인 관점에서 이런 경우에는 대부분 재량기각을 인정하는 것이 타당할 것으로 생각한다.

하지만 분할합병의 경우에는 사정이 좀 다르다. 상법은 분할합병의 경우에는 분할과 달리 연대책임 배제와 무관하게 채권자 보호절차의 이행을 강제하고 있기 때문이다(상법 제530조의11 제2항). 따라서 분할과 달리 분할합병에서 채권자 보호절차가 흠결된 경우에는 합병과 동일하게 이를 분할합병무효사유로 보아야 한다고 생각된다.[71] 이 경우 그에 더해 연대책임 부활도 인정할 것인지가 문제인데, 분할합병의 경우에는 분할과 달리 채권자 보호절차의 이행과 연대책임 배제가 관련성이 없으므로(상법 제530조의9 제3항, 제530조의11 제2항), 이론적으로는 채권자 보호절차가 흠결되었다고 하여 연대책임 부활을 인정하기는 어렵다고 생각된다. 다만 현실적인 관점에서 판례가 분할과 분할합병을 구분하여 분할합병의 경우에는 분할과 달리 분할합병무효사유는 인정하고 연대책임 부활은 인정하지 않을 것인지는 의문이다.

3. 우발채무의 처리

분할 당시 분할당사회사가 인식하지 못했던 우발채무가 분할 이후 발견된 경우 이를 어떻게 처리할 것인지의 문제는 분할당사회사의 연대책임이 배제되는 경우 특히 의미가 있다. 분할당사회사의 연대책임이 인정되는 경우에는 그 우발채무가 분할 전 성립한 분할회사의 채

71) 노혁준, 앞의 논문(주 4), 35면.

무이기만 하면, 어차피 분할당사회사의 연대책임이 인정될 것이므로, 채권자의 입장에서는 종국적으로 그 우발채무가 누구에게 귀속되는지는 크게 중요하지 않을 것이나, 분할당사회사의 연대책임이 배제되는 경우에는 그 우발채무가 분할당사회사 중 누구에게 귀속되는지, 그리고 그 우발채무에 대해서도 연대책임이 배제되는 여부가 채권자의 입장에서 매우 중요한 문제가 되기 때문이다. 이하에서 우발채무의 귀속과 우발채무에 대한 분할당사회사의 연대책임으로 항목을 나누어 살펴본다.

(1) 우발채무의 귀속

우발채무의 귀속 문제는 결국 분할계획서의 효력과 그 한계에 관한 문제이므로, 물론 연대책임이 배제되는 경우 현실적인 중요성이 증대되는 측면은 있지만 법률적으로는 연대책임 배제 여부에 따라 결론이 달라질 것은 없다. 즉 분할대상 권리의무의 선정에는 원칙적으로 사적자치, 즉 소위 배정자유의 원칙이 적용되므로, 분할회사는 법령과 신의칙에 반하지 않는 이상 신설회사로 이전할 채무를 분할계획서를 통해 자유롭게 정할 수 있고,[72] 따라서 우발채무도 분할계획서의 기재에 따라 신설회사 또는 분할회사에게 귀속되는 것이 원칙이라고 생각된다.

다만 분할계획서가 분할의 대상이 아닌 분할 전에 존재하는 사실관계에 기해 분할 후에 발생한 우발채무도 신설회사에 귀속되는 것으로 정하고 있는 경우에는, 앞에서 살펴본 분할에 따라 신설회사가 승계

72) 권기범, 앞의 책(주 3), 358-359면 ; 김동민, 앞의 논문(주 3), 197면 ; 허인, 앞의 논문(주 3), 210면.

하는 것은 분할회사의 권리의무이지 사실관계는 아니라는 현재 판례[73]의 입장에 따를 때 그러한 기재는 상법에 위반된 것이므로 해당 우발채무는 분할계획서의 기재에도 불구하고 분할회사에 귀속한다고 볼 수밖에 없다고 생각된다.[74]

(2) 우발채무에 대한 분할당사회사의 연대책임

채권자 보호의 관점에서는 우발채무의 귀속보다 더 중요한 문제가 우발채무에 관한 분할당사회사의 연대책임 문제이다. 만일 우발채무에 관해 분할당사회사의 연대책임이 인정된다면, 우발채무의 귀속은 분할당사회사 사이의 내부적 문제일 뿐이지 채권자에게 중요한 문제는 아니게 될 것이기 때문이다.

우발채무에 관해 분할당사회사의 연대책임이 배제되는지 또는 인정되는지와 관련하여 먼저 검토되어야 할 문제는 분할계획서가 '신설회사가 분할회사로부터 승계한 영업에 관한 우발채무'만 신설회사에 귀속되는 것으로 정하고 있는가 하는 점이다. 앞에서 본 것처럼 판례[75]는 연대책임 배제의 요건으로 신설회사가 분할회사의 채무 중에서 '신설회사가 분할회사로부터 승계한 영업에 관한 채무'만을 부담하는 내용으로 분할계획서가 작성될 것을 요구하고 있고, 그 외의 경우에는 분할당사회사의 연대책임은 배제되지 않는다는 입장을 취하

73) 대법원 2007. 11. 29. 선고 2006두18928 판결 ; 대법원 2009. 6. 25. 선고 2008두17035 판결 ; 대법원 2011. 5. 26. 선고 2008두18335 판결.

74) 다만 판례의 입장을 일관하는 것이 타당한지에 관해 의문이 있다는 점은 전술하였다.

75) 대법원 2006. 10. 12. 선고 2006다26380 판결 ; 대법원 2009. 4. 23. 선고 2008다96291 판결.

고 있다. 따라서 만일 분할계획서가 우발채무의 귀속에 관해 '신설회사가 분할회사로부터 승계한 영업에 관한 우발채무' 이외의 우발채무가 신설회사에 귀속되는 것으로 정하고 있거나, 또는 '신설회사가 분할회사로부터 승계한 영업에 관한 우발채무'가 신설회사가 아닌 분할회사에 귀속하는 것으로 정하고 있는 경우에는, 우발채무의 귀속 자체는 분할계획서대로 정해진다고 하더라도 분할당사회사의 연대책임은 배제되지 않는다고 보아야 할 것이다.[76)]

우발채무에 관한 분할당사회사의 연대책임과 관련해서 그 다음으로 검토되어야 할 문제는 해당 우발채무의 채권자에게 채권자 보호절차, 구체적으로는 분할회사의 개별 최고가 법률상 요구되는가 하는 점이다. 우발채무는 그 개념 자체로 분할회사가 분할 당시 인지하지 못한 채무를 말하므로, 대부분의 경우 분할회사는 우발채무의 채권자에게 이의 제출을 위한 개별 최고를 하지 않았을 것이다. 따라서 만일 법률상 우발채무의 채권자에게 개별 최고가 요구되는 것이라면, 최고가 누락된 채권자에 대한 관계에서는 분할당사회사의 연대책임이 부활한다는 현재 판례[77)]의 입장에 따를 때, 거의 모든 우발채무에 관해 채권자 보호절차의 흠결로 인한 분할당사회사의 연대책임이 인정될 것이다.

하지만 상법이 '회사가 알고 있는' 채권자를 개별 최고의 대상으로 규정하고 있는 이상, 분할 당시 회사가 그 존재 자체를 알지 못한 우발채무의 채권자를 개별 최고의 대상이라고 볼 수는 없다고 생각한다.

76) 다만 2016년 개정 상법이 "출자한 재산에 관한 채무" 요건을 삭제한 이상, 이 부분 논의는 현재는 의미가 없고 분할계획서에 해당 우발채무가 승계 대상으로 정해진 것인지 여부만이 중요할 것이다.

77) 대법원 2004. 8. 30. 선고 2003다25973 판결 ; 대법원 2006. 11. 23. 선고 2005두4731 판결 ; 대법원 2010. 2. 25. 선고 2008다74963 판결.

판례[78]도 주주들이 분할 전 회사의 분식회계로 손해를 입었음을 주장한 사안에서 이 주주들은 상법 제530조의9 제4항, 제527조의5 제1항에 정한 채권자 보호절차에서 분할에 대한 이의 여부를 개별적으로 최고하여야 하는 분할 전 회사가 알고 있는 채권자에 해당한다고 볼 수 없다고 판시하여 동일한 입장인 것으로 이해된다. 한편 학설 중에는 채권자가 분할 당시 채권의 발생 사실을 알지 못한 경우에는 언제나 분할당사회사의 연대책임을 인정해야 한다는 견해[79]가 있으나, 현행 상법의 해석론으로 이러한 견해를 취하기는 어렵다고 생각한다.

결국 분할 전에 분할회사에 우발채무의 존재 사실이 알려진 예외적인 경우를 제외하고는 분할 당시 회사가 알지 못한 우발채무의 채권자에게는 분할회사의 개별 최고가 요구되지 않으며, 따라서 우발채무의 채권자는 개별 최고가 없었음을 이유로, 또는 분할 당시 자신이 채권의 존재를 몰랐음을 이유로 분할당사회사의 연대책임을 주장할 수는 없다고 생각한다.

IV. 결론

지금까지 분할시 채권자 보호와 관련된 실무상 쟁점을 분할당사회사가 연대책임을 부담하는 경우와 분할당사회사의 연대책임이 배제된 경우의 두 유형으로 나누어 살펴보았다. 분할제도가 우리 상법에 도입된 지도 이제 10년이 넘었고, 그에 따라 앞에서 보았듯이 종래에

78) 대법원 2010. 8. 19. 선고 2008다92336 판결.

79) 김동민, 앞의 논문(주 22), 279-281면. 한편 입법론으로 동일 취지의 주장을 하는 견해로는 노혁준, 앞의 논문(주 4), 31면.

는 실무상 논란이 있던 사항에 관해 이제는 판례와 학설이 확립된 부분도 적지 않다. 특히 최근 수년간 분할시 채권자 보호와 관련된 판례의 축적은 상당히 주목할 만한 것으로 생각된다.

다만 이 글에서 검토한 바와 같이 아직도 많은 실무상 쟁점들에 관해서는 명확한 판례가 정립되지 않은 상태이며, 또한 최근 판례의 입장과 관련해서는 이를 일반화하는 것이 다소 곤란해 보이는 부분도 존재하는 것으로 생각된다. 그런데 학설의 경우 분할제도가 우리 상법에 도입된 초기의 논의 이후에는 사실 이 주제에 관해 활발한 논의가 있지는 않은 것으로 보이고, 특히 최근 판례와 관련하여서는 아직 단순히 판례를 소개하는 것에서 더 나아가 판례의 함의와 그로 인해 새로 제기되는 실무적 쟁점들에 대해 많은 논의가 이루어지고 있지는 않은 것으로 보인다.

최근 분할이 지주회사 설립 등 기업의 구조조정수단으로 각광받고 있는 점과 분할시 채권자 보호의 문제는 분할당사회사, 주주 및 채권자 등의 이해관계가 첨예하게 대립하는 현실적으로 매우 중요한 문제인 점을 고려하여, 향후 이 글에서 검토한 주제에 관해 학계와 실무계의 보다 심도 있고 실용적인 논의가 활발히 진행되기를 기대하며, 이 글이 작으나마 그 논의의 단초가 되기를 희망한다.

09

회사분할과 과징금의 승계[*]

–프랑스법상 행정제재와 경찰작용의 구별에 관한 논의의 시사점–

강수진** · 이승민***

I. 문제의 소재

회사분할과 관련하여서는 상법상으로도 많은 쟁점들이 논의되고 있지만, 독점규제 및 공정거래에 관한 법률(이하 '공정거래법')과 관련하여서도 많은 논란이 제기되어 왔다. 2004. 12. 31. 법률 제7315호로 개정된 공정거래법에서는 제55조의5를 신설하여 회사분할시 존속회사와 신설회사가 과징금의 연대납부의무를 지도록 규정하였지만, 이 규정은 회사분할 전에 과징금이 이미 부과된 경우에만 적용되기 때문에, 위반행위는 회사분할 전에 발생하였으나[1] 그에 대한 과징금은 회

* 이 논문은 BFL 제49호(2011. 9)에 게재된 글을 수정 · 보완한 것이다.

** 고려대학교 법학전문대학원 교수

*** 성균관대학교 법학전문대학원 부교수

1) 위반행위가 회사분할 전에 종료한 경우와 회사분할 후에 종료한 경우를 모두 포함한다.

사분할 이후에 부과된 경우에는 적용되기 어려웠다. 또 공정거래법에서는 공정거래위원회가 여러 유형의 위반행위에 대해 시정조치를 부과할 수 있도록 규정하고 있는데,[2] 회사분할이 이러한 시정조치에 어떠한 영향을 미칠 수 있는지에 대해서도 명시적인 규정이 없다. 이 중 위반행위가 회사분할 전에 발생한 경우에 대해서는 2012. 3. 21. 법률 제11406호로 공정거래법 제55조의3 제3항이 신설되면서 입법적인 해결이 있었지만, 시정조치의 경우에는 여전히 법의 공백이 존재한다. 게다가 현행 공정거래법 제55조의3이 위반행위의 발생시점과 관계없이 존속회사와 신설회사 중 어느 한 회사에 대해 과징금을 부과할 수 있도록 규정하고 있지만, 이러한 입법이 헌법적인 관점에서 정당한 것인지 여부에 대해서는 여전히 검토가 필요하며, 따라서 공법적인 관점에서 과징금의 법적 성격에 대해 살펴보는 것은 여전히 의미가 있다.

회사분할과 공정거래법 위반행위 책임의 승계에 대해 본격적인 논의가 촉발된 것은 소위 '지게차제조 3개 사업자의 부당한 공동행위 건'[3]에 대한 대법원 판결[4]이 선고된 것과 무관하지 않다. 위 판결에서는 "신설회사 또는 존속회사가 승계하는 것은 분할하는 회사의 권리와 의무라 할 것인바, 분할하는 회사의 분할 전 법 위반행위를 이유로 과징금이 부과되기 전까지는 단순한 사실행위만 존재할 뿐 그 과징금과 관련하여 분할하는 회사에게 승계의 대상이 되는 어떠한 의무가 있다고 할 수 없고, 특별한 규정이 없는 한 신설회사에 대하여 분할하는 회사의 분할 전 법 위반행위를 이유로 과징금을 부과하는 것은 허

2) 공정거래법 제5조, 제16조, 제21조, 제24조, 제27조, 제31조, 제34조.

3) 공정거래위원회 2005. 6. 24.자 의결 제2005-080호(2004공동3736호).

4) 대법원 2007. 12. 29. 선고 2006두18928 판결.

용되지 않는다 할 것이다"라고 판시하였는데, 이러한 판시는 이후 판결들에서도 계속 확인되었고(대법원 2009. 6. 25. 선고 2008두17035 판결, 대법원 2011. 5. 26. 선고 2008두18335 판결 등 참조), 공정거래위원회의 시정조치 또는 과징금 부과에 대해서도 상당한 영향을 미치게 되었다. 그리하여 위 대법원 판결의 판시 내용이 엄격하게 관철될 경우 회사분할제도를 악용하여 과징금 부과처분을 사실상 회피하거나[5] 시정조치의 내용이 무력화될 수 있다는 문제점들이 지적된 바 있다.[6]

이와 관련하여 회사분할시 과징금 부과처분 또는 시정조치의 승계와 관련한 문제를 해결하기 위한 다양한 이론들이 제시되었는데, (i) 분할당사회사들의 의사에 따라 과징금 부과대상자가 변경되는 것을 허용할 수는 없지만, 분할당사회사들이 출자한 재산에 관한 채무만을 부담할 것을 정함으로써 채무를 분할하였고 그 영업재산을 이전받은 신설회사 또는 분할합병의 상대방 회사가 자신에 대한 과징금 부과에 이의를 제기하지 않는다면 과징금 부과를 허용하여도 무방할 것이라는 견해,[7] (ii) 과징금 부과처분이 있기 전까지는 회사분할시에도 분할 전후의 회사 간에 상법규정에 의한 채무 내지 책임의 승계 내

5) 이황, "회사분할과 과징금 납부책임의 승계 가능성 — 대법원 2007. 11. 29. 선고 2006두18928 판결을 중심으로," 고려법학 제53호(2009. 6), 고려대학교 법학연구소, 240면 참조.

6) 백대용, "회사분할에 있어 과징금 및 시정조치 부과 가능성에 관한 검토," 경제법판례연구 제7권, 법문사, 2011, 301면 참조. 여기서는 '한국전력공사의 광섬유복합가공지선(OPGW) 구매입찰 참가 4개 전선제조사의 부당한 공동행위에 대한 건'〔공정거래위원회 2009. 8. 25.자 의결 제2009-176호(2009카조1527호)〕에 따라 시정조치를 부과받은 (주)엘에스가 부당한 공동행위 종료 이후 전선사업부문을 엘에스전선(주)으로 분할하여 이전하였음에도 불구하고 시정조치는 (주)엘에스에 대해서만 이루어지는 바람에, 실제로 전선사업을 영위하고 있는 엘에스전선(주)에 대해서는 아무런 규제가 이뤄지지 않는 불합리가 발생함을 지적하고 있다.

7) 홍대식, "공정거래법상 과징금 제도에 관한 연구," 서울대학교 대학원 법학박사 학위논문, 2006. 8, 136-138면 참조.

지 이전은 일어나지 않고, 다만 공법상 책임 내지 지위의 승계 여부가 문제될 수 있는데 이는 전후의 사정을 '비례적 잣대(sliding scale)'에 입각하여 단계적으로 평가하되 구체적 처분에 비견될 수 있는 정도의 사정이 존재하지 않는 한 원칙적으로 승계가 일어나지 않는다고 보는 견해,[8] (iii) 현실적 · 정책적 필요성을 고려하여 회사분할 후 과징금 부과처분의 승계를 긍정하고, 최소한 행위금지명령이라는 시정조치만이라도 부과되는 것이 바람직하다는 견해[9] 등이 그것이다.

이러한 이론적 시도들은 모두 그 고유의 가치를 지니고 있다. 다만 공정거래법 위반행위에 대한 대표적 조치들인 과징금 및 시정조치는 행정기관이 행정의 실효성 확보를 위하여 부과하는 것으로서 공법영역에서 발생하는 문제이고, (비록 회사분할이라는 상법상 제도가 원인이 되고 있기는 하지만) 이의 승계에 관한 문제 또한 어디까지나 공법상 지위 및 책임의 승계에 관한 것이므로, 이에 대해서는 공법이론에 따른 해결이 시도될 필요가 있다.

현재 공법상 지위 및 책임의 승계와 관련된 논의는 대개 '제재처분에 대한 승계' 또는 '경찰책임의 승계'라는 관점에서 이루어지고 있다. 전자의 경우 처분의 성질을 기준으로 한 '대인적 처분/대물적 처분'이라는 구별기준에 따라 논의되고 있고, 후자의 경우 행정행위의 상대방인 의무자가 부담해야 하는 책임의 성격을 기준으로 한 '행위책임/상태책임'이라는 구별기준에 따라 논의되는 것이 보통이다. 하지만 '의무자가 부담해야 할 책임의 성격'에 따른 분류와 '처분의 성질'에 따른 분류는 언뜻 다르게 보이기는 하지만 실제상 무엇이 어떻게 다른 것인지 파악하기 쉽지 않다. 혹은 이러한 분류들이 그 관점만

8) 이황, 앞의 논문(주 5), 236-239면 참조.
9) 백대용, 앞의 논문(주 6), 305-306면 참조.

을 달리한 것일 뿐, 실제상으로는 '대인적 처분=행위책임', '대물적 처분=상태책임'과 같은 등식이 성립하는 것인지도 불확실하다. 요컨대 이러한 구별기준들이 서로 어떠한 관계를 가지고 있는 것인지 알기 어렵다.

이러한 문제점은 해당 행정행위(여기에서는 공정거래법 위반행위로 인한 과징금 부과처분 및 시정조치)의 법적 성격이 무엇인지 명확하게 밝히지 않고 논의를 시작하는 것과 무관하지 않아 보인다. 통상 행위책임과 상태책임은 경찰작용[10]과 관련하여 논의되는 것이다. 그런데 모든 행정행위를 경찰작용으로 볼 수는 없으며, 행위책임과 상태책임을 근거로 공법상 책임의 승계를 논하기 위해서는, 그 전제가 되는 행정행위가 경찰작용에 속하는 것이어야 한다. 반면 제재처분의 승계는 행정제재의 승계를 의미하는 것이므로 그 전제가 되는 행정행위가 행정제재에 속하는 것이어야 하는데, 다만 우리나라에서는 제재처분의 승계를 논하면서 행위책임과 상태책임이 같이 논의되는 경우도 많은 것 같다.

본고의 논의는 행정제재와 경찰작용의 구별에서부터 시작한다. 행정제재와 경찰작용은 그 목적이 서로 다르기 때문에 그와 관련된 법리와 그러한 법리가 적용된 결과 또한 달라질 수 있다. 따라서 행정제재의 승계와 경찰책임의 승계 또한 그 목적에 맞게 구별하여 설명할 수 있다. 그런데 행정행위 중에는 행정제재의 외형을 갖추었지만 그 실질은 경찰작용인 경우가 많으며, 따라서 어떤 제재가 행정제재인지 아니면 경찰작용인지부터 살펴보아야 한다(여기서는 공정거래법 위반행위에 대한 과징금 부과처분과 시정조치가 행정제재와 경찰작용 중 어디에 해

10) 여기서 말하는 경찰작용은 '실질적 의미의 경찰작용'이다.

당하는지가 문제될 것이다). 이처럼 그 법적 성질이 확정되면, 이를 바탕으로 그에 따른 책임의 승계 여부에 대한 논의가 가능할 것이다.

이하에서는 행정제재와 경찰작용의 목적과 구별기준에 대해 먼저 살펴보고(II), 이러한 구별기준에 따라 공정거래법 위반행위에 대한 과징금 부과처분과 시정조치의 법적 성격을 정리한 다음(III), 회사분할과 관련한 공법상 책임의 승계 및 분할계약서와 같은 분할 당사자 간의 약정이 공법상 책임에 어떠한 영향을 미칠 수 있는지에 대해 검토해 보고(IV), 이후 결론을 도출해 보고자 한다(V). 여기에서 위 II.의 행정제재와 경찰작용의 구별에 관해서는 아직 우리나라 또는 독일에서 그 논의가 활성화되어 있지 않은 반면, 프랑스에서는 이와 관련된 상당한 논의가 축적되어 있으므로 프랑스법상의 관련 논의를 살펴봄으로써 상당한 시사점을 얻을 수 있을 것으로 기대한다.

II. 프랑스법상 행정제재와 경찰작용의 구별[11)]

1. 구별의 필요성

국가가 사인의 행위에 대해 불이익을 부과하는 수단으로는 형벌 외에 '행정제재(la sanction administrative)'가 존재한다. 이러한 행정제재는 사전에 부과된 행정상 의무이행의 확보를 위한 강제수단 중 하나인데,[12)]

---

11) 이하에서 논의할 II.의 내용은 이승민, 프랑스의 경찰행정, 경인문화사, 2014, 62-78면의 내용을 발췌 · 요약한 것인데, 편의상 재인용 표시를 생략하였다. 여기에서 말하는 경찰작용은 '행정경찰작용'을 의미하는 것이고, 사법경찰작용은 제외된다.

12) Jean Waline, Droit administratif, 22e éd., Dalloz (2008), p.404.

행정이 강제력을 동원하여 행정작용을 집행하는 것은 그와 관련된 행정제도의 질서를 유지하기 위한 것이다. 이러한 행정제재의 수단으로는 징계, 금전제재, 허가의 취소 · 정지 등이 있다.

반면 경찰작용은 공공질서의 유지 및 회복을 목적으로 하는 행정의 강제수단이지만, 어떤 행정처분을 집행하기 위한 강제수단은 아니다. 이러한 점에서 행정처분의 집행에 관한 실효성을 확보하기 위한 강제수단인 행정제재와는 구별된다.

그런데 행정제재와 경찰작용은 그 외형상 구별되지 않을 수 있다. 예를 들면 영업정지 · 취소와 같은 수익적 행정행위의 철회 · 효력제한의 경우, 그것이 사전에 부과된 법적 의무에 대한 불이행을 처벌하기 위한 수단으로 행해지기도 하지만, 공공질서(l'ordre public)[13]에 대한 장애(la trouble)의 발생을 예방하기 위한 수단으로 행해질 수도 있다.

이처럼 그 외형상 구별되기 어려운 경우가 있지만, 그럼에도 불구하고 경찰작용과 행정제재는 서로 구별되어 발전해 온 강제수단이고,

13) 우리 경찰법상 경찰작용의 일반적인 목적이 되는 '공공의 안녕과 질서'에 해당하는 프랑스법상의 개념인데, '공공의 안녕과 질서'보다는 넓은 개념이다. 즉 프랑스법상 공공질서에는 전통적 세 요소인 공공안전(la sécurité publique), 공공평온(la tranquillité publique), 공중위생(la salubrité publique) 외에 공중도덕(la moralité publique)과 인간의 존엄성 존중이 포함되는 데 비해, 우리나라에서 말하는 '공공의 안녕'은 "국가의 법질서와 공공시설 및 개인의 생명 · 신체 · 재산 · 자유 · 명예 등에 대하여 어떠한 침해도 없는 상태"를 의미하는 것으로서(박균성 / 김재광, 경찰행정법, 박영사, 2010, 166면 ; 서정범 / 김연태 / 이기춘, 경찰법연구, 제5장 "경찰법에 있어서의 공공의 안녕의 개념," 세창출판사, 2009, 67면) 프랑스의 공공안전 및 공공평온과 유사하며, 공공의 질서는 "통상적인 사회윤리개념상 그 준수가 사회에서의 공동생활을 위하여 불가결한 것으로 인정되는 불문규범의 총체"로 정의되는데(박균성 / 김재광, 앞의 책, 166면), 이는 프랑스의 공중도덕과 유사하지만 그 불명확성으로 인한 남용 우려 등이 지적되고 있다(서정범 / 김연태 / 이기춘, 앞의 책, 제6장 "경찰법에 있어서의 공공의 질서의 개념—성도덕에 관한 실증적 사례분석을 토대로 하여," 98-99면 ; 한견우, 현대행정법, 연세대학교 출판부, 2009, 777면 각 참조). 이상의 내용은, 이승민, 앞의 책(주 11), 147면, 151-152면 참조.

서로 다른 목적을 갖고 서로 다른 영역을 규율하며, 서로 다른 제도의 적용을 받는 것이므로, 그 법적 성질을 명확히 밝혀야 할 필요가 있다.

2. 행정제재와 경찰작용의 의의

(1) 행정제재의 의의

프랑스법상 행정제재는 "행정기관이 법령위반행위에 대해 공권력을 행사하여 제재를 부과하는 일방적 결정"이라고 정의되거나,[14] "행정기관이 처벌의도로 부과하는 일방적 · 개별적 결정"으로 정의된다.[15] 이러한 행정제재는 사법경찰작용과 마찬가지로 '처벌(la répression)'을 목적으로 하는 것이다.[16]

한편 행정제재는 부당이득 환수조치, 즉 복구적 행정작용(les mesures restitutives)과도 구별되며,[17] 여기서 복구적 행정작용은 사물의 원상태를 복구하고 회복시키는 것을 목적으로 하는 조치를 말한다.[18] 판례는 목

14) Conseil d'État, Les pouvoirs de l'Administration dans le domaine des sanctions, La documentation française (1995), pp.35-36.

15) Thomas Bombois, "La définition de la sanction administrative," Les sanctions administratives, Bruylant (2007), p.27. 프랑스법상 행정제재의 개념에 관해서는 이승민, "프랑스법상 행정제재와 형벌의 관계에 관한 연구 — 개념징표와 법적 통제의 비교를 중심으로," 서울대학교 대학원 석사학위논문, 2005. 2, 7-9면 참조(다만 위 논문의 저자는 '이현우'로 되어 있으나, 이는 필자가 2006. 6. 개명하기 전의 이름임을 밝혀 둔다).

16) 다만 그 궁극적인 목표는 행정임무의 원활한 수행을 위하여 행정제도 내에서의 질서를 유지 또는 회복하기 위한 것이라는 점에서, '공공질서의 회복'을 목적으로 하는 경찰작용과 유사한 면이 없지는 않다. Jacques Mourgeon, La répression administrative, L.G.D.J. (1967), p.199.

17) CC(Conseil Constitutionnel) 1982. 12. 30. 82-155DC ; CC 1987. 12. 30. 87-237DC ; CC 1989. 12. 29. 89-268DC 등.

18) Mireille Delmas-Marty / Catherine Teitgen-Colly, Punir sans juger? De la répression

적을 기준으로 하여 이 조치들을 구별하고 있는데, 다만 어떤 조치가 처벌의 성격을 지녔는지 아니면 배상 또는 부당이득 환수, 즉 복구적 성격을 지녔는지를 구별하는 것은 현실적으로 쉽지 않다.[19] 특히 금전제재(l'amende fiscale)의 경우, 종래의 학설과 판례는 이를 제재와 민사배상(la réparation civile)의 성격을 겸유하는 혼합적 성질을 가진 것으로 여겨 왔는데,[20] 현재에는 제재의 성격이 더 크다는 주장이 우세하다.[21]

(2) 경찰작용의 의의

한편 프랑스의 경찰작용은 대부분 그 목적을 기준으로 정의되는데, "공공질서의 유지를 목적으로 하는 공역무 활동이며, 공공질서를 침해할 수 있는 장애를 가능한 한 예방하거나 제거하는 것"[22] 또는 "사회생활에서 요구되는 규율을 개인의 자유로운 활동에 부과하기 위하여 행정이 개입하는 일체의 것으로서 공공질서에 대한 침해의 예방(la prévention)을 목적으로 하는 것"[23]을 의미한다.[24]

---

administrative au droit administatif pénal, Economica (1992), pp.48-49.

19) 행정법원의 경우는 CE 1952. 5. 10. *Soc. X.* 사법법원의 경우는 Cass(Cour de Cassation). com. 1960. 10. 25. ; Cass. com. 1968. 1. 2. M. Delmas-Marty / C. Teitgen-Colly, 앞의 책(주 18), p.48.

20) Cass. crim. 1969. 2. 6.

21) 세법전 L.1729조 등에서 납세자의 악의(la mauvaise foi)나 사기(la fraude)가 있는 경우에는 그 금액을 가중하고 있도록 규정하고 있는 점을 근거로 한다. M. Delmas-Marty / C. Teitgen-Colly, 앞의 책(주 18), p.50. 이상의 내용은 이승민, 앞의 논문(주 15), 17-20면 참조.

22) René Chapus, Droit administratif général, tome 1, 15e éd., Montchrestien (2001), p.697.

23) J.Waline , 앞의 책(주 12), pp.323-324.

24) Georges Vedel, Droit administratif, 5e éd., PUF (1973), p.784 ; André de Laubadére / Jean-Claude Venezia / Yves Gaudemet, Droit administratif, 16e éd., L.G.D.J. (1999), p.270에서도 비슷한 내용으로 정의하고 있다.

3. 행정제재와 경찰작용의 차이점

(1) 목적의 차이

행정제재와 경찰작용은 그 목적부터 다르다.[25] 경찰작용은 공공질서에 대한 장애를 야기한 자를 처벌하려는 것이 아니라, 단지 공공질서를 유지 또는 회복하기 위한 것이며, 이러한 목적에 엄격히 구속된다.[26] 그러므로 예컨대 금전적 불이익을 부과하는 것은 공공질서의 유지 또는 회복과 관련이 있다고 할 수 없어 경찰작용이 될 수 없고, 원칙적으로 행정제재에 해당한다.[27] 반면 행정제재는 행정기관이 법령에 위반한 자들을 처벌하기 위하여 발령하는 것이다. 결국 행정제재는 처벌(處罰)을 목적으로 하며, 경찰작용은 예방(豫防)을 목적으로 한다고 할 수 있다.

다만 여기서 말하는 '예방'에 대해서는 유의할 필요가 있는데, 여기에는 장래에 발생할 장애의 예방뿐만 아니라 이미 발생한 장애의 제거도 포함된다. 이는 예방이라는 말 자체와 모순되어 보이지만, 프랑스법상 경찰작용의 목적으로서의 예방은 '공공질서에 대한 장애(la trouble)의 발생을 방지'하는 것 외에도, '이미 발생한 장애를 제거하여 장애의 확산을 방지'하는 것으로 해석되어야 한다.

그렇기 때문에 프랑스에서는 독일 경찰법에서처럼 경찰권의 발동시점을 구별로 한 예방경찰과 진압경찰의 구별을 찾아보기 어렵

25) Conseil d'État, 앞의 책(주 14), p.38.

26) T. Bombois, 앞의 책(주 15), p.68.

27) CE(Conseil d'État) 1942. 11. 4. *SA des coffres-forts Bauche* ; CE 1962. 2. 16. *Percy du Sert*. T. Bombois, 앞의 책(주 15), p.68 ; M. Delmas-Marty / C. Teitgen-Colly, 앞의 책(주 18), p.46.

다.[28] 독일에서는 법익에 대한 손상(Schaden)의 발생개연성으로서 위험(Gefahr)을 상정하여, 이의 방지가 예방(Prävention)이고, 진압(Repression)은 위험이 실현되어 장해(Störung)가 된 경우, 이를 제거하는 작용이라고 설명된다. 그러나 프랑스에서는 장애를 기준으로 하여, 장애가 발생하지 않도록 하는 것—즉 위험이 실현되지 않도록 하는 것이 아니라 위험이 실현된 결과인 장애가 발생하지 않도록 하는 것—이 예방이고, 장애가 발생한 경우 이의 지속 · 확산을 방지하는 것도 예방에 포함시켜 설명한다.[29]

(2) 법적 근거의 차이

1) 행정제재의 경우

행정제재는 일정 부분 형벌을 대체하는 기능을 하기 때문에 권력분립원칙을 침해할 수 있다는 우려가 제기되고 있지만, 프랑스 헌법위원회(le Conseil Constitutionnel)는 행정제재의 합헌성을 인정하고 있다.[30]

---

28) R. Chapus, 앞의 책(주 22), pp.697-745 ; A. de Laubadère / J.-C. Venezia / Y. Gaudemet , 앞의 책(주 24), pp.269-281 각 참조.

29) 여기서 주의할 점은 프랑스어의 'la répression'은 독일 경찰법에서 말하는 진압, 즉 'Repression'에 상응하는 것이 아니라는 점이다. 'la répression'의 사전적 정의는 "범죄에 대한 투쟁으로써 국가가 형벌을 부과하기 위해 수행하는 임무" 또는 "범죄를 정하고, 범인을 소추하며, 형벌을 부과하는 작용"이며〔Gérard Cornu, Vocabulaire Juridique, 8e éd., PUF (2000), p.760〕, 따라서 우리말의 '처벌' 또는 '제재'에 해당한다. 그러므로 'la répression administrative'는 '행정처벌' 혹은 '행정제재'라는 의미가 된다. 이상의 내용은 이승민, 앞의 논문(주 15), 12면 참조.

30) CC 1989. 1. 17. 88-248DC *Loi modifiant la loi n° 86-1067 du 30 septembre 1986 relative à la liberté de communication*(방송감독위원회에 관한 결정) ; CC 1989. 7. 28. 89-260DC *Loi relative à la sécurité et à la transparence du marché financier*(증권거래위원회—현 금융거래위원회—에 관한 결정).

그러나 행정제재로 시민의 자유를 박탈할 수는 없으며, 아울러 행정제재에도 형벌에 적용되는 헌법적 원칙들과 인권선언 제8조에서 도출되는 원칙들, 즉 죄형법정주의, 필요성원칙, 책임주의원칙, 방어권존중원칙(le principe du respect des droits de la défense), 소급금지원칙과 같은 원칙들이 준용되어야 한다는 점 또한 인정되고 있다.[31)] 또 행정제재는 점차 유럽인권보호협약[32)] 제6조에서 보장되는 공평한 절차에 대한 권리의 적용대상이 되고 있다.[33)]

그렇기 때문에 행정제재에는 반드시 법령의 근거가 필요하다. 이는 행정제재가 처벌적인 성격을 갖기 때문에 형사절차와 구조적 유사성을 지니고 있고, 이에 따라 시민의 기본권 보장을 위하여 일정 범위 내에서 형사절차상의 원리들이 적용될 필요가 있기 때문이다. 그리하여 행정제재의 경우에는 죄형법정주의에 대응하는 제재법정주의(制裁法定主義)가 인정되며, 이는 법률유보원칙의 적용이라는 측면에서도 인정될 수 있다. 프랑스의 최고행정법원인 국사원(國事院, Conseil d'État) 역시 근거규정 없이 발령되는 행정제재를 금지하고 있으며,[34)] 특히 법령에 허가절차만 규정되어 있고, 허가취소에 관한 규정이 없는 경우에는 허가취소가 불가능하다고 판시함으로써,[35)] 행정제재의 수단까지

31) Charles-Édouard Minet, Droit de la police administrative, Vuibert (2007), pp.80-81.

32) 정확히는 '인권 및 기본적 자유의 보호에 관한 유럽협약(la Convention européenne de sauvegarde des droits de l'homme et des libertés fondamentales)'이다.

33) CE Ass. 1999. 12. 3. *Didier*. Marceau Long / Prosper Weil / Guy Braibant / Pierre Delvolvé / Bruno Genevois, Les grands arrêts de la jurisprudence administrative, 16e éd., Dalloz (2007), p.815. 형사절차상의 안전장치들이 행정제재에 대해서도 적용될 필요가 있다는 점에 관한 프랑스의 논의에 대해서는 이승민, 앞의 논문(주 15), 70-96면 참조.

34) CE 1947. 2. 28. *Beauzet*.

35) CE 1975. 7. 26. *Ministre de l'équipement c. Richoux*. M. Delmas-Marty / C. Teitgen-Colly, 앞의 책(주 18), pp.64-67.

도 법적 근거가 있을 것을 요하고 있다.

2) 경찰작용의 경우

경찰작용은 위법하지 않은 행동에 대해서도 발령될 수 있으며,[36] 따라서 사전에 의무를 부과하는 규범이 발령되어야 할 필요가 없다는 점에서 행정제재와 다르다.[37] 특히 경찰작용의 경우에는 앞서 설명한 '공공질서'가 일반적인 수권규범, 즉 일반 조항의 역할을 하게 되므로 행정제재의 경우와 큰 차이가 있다.

(3) 상대방의 책임과 관련한 차이

경찰작용의 경우에는 그 상대방에 대해 행위책임 외에도 공공질서의 유지 필요성에 따라 상태책임의 부과가 가능한 반면, 행정제재의 경우에는 형벌의 경우와 마찬가지로 책임주의원칙이 관철되어야 할 필요성이 커진다. 행정기관은 행정제재를 부과함에 있어 이유제시의무를 부담하는데, 이러한 이유제시를 통해 행정제재의 귀속 주체를 명확히 밝혀야 할 의무를 지며, 행정법원 또한 제3자에게 부과된 행정제재를 취소함으로써 행정제재에 대하여 책임주의원칙을 관철시키고 있다.[38]

---

36) CE 1999. 9. 6. *Horex*.

37) T. Bombois, 앞의 책(주 16), pp.66, 69.

38) CE 1959. 11. 18. *Ministre des affaires économiques c/Growitz*. M. Delmas-Marty/C. Teitgen-Colly, 앞의 책(주 18), p.70. 이 밖에 프랑스에서는 행정제재의 경우 방어권존중원칙에 따른 절차적 권리가 적용되고, 경찰작용에 대해서는 그렇지 않다는 것이 전통적인 구별실익 중 하나였으나, 최근 경찰명령을 제외한 개별적 경찰작용에 대해 방어권존중원칙이 적용되는 등으로 인하여 절차적 권리에 관한 양자 간의 차이가 줄어들고 있으므로, 본고에서는 이 부분 내용은 생략하기로 한다.

4. 행정제재와 경찰작용의 구별기준

(1) 목적에 따른 구별

프랑스에서 경찰작용과 행정제재는 주로 그 목적(예방과 처벌)에 따라 구별되고 있다. 이러한 목적은 그 근거규정에서 드러나기도 하는데, 예컨대 공중보건법전(le Code de la santé publique) L.3332-15조에서는 주류판매업소가 법령에 위반한 경우 또는 공공질서 · 공중보건 · 공중도덕의 보전을 위하여 필요한 경우에 행정기관이 주류판매업소의 폐쇄를 명할 수 있도록 하고 있다. 이 중 법령 위반을 이유로 한 폐쇄명령은 법령상 의무에 대한 불이행을 처벌하기 위한 것으로서 행정제재에 속한다. 반면 공공질서 · 공중보건 · 공중도덕을 이유로 폐쇄명령을 하는 것은 반드시 법령상 의무의 위반을 전제로 하지 않는 것으로서 주류판매업자의 의무위반이 없더라도 장래의 장애 발생을 예방하기 위해서 가능하므로, 이는 경찰작용에 해당한다.[39] 또 도지사가 외국인에 대해 강제퇴거조치를 하는 것은 공공질서에 대한 장애를 예방하기 위한 것으로서 경찰작용에 해당하지만, 이와 더불어 1년간 입국금지를 부과하는 것은 강제퇴거조치의 원인이 된 법령상 의무위반을 근거로 불이익을 주는 것으로서 처벌목적의 행정제재에 해당한다.[40]

행정행위의 처분사유 또한 목적을 판단하는 중요한 요소이다. 그리하여 처분사유에 드러난 이유가 공공질서를 보호하는 것과 관련된 때에는 경찰작용에 속하고, 상대방의 비행(非行) 등과 관련된 때에는 행

39) Conseil d'État, 앞의 책(주 14), p.38 ; Michel Degoffe, Droit de la sanction non pénale, Economica (2000), p.196.

40) M. Degoffe, 앞의 책(주 39), p.197.

정제재에 속한다.[41] 이러한 처분사유는 행정행위의 객관적 목적이라고 할 수 있는데, 이러한 객관적 목적이 분명하지 않은 경우 법원은 행정기관의 의도, 동기와 같은 주관적 목적을 고려하게 된다. 따라서 행정기관이 비난받아야 할 행위에 대해 반작용을 하고자 하는 경우라면 이는 행정제재에 속하고, 공공질서를 확립하고자 하는 것이라면 경찰작용에 속하게 된다.[42]

(2) 목적 이외의 고려요소

이외에도 (i) 행정행위의 상대방, (ii) 행정행위의 내용, (iii) 행정행위의 기간을 구별기준으로 고려할 수 있다.

1) 행정행위의 상대방

불특정 다수에 대한 조치는 원칙적으로 어떤 위반행위를 처벌하려는 것으로 보기 어렵다. 하지만 그 역은 성립하지 않는데, 예컨대 특정인에 대한 조치라고 하여 반드시 행정제재가 되는 것은 아니고 경찰작용에 해당할 수도 있다.[43] 그러므로 공무원에 대한 징계는 행정제재

---

41) 시설 자체의 위험성을 고려하여 업소폐쇄 · 허가정지를 결정한 것과 관련한 것으로 CE 1954. 1. 20. *Dame Guilleminot* 판결, 허가취소에 있어서 취소상대방의 개인적 행동을 고려하여 판단한 것으로 CE 1950. 2. 20. *Cozic-Savoure* 판결을 각각 참조. Georges Dellis, Droit pénal et droit adminstratif, L.G.D.J. (1997), p.137.

42) 그러나 행정기관이 예방적 의도를 가지고 있는지 아니면 처벌적 의도를 가지고 있는지는 법규 자체나 처분사유와 같은 객관적인 요소에서 추단(推斷)될 수 있는 것이므로, 결국 객관적 목적과 주관적 목적은 완전히 분리되는 것은 아니며, 이들 모두 고려해야 한다. G. Dellis, 앞의 책(주 41), pp.137-138.

43) M. Delmas-Marty / C. Teitgen-Colly, 앞의 책(주 18), p.46.

에 해당하지만,[44] 외국인의 추방,[45] 체류금지명령,[46] 공중위생을 이유로 한 허가취소[47]는 경찰작용에 해당한다.

2) 행정행위의 내용

금전제재는 대부분 행정제재라고 할 수 있게 되는데, 금전제재의 경우 그 자체로는 공공질서의 회복에 대해 어떠한 효과도 없기 때문이다.[48] 이처럼 어떤 행정행위의 내용이 그 원인이 된 상황과 특별한 연관이 없다면, 이는 행정제재일 가능성이 높다. 세법전(le Code général des impôts) L.1705-5조에 의해 조세포탈을 이유로 면허를 정지하는 것을 그 예로 들 수 있는데, 이는 면허정지가 조세포탈행위에 의해 발생한 장애를 제거하여 공공질서를 회복시키는 것과 직접적인 관련이 없기 때문이다.[49] 반면 도로법전(le Code de la route)에 따른 운전면허정지는 면허정지를 발령하게 된 상황, 즉 공공질서와 직접 관련이 있기 때문에 경찰작용일 가능성이 높고, 판례상으로도 경찰작용으로 파악되는 경우가 많다.[50]

또 허가신청에 대한 거부는 그것이 어떤 의무의 위반을 처벌하기 위한 경우는 거의 없기 때문에, 원칙적으로 행정제재가 아니다.[51] 반

44) CE 1949. 6. 24. *Négre.*

45) CE 1956. 11. 23. *Fock Piou.*

46) CE 1955. 12. 16. *Dme Bourokba.*

47) CE 1958. 4. 25. *Soc. laboratoires Geigy.*

48) CE 1942. 11. 4. *SA des coffres-forts Bauche* ; CE 1962. 2. 16. *Percy du Sert.*

49) M. Delmas-Marty / C. Teitgen-Colly, 앞의 책(주 18), p.46.

50) CE 1989. 11. 3. *Blanquie.* Conseil d'État, 앞의 책(주 14), p.38. 이는 운전자가 새로운 위반행위를 범하지 않도록 저지함으로써 공공질서를 보전하려는 것이기 때문이다. C.-É. Minet, 앞의 책(주 31), p.82 ; R. Chapus, 앞의 책(주 22), p.704.

51) CE 1957. 7. 15. *Soc. mutuelle immobiliére et sieur Roqueplo.*

면에 허가의 취소는 위반행위를 처벌하기 위한 것일 수 있고, 이때에는 행정제재로 볼 수 있다.[52)]

3) 행정행위의 기간

경찰작용은 그 기간을 설정하기 힘들 수 있는데,[53)] 공공질서의 회복이 필요한 기간을 파악하기 어려운 경우가 있기 때문이다. 따라서 그 기간이 설정되어 있지 않다면 이는 경찰작용에 가깝다고 할 수 있다.[54)]

(3) 구별의 한계

그러나 이상의 기준에 따르더라도 경찰작용과 행정제재의 구별이 언제나 쉬운 것만은 아니며, 여러 측면에서 불분명한 점이 드러난다.[55)] 대표적인 경우가 운전면허정지의 경우인데, 도로법전 L.224-1조 이하 및 R.224-1조 이하에 따라 발령되는 운전면허정지의 경우, 이를 행정제재로 판시한 사례도 있지만[56)] 대개 경찰작용에 해당하는 것으로 보고 있다.[57)] 그러나 이는 왕래의 자유의 한 내용을 이루는 운행권(運行權)에 대한 중대한 제한으로 그 실질상 행정제재에 해당한다는 반론도 제기되고 있는 실정이며,[58)] 도로법전 L.223-1조 이하, R.223-1조 이하에 따라 부과되는 운전면허벌점은 처벌목적을 지닌 행정제재로 여

52) CE 1963. 11. 8. *Ministre de l'Agriculture c/Lacour.*

53) CE 1960. 9. 30. *Jauffret* ; CE 1975. 7. 26. *Ministre de l'Équipement c/Richoux.*

54) M. Delmas-Marty / C. Teitgen-Colly, 앞의 책(주 18), p.46.

55) 행정제재와 경찰작용을 완전히 구별하는 것은 불가능하다는 견해로는 G. Dellis, 앞의 책(주 41), p.133.

56) CE 1987. 5. 29. *Ministre de l'intérieur et de la décentralisaton c. Guérinel.*

57) CE 1989. 11. 3. *Blanquie*. Conseil d'État, 앞의 책(주 14), p.38.

58) Conseil d'État, 앞의 책(주 14), p.38.

겨진다.[59] 또 국사원은 결핵치료시설의 폐쇄는 공중위생을 이유로 한 경찰작용으로 보면서도 수혈센터의 운영자에 대한 허가취소를 행정제재로 판시하거나,[60] 양로원시설의 폐쇄[61]나 요양소에 대한 허가취소[62]를 공중위생을 이유로 한 경찰작용으로 보면서, 미성년자를 위한 시설의 허가취소는 예방적 목적이 없다고 판시하고 있다.[63]

한편 국사원은 과거의 위반사실을 근거로 한 경찰작용의 적법성도 인정하고 있다. 즉 공중보건에 대한 위험을 야기하는 행위를 한 경우 도지사가 연구소 허가를 취소할 수 있도록 규정하고 있었던 구 공중보건법전 L.757조[64]와 관련하여, 한 의학연구소가 에이즈바이러스 연구를 위하여 위험한 기술을 사용하였다는 이유로 허가가 정지된 다음, 정지기간 만료 후 다시 같은 연구를 재개하였다가 도지사로부터 연구소 허가를 취소당한 사건에서, 이러한 취소의 적법성을 인정한 것이다.[65] 이 경우 수허가자(受許可者)가 과거에 저지른 위반행위 또는 비행사실이 근거가 되었기 때문에 처벌의 성격이 포함되어 있다고 할 수 있지만,[66] 이외에도 구 산림법전(le Code forestier) L.313-1조(현행 L.341-8조)에서는 산림의 소유자가 행정이 정하는 바에 따라 3년 미만

59) CE avis 1999. 9. 27. *Rouxel*. C.-É. Minet, 앞의 책(주 31), p.82. 이는 형사확정판결에 의해 위반사실이 인정된 때에는 당연히 벌점이 발생하게 된다는 점에서 그러하다. R. Chapus, 앞의 책(주 22), p.704.

60) CE 1959. 6. 12. *Prat-Flottes*.

61) CE 1976. 6. 6. *Dame Vatin*.

62) CE 1976. 5. 19. *Ministre de la santé c. S.A. du Château de Neuvecelle*.

63) CE 1950. 5. 19. *Fondation d'Heuqueville*. G. Dellis, 앞의 책(주 41), p.142 ; Conseil d'État, 앞의 책(주 14), p.41.

64) 현행 L.1125-1조.

65) CE Sect. 1994. 2. 25. *Ministre délégué à la santé c. Laboratoires d'Artois*. M. Degoffe, 앞의 책(주 39), p.199.

66) M. Degoffe, 앞의 책(주 39), pp.198-199.

의 기간 내에 식림(植林)을 통해 산림을 원상회복해야 할 의무를 지는 경우를 규정하고 있는데, 국사원은 이러한 식림의무의 법적 성질을 처음에는 행정제재로 보았으나,[67] 이후 판례를 변경하여 경찰작용으로 보고 있다.[68]

5. 소결

이상에서 살펴본 것처럼, 행정제재와 경찰작용은 그 목적과 적용되는 법 원리 및 제도가 달라 서로 구별할 실익이 있는데, 특히 그에 따른 책임의 승계 여부가 달라질 수 있다는 점에서 이에 관한 프랑스의 논의는 본고에서 논의하고자 하는 공법상 책임의 승계 여부에 대해 상당히 유용한 관점을 제시해 줄 수 있다. 게다가 프랑스의 행정제재와 경찰작용의 개념이 우리나라와 크게 다르지 않다는 점도 이러한 유용성을 더해 준다. 우리나라에서 행정제재에 대한 일반적인 정의를 찾아보기는 어렵지만, 이는 행정의 의무이행 확보수단 중 간접적 강제수단, 즉 "의무불이행에 대해 불이익을 부과하는 심리적 강제를 통해 의무이행을 담보하는 것"에 가깝다고 할 수 있다.[69] 그러므로 우리나라에서도 행정제재는 기본적으로 불이익을 부과할 의도, 즉 처벌 목적에서 이루어진다고 할 수 있을 것이다. 한편 우리나라에서 경찰작

67) CE 1987. 12. 16. *Sci Les Genêts*.

68) CE 1988. 1. 29. *Guarino*. M. Delmas-Marty / C. Teitgen-Colly, 앞의 책(주 18), p.45.

69) 박정훈, 행정법의 체계와 방법론, 제8장 "협의의 행정벌과 광의의 행정벌—행정상 제재수단과 법치주의적 안전장치," 박영사, 2005, 325면 참조. 여기에는 행정형벌, 행정질서벌(과태료), 수익적 행정행위의 취소 · 효력제한, 과징금, 위반사실의 공표, 공급거부, 허가사업의 제한 등이 포함되는데, 다만 이 중 행정형벌은 형사재판을 통해 확정되어야 하는 것으로서 행정제재로 보기 어렵다. 그러므로 간접적 강제수단 중 행정형벌을 제외한 나머지를 행정제재로 칭할 수 있을 것이다.

용의 목적은 공공의 안녕과 질서를 유지하고 그에 대한 위해를 예방 또는 제거하는 것으로 설명되고 있으며,[70] 따라서 그 목적이 예방에 있다고 보기에 부족함이 없다. 그러므로 우리 법제상으로도 해당 행정행위의 목적을 주된 기준으로 하여 그 행정행위의 실질이 무엇인지 파악할 수 있다고 할 것이다.

다만 어떤 행정행위가 행정제재에 속하는지 아니면 경찰작용에 속하는지 불분명한 경우가 상당히 많은데, 이는 기본적으로 그 행위의 외형이 유사하고, 또 예방과 처벌이라는 목적을 겸유하는 행정행위가 얼마든지 성립할 수 있기 때문이다. 따라서 행정행위가 반드시 행정제재 또는 경찰작용 중 어느 하나에 해당해야 하는 것은 아니며, 경우에 따라서는 행정제재와 경찰작용 모두에 해당할 수도 있다고 생각한다.

III. 공정거래법 위반행위에 대한 과징금 부과처분과 시정조치의 법적 성격

1. 과징금 부과처분의 경우

(1) 기존의 논의

일반적으로 공정거래위원회가 공정거래법 위반을 이유로 부과하는 과징금의 법적 성격에 대해서는 '부당이득 환수'와 '행정제재적인 성격'을 공유하고 있다고 설명된다.[71] 다만 둘 중 어느 목적이 강한 것인

70) 박균성 / 김재광, 앞의 책(주 13), 166면.

71) 임영철, 공정거래법(제2판), 법문사, 2010, 510면.

지는 구체적인 위반행위 유형에 따라 달라지는데, 대법원의 경우 부당지원행위에 대해서는 행정제재적인 측면을 기본적 성격으로 파악하고 있지만,[72] 부당한 공동행위에 대해서는 부당이득 환수의 측면을 기본적 성격으로 파악하고 있다[73]고 한다.[74]

(2) 검토

과징금은 원래 경제법상의 의무위반행위로 인한 불법적인 이익을 박탈한다는 목적하에 공정거래법에서 최초로 도입된 것이다.[75] 그러므로 여기에 부당이득 환수의 성격이 포함되어 있는 것은 당연한 일이다.

다만 공정거래법 제55조의3 제1항 각호의 사유들과 이를 구체화한 '과징금부과 세부기준 등에 관한 고시'(이하 '과징금 부과고시') III. 1. '일반 원칙'에서 "과징금 부과 여부는 위반행위의 내용 및 정도를 우선적으로 고려하고"라고 규정하고 있는 점 등을 보면, 그 행정제재로서의 성격을 부정하기는 어려워 보인다. 그리고 과징금 부과처분은 금전제재에 속하는데, 이러한 금전제재는 그 자체만으로는 공공의 안녕과 질서에 대한 위험을 예방한다거나 장해를 제거하는 것과 직접적으로 연관되어 있다고 보기 어려워 행정제재에 속한다고 보는 것이 프랑스 판례의 입장임은 앞서 살펴본 바와 같다.[76]

---

72) 대법원 2004. 10. 14. 선고 2001두2881 판결〔(주)대우의 부당지원행위 건〕.

73) 대법원 2004. 10. 27. 선고 2002두6842 판결〔현대오일뱅크(주)의 부당한 공동행위 건〕.

74) 임영철, 앞의 책(주 71), 511면.

75) 김동희, 행정법 I(제15판), 박영사, 2009, 445면.

76) CE 1942. 11. 4. *SA des coffres-forts Bauche* ; CE 1962. 2. 16. *Percy du Sert*. 다만 일정한 공익상의 사유로 인하여 업무정지 · 취소 등 수익적 행정행위의 철회 · 효력제한에 갈음하여 부과하는 소위 '변형과징금'의 경우에는 해당 철회 · 효력제한이 행정제재와 경찰작용 중 어디에 속하는지에 따라 그 법적 성격이 달라질 수 있을 것이다.

여기서 이러한 과징금 부과처분에 경찰작용으로서의 성격은 없는 것인지 문제된다. 과징금 부과고시 Ⅲ. 1. '일반 원칙'에서 "위반행위로 인한 자유롭고 공정한 경쟁질서의 저해효과가 중대하거나 소비자 등에게 미치는 영향이 큰 것으로 판단되는 경우" 원칙적으로 과징금을 부과하도록 하고 있는 것은 공공의 안녕과 질서와 관련성이 있어 보이고, 또 과징금 부과를 통해 일반 예방효과를 달성할 수도 있다는 점 등에 비추어 보면 여기에 예방목적이 전혀 없다고 볼 수는 없을 것 같다. 그리고 프랑스에서도 독립행정청 또는 독립행정위원회(AAI, l'Autorité Administrative Indépendante)의 지위를 갖는 규제기관이 명하는 제재의 경우 처벌보다는 '규제적인(regulateur)' 입장에서 발령되는 것이어서 경찰작용과 행정제재에 대한 전통적인 구별기준만으로는 이를 설명하기 어렵다는 점이 지적되고 있다.[77] 그러나 과징금 자체는 금전납부의무에 불과한 것이어서 이것만으로 공공의 안녕과 질서에 대한 위험이 방지되고 장해가 제거된다고 생각하기 어려울 뿐만 아니라,[78] 경찰작용의 목적인 예방은 특정한 상황 및 대상을 전제로 한 것이지 일반 예방을 의미하는 것은 아니라는 점을 고려한다면, 과징금 부과에 규제

77) M. Delmas-Marty/C. Teitgen-Colly, 앞의 책(주 18), p.48. 분명하지는 않지만, 이 견해는 규제적 입장에서 발령되는 금전제재의 경우 (전통적으로 설명되던 것과는 달리) 처벌 이외의 목적을 지닐 수 있다는 입장으로 보인다. 규제 목적을 어떻게 파악하는지에 따라 다르겠지만, 규제 또한 공공의 안녕과 질서를 유지하기 위한 측면이 있기 때문에, 이러한 입장은 금전제재도 경찰작용에 가까운 실질을 지닐 수 있음을 긍정하는 근거가 될 여지가 있다.

78) 금전납부의무를 부과하는 것이 공공의 안녕과 질서를 회복하기 위한 것으로서 경찰작용에 포함된다고 생각한다면, 나아가 부당이득 환수와 같은 복구적 행정작용도 개념상 경찰작용에 포함될 가능성도 배제할 수 없게 되는데, 행정제재에 비해 법치주의적 안전장치가 완화되어 적용되는 경찰작용에 있어 그 외연을 확장하는 것은 상당히 조심스러워야 할 일이다.

적인 측면이 있다고 하더라도 이것만으로 이를 경찰작용으로 보기에는 상당한 무리가 따른다.

2. 시정조치의 경우

한편 시정조치의 법적 성격에 대해서는 이를 명확히 정하고 있는 판례나 이론을 찾아보기 힘들다. 그러므로 행정제재와 경찰작용의 개념으로부터 그 법적 성격을 파악해야 할 것인데, 시정조치가 공정거래법 위반을 전제로 한다는 점에서 행정제재의 성격이 없는 것은 아니지만, 대개 '부당한 행위를 다시 하여서는 안 된다'는 부작위명령의 형태로 부과된다는 점, 그 기간이 특정되어 있지 않고 상래를 향해 부과된다는 점 등을 고려하면 공공의 안녕과 질서에 대한 장애를 제거하여 원래의 정상적인 질서를 회복하기 위한 것을 주요 목적으로 하는 경찰작용에 더 가까운 것으로 보인다.[79] 프랑스에서도 경쟁위원회(la Conseil de la concurrence)가 부과하는 '반경쟁적 행위의 정지를 위한 명령', 즉 시정명령(l'injonction)을 경찰작용의 예로 들고 있으며,[80] 금융거래위원회(le Conseil des marchés financiers)가 부과하는 거래정지명령을 경찰작용으로 보고 있다.[81]

---

79) 상기한 CE 1960. 9. 30. *Jauffret* ; CE 1975. 7. 26. *Ministre de l'Équipement c / Richoux* 참조.

80) M. Delmas-Marty / C. Teitgen-Colly, 앞의 책(주 18), p.44. 프랑스 경쟁위원회는 1986년 12월 1일 오르도낭스(l'ordonnance)를 근거로 설립되었는데, 2009년 '경쟁청' (l'Autorité de la concurrence)으로 대체되었다. 그러나 프랑스 경쟁청 또한 경쟁위원회와 마찬가지로 독립행정청으로서의 지위를 지니며, 따라서 정부에 종속되지 않고 독자적으로 활동한다. 프랑스 경쟁청은 2001년 5월 15일 법률에 기하여 과징금과 시정명령을 부과할 수 있고, 2004년 12월 4일 오르도낭스에 따라 이행강제금을 부과할 수 있다. Laurence Nicolas-Vullierme, Droit de la concurrence, Vuibert (2011), pp.29, 230.

81) M. Degoffe, 앞의 책(주 39), p.203.

다만 작위를 명하는 시정조치의 경우에는 경찰작용으로서의 성격과 구별되는 원상회복적 의미 또한 포함되어 있다는 점, 부작위를 명하는 경우에도 많은 경우 그 기간이나 범위가 모호하여 법적 구속력을 인정받지 못하고 단순히 선언적인 의미로 해석되는 경우가 많다는 점 등에 비추어 보면, 시정조치는 전통적인 의미의 경찰작용과는 구별될 여지가 상당히 있다. 따라서 공정거래법상 시정조치의 경우 이를 곧바로 경찰작용으로 단정하기는 어려운 면이 있는데, 그럼에도 불구하고 내용적으로는 최소한 경찰작용의 성질을 지닌 것들이 상당수 포함되어 있다고 할 수 있을 것이다.[82)]

IV. 회사분할과 관련한 공법상 책임의 승계

1. 제재책임과 경찰책임의 구별에 따른 승계 여부 판단

(1) 구별의 의의

과징금 부과처분의 실질을 행정제재, 시정조치의 실질을 경찰작용으로 볼 수 있다면, 그 승계 여부도 이에 따라 정해질 수 있다. 여기서 행정제재에 따른 책임, 즉 제재책임의 승계 여부와 경찰작용에 따른 책임, 즉 경찰책임의 승계 여부가 어떻게 구별되는 것인지 살펴볼 필요가 있다.

82) 물론 '규제'를 경찰작용의 목적에 포함시킨다면 시정조치를 좀 더 용이하게 경찰작용으로 포섭할 수 있을 것인데, 다만 이러한 경우에는 과징금 부과처분도 경찰작용의 한 내용으로 포섭되는 결과가 발생한다.

이러한 도그마틱은 기존의 접근방식과 차이가 있다. 기존에는 이러한 사안들이 통상 공법상 책임의 승계라는 이름으로 논의되었는데, 여기에는 제재책임과 경찰책임이 모두 포함되어 있었을 것이다. 그러나 제재책임과 경찰책임은 그 성격이 다르기 때문에 이를 구별하여 논의하는 것이 혼선을 줄이는 데 도움이 될 것이라고 생각한다. 예컨대 제재처분의 승계에 있어 대표적 사례로 꼽히는 대법원 2001. 6. 29. 선고 2001두1611 판결의 경우, 심사대상이 되었던 영업소폐쇄명령은 윤락행위에 사용할 수 있는 기구를 보관하였다는 이유로 발령된 것이기 때문에 행정제재에 해당하는 것이기는 하지만, 이미 발생한 공공의 안녕과 질서에 대한 장해를 제거하여 이의 확산을 방지한다는 측면에서 경찰작용으로 볼 수 있는 측면도 있다. 이러한 관점에서 본다면 위 대법원 판결에서 영업소 폐쇄명령의 승계를 긍정한 것을 좀 더 명확히 이해할 수 있다. 물론 기존의 대물적 처분과 대인적 처분의 구별을 통해 그 기준을 설정하는 것도 한 방법이 될 수 있겠지만, 제재책임과 경찰책임의 구별은 여기에 또 하나의 도구를 마련해 준다는 점에서 최소한의 의의를 찾을 수 있을 것이다.[83)]

(2) 제재책임의 승계

먼저 제재책임의 경우 원칙적으로 책임주의원칙이 관철되어야 한다. 또 아직까지 우리나라에서 행정제재에 대해 형사절차에 적용되는

83) 앞서 살핀 프랑스의 논의에 의할 때, 대인적 처분은 행정제재 또는 경찰작용일 수 있으나, 대물적 처분은 경찰작용인 경우가 많다. 그리고 경찰작용으로서의 행위책임은 대개 대인적 처분과 관련하여 발생하며, 상태책임은 대개 대물적 처분과 관련하여 발생한다고 할 수 있다.

원칙들이 그대로 적용되어야 하는지에 관해 확립된 논의는 없지만[84] 최소한 법률유보원칙은 적용되어야 한다. 대법원이 "침익적 행정처분의 근거가 행정법규는 엄격하게 해석 · 적용하여야 하고 행정처분의 상대방에게 불리한 방향으로 지나치게 확장해석하거나 유추해석하여서는 안 된다"고 판시하고 있는 것이나,[85] 법률유보원칙은 행정청의 의무부과행위와 의무부과를 강제하는 행위의 2단계에 모두 적용된다고 해석하면서, 주택법 위반행위에 대해 형사처벌 규정만 있고 원상복구를 명할 수 있는 근거규정이 별도로 존재하지 않는다면 원상복구를 명하는 것은 불가능하다고 판시한 것은 이러한 관점에서 그 타당성을 긍정할 수 있다.[86]

요컨대 명문의 규정이 없는 이상 제재책임의 승계를 함부로 인정해서는 안 될 것이며,[87] 그 승계범위를 임의로 확장하는 것은 법치주의의 기본원리를 훼손시킬 우려가 있다.

(3) 경찰책임의 승계

반면 경찰책임의 경우에는 행위책임과 상태책임에 관한 경찰법상의 논의에 따라 그 승계 여부가 결정되는데, 일반적으로 행위책임의

84) 필자는 행정제재에 대해 형사절차에 적용되는 원칙들이 준용될 필요가 있다는 입장이며, 특히 죄형법정주의에 준하는 제재법정주의가 인정될 필요가 있다고 본다.

85) 대법원 2007. 9. 20. 선고 2006두11590 판결.

86) 대법원 1996. 6. 28. 선고 96누4374 판결 참조. 물론 이 판결은 행정제재에 대한 것은 아니고 행정청의 직접강제에 관한 것이지만, 그 취지는 충분히 원용할 수 있을 것이다.

87) 식품위생법 제78조, 석유 및 석유대체연료 사업법 제8조 등과 같이 실정법상 행정제재 효과의 승계를 명시하고 있는 경우도 있는데, 다만 이러한 승계의 대상이 되는 행정제재가 그 명칭에도 불구하고 실질에 있어서는 경찰작용에 해당하는 것이 아닌지에 대해서는 더 검토해 볼 필요가 있다.

경우 승계가 부정되고, 상태책임의 경우 승계가 인정된다는 것이 전통적인 입장이다.[88]

그러나 근래에는 경찰의무의 성질, 의미, 목적 등에 따라 비(非)전속성과 대체 가능성을 갖춘 경우에는 승계 가능성을 긍정하고,[89] 이처럼 승계 가능성이 인정되는 경우 법적 근거로서 승계요건이 갖추어진다면 승계가 가능하다는 견해가 제시되고 있다.[90] 이 견해에서는 위와 같은 전제하에, 경찰책임을 구체적 책임(경찰조치에 의하여 경찰의무가 구체화된 경우의 책임)과 추상적 책임(구체적 경찰조치가 발해지기 전 상태의 책임)으로 나누어 경찰책임의 승계 여부를 논하고 있는데, 이에 따르면 다음과 같다.

(i) 추상적 상태책임의 포괄승계 및 특정승계는 승계인에게 새로운 상태책임이 발생하므로 승계 여부를 별도로 논할 필요가 없고, (ii) 추상적 행위책임의 포괄승계의 경우, 위험 또는 장해가 발생함과 동시에 경찰의무(위해제거를 위한 협력의무)가 발생하여 승계 가능성이 인정되고, 민법 제1005조(상속) 또는 상법 제235조(합병) 등 조항의 유추 내지는 준용을 통해 승계요건을 갖출 수 있으므로 승계가 긍정되며, (iii) 추상적 행위책임의 특정승계의 경우, 공법상 의무를 임의로 양도 또는 이전할 수 없으므로 이러한 승계는 통상 인정될 수 없지만, 다만 채무인수에 관한 민법 제453조, 제454조를 유추하여 행정청이 승인한 경우에만 예외가 인정될 수 있다고 하고, (iv) 구체적 상태책임의 포괄

88) 홍정선, 경찰행정법, 박영사, 2007, 295-296면.

89) 이외에도 재량결정/기속결정, 행태의무/결과의무/의무의 귀속근거로서 인적 결부성, 대물성 등을 그 요건을 살피기도 한다. 이현수, "영업양도와 제재처분상의 지위승계," 행정판례연구 X, 박영사, 2005, 146-150면 참조.

90) 서정범/김연태/이기춘, 앞의 책(주 13), 제14장 "경찰책임의 승계," 291-292면 참조. 이 견해에서는 승계 가능성과 승계요건을 구별하고 있다.

승계는 상속 등 포괄승계규정을 근거로, 구체적 상태책임의 특정승계는 물적 관련성을 근거로 인정되며, (v) 구체적 행위책임의 포괄승계는 상속 등 포괄승계규정을 근거로 인정될 수 있고, (vi) 구체적 행위책임의 특정승계는 추상적 행위책임의 특정승계의 경우와 마찬가지로 인정될 수 없다고 한다.[91)]

이상과 같이 행위책임와 상태책임의 승계 가능성과 승계요건에 대한 분석을 통해 그 승계 여부를 결정하는 것은 회사분할시 공정거래법 위반행위에 대한 책임승계 문제를 판단함에 있어서도 상당한 시사점을 줄 수 있을 것으로 보인다.

2. 회사분할과 과징금 부과처분의 승계

이상의 논의를 바탕으로 회사분할시 과징금 부과처분의 승계에 대해 다음과 같은 결론을 도출해 볼 수 있다.

(1) 과징금 부과처분을 행정제재로 보는 경우

과징금 부과처분은 행정제재에 속하는 것이고, 따라서 그 승계 여부도 제재책임의 승계 여부에 관한 논의를 기초로 해야 한다. 그러므로 책임주의, 제재법정주의, 법률유보원칙과 같은 기본원리들이 적용되어야 하며, 따라서 명문의 규정이 없는 한 그 승계를 쉽게 긍정해서는 안 된다.[92)] 이러한 관점에서 볼 때 '지게차제조 3개 사업자의 부당

91) 서정범/김연태/이기춘, 앞의 책(주 13), 제14장, 285면, 293-301면 참조.

92) 게다가 과징금납부의무는 대인적 처분에 속하기 때문에 더더욱 그 승계를 긍정하기 쉽지 않다.

한 공동행위 건' 및 그후의 대법원 판례들은 행위책임에 충실한 것으로서 그 타당성을 인정할 수 있으며, 다만 과징금납부의무와 같은 공법상 책임의 승계에 대해 판단하면서, 그 판단기준으로 오로지 사법적 관점, 즉 분할채무의 범위만을 고려하여 설시한 것에는 문제가 있다고 본다.

한편 앞서 언급한 것처럼 공정거래법 제55조의3 제3항이 신설되어 회사분할 전에 발생한 위반행위에 따른 과징금 부과처분을 신설회사 또는 존속회사 중 어느 하나에 부과할 수 있도록 규정하면서 이에 대한 별다른 예외사유를 언급하지 않고 있는데, 이러한 입법은 제재법정주의나 법률유보원칙에는 부합할 수 있겠지만 책임주의의 관점에서는 여전히 의문의 대상이 될 수 있다.

(2) 과징금 부과처분을 경찰작용으로 보는 경우

그렇지만 과징금 부과처분을 경찰작용으로 보는 경우에는, 그 결론이 달라질 수 있는데, 과징금 부과처분에 따른 납부의무는 행위책임에 속하는 것이지만 비전속성과 대체 가능성이 예외적으로 인정될 수 있기 때문이다. 따라서 행위책임이라는 이유만으로 승계가 불가능하다고 단정하기는 어려우며, 특히 상법상 회사분할의 경우에도 분할계획서 또는 분할합병계약서가 정하는 바에 따라 신설회사가 분할회사의 권리 · 의무를 포괄승계하므로(상법 제530조의10), 이는 행위책임의 포괄승계에 해당한다.

이때 회사분할 전에 과징금이 부과된 경우라면 이는 구체적 행위책임의 포괄승계의 문제가 될 것인데, 다만 그 포괄승계의 범위는 상법 제530조의9, 제530조의10에 따라 결정된다는 점을 고려할 필요가 있다. 그런데 회사분할 전에 이미 과징금이 부과된 이상 이는 특별한 사정이 없는 한 포괄승계대상에 해당한다 할 것이고,[93] 따라서 이의 승계는 긍정될 수 있다.

반면 아직 과징금이 부과되기 전이라면 이는 추상적 행위책임의 포괄승계의 문제가 될 것인데, 이때 회사분할이 포괄승계의 법적 근거가 되기 위해서는 해당 과징금납부의무가 상법 제530조의9, 제530조의10에서 정하는 승계범위 내에 포함될 수 있어야 할 것이다. 따라서 분할계획서 또는 분할합병계약서의 내용이 의미를 갖게 되는데, 현행 한국채택국제회계기준(K-IFRS) 제1037호 '충당부채, 우발부채 및 우발자산'상 충당부채로 인식되거나,[94] 최소한 공시대상이 되는 우발부채에는 해당해야 할 것으로 생각된다.[95]

여기서 과징금이 부과되지는 않았지만 공정거래위원회의 조사가 개시된 상태라면 이를 구체적 행위책임으로 볼 것인지 아니면 추상적 행위책임으로 볼 것인지 문제된다. 넓게 보면 공정거래위원회의 조사가 개시된 것만으로도 공공의 안녕과 질서를 회복하기 위한 조치가 발생한 것으로 볼 여지가 없지는 않지만, 공정거래위원회가 조사를 개시하고서 스스로 무혐의결정을 내릴 수도 있는 것이고, 또 심사보

93) '지게차제조 3개 사업자의 부당한 공동행위 건'에 관한 대법원 판례에서는 "과징금이 부과되기 전까지는 단순한 사실행위만 존재할 뿐"이라고 설시하였는데, 이를 반대해석하면 이미 과징금이 부과된 경우에는 승계가 긍정될 수 있을 것이다.

94) 위 K-IFRS 기준 14.항에 규정된 충당부채의 요건은 다음과 같다. "(가) 과거 사건의 결과로 현재 의무가 존재한다. (나) 해당 의무를 이행하기 위하여 경제적 효익이 내재된 자원이 유출될 가능성이 높다. (다) 해당 의무의 이행에 소요되는 금액을 신뢰성 있게 추정할 수 있다."

95) 위 K-IFRS 기준 27.항에서는 우발부채는 부채로 인식하지 않도록 규정하면서도, 28.항에서 "의무를 이행하기 위하여 경제적 효익을 갖는 자원의 유출 가능성이 아주 낮지 않다면, 문단 86에서 규정하고 있는 바와 같이 우발부채를 공시한다"라고 규정하고 있다.

고서가 작성된 이후에도 전원회의 또는 소회의 의결이 있기 전까지는 과징금 부과 여부가 확정된다고 볼 수 없으므로, 과징금을 부과하기로 하는 의결이 있기 전까지는 추상적 행위책임에 해당한다고 보아야 할 것이다. 물론 공정거래위원회의 조사가 어느 정도 진행된 다음에는 그 인식 가능성이 커지기 때문에 상기한 충당부채나 공시대상이 되는 우발부채로서 분할계획서 또는 분할합병계약서에 포함될 가능성이 높아질 수 있을 것이어서, 이러한 논의의 실익은 크지 않을 것으로 보인다.

다만 사법규정을 공법상 책임에 유추하더라도, 그것이 법적 근거가 된다는 점 외에 그 범위 및 내용까지 그대로 유추되어야 한다고 보기 어렵다는 관점에서는, 상법 제530조의10과 같은 포괄승계규정이 있는 것으로 족하고, 그 세부적인 포괄승계범위는 과징금납부의무의 승계 여부에 영향을 미치지 않는다는 결론도 가능할 것이다.

(3) 기타 생각해 볼 수 있는 승계방안

이외의 승계방안으로는 (i) 과징금의 부당이득 환수적 성격을 강조하여 법인격 부인론의 적용대상이 되는 경우에는 과징금 부과처분에 따른 납부의무의 승계를 긍정하는 방법, (ii) 역시 과징금의 부당이득 환수적 성격을 기초로, 형법 제48조의 몰수 · 추징 규정을 유추적용하는 방법, (iii) "합의를 실행하는 과정에서 수회에 걸쳐 회합을 가지고 구체적인 가격의 결정 등을 위한 합의를 계속하여 온 경우, 그 회합 또는 합의의 구체적 내용이나 구성원에 일부 변경이 있더라도, 그와 같은 일련의 합의는 전체적으로 하나의 부당한 공동행위로 봄이 상당하므로, 위 조항의 '법의 규정에 위반하는 행위가 종료한 날'을 판단함에 있어서도 각각의 회합 또는 합의를 개별적으로 분리하여 판단할 것이 아니라 그와 같은 일련의 합의를 전체적으로 하나의 행위로 보고 판단"해야 한다는 대법원의 입장을 바탕으로[96] 형법상 승계적 공동정범의 이론을 차용하여 승계를 긍정하는 방법 등을 생각해 볼 수 있으나, 최소한 (ii), (iii)의 경우에는 법률유보원칙의 측면에서 상당한 무리가 있어 보이며, 현재 공정거래법 제55조의3 제3항이 신설된 이상 논의의 실익도 크지 않다.

3. 회사분할과 시정조치의 승계

한편 시정조치의 경우에는 경찰작용으로서의 성격이 있음을 긍정할 필요가 있다. 이때 회사분할시 시정조치가 부과되기 전이라면 추상적 행위책임, 시정조치가 부과된 후라면 구체적 행위책임으로 볼 수 있을 것인데, 시정조치의 경우에는 분할계획서 또는 분할합병계약서의 대상이 되지 않기 때문에 상법 제530조의10과 같은 규정의 존재만으로도 그 포괄승계의 법적 근거가 존재함을 충분히 인정할 수 있다.

다만 신설회사가 분할회사의 법 위반상태를 인수한 것으로 볼 여지가 없지 않다는 점에서 이를 상태책임으로 바라볼 수도 있을 것이고, 이렇게 보는 경우에는 (시정조치 부과 전인) 추상적 상태책임은 새로운 상태책임이 발생했다는 점에서, (시정조치 부과에 따른) 구체적 상태책임은 상법 제530조의10을 근거로, 승계를 각 긍정할 수 있을 것이다.

어느 경우든 시정조치의 승계는 인정되기 때문에 '한국전력공사의 광섬유복합가공지선(OPGW) 구매입찰 참가 4개 전선제조사의 부당한

96) 대법원 2006. 3. 24. 선고 2004두11275 판결 ; 대법원 2009. 6. 25. 선고 2008두17035 판결 등.

공동행위에 대한 건'에서와 같이 시정조치의 실효성이 없게 되는 문제점은 상당 부분 해결될 수 있다. 물론 이러한 승계가 인정되더라도 이를 근거로 신설회사에 부정당업자제재를 할 수 있는지 여부, 신설회사가 나중에 공정거래법 위반행위를 한 경우 승계된 시정조치를 이유로 과징금을 가중할 수 있는지 여부 등에 대해서는 추가적인 검토가 필요할 것인데, 입법으로 해결할 수 있다면 가장 바람직한 것은 물론이다.

4. 분할 당사자 간의 약정과 공법상 책임의 승계

한편 분할 당사자 간의 약정이 공법상 책임(세재책임 또는 경찰책임)의 승계 여부에 영향을 미칠 수 있는지 여부가 검토될 필요가 있다. '지게차제조 3개 사업자의 부당한 공동행위 건'과 관련한 대법원 판결에서는 분할 당사자 간의 약정에 포함될 수도 있는 분할계획서의 내용을 기준으로 승계 여부를 결정함으로써 사실상 이를 긍정하고 있는데, 이러한 태도가 지나치게 관철되어서는 안 된다.[97)]

이는 공법상 권리 · 의무는 원칙적으로 행정기관의 승인 없이 임의로 양도 또는 이전할 수 있는 것이 아닐 뿐만 아니라, 분할 당사자 간의 약정으로 행정처분의 상대방을 변경시키는 것은 해당 행정청의 행정권한을 박탈하는 것에 다름 아니기 때문이다. 게다가 과징금납부의무의 자유로운 분할을 허용하게 된다면, 분할회사가 실질적으로 공적

97) 위 판결의 원심판결인 서울고등법원 2006. 10. 26. 선고 2006누3454 판결에서는 분할계획서상 승계대상이 되는 책임에는 공법 영역의 책임까지 포함된다는 점을 근거로 과징금납부의무의 승계를 긍정하였는데, 이러한 태도 역시 분할 당사자 간의 약정을 공법상 책임의 근거로 보았다는 점에서 마찬가지 문제가 있다.

의무인 과징금납부의무를 제3자에게 양도하는 것을 허용하는 결과가 초래되거나, 과징금납부의무를 사실상 면탈하는 것을 방치하는 결과가 될 수 있고,[98] 이는 시정조치의 경우에도 마찬가지이다.

따라서 분할계획서 또는 분할계약서와 같은 분할 당사자 간 약정의 내용이 공법상 책임에 영향을 미쳐서는 안 될 것인데, 이와 관련하여 서울고등법원 2009. 8. 27. 선고 2008누23988 판결에서는 "회사분할의 경우 분할계획서의 기재만으로 분할 전 회사의 공법상 관계가 분할되는 신설회사에 당연히 승계된다고 보기는 어려운 점"이라고 판시함으로써 이러한 점을 긍정한 바 있다. 또 서울고등법원 2008. 11. 6. 선고 2008누8439 판결에서는 위반행위를 한 적이 없는 신설회사의 경우, 존속회사와의 관계에서 과징금납부의무를 이행할 부담을 진다고 하더라도, 존속회사에 부과된 과징금의 취소를 구할 원고적격은 인정되지 않는다고 판시하였는데,[99] 이 또한 분할 당사자 간 합의의 효력을 제한한 취지로 해석이 가능하다.

결국 분할계획서 또는 분할계약서와 같은 분할 당사자 간 약정을 이유로 공정거래위원회의 과징금 부과처분 또는 시정조치에 이의를 제기할 수는 없다 할 것이며, 이것이 현행 공정거래법 제55조의3 제3항의 적용을 배제할 수 있는 사유가 되기도 어렵다고 본다. 공정거래위원회 입장에서도 분할계획서 또는 분할계약서와 같은 분할 당사자 간 약정의 내용을 근거로 분할 전에 이루어진 공정거래법 위반행위에 대해 신설회사에 무조건적으로 과징금을 부과해서는 안 될 것이며,[100]

98) 홍대식, 앞의 논문(주 7), 138면. 물론 이러한 불합리는 현행 공정거래법 제55조의3 제3항이 신설되면서 상당 부분 해결되었다고 할 수 있다.

99) 이 판결은 대법원 2009. 3. 12. 선고 2008두23092 판결에서 심리불속행으로 확정되었다.

100) 물론 과징금의 법적 성격을 경찰작용으로 본다면 결론이 달라질 수 있다.

이러한 점에서 현행 공정거래법 제55조의3 제3항이 아무런 제한사유를 두지 않은 채 신설회사가 분할 전 행위를 이유로 과징금 부과처분의 대상이 될 수 있도록 한 것에는 의문이 제기될 수 있다. 다만 분할계획서 또는 분할계약서와 같은 분할 당사자 간 약정의 내용에 따라 신설회사가 분할회사 또는 존속회사에 이미 부과된 과징금의 납부의무를 대신 이행할 수는 있을 것인데, 이때 과징금의 납부 자체는 사실행위 또는 준법률행위에 불과하기 때문에, 신설회사가 과징금을 대신 납부하는 것을 금지할 이유는 없어 보이며(그 반대 경우도 마찬가지이다), 이 경우 신설회사는 분할회사 또는 존속회사의 사자(使者) 또는 이행보조자이거나 대리인에 해당하는 것으로 볼 수도 있다. 따라서 분할 당사자 간에 과징금납부의무를 누가 부담할 것인지를 정하는 것이 민법 제103조 등에 위반되어 무효가 되는 것은 아니라 할 것이다.

V. 결론

이상에서 회사분할의 경우 공정거래법 위반행위에 대한 책임을 누구에게 부과할 것인지에 대해 살펴보았다. 공정거래법 위반행위에 대한 공정거래위원회의 대표적인 처분인 과징금 부과와 시정조치의 경우 그 승계 가능성을 달리 볼 필요가 있는데, 이는 그 법적 성격이 행정제재와 경찰작용으로 구별되기 때문이다. 이처럼 행정제재와 경찰작용으로 구별하는 것에는 프랑스법상의 관련 논의로부터 상당한 시사점을 얻을 수 있으며, 이러한 구별을 통해 공법상 책임을 제재책임과 경찰책임으로 나누어 살펴봄으로써 공법상 책임의 승계 문제를 종래와 다른 시각에서 바라볼 수 있게 되기를 기대한다.

10

회사분할 관련 소송*

김상곤** · 이승환***

I. 서론

지난 1998. 12. 28. 법률 제5591호로 개정된 상법에 최초로 도입된 회사분할[1]제도는 그동안 기업구조의 개편 및 사업전문화를 추진하기 위한 수단으로 폭넓게 활용되어 왔다.[2] 이와 같이 우리 기업들이 회사

* 이 논문은 BFL 제54호(2012. 7)에 게재된 글을 수정 · 보완한 것이다.

** 법무법인 광장 변호사

*** 법무법인 광장 변호사

1) 본 논문에서 말하는 '회사분할' 혹은 '분할'이라는 용어는 원칙적으로 '분할합병'을 포함하지 않는 의미로 사용한다. 분할과 분할합병은 상법상 동일한 절에 규정되어 있고, 또 적용되는 법리가 상당 부분 공통되기는 하지만, 양자에 적용되는 법리가 반드시 동일한 것은 아니다. 따라서 본 논문에서는 논의의 편의와 쟁점의 명확화를 도모하기 위하여 분할을 중심으로 논의를 전개하고, 필요한 경우에 한해 분할합병에 대하여도 검토하기로 한다.

2) 금융감독원 보도자료, 상장회사의 회사분할 실태분석(2010. 8. 18)에 따르면, 2007~

분할제도를 다양하게 활용해 옴에 따라 현재는 상당한 수준의 실무례와 판례 법리가 축적된 상태인바, 현 시점에서 그간 회사분할과 관련한 여러 쟁점에 대하여 내려진 판례들을 정리하고, 이를 검토 · 분석하는 작업이 갖는 의의는 결코 작지 않을 것으로 생각된다. 이하에서는 우리 상법상 회사분할과 관련하여 중요한 의미를 갖는 판례들을 살펴보고, 이를 이론적 · 실무적 측면에서 검토 · 분석해 보고자 한다.

II. 분할무효의 소에서의 무효원인

1. 문제의 소재

회사분할과 관련한 판례 중에서 가장 우선적으로 검토할 필요성이 있는 것으로는 회사분할 그 자체의 효력을 다투는 소송인 분할무효의 소와 관련된 판례를 생각해 볼 수 있을 것이다. 우리 상법은 회사분할에 무효의 원인이 있는 경우 합병의 무효에 관한 규정을 준용하여 분할의 무효를 소로써 주장할 수 있도록 규정하고 있다(상법 제530조의11 제1항, 제529조, 제237조 내지 제240조). 이와 같은 분할무효의 소는 그 본질이 '형성의 소'로서 판결에 의하여 무효가 선언되지 않는 한 그

2009년 3년간 162개사가 분할공시를 하였고, 이 중 인적분할은 39개사, 물적분할은 123개사로 집계되었다고 한다. 위 보도자료에 따르면 인적분할을 실시한 회사 중 33개사는 유가증권시장 상장회사였고, 분할의 목적으로는 '지주회사로의 전환을 위한 투자사업부문 분할'이 23건으로 가장 많았다고 한다. 또한 물적분할의 경우는 123개사 중 77개사가 코스닥시장 상장회사였고, 116개사가 '사업별 전문화'를 분할목적으로 공시하였으나 49개사가 분할로 신설된 회사를 평균 7개월 이내에 매각한 점에 비추어 볼 때 실제로는 '특정 사업부문의 매각'을 목적으로 물적분할을 실시한 경우가 상당히 많은 것으로 추정된다.

누구도 무효를 주장할 수 없으며, 오직 분할무효판결에 의해서만 권리관계의 변동이 발생하게 되는 것으로 이해되고 있다.[3] 다만 우리 상법은 분할의 무효원인에 관하여 아무런 규정을 두고 있지 않은데, 학설상으로는 분할의 무효원인으로 (i) 분할계획서가 작성되지 않았거나 법정요건을 흠결하여 작성된 경우, (ii) 분할계획서의 내용이 강행법규에 위반되거나 현저히 불공정한 경우(예컨대 자본충실의 원칙이나 주주평등의 원칙에 반하는 내용으로 분할이 실시된 경우), (iii) 분할계획서를 승인한 주주총회에 부존재 · 무효 · 취소 등의 하자가 존재하는 경우, (iv) 분할계획서의 작성에 있어 의사표시에 하자가 있는 경우, (v) 법률상 요구되는 채권자 보호절차를 흠결한 경우, (vi) 분할되는 회사의 주주들에게 현저하게 불공정한 주식배정을 한 경우, (vii) 분할대차대조표 등의 공시의무를 제대로 이행하지 않은 경우 등이 언급되고 있다. 현재 분할무효의 원인에 관하여는 판례가 많이 축적된 상황이 아니지만, 이하에서는 학설상 언급되고 있는 분할무효의 원인 중 판례에서 문제되었던 사항을 살펴보고, 판례의 내용을 검토 · 분석해 보고자 한다.

2. 채권자 보호절차의 흠결이 분할무효의 원인이 되는지 여부

우리 상법은 회사분할시 분할당사회사가 분할 전의 회사채무에 대해 연대책임을 부담하는 것을 원칙으로 하면서도(상법 제530조의9 제1항), 예외적으로 분할신설회사가 분할되는 회사의 채무 중에서 '출자한 재산에 관한 채무'만을 부담할 것을 정할 수 있도록 허용하되,[4] 다만

3) 최기원, 신회사법론, 박영사, 2012, 1212면 ; 이철송, 회사법강의, 박영사, 2012, 1103면 ; 김성호, 주식회사분할의 법리, 한국학술정보, 2006, 221면.

4) 과거 (주)대우와 대우통신(주)을 비롯한 대우그룹 계열회사들의 분할 사례에서 볼 수 있

이와 같이 분할당사회사의 연대책임을 배제하는 경우에는 채권자 보호절차를 취하도록 하고 있다(상법 제530조의9 제2항 및 제4항, 제527조의5, 제232조 제2항 및 제3항).[5)]

문제는 분할회사가 분할당사회사의 연대책임을 배제하는 내용으로 분할을 실시하면서도 알고 있는 채권자에게 개별적으로 최고하지 않는 등 채권자 보호절차를 적법하게 이행하지 아니한 경우 해당 분할에 무효원인이 존재하는 것으로 볼 수 있는가 하는 것인데, 학설상 이에 대해서는 단순히 분할당사회사의 연대책임이 부활하는 것으로 처리하면 충분하다는 견해[6)]와 분할무효의 원인이 된다는 견해[7)]가 대립하고 있다.

이와 관련하여 우리 대법원은 "분할되는 회사와 신설회사가 분할 전 회사의 채무에 대하여 연대책임을 지지 않는 경우에는 채무자의

듯이, 회사분할이 부실기업의 구조조정 차원에서 이루어지는 경우에는 분할당사회사 의 연대책임을 배제하는 경우가 많다. 우량사업부문을 분할하여 매각하고자 하는 경우, 분할신설회사를 매수하고자 하는 자로서는 당연히 분할신설회사가 분할 전 회사채무에 대하여 연대책임을 부담하는 것보다는 출자한 재산에 관한 채무만을 부담하는 상태를 선호할 것이기 때문이다.

5) 상법상 채권자 보호절차는 채권자에 대하여 분할에 이의가 있으면 1개월 이상의 기간 내에 이의를 제출할 것을 공고하고 알고 있는 채권자에 대하여는 따로따로 최고하는 방식으로 이루어지며, 만약 이의를 제출한 채권자가 있는 경우 분할회사는 그 채권자에 대하여 변제 또는 상당한 담보를 제공하거나 이를 목적으로 하여 상당한 재산을 신탁회사에 신탁하여야 한다.

6) 임재연, 회사소송, 박영사, 2010, 351면 ; 유남영, "회사의 분할과 채권자보호절차에 관한 소고," 인권과 정의 제318호(2003. 2), 대한변호사협회, 108-109면 ; 노혁준, "회사 분할시의 채권자 보호," BFL 제38호(2009. 11), 서울대학교 금융법센터, 34면 ; 하창효, "회사분할에 있어 채권자와 소수주주의 보호," 상사판례연구 제21집 제2권(2008. 6), 한국상사판례학회, 177-178면.

7) 권기범, 기업구조조정법, 삼지원, 2011, 436면 ; 김성호, 앞의 책(주 3), 1212면 ; 최기원, 앞의 책(주 3), 1195면 ; 김동민, "회사분할에서 수혜회사에 승계되는 영업재산의 범위와 연대책임 배제의 한계," 상사판례연구 VII, 박영사, 2007, 181면.

책임재산에 변동이 생기게 되어 채권자의 이해관계에 중대한 영향을 미치므로 채권자의 보호를 위하여 분할되는 회사가 알고 있는 채권자에게 개별적으로 이를 최고하도록 규정하고 있는 것이고, 따라서 분할되는 회사와 신설회사의 채무관계가 분할채무관계로 바뀌는 것은 분할되는 회사가 자신이 알고 있는 채권자에게 개별적인 최고절차를 제대로 거쳤을 것을 요건으로 하는 것이라고 보아야 하며, 만약 그러한 개별적인 최고를 누락한 경우에는 그 채권자에 대하여 분할채무관계의 효력이 발생할 수 없고 원칙으로 돌아가 신설회사와 분할되는 회사가 연대하여 변제할 책임을 지게 되는 것이라고 해석하는 것이 옳다" 라고 판시하면서도,[8)] 위와 같이 분할과정에서 요구되는 채권자 보호절차가 흠결된 경우 '연대책임의 부활' 이라는 효과 외에 '분할무효' 의 효과도 발생하는가에 관하여는 특별히 언급하고 있지 않다.

한편 하급심 판례 중에는 채권자 보호절차 흠결을 분할무효사유로 보기는 곤란하다는 취지의 것[9)]과 명시적으로 분할무효사유로 본 것[10)]

---

8) 대법원 2004. 8. 30. 선고 2003다25973 판결 ; 대법원 2006. 11. 23. 선고 2005두4731 판결 ; 대법원 2010. 2. 25. 선고 2008다74963 판결.

9) 부산고등법원 2004. 3. 31. 선고 2003나11424 판결. 이 판례는 (i) 우리 상법은 그 규정체계에 비추어 채권자 보호절차를 취하지 않는 경우 연대책임 부담의 원칙으로 돌아가는 것을 상정하고 있는 것으로 보이는 점, (ii) 다종다양한 다수의 채권자들에게 개별적으로 채권자 보호절차의 하자를 원인으로 한 분할무효의 소를 광범위하게 허용한다면 효율적인 기업구조조정을 위해 상법이 도입한 회사분할제도의 법적 안정성을 크게 해친다는 점, (iii) 채권자 보호절차에서의 이의 제출 기회를 상실한 채권자에게 연대책임을 추궁할 수 있게 한다면 이의 제기 채권자에 준하는 보호를 해주는 것이고, 이로써 보호는 충분하여 분할무효에까지는 이르지 않도록 하는 것이 회사나 채권자 모두에게 바람직하다는 점 등을 근거로 채권자 보호절차의 흠결이 분할무효의 원인이 되지 않는다는 결론을 내리고 있다.

10) 서울중앙지방법원 2008. 12. 12. 선고 2008가합54063 판결. 이 판례는 채권자가 회사분할에 대하여 이의를 제기하였음에도 회사가 변제 또는 상당한 담보를 제공하지 아니한 채 분할절차를 마무리한 사안에 관한 것이었다.

및 분할무효사유가 됨을 전제로 재량기각(상법 제530조의11 제1항, 제240조, 제189조[11])한 것[12]이 모두 존재하는바, 아직까지 이 문제에 대해서는 판례의 입장이 명확하게 정리된 것으로 보이지 않는다. 사견으로는 우리 상법상 분할당사회사가 연대책임을 부담하는 경우에는 애초부터 채권자 보호절차를 거칠 필요가 없다는 점을 고려하면(상법 제530조의9 제4항),[13] 채권자 보호절차 흠결시 연대책임의 부활을 인정하는 것에 더하여 분할무효사유까지 인정할 필요성은 없다고 보는 것이 기본적으로 타당하다고 생각한다. 다만 이와 같은 결론을 일관하면 경

---

11) 분할무효의 소에 준용되는 상법 제189조는 "설립무효의 소 또는 설립취소의 소가 그 심리 중에 원인이 된 하자가 보완되고 회사의 현황과 제반 사정을 참작하여 설립을 무효 또는 취소하는 것이 부적당하다고 인정한 때에는 법원은 그 청구를 기각할 수 있다"라고 규정하고 있는바, 이와 관련하여 우리 판례는 "법원이 분할합병무효의 소를 재량기각하기 위해서는 원칙적으로 그 소 제기 전이나 그 심리 중에 원인이 된 하자가 보완되어야 할 것이나, 그 하자가 추후 보완될 수 없는 성질의 것인 경우에는 그 하자가 보완되지 아니하였다고 하더라도 회사의 현황 등 제반 사정을 참작하여 분할합병무효의 소를 재량기각할 수 있다"라고 판시한 바 있다(대법원 2010. 7. 22. 선고 2008다37193 판결). 위 판결은 분할합병에 관한 것이기는 하나 단순분할의 경우에 있어서도 달리 볼 이유는 없는 것으로 생각된다.

12) 수원지방법원 성남지원 2010. 4. 14. 선고 2009가합14537 판결. 이 판결에서 법원은 "회사분할시 채권자 보호절차를 누락한 경우 해당 채권자에 대하여는 분할채무관계의 효력이 발생할 수 없고 원칙으로 돌아가 연대책임을 지게 되는 것이므로, 채권자 보호절차 미비로 인한 채권자의 불이익이 미미하여 위와 같이 연대책임을 통해 보호된다면 분할을 무효로 할 실질적인 필요성이 없는 경우도 있을 것"임을 전제하면서도, 해당 사안의 경우에는 "분할되는 회사가 분할 전에 체결한 협약에 의해 채권자와 분할되는 회사의 각 권리 · 의무가 유기적으로 연결되어 있고, 위 협약의 주된 목적인 서비스 호환을 통한 시스템의 정상적 운영이 단순한 금전채무의 이행보장만으로 원활하게 이루어질 수 있는 것은 아니므로 금전적인 연대책임을 지울 수 있음을 근거로 하여 원고의 (분할무효의 소) 제소권을 부정할 수는 없다"라고 판시하였다.

13) 특히 분할당사회사가 연대책임을 부담하게 되는 분할 전 회사채무는 반드시 금전채무에 한정되는 것이 아니며 특정물채무나 기타 비대체적채무의 경우에도 그 불이행시의 결과, 즉 손해배상채무에 대하여 분할당사회사가 연대책임을 부담하는 것으로 해석된다는 점에 비추어 보면〔권기범, 앞의 책(주 7), 431면〕 더욱 그러하다.

우에 따라서는 분할당사회사가 분할 전 회사채무에 대하여 연대책임을 부담하지 않음을 전제로 회사분할에 이의를 제기하지 않은 다른 채권자의 이익을 침해할 수 있고,[14] 위에서 본 수원지방법원 성남지원 2010. 4. 14. 선고 2009가합14537 판결의 사안처럼 단순히 분할당사회사가 금전적인 연대책임을 부담하는 것만으로는 채권자의 보호가 불충분한 경우도 얼마든지 있을 수 있다는 점에서, 향후에도 개별 사안에 따라서는 채권자 보호절차의 흠결을 분할무효의 원인으로 보는 판례가 나올 수 있을 것으로 생각된다.[15]

참고로 분할합병의 경우에는 분할과 달리 분할합병당사회사의 연대책임 배제와 무관하게 반드시 채권자 보호절차를 거쳐야 하므로(상법 제530조의11 제2항) 분할합병에 있어서는 채권자 보호절차의 흠결이 분할합병의 무효원인이 된다고 보아야 한다.[16]·[17]이 경우, 그에 더해

14) 예컨대 채권자 보호절차가 흠결되어 연대책임이 부활하게 된 채무가 다른 채무에 비하여 거액이거나 선순위인 경우, 해당 채무를 분할당사회사 중 한 곳이 전적으로 부담하는 것으로 알고 회사분할에 대하여 별다른 이의를 제기하지 않은 채권자로서는, 자신이 관여할 수도 없었고 그 흠결 여부를 제대로 인식하기도 어려운 채권자 보호절차의 하자로 인해 불측의 손해를 입게 될 우려가 있고, 따라서 이와 같은 경우에는 분할의 무효를 주장할 수 있는 기회라도 부여하는 것이 타당하다는 논리도 충분히 설득력이 있는 것이다.

15) 특히 분할무효의 소에서 인정되는 재량기각을 적절히 활용하면, 채권자 보호절차의 흠결을 분할무효의 원인으로 보더라도 법적 안정성이나 다수의 이해관계인들의 신뢰를 보호함에 있어 특별히 부당한 결과가 초래되지는 않을 것이다.

16) 서울고등법원 2009. 2. 11. 선고 2008나39733 판결 ; 서울동부지방법원 2008. 3. 26. 선고 2007가합14986 판결 ; 서울중앙지방법원 2005. 7. 28. 선고 2005가합30318 판결 ; 서울중앙지방법원 2011. 2. 11. 선고 2010가합95098 판결 ; 광주지방법원 목포지원 2009. 3. 31. 선고 2008가합2260 판결 ; 광주지방법원 순천지원 2008. 5. 13. 선고 2008가합383 판결 ; 수원지방법원 2009. 6. 19. 선고 2009가합5073 판결 ; 의정부지방법원 2008. 2. 15. 선고 2007가합6625 판결 ; 의정부지방법원 2011. 8. 12. 선고 2011가합3128 판결 ; 의정부지방법원 고양지원 2010. 9. 17. 선고 2010가합5175 판결 ; 창원지방법원 2010. 5. 26. 선고 2010가합1609 판결 ; 인천지방법원 2009. 12. 9. 선고 2008가합10385 판결 ; 울산

연대책임의 부활도 인정할 것인지가 문제될 수 있는데, 아직 이에 대한 판례는 없는 것으로 보이나 이론상으로는 분할합병의 경우 채권자 보호절차의 이행과 연대책임 배제가 관련성이 없다는 점에서(상법 제530조의9 제3항, 제530조의11 제2항), 단순분할과 같이 채권자 보호절차가 흠결되었다고 하여 연대책임 부활을 인정하는 것은 다소 어렵지 않은가 한다.[18)]

3. 분할비율의 적정성과 분할무효

(1) 분할비율의 개념

우리 상법은 '분할비율'에 관하여 아무런 명시적 규정을 두고 있지 않으며, 단지 유가증권시장 공시규정 제31조 제16호에서 유가증권시장 주권상장법인이 분할에 관한 공시를 한 후 공시 내용 중 분할비율

지방법원 2009. 6. 10. 선고 2008가합7716 판결 등 다수의 하급심 판례 역시 분할합병 과정에서의 채권자 보호절차 흠결을 분할합병의 무효사유로 인정하고 있다.

17) 주주들에게 주식매수청구의 기회를 보장하지 않은 경우에는 어떠한가. 우리 상법상 단순분할의 경우에는 주주들의 주식매수청구권이 인정되지 않기 때문에 이 문제가 제기될 여지가 없을 것이나, 분할합병의 경우에는 주식매수청구권이 인정되므로 그 침해의 효과가 문제될 수 있다. 이에 대해서는 분할합병의 무효사유가 된다는 견해가 있고〔이철송, 앞의 책(주 3), 1103면〕, 우리 판례 중에는 분할합병계약의 승인을 위한 주주총회를 개최하면서 일부 주주에게 소집 통지를 하지 않음으로 인하여 위 주주들이 주식매수청구권 행사 기회를 갖지 못한 것을 분할합병무효의 원인으로 고려하면서도, 분할합병무효의 소를 제기한 소수주주가 자신이 보유하고 있던 주식을 제3자에게 매도함으로써 그 투하자본을 이미 회수하였다고 볼 수 있고, 위 분할합병을 무효로 함으로 인하여 당사자 회사와 그 주주들에게 이익이 된다는 사정이 엿보이지 아니한다는 점 등을 근거로 분할합병무효의 소를 재량기각한 사례가 있다(대법원 2010. 7. 22. 선고 2008다37193 판결).

18) 윤용준, "분할시 채권자 보호의 실무상 쟁점," BFL 제49호(2011. 9), 서울대학교 금융법센터, 20면.

의 100분의 20 이상을 변경하여 공시한 경우를 불성실공시 사유로 규정하고 있을 뿐이다. 따라서 우리 상법상 '분할비율'이라는 개념의 의미가 반드시 분명한 것은 아니며 실무상으로는 (i) 분할존속회사와 분할신설회사의 각 자본총계가 분할 전 회사의 자본총계에서 각 차지하는 비율, (ii) 분할대상부문 순자산의 장부가액이 분할 전 회사 순자산의 장부가액에서 차지하는 비율, (iii) 분할되는 회사 주식 1주에 배정되는 분할신설회사의 주식 배정비율과 자본감소와 관련된 분할되는 회사 주식 1주의 주식병합비율, (iv) 분할되는 회사의 자본금 분할비율 등 다양한 의미로 사용되고 있는 것으로 보인다.[19] 다만 위와 같이 실무에서 사용되고 있는 다양한 '분할비율' 개념이 실질적 측면에서 상충되는 것으로 이해되지는 않으며, 이에 본 논문에서는 논의의 편의상 '분할비율'이라는 용어를 일응 분할되는 회사 주식 1주에 배정되는 분할신설회사의 주식 배정비율과 분할되는 회사 주식 1주의 주식병합비율을 의미하는 개념[20]으로 사용하기로 한다.

(2) 분할비율의 부당성이 분할무효의 원인이 될 수 있는지 여부

아직까지 우리 판례 중에서 분할비율에 관한 문제를 직접적으로 다룬 것은 발견되지 않는다. 다만 하급심 판례 중에는 분할 전 회사가 보

19) 분할비율의 개념과 그와 관련된 실무상의 문제에 대한 상세한 논의는 조현덕, "회사의 분할비율 관련 쟁점과 실무," BFL 제49호(2011. 9), 서울대학교 금융법센터, 40면 이하 참조.

20) 이와 같이 분할비율의 개념을 이해하면 분할되는 회사 주식 1주당 분할신설회사 주식을 0.739주 배정하고, 동시에 분할되는 회사 주식 1주를 0.261주로 병합하는 방식으로 이루어진 (주)신세계 분할의 경우 분할비율은 0.261대 0.739가 되며, 분할되는 회사가 분할신설회사의 발생주식 총수를 취득하고 분할로 인한 주식의 병합도 발생하지 아니하는 물적분할의 경우에는 특별히 분할비율이라는 개념을 상정할 수 없을 것이다.

유하던 차명주식이 회사분할로 인하여 승계되었는지 여부가 다투어진 사안에서 "상법 제530조의10에서는 '분할로 인하여 설립되는 회사는 분할하는 회사의 권리와 의무를 분할계획서가 정하는 바에 따라서 승계한다'고 규정하고 있고, 회사분할시 승계대상 자산은 분할비율 결정, 채무재조정 등의 산정기준이 되므로 채권자 및 주주의 이해관계에 중대한 영향을 미칠 수 있어 회사분할과 같은 단체법적 법률행위에 있어서는 다수의 이해관계자들 사이의 법률관계를 명확히 규율할 필요성이 있고…"와 같은 판시를 한 것이 있고(인천지방법원 2008. 7. 24. 선고 2007가합5522 판결), 대우중공업(주)의 분식회계 관련 손해배상청구소송에서 원고들이 "대우중공업이 조선부문을 대우조선해양으로, 기계부문을 두산인프라코어로 각 인적분할하던 당시 대우중공업의 소액주주 481명이 위와 같은 인적분할의 자본금 분할비율이 부당함을 이유로 관련 이사들을 고소하고 임시주주총회 효력정지 가처분을 신청하자, 대우중공업이 소액주주들과 자본금 배정비율을 합의하여 분할비율을 조정하였기 때문에 대우중공업으로서는 원고들이 자신의 채권자라는 사실을 알고 있었다 할 것임에도 개별적인 최고절차를 거치지 아니한 채 일간신문에 공고만 하였으므로, 신설회사들이 대우중공업의 원고들에 대한 손해배상채무를 연대하여 변제할 책임이 있다"는 취지의 주장을 한 데 대하여 법원이 "원고들이 위 소액주주 481명의 일원이었다는 점을 인정할 아무런 증거가 없을 뿐만 아니라, 원고들이 위 소액주주 중에 포함되어 있었다 하더라도 소액주주들이 문제 삼은 것은 자본금 분할비율에 불과할 뿐 원고들의 이 사건 청구와 같이 대우중공업의 분식회계로 인한 손해를 주장한 것이 아니었으므로, 대우중공업이 원고들을 채권자로서 알고 있었다고 볼 수 없다"라고 판시함으로써 원고들의 주장을 배척한 사례가 발견될 뿐이다.

우리 판례는 합병과 관련하여 "합병비율을 정하는 것은 합병계약의 가장 중요한 내용이고, 그 합병비율은 합병할 각 회사의 재산상태와 그에 따른 주식의 실제적 가치에 비추어 공정하게 정함이 원칙이며, 만일 그 비율이 합병할 각 회사의 일방에게 불리하게 정해진 경우에는 그 회사의 주주가 합병 전 회사의 재산에 대하여 가지고 있던 지분비율을 합병 후에 유지할 수 없게 됨으로써 실질적으로 주식의 일부를 상실케 되는 결과를 초래하므로, 현저하게 불공정한 합병비율을 정한 합병계약은 사법관계를 지배하는 신의성실의 원칙이나 공평의 원칙 등에 비추어 무효이고, 따라서 합병비율이 현저하게 불공정한 경우 합병할 각 회사의 주주 등은 상법 제529조에 의하여 소로써 합병의 무효를 구할 수 있다"라고 판시하고 있는바(대법원 2008. 1. 10. 선고 2007다64136 판결), 위와 같은 법리는 분할로서의 성격과 합병으로서의 성격을 겸유하는 '분할합병'에 있어서도 마찬가지로 적용될 수 있을 것이다. 그렇지만 단순분할에 있어서는 적어도 분할되는 회사의 주주들이 분할신설회사의 신주를 그 소유 주식 수에 비례하여 배정받는 이상 분할비율의 내용에 따라 주주들의 이익이 직접적으로 침해되는 경우를 상정하기는 어렵고, 그와 같은 측면에서 볼 때 분할비율의 적정성 문제는 원칙적으로 분할무효의 원인이 되지 않는다고 보는 것이 타당한 것으로 생각된다.[21)·22)]

---

21) 앞서 본 바와 같이 물적분할의 경우에는 분할신설회사의 발행주식 총수를 분할되는 회사가 배정받게 되므로 애초부터 분할비율이라는 개념이 성립하지 않고〔권기범, 앞의 책(주 7), 401면 참조〕, 따라서 그 적정성을 분할무효의 원인으로 고려할 여지는 없을 것이다. 이 점은 물적분할에 있어서는 분할로 이전되는 재산의 가치가 분할신설회사의 주식으로 그 형태만 바뀌어 분할되는 회사에 유보된다는 점에서 주주들의 재산가치가 분할 전후로 달라지지 않는다는 점에 비추어 보면 보다 분명하다 할 것이다.

22) 참고로 독일 사업재편법상에서는 주식교환비율의 불공정성을 이유로 분할무효의 소를

(3) 불비례적 분할신주 배정의 경우

다만 위와 같은 결론은 어디까지나 주주평등의 원칙에 따라 적어도 분할되는 회사의 주주들이 분할신설회사의 주식을 그 소유 주식 수에 비례하여 배정받는 것을 전제로 한 것이다. 만약 이와 달리 소위 '불비례적 분할신주의 배정'이 있는 경우에는 어떠한가.

일반적으로 불비례적 분할신주의 배정이라 함은 단순분할의 경우에 분할되는 회사의 주주가 배정받는 분할신설회사의 지분비율이 종전에 분할되는 회사에서의 지분비율과 달라지는 경우를 의미하는 것으로 이해되고 있다.[23] 이와 같은 불비례적 분할신주의 배정이 우리 상법상 허용될 수 있을 것인지에 관하여는 (i) 우리 상법이 분할신주의 배정에 있어 반드시 종전의 지분비율에 따르도록 강제하고 있는 규정을 두고 있지 않고, (ii) '분할되는 회사의 주주에게 주주가 가지는 그 회사의 주식의 비율에 따라서 설립되는 회사의 주식이 발행되는 경우' 검사인의 검사절차를 면제하고 있는 상법 제530조의4 제2항 제2문의 반대해석상 일응 허용되는 것으로 볼 수 있을 것이다. 다만 이와 같이 불비례적 분할신주의 배정이 가능한 것으로 보더라도, 불비례적 분할신주의 배정은 해당 주주들의 입장에서 볼 때 주식의 재산적 가치가 분할 전후로 등가성이 담보되지 않는다는 문제점이 있고, 따라서 관련 주주 전원의 동의가 있어야 하는 것으로 해석해야 할 것이다.[24]

제기할 수는 없도록 하고 있으며(제125조, 제14조 제2항), 다만 분할을 포함한 기업구조조정에서 대가의 불공정성에 대하여는 Gesetz über das gesellschaftliche Spruchverfahren (SpruchG., BGB1. I S. 838)에 의하여 법원이 사후적으로 심사할 수 있도록 하고 있다고 한다〔김성호, 앞의 책(주 3), 227면〕.

23) 권기범, 현대회사법론, 삼영사, 2012, 135면.

24) 권기범, 앞의 책(주 23), 136면.

이와 같이 불비례적 분할신주의 배정에 있어 관련 주주 전원의 동의가 요건이 되는 것으로 이해하는 이상, 불비례적 분할신주 배정의 경우에도 분할비율의 적정성은 분할무효의 원인으로 고려될 수 없는 것으로 보아야 할 것이다. 분할비율의 적정성(분할합병비율의 적정성 역시 마찬가지이다)은 기본적으로 주주들의 이익과 관련하여 문제되는 것인데,[25] 관련 주주 전원이 그와 같은 분할 내용에 동의하였다면 해당 분할을 무효화시킴으로써 달성할 수 있는 이익이 존재하지 않는다고 보아야 할 것이기 때문이다.

4. 분할절차의 위반 문제

(1) 분할계획서를 승인한 주주총회에 취소사유가 있는 경우

우리 상법상 분할을 실시하기 위해서는 주주총회의 특별 결의로 분할계획서를 승인하여야 하므로(상법 제530조의3 제2항), 만약 해당 주주총회가 부존재하거나 무효인 경우 분할무효의 원인이 된다는 점에 대하여는 특별한 의문이 없다. 문제는 주주총회가 부존재 내지는 무효에 이르지 않고 단순히 취소사유 정도의 하자만이 존재하는 경우인데, 주주총회 결의 취소의 소는 결의일로부터 2월 이내에 제기하여야 하고(상법 제376조 제1항), 그 법적 성질이 형성의 소라는 점에서 주주총회 결의 취소의 소를 제기하지 아니한 채 곧바로 분할무효의 소를 제기

25) 분할비율이나 분할합병비율이 불공정한 경우에도, 분할당사회사의 채권자들로서는 분할당사회사의 연대책임이나 채권자 보호절차를 통해 자신들의 이익을 보호받을 수 있다는 점에서 채권자들로 하여금 분할비율이나 분할합병비율의 공정성을 다툴 수 있도록 할 실익도 크지 않다.

하는 것이 허용될 수 있는지에 관하여 의문이 제기될 수 있는 것이다.

이와 관련하여 서울서부지방법원 2007. 6. 15. 선고 2006가합5550 판결에서 우리 법원은 피고들이 "분할합병을 승인한 주주총회 결의의 하자를 이유로 분할합병의 무효를 구하는 경우 그 주주총회 결의가 있은 날로부터 2개월 이내에 분할합병무효의 소를 제기하여야 하는데, 원고들의 이 사건 소는 그 제소기간을 도과한 것으로 부적법하다"는 취지의 본안 전 항변을 한 데 대하여 "주주총회 결의 취소소송의 제소기간은 2개월이나, 분할합병무효 소송의 제소기간은 그 사유와 상관없이 분할합병등기일로부터 6개월이고, 원고들이 분할합병 승인 주주총회 결의의 취소가 아닌 무효나 부존재를 근거로 이 사건 분할합병무효의 소를 제기하고 있는 이상 분할합병등기일로부터 6개월이 경과하기 전에 제기된 분할합병무효의 소는 제소기간을 지킨 것으로 적법하다"라고 판시한 바 있고, 위 판결의 항소심인 서울고등법원 2008. 4. 3. 선고 2007나71853 판결이나 그 상고심인 대법원 2010. 7. 22. 선고 2008다37193 판결 역시 문제가 된 분할합병을 승인한 주주총회의 하자가 취소사유에 불과하다고 판시하면서도, 특별히 제소기간의 준수 여부를 문제 삼지는 않았다. 나아가 위 대법원 판결에서는 분할합병을 승인한 주주총회가 취소소송에 의하여 취소되지 않았음에도 불구하고 여전히 분할합병에 무효원인이 있음을 전제로 원고의 청구를 재량기각하였는바, 이에 비추어 보면 우리 법원은 분할이나 분할합병을 승인한 주주총회에 취소 정도의 하자가 있는 경우 반드시 주주총회 결의일로부터 2개월 내에 취소소송을 제기하거나 분할무효소송을 제기하여 그와 같은 하자를 주장하지 않더라도[26] 이를 독자적인

26) 이와 관련하여, 하급심 판례 중에는 "상법 제530조의11 제1항, 제529조 제1항, 제2항에

분할무효의 원인으로 고려할 수 있다는 입장인 것으로 이해된다.[27)]

(2) 분할당사회사가 연대책임을 부담하는 분할에서 감자가 병행되는 경우 채권자 보호절차가 요구되는지 여부

우리 상법은 분할되는 회사가 존속하는 경우 분할계획서에 분할되는 회사의 '감소할 자본금과 준비금의 액' 및 '자본감소의 방법'을 기재하도록 하고 있다(상법 제530조의5 제2항 제1호 및 제2호). 다만 이 규정에도 불구하고 분할회사의 자본감소가 반드시 강제되는 것은 아니고 어디까지나 분할되는 회사가 자본감소 여부를 선택할 수 있는 것으로 이해하는 것이 실무[28)]이자 대체적인 학설의 입장이기도 하다.[29)]

서 분할합병무효는 각 회사의 주주 · 이사 · 감사 · 청산인 · 파산관재인 또는 합병을 승인하지 아니한 채권자에 한하여 소만으로 이를 주장할 수 있고, 그 소는 분할합병등기가 있은 날로부터 6개월 내에 제기하여야 한다고 규정하고 있는바, 이는 분할합병에 수반되는 복잡한 법률관계를 조기에 확정하고자 하는 것이므로 새로운 무효사유를 출소기간의 경과 후에도 주장할 수 있도록 하면 법률관계가 불안정하게 되어 위 규정의 취지가 몰각된다는 점에 비추어 위 규정은 무효사유의 주장시기도 제한하고 있는 것이라고 해석함이 상당하다"라고 판시한 것이 있다(서울고등법원 2009. 5. 22. 선고 2008나112232 판결). 참고로 우리 대법원은 신주발행무효의 소 및 전환사채발행 무효의 소에 있어 위와 같은 법리가 적용됨을 명시적으로 천명한 바 있다(대법원 2004. 6. 25. 선고 2000다37326 판결).

27) 물론 위 판례 사안은 분할합병에 관한 것으로서 일부 주주에게 주주총회의 소집통지를 하지 아니한 결과 해당 주주들이 주식매수청구권을 행사할 기회를 박탈당하였다는 점 역시 분할무효의 원인으로서 고려된 것으로 보이므로, 위 판례를 (주주들의 주식매수청구권이 인정되지 않는) 단순분할의 경우에 대하여까지 적용할 수 있는지에 관하여는 논의가 필요해 보인다.

28) 대법원 공탁상업등기과 3402-781 질의회답, "주식회사 분할시 피분할회사의 자본감소절차가 반드시 필요한지 여부," 2001. 12. 4. 등기선례 200112-18. "주식회사의 분할 및 분할합병시 분할되는 것은 회사의 재산 즉 특정 영업을 위하여 조직화되고 유기적 일체를 이루는 적극 및 소극재산이므로, 피분할회사가 존속하는 불완전분할의 경우 분할로 피분할회사의 재산이 감소한다고 해서 필요적으로 자본감소를 수반하는 것은 아니

한편 우리 상법은 주식회사가 자본감소를 하는 경우 채권자 보호절차를 거치도록 하고 있는바(상법 제439조 제2항, 제232조), 이와 관련하여 분할당사회사가 연대책임을 부담하여 원칙적으로는 채권자 보호절차를 거칠 필요가 없는 분할의 경우에도 분할되는 회사가 자본감소를 하는 경우에는 채권자 보호절차를 거쳐야 하는지가 문제될 수 있다.

학설 중에는 이 경우도 채권자 보호절차가 요구된다는 견해가 있기는 하지만,[30] 대법원 등기선례[31]는 "분할되는 회사가 자본을 감소하는 경우 (i) 그 자본감소가 주주에 대한 출자의 환급이 없는 명목상의 것이고, (ii) 분할 후 분할회사의 자본과 신설회사의 자본의 합계액이 분할 전 분할회사의 자본액 이상이며, (iii) 신설회사가 분할회사의 채무에 관하여 연대하여 변제할 책임을 부담한다면 등기신청서에 채권자 보호절차를 거쳤음을 증명하는 서면을 첨부할 필요가 없다"라고 하고 있어, 적어도 실무상으로는 위와 같은 요건을 충족하는 이상 분할되는 회사가 자본감소를 하더라도 채권자 보호절차를 거칠 필요가 없는 것으로 이해되고 있다.

자본감소시 채권자 보호절차가 요구되는 근본적인 이유는 자본감소에 따른 회사의 책임재산 감소로 인해 채권자에게 불이익이 초래될

며, 자본감소에 관한 사항이 분할계획서 또는 분할합병계약서에 포함된 때에 한하여 자본감소절차가 필요하다."

29) 이철송, 앞의 책(주 3), 1076면 ; 권기범, 앞의 책(주 7), 391-392면 ; 노혁준, 앞의 논문(주 6), 36면. 다만 분할되는 회사의 순자산액이 분할로 인하여 자본금과 법정준비금의 합계액에 미달하는 경우와 관련해서는 분할되는 회사가 반드시 자본금과 순자산액과의 차액(즉 자본결손액)만큼 감자를 하여야 한다는 견해〔권기범, 앞의 책(주 7), 392면〕와 이 경우에도 자본감소의 실행 여부는 분할되는 회사의 선택사항이라고 보는 견해〔노혁준, 앞의 논문(주 6), 36면〕가 대립하고 있다.

30) 권기범, 앞의 책(주 7), 438-439면.

31) 대법원 공탁상업등기과-468 질의회답. "회사 분할에 따른 등기시 채권자보호절차를 거쳤음을 증명하는 서면의 첨부 여부," 2007. 5. 3. 상업등기선례 200705-2.

수 있기 때문인데, 위 등기선례와 같이 주주에 대한 출자의 환급이 없고 분할당사회사가 연대책임을 부담하는 경우라면 해당 자본감소는 채권자에게 불이익을 초래할 우려가 없는 것으로 보아야 할 것이고, 또한 이런 경우까지 채권자 보호절차를 요구하게 되면 분할당사회사가 연대책임을 부담할 유인이 사라진다는 점에서 위 등기선례의 입장은 타당하다고 생각된다.[32] 결론적으로 회사분할의 결과 분할되는 회사에 자본감소가 초래되는 경우에도 반드시 채권자 보호절차를 거쳐야 하는 것은 아니며, 따라서 자본감소에 관한 채권자 보호절차의 흠결 역시 분할무효의 사유가 된다고 보기는 어려울 것으로 보인다.

5. 분할 내용의 불공정

하급심 판례 중에는 회사분할시 분할되는 회사에 존재하는 신주인수권 전부를 분할신설회사에 승계시킨 것이 문제된 사례가 있다(서울동부지방법원 2007. 12. 22. 선고 2005가합8192 판결). 이 사안은 코스닥시장 상장법인이던 (주)프리샛이 인적분할을 통해 비상장법인인 (주)아이디씨텍을 신설하면서 분할 당시 존재하던 신주인수권 전부를 분할신설회사로 이전하기로 하여 회사분할을 실시한 데 대하여 (분할당사회사가 연대책임을 부담함에 따라 위 분할과정에서 따로 채권자 보호절차를 거치지는 않은 것으로 보인다) 신주인수권의 보유자가 위 회사분할의 무효확인을 주위적으로 구하면서, 예비적으로 '신주인수권증권은 발행 당시 회사의 자본에 대한 경제적 참가비율을 의미하므로, 분할에 따라 회사 자산이 나뉠 경우 본래의 신주인수권 채무는 회사 자본의 분할

32) 윤용준, 앞의 논문(주 18), 15면.

비율에 비례하여 안분되는 것이 원칙'이라는 전제하에 분할비율에 따라 분할당사회사 각각에게 신주인수권을 행사할 권리가 있음을 확인하고, 회사분할로 인해 위와 같은 신주인수권을 침해한 부분에 대하여 손해배상을 구한 사안이었다.

위와 같은 원고의 청구에 대하여 법원은 이미 신주인수권의 행사기간이 도과하였음을 이유로 원고의 주위적 청구 및 예비적 청구 중 권리확인 청구에는 확인의 이익이 없다고 판시함으로써 이를 각하하면서도, 손해배상청구부분에 대하여는 "상법상 신주인수권자에 대한 별도의 보호절차 및 신주인수권의 승계에 관한 규정이 없다 하더라도, 신주인수권자의 동의를 거치지 않고 회사가 임의로 회사분할에 따라 분할하는 회사나 분할 후 신설되는 회사에 신주인수권을 이전시킬 수 있다고 볼 수는 없고, 오히려 (i) 신주인수권증권의 발행으로 발행회사는 신주인수권부사채를 통하여 일반 회사채보다 자금을 저렴하게 조달하는 반면 그 대가로 신주인수권자들에게 신주를 발행할 의무를 부담하는 것이고, 이에 따라 신주인수권부사채에서 분리된 신주인수권자는 신주인수권 행사기간 동안 회사의 경영상태나 그 자산변동을 고려하여 신주인수권자가 원하는 시기에 신주인수권을 행사하여 회사의 주식을 취득할 수 있는 권리가 인정되는 점, (ii) 특히 회사분할에 의해 회사의 일부 사업 및 자산이 신설회사로 이전되는 경우 회사분할에 의하여 분할 전 회사의 주식에 대한 신주인수권을 신설회사의 주식에 대해서만 행사하도록 하고 이에 대해 신주인수권자는 아무런 이의를 제기하지 못한다고 해석하게 되면, 회사가 회사분할로 그 자산이나 경제적 가치가 떨어지는 신설회사를 설립하여 신주인수권을 넘기는 경우 신주인수권자들에게 불측의 손해를 가하게 되는 점 등을 고려하면 회사분할의 경우, 회사는 이러한 제반 사정을 고려하여 신주인수권의 이전에 대해 신주인수권자의 동의를 얻거나 적어도 신주인수권자의 권리를 침해하지 않도록 회사분할비율에 따라 분할 전의 회사와 분할에 따라 신설되는 회사가 각자 신주인수의무를 부담하도록 하는 등 상당한 방법으로 분할함으로써 신주인수권자의 권리를 보호하여야 할 의무가 있다"는 전제하에 "분할되는 회사가 위와 같은 의무를 위반하여 분할신설회사에 대하여만 신주인수권을 행사할 수 있도록 한 것은 실질적으로 원고의 신주인수권을 형해화시키는 채무불이행 또는 불법행위에 해당하여 이로 인한 손해를 배상할 책임이 있다"라고 판시하였다.

비록 위 판결에서는 원고가 보유한 신주인수권의 행사기간이 도과되어 분할무효부분에 대한 판단을 명시적으로 받지는 못하였으나,[33] 결과적으로 법원은 회사분할로 인하여 신주인수권자의 이익이 침해되는 경우 채무불이행 내지는 불법행위에 해당할 수 있음을 인정하였는바, 이는 구체적인 사실관계에 따라서는 신주인수권자 등 채권자들의 이익을 침해하는 내용으로 분할계획서가 작성된 경우 '현저히 불공정한 내용의 분할'로서 분할무효의 원인이 될 수 있다는 점을 시사하는 것이라고 평가할 수 있을 것이다. 앞서 살펴본 수원지방법원 성남지원 2010. 4. 14. 선고 2009가합14537 판결 역시 "회사분할 결과 분할되는 회사가 분할 전에 체결한 협약상의 지위가 분할되는 회사와 분할신설회사로 각각 분리됨으로써 협약의 상대방이 보유하던 동시이행항변권이나 차액정산권(상계권)이 축소되어 상대방의 지위가 불리해지는 경우에는 현저하게 불공정한 내용의 분할로서 무효원인이

33) 이는 원고가 분할무효 주장을 형성의 소가 아닌 확인의 소 형식으로 제기한 것에도 그 원인이 있어 보인다.

될 수 있다"는 취지로 판시하였는데, 이 역시 기본적으로는 위 서울동부지방법원 2007. 12. 22. 선고 2005가합8192 판결과 동일한 맥락에서 이해할 수 있을 것으로 생각된다.

III. 분할에 대한 유지청구 및 이를 본안으로 하는 가처분

1. 문제의 소재

우리 상법은 사후적 구제책이라 할 수 있는 분할무효의 소에 관한 규정을 두고 있을 뿐, 분할절차가 법률의 규정에 위반되는 경우나 주주 등의 이익을 침해하는 내용으로 이루어지는 경우 이를 사전적으로 중지시킬 수 있는 유지청구제도를 명시적으로 인정하고 있지는 않다. 다만 위법한 분할에 대하여 사후적으로 이를 무효화하는 것보다는 해당 분할이 완료되기 전에 사전적으로 이를 중지시켜 적절한 시정조치를 할 수 있도록 허용하는 것이 회사법률관계의 안정성이라는 측면에서 훨씬 바람직하다고 볼 수 있으므로, 이와 같은 측면에서 상법상 분할의 유지청구가 가능한 것인지 여부 및 만약 그와 같은 유지청구가 가능하다면 그 근거가 무엇인지에 관한 검토가 필요한 것으로 생각된다. 회사분할을 위해서는 이사회의 결의 등 (대표)이사에 의한 절차진행이 필요할 뿐 아니라, 회사분할에는 분할신설회사의 신주발행이 반드시 수반된다는 점에서 분할의 유지청구 및 이를 본안으로 하는 가처분을 인정할 수 있는가 하는 문제는 결국 상법 제402조 소정의 이사의 위법행위유지청구나 상법 제424조 소정의 신주발행유지청구를 분할에 있어서도 적용할 수 있는가 하는 문제로 귀결된다 할

것이다.[34)]

2. 상법 제402조와 분할의 유지

상법 제402조는 "이사가 법령 또는 정관에 위반한 행위를 하여 이로 인하여 회사에 회복할 수 없는 손해가 생길 염려가 있는 경우에는 감사 또는 발행주식 총수의 100분의 1 이상에 해당하는 주식을 가진 주주는 회사를 위하여 이사에 대해 그 행위를 유지할 것을 청구할 수 있다"라고 규정하고 있다. 위와 같은 상법 제402조의 문언상 위법행위유지청구를 위해서는 기본적으로 이사의 행위가 법령 또는 정관에 위반될 것이 요구될 뿐 아니라, 그와 같은 행위로 인하여 '회사'에 회복할 수 없는 손해가 생길 염려가 있어야 할 것이고, 단순히 '주주'나 '채권자'가 손해를 입을 우려가 있는 경우에는 유지청구가 인정되지 않는 것으로 이해된다.

문제는 분할의 경우 이사들의 분할결의나 분할계획서 작성, 분할계획서 승인을 위한 주주총회의 소집, 분할등기의 신청행위가 과연 '회사'에 대하여 회복이 불가능한 손해를 끼치는 것으로 볼 수 있는가 하는 것인데, 이에 대해서는 명시적인 논의가 없고 다만 합병과 관련한 하급심의 결정(서울민사지방법원 1987. 9. 9. 선고 87카37879 결정)이 있을 뿐이다. 이 결정은 합병소멸회사인 호남에칠렌의 소수주주들이 합병비율의 불공정을 이유로 상법 제402조에 의거, 합병승인 주주총회 및 이사회개최 유지청구권을 피보전권리로 하여 가처분을 제기한 사안에 대한 것이었는데, 위 결정에서 법원은 "가사 신청인 주장과 같이

34) 권기범, 앞의 책(주 7), 318면.

호남에칠렌과 대림산업의 1주당 순자산가치가 1.52대 1로 차이가 있다 하더라도, 두 회사의 주식을 1대 1의 합병비율에 의하여 합병하는 것을 가리켜 호남에칠렌에 회복할 수 없는 손해를 가져오는 행위라고 보기는 어려울 뿐 아니라, 그와 같이 합병비율이 잘못되어 있는 경우에는 회사를 상대로 합병무효를 주장하는 것은 별론으로 하고 이를 이유로 하여 주주유지청구권을 행사할 수는 없다"라고 판시함으로써 결과적으로 합병의 유지청구 및 이를 피보전권리로 하는 가처분의 인정 여부에 대하여 부정적인 입장을 견지한 바 있다.[35)]

상법 제402조의 법문 및 위에서 본 87카37879 결정의 취지에 비추어 볼 때, 원칙적으로 우리 상법상 분할 내지는 분할합병에 대한 유지청구 및 이를 본안으로 하는 가처분은 인정되지 않는 것으로 이해되고, 이와 같은 결론은 이론상 인적분할이든 물적분할이든 분할합병이든 동일한 것으로 볼 것이다. 다만 소위 물적흡수분할합병[36)] 경우에는 분할비율의 불공정이 분할되는 회사의 손해와 직결될 수 있다는 점에서 달리 볼 여지가 있는 것으로 생각되는바, 이 문제에 대해서는 추후 학설과 판례의 발전이 기대된다.

35) 일본의 판례 역시 합병비율이 현저하게 불공정하여도 회사에 대한 손해는 생기지 아니한다고 판시함으로써 마찬가지 입장이라고 한다(日最判, 1996. 1. 23. 資料判 商事法務 143號, 158면).

36) 대법원 등기선례 200310-15(이른바 물적흡수분할합병의 경우에도 분할합병에 따른 변경등기가 허용되는지 여부, 2003. 10. 8. 공탁법인 3402-239 질의회답)는 "갑회사를 분할하여 그 일부와 을회사를 합병하고 갑회사와 을회사는 모두 존속하는 흡수분할합병을 하면서, 분할된 갑회사의 일부에 해당하는 출자지분에 관하여 존속하는 갑회사에게 주식을 배정·교부하는 이른바 물적흡수분할합병의 경우에도 분할합병에 따른 변경등기가 가능할 것"이라 하므로, 실무상 분할합병과 물적분할을 결부한 형태의 물적흡수분할합병이 가능하다는 점에 대해서는 특별한 의문이 없다.

3. 상법 제424조와 분할의 유지

상법 제424조는 "회사가 법령 또는 정관에 위반하거나 현저하게 불공정한 방법에 의하여 주식을 발행함으로써 주주가 불이익을 받을 염려가 있는 경우, 그 주주는 회사에 대하여 그 발행을 유지할 것을 청구할 수 있다"라고 규정함으로써, 회사의 신주발행으로 인하여 '주주'가 불이익을 받을 염려가 있는 경우 주주들에게 유지청구권을 인정하고 있고, 그 행사요건 역시 위에서 본 유지청구권에 비하여 완화해 놓고 있다.

그렇지만 상법 제424조에 의한 유지청구 역시 그 문언상 신주를 발행하는 회사의 주주만이 행사할 수 있는 것으로 이해되므로, 분할에 있어 (신주를 발행하지 않는) 분할되는 회사의 주주가 이를 근거로 하여 분할에 대한 유지청구를 할 수는 없을 것으로 생각된다. 이 점은 분할합병의 경우에도 마찬가지라 할 것인데, 분할합병의 경우에도 분할되는 회사가 아닌 분할재산을 승계하는 회사의 주주만이 상법 제424조에 따른 유지청구 및 이를 피보전권리로 하는 가처분을 제기할 수 있다는 점에서 그 활용범위가 극히 제한적인 것으로 평가되는 것이다. 다만 상장법인이 인적분할을 하는 경우에는 자본시장과 금융투자업에 관한 법률(이하 '자본시장법')상 증권신고서의 제출이 요구되고,[37] 만약 증권신고서의 수리 이후에, 분할되는 회사의 주주가 신주발행금

37) 자본시장법 제119조 제1항에 따르면 증권의 모집은 발행인이 그 모집에 관한 신고서를 금융위원회에 제출하여 수리되지 아니하면 이를 할 수 없는바, 자본시장법상 증권의 '모집'이라 함은 기본적으로 50인 이상의 투자자에게 새로 발행되는 증권 취득의 청약을 권유하는 것을 의미하며, 청약의 권유를 받는 투자자가 50인 이내인 경우에도 분할되는 회사의 주식이 증권시장에 상장된 경우에는 모집으로 간주되기 때문에(자본시장법 시행령 제11조 제2항, 증권의 발행 및 공시 등에 관한 규정 제2-2조 제1항 제1호 참조), 상장회사가 인적분할을 실시하는 경우에는 증권신고서의 제출이 반드시 요구된다.

지 가처분을 제기하는 경우 이는 "발행인의 경영이나 재산 등에 중대한 영향을 미치는 소송의 당사자가 된 때"에 해당하여 의무적인 정정신고서 제출사유가 될 수 있고(동법 제122조 제3항 단서, 동법 시행령 제130조 제2항 제3호 라목), 경우에 따라서는 금융감독원이 해당 가처분에 대한 결정 내용 또는 가처분 취하사실 등을 구체적으로 기재하여 증권신고서 제출을 요구할 수도 있으므로,[38] 실무상으로는 (그 법적 근거나 실제 인용 여부와 무관하게) 분할되는 회사의 주주가 상법 제424조의 신주발행유지청구를 본안으로 하는 신주발행금지 가처분을 제기함으로써 그 자체로 일정 기간 분할절차의 진행을 중단시키는 효과를 거두는 것도 가능할 수 있다.[39]

IV. 분할되는 회사의 분할 전 담합행위로 인한 과징금 납부의무의 귀속 주체

1. 문제의 소재

독점규제 및 공정거래에 관한 법률(이하 '공정거래법')은 과징금을

38) 기업공시실무안내, 금융감독원, 2011, 126면 참조.

39) 즉 금융감독원은 분할계획서 승인을 위한 주주총회 소집통지를 분할신주에 대한 청약의 권유로 보고 있는바〔정준아, "분할 관련 자본시장법 이슈 — 분할대상 · 공시 · 상장 관련 실무상 쟁점을 중심으로 —," BFL 제49호(2011. 9), 서울대학교 금융법센터, 105면 참조〕, 이에 의하면 원칙적으로 분할되는 회사는 증권신고서가 수리되어 그 효력을 발생하기 전까지는 주주총회 소집통지를 할 수 없고, 특히 금융감독원이 증권신고서에 대한 정정요구를 하는 경우 그 증권신고서는 정정요구를 한 날부터 수리되지 않은 것으로 간주되므로(자본시장법 제122조 제2항), 결국 신주발행금지 가처분이 제기되어 금융감독원이 그에 대한 법원의 결정을 증권신고서에 기재하도록 정정요구를 하게 되면 분할계획서 승인을 위한 주주총회의 소집이 불가능해질 것이다.

부과받은 회사인 사업자가 분할되는 경우 분할되는 회사와 분할로 인하여 신설되는 회사가 연대하여 과징금을 납부할 책임을 부담하도록 규정하고 있으나(제55조의5 제1항), 위 규정은 그 문언상 어디까지나 분할 전에 이미 공정거래위원회의 과징금 부과처분이 내려진 경우에 한하여 적용될 수 있을 뿐이고, 분할되는 회사가 분할 이전에 한 행위로 인하여 분할 이후에 비로소 공정거래위원회가 과징금 부과처분을 내리는 경우, 분할되는 회사와 분할신설회사 중 누구를 상대방으로 하여야 하는지에 대해서는 공정거래법에서 특별한 규정을 두고 있지 않다. 따라서 분할되는 회사가 분할신설회사에 승계된 영업과 관련하여 분할 전에 담합행위를 하였음을 이유로 공정거래위원회가 분할 이후에 과징금 부과처분을 내리는 경우 그 처분 상대방이 분할존속회사와 분할신설회사 중 어느 회사가 되어야 하는지에 관하여 종래부터 논란이 있어 왔다.

2. 관련 판례의 검토

이 문제에 대한 선도적인 판례라 할 대법원 2007. 11. 29. 선고 2006두18928 판결은, 대우중공업이 기계사업부문을 분할하여 두산인프라코어 주식회사를 신설하기 이전에 대우중공업에 의하여 이루어진 지게차 가격 담합행위로 인한 과징금을 공정거래위원회가 분할신설회사인 두산인프라코어에 부과한 사안에서 "… 신설회사 또는 존속회사는 분할하는 회사의 권리와 의무를 분할계획서가 정하는 바에 따라서 승계하도록 규정하고 있다(제530조의10). 그런데 이때 신설회사 또는 존속회사가 승계하는 것은 분할하는 회사의 권리와 의무라 할 것인바, 분할하는 회사의 분할 전 법 위반행위를 이유로 과징금이 부과되기 전까지는 단순한 사실행위만 존재할 뿐 그 과징금과 관련하여 분할하는 회사에게 승계의 대상이 되는 어떠한 의무가 있다고 할 수 없고, 특별한 규정이 없는 한 신설회사에 대하여 분할하는 회사의 분할 전 법위반행위를 이유로 과징금을 부과하는 것은 허용되지 않는다 할 것이다"라고 판시함으로써 분할 이전의 담합행위에 대해서는 (그것이 분할신설회사에 승계된 사업과 관련된 것이라 하더라도) 원칙적으로 분할신설회사에 과징금을 부과할 수 없다는 입장을 취하였다.[40)]

위 대법원 판결은 당시의 공정거래위원회 실무에 반하는 것이었는데, 이를 일반적으로 적용할 경우 적지 않은 부작용이 예상되었을 뿐 아니라[41)] 판결의 설시 자체로도 불명확한 측면이 있어 실무상 그 적용범위에 대하여 많은 논란이 있었고, 특히 위 판결에서 언급한 '특별한 규정'이 법령상의 근거규정을 의미하는 것인지, 아니면 분할계획서상의 규정을 의미하는지에 대한 논란이 있었다. 이에 공정거래위원회는,

40) 위와 같은 결론은 회사합병의 경우 판례(대법원 1994. 10. 25. 선고 93누21231 판결)가 "회사합병이 있는 경우, 피합병회사의 권리의무는 사법상의 관계나 공법상의 관계를 불문하고 그 성질상 이전을 허용하지 않는 것을 제외하고는 모두 합병으로 인하여 존속한 회사에 승계되는 것으로 보아야 (한다)"라고 설시하며, 건설업면허를 가진 피합병회사에 그 면허를 취소할 위법사유가 있었다면 면허관청은 이를 이유로 존속회사 또는 신설회사에게 응분의 제재조치를 취할 수 있다고 한 것과 대비되는 것이다. 이러한 결론의 차이는 합병과 분할의 법적 성격 차이에서 비롯된 것으로 이해되는데, 합병의 경우에는 (통설인 인격합일설에 따르면) 2개 이상의 법인격이 포괄적으로 합일되는 것이므로 피합병회사의 모든 법적 · 사실적 지위가 존속회사 혹은 신설회사에 승계된다는 결론이 자연스럽게 도출되는 반면, 분할의 경우에는 그 법적 성격을 합병에 대응하여 인격의 분할로 보더라도 분할 전 회사의 지위가 어떠한 방식으로 분할당사회사에게 나뉘어 귀속하게 되는지에 대해 일률적으로 결론 내릴 수 없기 때문에 지위의 승계를 인정하기 위해서는 특별한 법적 근거가 필요하다는 점에서 일응 위와 같은 결론의 차이를 수긍할 수 있을 것으로 생각된다.

41) 예를 들어 위 대법원 판결의 취지에 따르면 소멸분할의 경우 분할 전 위법행위에 대하여 누구에게도 책임을 물을 수 없게 되는 난점이 발생할 수 있다.

위 대법원 판례는 분할계획서에 "(i) 신설회사는 분할계획서에서 별도로 정하지 않는 한 분할회사의 채무 중에서 출자한 재산에 관한 채무(책임을 포함한다)만을 부담하고, (ii) 신설회사가 승계하는 부채는 신설회사의 대차대조표에 반영되는 것에 한하고 대차대조표상 반영되지 않은 난외부채로서 신설회사의 영업과 직접 관련성이 없는 채무에 대하여는 별도의 정함이 있는 경우를 제외하고 이를 승계하지 않는다"라고 규정하였던 사안에 대한 것이었다는 점, 따라서 해당 사안에서는 분할계획서에 따라 신설회사가 승계하는 의무의 범위 및 내용이 제한적이었다는 점에 주목하여 위 대법원 판례가 말하는 '특별한 규정'이 '분할계획서상의 규정'을 의미하는 것으로 이해하였고 이와 같은 이해를 근거로 위 대법원 판례 이후에도 "분할 이전에 발생한 행위 또는 사실로 인하여 분할 이후에 권리 · 의무가 발생한 경우 그 권리 · 의무는 신설회사에게 귀속되거나 신설회사가 연대책임을 부담한다"라고 분할계획서에 명시되어 있는 경우에는 해당 분할계획서의 내용에 따라 신설회사에게 과징금을 부과하는 것으로 실무를 처리하였다.

그런데 이후 서울고등법원 2008. 9. 24. 선고 2008누1797 판결[42)]은 분할계획서에 "분할기준일 전의 원인행위로 분할 후에 우발채무 등이 발생하는 경우, 이에 대한 채무는 분할로 인하여 설립되는 회사 또는 존속하는 회사가 연대하여 책임을 지며 부담비율은 분할 당시 순자산가액 비율로 한다"는 내용이 기재되어 공정거래위원회가 그에 따라 신

42) 2001. 4. 3. 당시 주식회사 LG화학(이하 '구 LG화학')은 주식회사 LGCI(현 주식회사 LG)를 존속회사로 하여 석유화학사업부문과 산업재사업부문은 주식회사 LG화학(이하 '신LG화학')으로, 생활용품사업부문과 화장품사업부문은 주식회사 LG생활건강(이하 'LG생활건강')으로 각 분할되었는바(분할기일은 2001. 4. 1), 이 판결은 공정거래위원회가 고밀도폴리에틸렌 판매가격 담합을 이유로 신LG화학에 대하여 (구 LG화학 시절의 담합행위를 포함하여) 과징금을 부과한 사안에 대한 것이었다.

설회사(신LG화학)에게 분할 전 담합행위에 대한 과징금을 부과한 것과 관련하여 위 대법원 판시를 인용하면서도 그에 추가하여, (i) 분할 전 회사의 위반행위에 대하여 분할되는 신설회사에게 과징금을 부과할 수 있다는 명문의 규정이 없는 점, (ii) 회사분할의 경우 분할계획서의 기재만으로 분할 전 회사의 공법상 관계가 분할되는 신설회사에 당연히 승계된다고 보기는 어려운 점 등을 근거로 공정거래위원회가 분할일인 2001. 4. 3. 이전의 담합행위에 대하여까지 신LG화학에게 과징금을 부과한 것은 위법하다고 판시하였다.[43] 나아가 그후에 나온 대법원 2009. 6. 25. 선고 2008두17035 판결[44] 역시 위 고등법원 판결과 동일한 쟁점에 관하여 대법원 2007. 11. 29. 선고 2006두18928 판결의 설시를 그대로 반복하며 분할기일[45] 전의 위반행위부분까지 과징금 산정의 기준이 되는 위반행위기간에 포함시켜 분할신설법인에 과징금을 부과한 것은 위법하다고 판단하였다.

43) 이 판결은 대법원에 상고되었으나 대법원 2011. 5. 26. 선고 2008두18335 판결로 상고기각되어 확정되었다.

44) 이 판결은 공정거래위원회가 세탁 · 주방세제 판매가격 담합을 이유로 LG생활건강에 대하여 (구 LG화학 시절의 담합행위를 포함하여) 과징금을 부과한 사안에 대한 것이다. 이 판결에서는 분할계획서의 기재내용이 크게 문제되지 않았으나 신LG화학과 LG생활건강이 동일한 분할절차를 통해 구 LG화학에서 분할되었다는 점을 감안하면, 본 판결 역시 분할 후 발생한 우발채무에 대한 분할당사회사의 연대책임이 분할계획서에 명시된 사안에 대한 것이라고 볼 수 있을 것이다.

45) 본 논문의 쟁점과는 무관한 사항이기는 하지만, 이 판결은 과징금 납부책임의 귀속을 판단하는 기준시점을 분할등기일인 2001. 4. 3.이 아닌 분할기일인 2001. 4. 1.로 보았는데, 회사의 분할은 분할등기를 함으로써 그 효력이 발생한다는 점에서(상법 제530조의11 제1항, 제234조) 다소 의문이다. 실제로 앞서 언급한 대법원 2007. 11. 29. 선고 2006두18928 판결은 '분할기준일 후 분할등기 전'의 담합행위가 문제된 사안이었는데, 당시 법원은 분할등기일(정확히는 분할신설법인의 설립등기일) 전의 담합행위로 인한 과징금을 분할신설회사에게 부과할 수 없다고 판단하였다.

3. 소결

결국 현재까지의 판례에 따르면 분할 전에 이루어진 부당한 공동행위를 이유로 한 과징금 부과처분의 상대방은 원칙적으로 분할존속법인이 되어야 하며, 그에 대한 분할당사회사의 연대책임을 분할계획서에 기재하거나 분할신설법인이 그 책임을 승계하는 내용으로 분할계획서가 작성되더라도 과징금 부과처분의 상대방이 변경되는 효과가 발생하지는 않는 것으로 보아야 할 것이다. 판례의 위와 같은 태도는 (i) 공법상 법률관계는 근거 법령에 따라 객관적 · 획일적으로 정해지는 것이 원칙이고, 사인 간의 합의나 일방 당사자의 의사만으로 그 규율 내용을 변경할 수 있는 성질의 것이 아니라는 점, (ii) 과징금 납부의무는 공정거래위원회의 과징금 부과처분으로 인하여 비로소 발생하는 것인데, 과징금 납부의무의 발생을 전제로 하여 그 책임관계를 정한 분할계획서의 기재를 근거로 과징금 부과처분 단계에서 그 상대방을 결정한다는 것은 논리적 선후가 전도된 것이라는 점을 감안할 때 그 타당성을 넉넉히 인정할 수 있을 것으로 생각된다.[46]

46) 다만 이상의 판례 법리가 공법상의 책임이 아닌 민사책임의 경우에도 그대로 적용될 수 있을 것인지에 대해서는 다소 의문의 여지가 있다. 물론 민사책임의 경우 통상 일정한 사실행위가 존재하면 그 자체로서 권리의무가 발생하고 다만 그 발견 내지 구체적 내용의 확정이 나중에 이루어지는 것이 보통이겠으나, 환경오염으로 인한 손해배상책임이나 제조물책임과 같은 경우에는 원인행위와 결과(손해) 발생이 상당한 시간적 간격을 두고 이루어질 가능성이 있으므로, 민사책임에 있어서도 분할 전의 행위에 기한 채무가 분할 이후에 발생하는 경우를 충분히 상정할 수 있을 것이다. 만약 존속회사 없이 신설회사만으로 분할하거나 존속회사가 사실상 아무런 자력이 없는 경우까지 위 판례 법리를 일관하면 피해자 구제의 측면에서 상당히 부당한 결론이 야기되는 것이 사실이고, 또한 위 각 판결에 있어 핵심 쟁점은 어디까지나 "분할 전에 저지른 부당한 공동행위로 인한 과징금을 분할당사회사 중 누구에게 부과하여야 하는가" 하는 문제였기 때문에, 위 판례 법리가 적용되는 영역은 공법상 제재처분의 요건이 되는 사실행

참고로 2012. 3. 12. 법률 제11406호로 개정되어, 2012. 6. 22.부터 시행된 공정거래법은 공정거래법을 위반한 회사인 사업자가 분할되거나 분할합병되는 경우 분할되는 사업자의 분할일 또는 분할합병일 이전의 위반행위를 (i) 분할되는 회사, (ii) 분할 또는 분할합병으로 설립되는 새로운 회사, (iii) 분할되는 회사의 일부가 다른 회사에 합병된 후 그 다른 회사가 존속하는 경우 그 다른 회사 중 어느 하나에 해당하는 회사의 행위로 보고 공정거래위원회가 과징금을 부과 · 징수할 수 있다는 규정을 신설함으로써 이 문제를 입법적으로 일정 부분 해결하였다(제55조의3 제3항).

V. 우발채무의 구상 문제

분할당사회사가 분할 전 회사채무에 대하여 연대책임을 부담하는 내용으로 회사분할이 실시된 이후 분할당사회사 중 어느 한 회사가 채권자의 청구에 따라 위와 같은 연대책임을 이행한 경우, 분할당사회사 사이의 내부적 구상관계는 어떻게 정해져야 하는지가 문제될 수 있다. 이와 관련하여는 종래 분할당사회사가 부담하는 연대책임의 법적 성격이 무엇인지에 관한 논의가 있어 왔고, 학설상 이를 연대보증으로 보아야 한다는 견해,[47] 부진정연대채무로 보아야 한다는

위에 한정된다고 보는 것이 타당해 보이기는 하나〔윤성조/김효민, "회사분할과 분할계획서의 기재사항, 그와 관련한 법률적 쟁점에 관하여 — 권리 · 의무의 배분을 중심으로 —," BFL 제49호(2011. 9), 서울대학교 금융법센터, 35면 참조〕, 판례의 설시 자체만 놓고 보면 민사책임에 대하여까지 일반적으로 적용될 여지가 더 커 보인다는 점에서 향후 판례의 추이를 지켜볼 필요성이 있어 보인다.

47) 권기범, 앞의 책(주 7), 433면 ; 최기원, 앞의 책(주 3), 1195면 ; 김동민, "회사분할에서 채

견해[48] 등이 주장되어 왔지만, 최근 대법원 판례[49]는 분할당사회사가 부담하는 연대책임의 법적 성격을 부진정연대채무라고 판시하였다.

이와 같이 판례가 분할당사회사가 부담하는 연대책임의 법적 성격을 연대보증이 아닌 부진정연대채무로 파악함에 따라, 분할당사회사의 내부적 구상관계 문제는 더욱 불명확한 상태로 남게 된 것으로 보인다. 분할당사회사가 부담하는 연대책임의 법적 성격을 연대보증으로 보는 경우에는 일반적인 보증의 법리에 따라 자신의 채무가 아닌 다른 분할당사회사의 채무를 연대하여 이행한 분할당사회사가 당연히 그 채무 전액에 관하여 구상권을 행사할 수 있는 것으로 볼 수 있는 반면,[50] 위와 같은 연대책임의 법적 성격을 부진정연대채무라고 보게 되면 구체적으로 연대책임을 이행한 분할당사회사가 다른 분할당사회사에 대해 어떠한 내용으로 구상권을 행사할 수 있는지가 불명확해진다는 문제점이 있는 것이다.[51]

권자보호를 위한 연대책임 규정의 한계," 상사법연구 제25권 제4호(2007. 2), 한국상사법학회, 207면 ; 허인, "회사분할과 채권자의 보호에 관한 소고," 경영법률 제17권 제2호(2007. 1), 한국경영법률학회, 228면.

48) 노혁준, 앞의 논문(주 6), 28-29면 ; 하창효, 앞의 논문(주 6), 170면.

49) 대법원 2010. 8. 26. 선고 2009다95769 판결. "분할당사회사가 상법 제530조의9 제1항에 의하여 각자 분할계획서나 분할합병계약서에 본래 부담하기로 정한 채무 이외의 채무에 대하여 연대책임을 지는 경우, 이는 회사분할로 인하여 채무자의 책임재산에 변동이 생기게 되어 채권 회수에 불이익한 영향을 받는 채권자를 보호하기 위하여 부과된 법정책임으로서 특별한 사정이 없는 한 그 법정 연대책임의 부담에 관하여 분할당사회사 사이에 주관적 공동관계가 있다고 보기 어려우므로, 분할당사회사는 각자 분할계획서나 분할합병계약서에 본래 부담하기로 정한 채무 이외의 채무에 대하여 부진정연대관계에 있다고 봄이 상당하다."

50) 사실 이와 같이 분할당사회사 사이의 구상관계가 간명해지는 장점이 있다는 것이 종래 연대보증설을 취하는 학설의 주요 논거였다〔권기범, 앞의 책(주 7), 433면 ; 최기원, 앞의 책(주 3), 1195면 ; 김동민, 앞의 논문(주 48), 207면 ; 허인, 앞의 논문(주 48), 228면〕.

51) 판례는 공동불법행위로 인한 부진정연대채무자 사이의 내부적 구상관계 판단기준에 관해 "불법행위 및 손해와 관련하여 그 발생 내지 확대에 대한 각 부진정연대채무자의

사견으로는 비록 분할당사회사의 연대책임의 법적 성격을 부진정 연대채무로 보더라도, 분할당사회사 사이의 구상관계는 연대보증설과 마찬가지로 처리하는 것이 타당하다고 본다. 즉 분할신설회사나 분할존속회사가 자신에게 이전되거나 잔존하는 것으로 분할계획서에 정해진 채무가 아닌 다른 채무에 대해 연대책임을 이행하게 되면, 해당 분할신설회사 또는 분할존속회사가 연대책임을 이행한 채무 전액에 대해 다른 분할당사회사에게 구상권을 행사할 수 있다고 보는 것이 분할당사회사의 의사는 물론이고 분할계획서를 기초로 주주총회에서 의결권을 행사하고 이의 제출 여부를 결정한 주주와 채권자의 의사에도 부합한다고 생각된다.[52]

이 문제와는 별도로 분할계획서에서 '분할 전에 존재하는 사실관계에 기초해서 분할 후에 발생한 채무'가 분할신설회사에 귀속되는 것으로 정하고 있는 경우, 예컨대 앞서 본 과징금 관련 판례 법리에 따라 분할존속회사가 분할신설법인이 승계한 사업과 관련하여 공정거래위원회로부터 과징금을 부과받은 경우 분할존속회사가 해당 과징금을 납부한 다음 위 분할계획서를 근거로 과징금 상당액을 분할신설

주의의무의 정도에 상응한 과실의 정도를 비롯한 기여도 등 사고 내지 손해와 직접적으로 관련된 대외적 요소를 고려하여야 함은 물론, 나아가 부진정연대채무자 사이에 특별한 내부적 법률관계가 있어 그 실질적 관계를 기초로 한 요소를 참작하지 않으면 현저하게 형평에 어긋난다고 인정되는 경우에는 그 대내적 요소도 참작하여야 한다"는 일반론을 제시하고 있을 뿐(대법원 2001. 1. 19. 선고 2000다33607 판결), 분할의 경우 연대책임을 이행한 분할당사회사가 그 채무 전액에 대해 다른 분할당사회사에 대해 구상권을 행사할 수 있는지에 관해서는 아직 명확하게 판시한 바가 없다.

52) 윤용준, 앞의 논문(주 18), 13면. 이 견해에 따르면 위와 같은 해석은 판례가 분할당사회사가 부담하는 연대책임의 법적 성격을 연대보증이 아니라 부진정연대채무라고 판시한 것과 양립할 수 있는 것인지의 문제를 야기할 수 있지만, 부진정연대채무의 경우에도 어느 채무자의 부담부분이 없다고 보는 것이 이론상 불가능하지 않으며 무엇보다도 분할의 경우에는 분할당사회사 및 채권자 등 다른 이해관계자의 의사를 고려할 때 이와 다른 내용의 구상기준을 제시하는 것이 합리성을 인정받기 어렵다고 한다.

회사에 대해 구상할 수 있는지가 문제될 수 있다.

이에 대하여는 영업의 유기적 일체를 분할하기 위한 회사분할제도의 취지와 승계대상 사업부문과 관련한 권리·의무를 일체로 이전하려는 분할계획서상 당사자의 의사를 고려할 때, 그와 같은 구상을 인정하는 것이 타당하다는 견해도 있으나,[53] 기본적으로 사실관계는 분할에 따른 승계대상이 아니라고 보고 있는 대법원 판례를 전제하면 이론상 구상권을 인정할 법적 근거가 희박한 것 아닌가 생각되며,[54] 이와 같은 결론은 분할계획서에 명시적으로 위와 같은 경우에 분할존속회사가 분할신설회사에 대하여 구상권을 행사할 수 있는 것으로 규정하고 있는 경우에 마찬가지라 할 것이다. 원칙적으로 회사분할에 있어 분할되는 재산을 어떻게 배정할 것인가에 대해서는 분할회사의 사적 자치, 즉 배정의 자유가 인정되는 것이지만, 그러한 배정자유의 원칙은 분할 당시 이미 발생한 권리와 의무에 한하여 인정된다는 것이 위에서 살펴본 대법원 판례의 취지일 뿐 아니라 근본적으로 분할계획서는 분할당사회사가 합의로 작성하는 것이 아니라 분할회사가 일방적으로 작성하는 것이므로, 분할신설회사가 분할계획서에 따라 구속되는 범위는 원칙적으로 상법이 분할계획서의 기재사항으로 규정한 것에 한한다고 해석하는 것이 오히려 사적 자치의 원칙에 부합하는 것으로 생각되기 때문이다(분할당사회사의 구상관계를 정하는 것은 상법상 분할계획서 기재사항으로 열거되어 있지 않다. 상법 제530조의5 제1항 참조).[55]

---

53) 윤성조/김효민, 앞의 논문(주 46), 35면.

54) 즉 부당한 공동행위로 인한 과징금 납부의무는 어디까지나 과징금을 부과받은 회사 자신의 의무인 것이고, 자기 자신의 채무를 이행한 자가 다른 자에 대하여 구상권을 행사하기 위해서는 별도의 법적 근거가 필요할 것인데, 현행법상 그와 같은 구상근거를 찾기 어려운 것이다.

55) 물론 상법상 분할합병계약서의 경우에도 분할합병당사회사의 구상관계가 필수적 기

VI. 분할과 노동관계의 승계

1. 회사분할시 근로관계 승계에 관한 일반론

우리 상법이나 노사 관련 법령에는 회사분할에 따른 근로계약관계 기타 노사관계의 변동에 관하여 별도의 규정을 두지 않으며, 다만 상법에서 "분할 또는 분할합병으로 인하여 설립되는 회사 또는 존속하는 회사는 분할하는 회사의 권리와 의무를 분할계획서 또는 분할합병계약서가 정하는 바에 따라서 승계한다"라고 규정하여(상법 제530조의 10) 회사의 분할 또는 분할합병의 효과에 관한 개괄적인 규정만 두고 있다. 이로 인해 회사분할시의 근로계약관계 승계에 관하여 개별 근로자의 동의를 요한다고 볼 것인지 여부가 문제되며, 이에 대하여 학설은 (i) 개별 근로자의 동의 여부 및 거부권 행사 여부를 불문하고 근로계약관계가 분할회사로 승계된다는 당연승계설, (ii) 개별 근로자의 동의 여부를 불문하고 근로계약관계가 분할회사로 승계되나, 이에 대하여 거부권을 행사한 근로자의 근로계약관계는 존속회사에 남게 된다는 거부권설, (iii) 분할이 적법하게 이루어졌다고 하더라도 개별 근로자의 동의가 없는 이상 근로계약관계가 분할회사로 승계되는 것은 아니라는 동의권설 등의 견해로 대립되고 있다.

재사항으로 명시되어 있지 않다. 그렇지만 분할합병의 경우 분할합병당사회사들이 상호 합의하여 구상권에 관한 조항을 분할합병계약서에 두었다면, 사적 자치의 원칙상 그와 같은 조항의 법적 구속력을 부정할 이유는 없다고 생각된다. 이와 같이 분할의 경우와 분할합병의 경우 결론이 달라지는 것이 합리적인지에 관하여는 논란이 있을 수 있지만, 분할합병계약의 경우 독립적인 법인격을 갖는 분할합병당사회사 사이의 '의사합치'라는 명확한 법적 근거가 존재하는 이상 굳이 상법상 분할합병계약서의 기재사항에 한하여 법적 구속력을 인정할 것은 아니며, 따라서 이와 같은 분할과 분할합병 간의 결론 차이가 특별히 부당한 것으로 생각되지는 않는다.

이와 관련하여 우리 판례는 '한국전력공사 사건'에서 "회사분할의 경우에도 민법 제657조 제1항의 규정이 적용되어 개별 근로자의 동의가 있어야만 근로관계를 승계할 수 있다고 보아야 할 것"이라는 취지로 판시하였다가(서울고등법원 2006. 9. 22. 선고 2006나33021 판결[56]), 이후 '대우자동차판매(주) 사건'에서는 "회사분할 당시 분할대상이 되는 사업에 종사하던 근로자의 근로계약관계는 원칙적으로 신설회사에 포괄적으로 승계되고, 예외적으로 근로자가 거부권을 행사하는 경우, 거부권을 행사한 근로자의 근로계약관계는 승계대상에서 제외된다고 봄이 상당하다. 사용자는 위와 같은 근로자의 거부권 행사를 보장하기 위하여, 회사분할시 원칙적으로 포괄승계의 대상이 되는 근로자에게 거부권 행사에 필요한 상당한 기간을 부여하여야 한다. 만약 사용자가 근로자에게 거부권행사에 필요한 상당한 기간을 부여하지 아니한 경우, 이는 근로자의 자기의사결정권을 침해한 것이므로 무효이고, 그 기간은 사회통념상 거부권행사에 필요한 상당한 기간까지 연장된다고 보아야 할 것이다"라는 취지로 판시한 바 있고(서울고등법원 2009. 5. 22. 선고 2008누28648 판결[57]), 최근 '(주)현대그린푸드 사건'에서도 "회사분할시 분할대상이 되는 사업에 종사하던 근로자들에 대한 근로관계는 원칙적으로 신설회사에 포괄적으로 승계되나, 예외적으로 근로자가 거부권을 행사하는 경우 그 근로자에 대한 근로관계는 근로관계 승계대상에서 제외된다고 보는 것이 옳다"라고 판시한 바 있다(서울고등법원 2011. 1. 19. 선고 2010누21732 판결[58]).

한편 이 문제에 관한 고용노동부 행정해석은 "회사분할시 분할계획

56) 위 판결은 대법원에 상고되었으나 2007. 1. 25. 심리불속행으로 기각되어 확정되었다.
57) 위 판결은 대법원에 상고되었으나 2009. 9. 24. 심리불속행으로 기각되어 확정되었다.
58) 위 판결은 2011두4282로 대법원에 상고되어 현재 재판 계류 중이다.

서에 의해 기존회사의 근로조건 변동 없이 분할된 회사로 고용승계된 경우라면 근로자의 동의서 없이도 고용승계된 것으로 볼 수 있다. 따라서 개별 근로자가 분할된 회사 근로자로 근무하는 데는 기존회사에 퇴직원 제출 · 신설회사에 입사원서 제출이라는 절차를 거치지 않아도 무방하다"라고 보면서도(고용노동부 행정해석 2000. 10. 4. 근기 68207-3051 ; 고용노동부 행정해석 2000. 10. 12. 근기 68207-3153), "회사분할시 근로관계 승계대상 근로자가 신설회사로의 승계를 명시적으로 거부할 경우 동법을 근거로 근로자의 거부 의사에도 불구하고 강제로 신설회사에서 근무토록 할 수 없다"는 입장을 취하고 있다(고용노동부 행정해석 2001. 3. 6. 근기 68207-709).

결론적으로 회사분할시 근로계약관계의 승계 문제에 관하여 판례 · 학설 및 고용노동부의 견해가 크게 거부권설과 동의권설로 구분되고 특히 판례는 사건별로 거부권설과 동의권설을 취한 것이 있어, 현 시점에서 우리 판례가 이 문제에 대하여 어떠한 입장을 취하고 있는지를 단정하기는 어려워 보인다. 다만 판례가 대우자동차판매(주) 사건에서 거부권설을 취한 이후 최근 (주)현대그린푸드 사건에서도 동일한 입장을 취한 점에 비추어 볼 때, 현재로서는 거부권설이 주류적 판례 입장으로 정리되고 있는 것으로 평가해도 큰 무리는 없을 것으로 생각된다.

2. 근로자가 분할승계를 거부할 경우의 근로계약관계

위에서 본 바와 같이 개별 근로자들이 회사분할에 따른 근로계약관계의 승계를 거부할 경우에는 분할되는 회사가 그 의사에 반하여 분할신설회사로 소속을 변경시킬 수 없고 이들은 여전히 분할존속회사의 근로자로 남게 되며, 이로 인하여 더 이상 담당할 직무가 없게 되는 경우가 발생할 수 있다. 이때 분할존속회사로서는 우선적으로 대기발령 및 타 부서 내지 직무로의 배치전환을 고려해 볼 수 있을 것인데, 이와 관련하여 우리 판례는 "기업이 그 활동을 계속적으로 유지하기 위하여는 노동력을 재배치하거나 그 수급을 조절하는 것이 필요불가결 하므로, 대기발령을 포함한 인사명령은 원칙적으로 인사권자인 사용자의 고유권한에 속한다 할 것이고, 따라서 이러한 인사명령에 대하여는 업무상 필요한 범위 안에서 사용자에게 상당한 재량을 인정하여야 한다"라고 판시하거나(대법원 2007. 2. 23. 선고 2005다3991 판결 등), "근로자에 대한 배치전환은 원칙적으로 인사권자인 사용자의 권한에 속하므로 업무상 필요한 범위 안에서는 상당한 재량을 인정하여야 하고, 이것이 근로기준법 제27조 제1항(현행법 제23조 제1항)에 위반되거나 권리남용에 해당하는 등 특별한 사정이 없는 한 무효라고 할 수 없을 것"이라고 판시하는 등(대법원 1998. 12. 22. 선고 97누5435 판결) 원칙적으로 사용자가 그 재량하에 대기발령 및 배치전환 등의 인사명령을 실시할 수 있는 것으로 보고 있다. 나아가 우리 법원은 회사분할시 분할신설회사로의 이전을 거부하여 분할존속회사에 잔류하게 된 근로자들이 분할부문에 근무하였다는 이유만으로 대기발령대상자로 선정되고 개별 근로자 또는 노동조합과의 협의 없이 일방적으로 대기발령되는 것은 무효라고 주장한 사안[59]에서 (i) 분할로 인하여 잔류한 근로자들을 원직에 종사하게 하는 것이 경영형편상 불가능하고, (ii) 과거

59) 이 사안은 대우자동차판매(주)의 분할과 관련된 것으로, 분할에 의한 고용승계를 거부한 근로자들이 부당전직구제재심판정의 소가 확정되기 전에 분할존속회사를 상대로 근로자지위확인 가처분 신청을 하였고, 이러한 가처분이 인용되었는바, 이에 대우자동차판매(주)가 거부권을 행사하여 존속회사에 남게 된 근로자들을 대기발령하자 대기발령 처분을 받은 근로자들이 다시 그 유효성을 문제 삼은 사안이다.

분할된 사업부문에서 다른 사업부문으로 인사이동된 사례도 없었음을 고려할 때, 대기발령 대신 다른 사업부문으로 배치하기도 용이하지 않은 점을 이유로 대기발령의 업무상 필요성을 인정하기도 하였다(서울행정법원 2008. 6. 20. 선고 2007구합45576 판결).

만일 위와 같은 대기발령 및 배치전환을 시도하였음에도 불구하고 근로자들에게 부여할 직무가 없거나 그들이 이를 거부할 경우에는 근로기준법 제24조의 요건을 갖춘 경우를 전제로 정리해고를 실시하는 방안을 고려해 볼 수 있을 것이다. 이와 관련하여 판례는 '(주)경주관광개발공사 민영화 사건'에서 "영업의 일부 양도가 있는 경우에 양도되는 영업부문에 소속된 근로자들의 근로관계는 원칙적으로 양수하는 기업에 승계되는 것이나, 근로관계의 승계를 거부하는 근로자에 대하여는 그 근로관계가 양수하는 기업에 승계되지 아니하고 여전히 양도하는 기업과 사이에 존속되는 것이며, 이러한 경우 원래의 사용자는 영업 일부의 양도로 인한 경영상의 필요에 따라 감원이 불가피하게 되는 사정이 있어 정리해고로서의 정당한 요건이 갖추어져 있다면 그 절차에 따라 승계를 거부한 근로자를 해고할 수 있다"라고 판시하였는바(대법원 2000. 10. 13. 선고 98다11437 판결), 위 판례는 영업의 일부 양도에 관한 것이기는 하지만 그 판결 취지는 회사분할의 경우에도 유추적용될 수 있을 것으로 보인다.[60)]

60) 물론 잔류 근로자들에 대한 정리해고가 정당한 것으로 인정되기 위해서는 회사분할이 있었다는 사유만으로는 부족하고 근로기준법 제24조에 규정된 (i) 긴박한 경영상 필요성, (ii) 해고회피 노력, (iii) 해고대상의 공정한 선정, (iv) 근로자 대표와의 성실한 협의라는 4가지 요건을 갖추어야 할 것이다.

VII. 상법상 자산만의 분할 내지는 분할합병이 가능한지 여부

1. 견해의 대립

상법상 자산만을 대상으로 하는 분할이 가능한지 여부에 대하여는, 회사분할은 영업단위로만 이루어져야 한다는 견해와 개개의 자산단위를 분할대상으로 하는 것도 가능하다는 견해로 나뉘어 있다.

우선 회사분할은 영업단위로만 이루어져야 한다는 견해는 (i) 회사의 분할은 회사의 영리 기능을 분리하여 수행하기 위한 수단이므로 단지 회사의 특정 재산을 타 회사에 출자하는 것을 회사의 분할이라고 할 수 없고, (ii) 프랑스회사법은 회사분할에 의하여 'patrimoine'을 이전할 수 있다고 규정하고 있는바, 이때 patrimoine이란, 적극 및 소극재산 전체를 포괄하는 자산의 총체를 가리키는 것으로 우리 상법에 있어서는 회사의 영업 목적을 위하여 조직화되고 유기적 일체로서 기능하는 재산의 전부 또는 일부, 즉 영업을 의미하는 것이라는 점을 근거로 하고 있는 것으로 보인다.[61] 반면 개개의 자산단위로도 분할이 가능하다는 견해는 (i) 상법상 분할대상을 영업단위로 제한하는 규정이 없는 점, (ii) 상법 제530조의5 제1항 제7호 등에서 사용하고 있는 '이전될(할) 재산'이라는 용어는 영업과 준별되는 것이라는 점, (iii) 영업 단위로 제한할 경우 구조조정수단으로서의 효용이 반감된다는 점, (iv) 개개의 재산만을 분할함으로써 채무인수, 현물출자 내지 근로자 해고에 관한 엄격한 규정을 잠탈할 위험은 다른 장치에 의해 얼마든지 방지 가능하다는 점, (v) 비교법적으로도 독일 기업재편법은 보고

61) 이철송, 앞의 책(주 3), 1068-1069면 ; 최기원, 앞의 책(주 3), 1200-1201면.

자 초안에서 개별 자산만의 분할을 금지하는 규정을 두었다가 입법과정에서 이를 삭제함으로써 개별 자산만의 분할도 허용하고 있고, 구 일본상법의 경우 분할의 대상을 영업단위로 한정하였다가 회사법에서 이러한 제한을 철폐하였다는 점 등을 근거로 하고 있다.[62]

2. 법무부의 유권해석 및 실무례

이 문제와 관련하여 법무부는 2004. 3. 11. 금융감독위원회의 '상법상 분할합병 관련 질의'에 대하여 "우리 상법은 일본의 입법례와는 달리 회사분할대상을 영업만으로 특정하지 않고 있어 재산만을 분할 대상으로 하는 것이 금지된다고 단정할 수 없으나 상법 개정위원들이 회사분할제도에 대한 논의를 진행함에 있어 회사의 '영업'을 단위로 분할하는 것을 전제로 하였다는 점 등을 이유로 개별 자산만을 대상으로 하는 분할을 인정하기 위해서는 구체적인 사례 발생 및 이에 대한 대법원과 헌법재판소의 사법적 판단이 먼저 축적되어야 할 것으로 보인다"라고 답변함으로써 우리 상법상 재산만을 분할 내지는 분할합병의 대상으로 하는 것이 허용되는지 여부에 대하여 유보적인 견해를 피력한 바 있다.[63] 이에 따라 금융감독원은 동원금융지주(주)가 그 100% 자회사인 동원증권으로부터 하나은행 투자주식과 그 현금성 자산을 인적분할하여 동원금융지주(주)와 합병을 하려고 한 사안에서, 분할합병신고서를 수리하지 않고 자진철회를 유도함으로써 사실상 재산만을 분할대상으로 하는 분할합병에 대하여 소극적 태도를 취한 바 있고, 위와 같은 금융감독원의 실무처리로 인하여 (주)한화갤러리

62) 권기범, 앞의 책(주 7), 360-361면.

63) 법무부 2004. 3. 11. 법무심의관실-995 상법상 분할합병 관련 질의에 대한 회신.

아가 2009. 10. 31.을 분할기일로 하여 약 1,452억 원 상당의 투자주식을 한화석유화학(주)〔현 (주)한화케미칼〕에 이전하는 내용의 분할합병을 실시함에 있어 위 투자주식 외에 약 50억 원 상당의 부동산을 추가하여 투자사업부문 및 부동산임대업부문을 분할합병하는 것으로 처리한 사례도 있었다.

3. 검토

대법원 판례 중에는 "제530조의9 제2항에서 말하는 '출자한 재산'이라 함은 분할되는 회사의 특정 재산을 의미하는 것이 아니라 조직적 일체성을 가진 영업, 즉 특정의 영업과 그 영업에 필요한 재산을 의미한다"라고 한 것이 있긴 하나(대법원 2010. 2. 25. 선고 2008다74963 판결), 위 판례는 어디까지나 분할당사회사의 연대책임의 범위에 관한 것으로서 위 판례만으로 우리 상법상 분할의 대상이 영업에 한정된다거나 개별 자산의 분할이 금지되는 것으로 해석하기는 어려울 것으로 생각된다.[64] 사견으로는 (i) 우리 상법이 영업과 재산이라는 용어를 구별하여 사용하고 있는 점, (ii) 분할계획서 또는 분할합병계약서에 설립되는 회사로 '이전되는 재산과 그 가액'을 기재하도록 규정하고 있는 점(상법 제530조의5 제1항 제7호 및 제2항 제3호, 제530조의6 제1항 제6호 및 제2항 제4호 참조), (iii) 상법상 개별 재산만의 분할을 명문으로 금지하고 있는 규정이 없는 점, (iv) 영업용 기본 재산이 있으면 그 재산으로 영업을 할 수 있는 것이므로, 이를 재산/영업이라는 일률적 기준

64) 다만 위 판례의 취지상 연대책임이 배제되는 형태의 분할에서는 분할의 대상이 영업으로 한정되는 것으로 해석해야 한다고 보는 견해가 있다〔윤용준, 앞의 논문(주 18), 17면〕.

으로 나누는 것이 언제나 가능하지도 않고 또 그와 같은 일률적 구분은 합리적이지도 않다는 점, (v) 과거 개별 재산만을 대상으로 분할 내지는 분할합병이 이루어진 사례가 다수 존재하는 점[65] 등에 비추어 볼 때, 우리 상법상 개별 재산을 대상으로 하는 분할이나 분할합병이 금지된다고 해석하는 것은 타당하지 않은 것으로 생각된다.[66]

VIII. 결론

이상과 같이 우리 상법상 회사분할과 관련하여 중요한 의미를 갖는 판례들을 살펴보고 이를 이론적 · 실무적 측면에서 검토 · 분석해 보았다. 회사분할제도가 우리 상법에 도입된 이후 상당한 시간이 경과함에 따라 회사분할제도가 기업영역에서 성공적으로 정착되어 가고 있는 것으로 평가되기는 하지만, IMF 경제위기를 극복하는 과정에서 회사분할제도가 서둘러 도입된 관계로 우리 법제가 분할과 관련된 다양한 쟁점을 명확하게 해결하기에는 많이 부족한 것도 사실이다. 이

65) 2003. 7. 1.을 분할기일로 하여 실시된 주식회사 농심의 주식회사 농심홀딩스 분할 및 2007. 4. 24.을 분할기일로 하여 실시된 주식회사 네오위즈의 주식회사 네오위즈인베스트 분할, 2010. 9. 1.을 분할기일로 하여 실시된 주식회사 씨제이오쇼핑의 주식회사 오미디어홀딩스 분할 등 분할회사가 보유한 투자주식 및 현금 등가물만을 분할하여 투자주식을 관리하는 신설회사를 설립한 사례가 존재하며, 분할합병의 경우도 2006. 9. 1.을 분할기일로 하여 한국포리올 주식회사와 한국화인케미칼 주식회사의 투자사업부문을 각각 분할함과 동시에 합병하여 신설회사인 주식회사 KPC홀딩스를 설립한 사례, 2008. 1. 1.을 분할기일로 하여 진양산업 주식회사와 진양화학 주식회사 및 한국폴리우레탄공업 주식회사의 투자사업부문을 분할합병하여 주식회사 진양홀딩스를 설립한 사례와 같이 투자주식 및 현금 등가물만을 분할합병한 사례도 다수 존재한다.

66) 정준아, 앞의 논문(주 39), 103면 역시 기본적으로는 동일한 취지로 이해된다.

와 같은 법체계상의 공백은 궁극적으로 입법을 통하여 해소시켜야 하겠지만, 현 단계에서는 실무의 합리적인 정착과 판례의 발전을 통해 법체계상의 공백을 채워 나가야 할 것으로 생각된다. 향후에도 분할과 관련한 다양하고 풍부한 논의를 기대하며 본 논문이 미약하나마 그와 같은 논의의 단초가 될 수 있기를 희망한다.

03

회사법 이외의 분할 이슈

11

회사분할과 자본시장법*

-분할대상 · 공시 · 상장 관련 실무상 쟁점을 중심으로-

정준아**

I. 들어가면서

회사분할제도는 1998년 기업 구조조정수단의 하나로 상법에 도입되었으며, 1999년에는 상장회사가 분할을 하는 경우 분할로 신설될 회사가 용이하게 상장될 수 있도록 거래소 상장규정에 분할 재상장제도를 도입하였다. 현재 분할제도는 부실한 기업의 구조조정수단으로뿐만 아니라 지주회사로의 지배구조 재편 및 사업 전문화를 위한 기업 분사수단 등으로 다양하게 활용되고 있다.[1)]

* 이 논문은 BFL 제49호(2011. 9)에 게재된 글을 수정 · 보완한 것이다.

** 김 · 장법률사무소 변호사

1) 금융감독원 보도자료, 상장회사의 회사분할 실태분석(2010. 8. 18)에 따르면, 상장회사의 분할공시는 최근 3년간(2007~2009) 총 162개사였으며, 이 중 물적분할이 123개사로 대부분(76%)을 차지하였다. 인적분할 39개사 중 33개사가 유가증권시장회사였으며, 분할 목적은 지주사 전환을 위한 투자사업 분할이 23건으로 가장 많았다. 한편 물적분할은

그러나 IMF 당시 어려운 경제상황을 극복하기 위해 분할제도를 서둘러 도입하다 보니 분할에 대한 명확한 개념 정립이 없어 실무상 활용과정에서 종종 예기치 못한 논란이 발생되고 있다. 한편 상장회사의 분할을 지원하기 위해 도입된 분할 재상장제도가 부실한 회사의 존속이나 상장수단으로 남용되기도 하고, 우회상장과정에서 분할제도를 악용하여 투자자 피해를 발생시키기도 함에 따라 제도적 보완의 필요성이 제기되기도 한다.

이하에서는 분할의 개념과 관련하여 상법이 규정하고 있는 분할의 대상인 '재산'을 어떤 범위로 보아야 하는지에 대한 실무상 논의를 먼저 살펴본 후, 자본시장과 금융투자업에 관한 법률(이하 '자본시장법') 시행 이후 변화된 분할공시와 그에 따른 문제점 및 상장회사의 분할과 관련하여 재상장이나 우회상장과정에서 실무상 논란이 되고 있는 사항 등을 차례로 살펴보고자 한다.

II. 분할대상과 관련한 논의

1. 동원지주 사례와 법무부의 유권해석

2003. 9.경 동원지주는 100% 자회사인 동원증권으로부터 투자주식(1,120억 원)과 현금성 자산(1,000억 원)을 인적분할한 후 자신과 합병하는 분할합병을 추진하면서 금융감독위원회[2]에 동 분할합병의 인가신

총 123개사 중 77개사가 코스닥회사였으며, 분할목적은 사업별 전문화가 116개사로 가장 많았으나, 사실상 분할 이후 매각이 주목적이었던 회사가 상당한 것으로 추정된다(실제 123개사 중 49개사가 분할로 신설된 회사를 평균 7개월 이내에 매각함).

2) 2008. 2. 29. 금융위원회의 설치 등에 관한 법률에 따라 현재의 금융위원회로 변경되었다.

청을 하였다. 금융감독위원회는 동 분할합병의 인가심사시 상법상 개별 자산만의 분할이 가능한지에 대해 논란[3)]이 발생하자 법무부에 유권해석을 의뢰하였으며, 법무부는 "우리 상법은 일본의 입법례와는 달리 회사분할대상을 영업으로만 특정하지 않고 있어 재산만을 분할대상으로 하는 것이 금지된다고 단정할 수는 없다. 그러나 1998년 상법 개정을 실무적으로 담당한 상법 개정 특별분과위원회 회의록에 의하면 당시 상법 개정위원들이 회사분할제도에 대한 논의를 진행함에 있어 회사의 '영업'을 단위로 분할하는 것을 전제로 한 바 있고, 학계 다수의 의견도 회사분할을 논하면서 영업단위의 분할을 전제로 하고 있고 특별 개별 자산만을 분할대상으로 한다는 논의가 적극적으로 진행되지 않고 있으며, 또한 우리가 상법 제 · 개정시 참고한 바 있는 일본 및 독일의 입법례를 보더라도 상법 개정 없이 현행 법체계에서 개별 재산만의 회사분할을 인정하기 위하여는 신중하고 심도 깊은 학문적 논의와 구체적인 사례 발생 및 이에 대한 대법원과 헌법재판소의 사법적 판단이 먼저 축적되어야 할 것으로 판단된다"는 내용의 회신[4)]을 하였다.

법무부가 개별 자산만의 분할을 단정적으로 금지된다고 하지는 않았지만, 전반적인 취지상으로는 부정적인 견해를 표시함에 따라 금융감독위원회는 논란이 되는 사항에 대한 선례를 남기는 위험부담을 덜

3) 강현구, "상장회사의 분할의 대상에 관한 연구," 증권법연구 제11권 제3호(2011. 2), 증권법학회, 344면에 따르면, 당시 금융감독위원회는 상법상 개별 자산만의 분할합병이 가능하게 되면, 이제까지 금융지주회사가 자회사로부터 이익을 회수해 가기 위해 배당을 통한 방법을 활용하여 왔으나, 앞으로 배당 가능이익이 없더라도 개별 자산만의 분할합병을 통해 금융지주회사가 자회사로부터 이익을 회수하게 될 것이고 그렇게 되면 자회사의 재무건전성이 위태롭게 될 것을 우려하였다고 한다.

4) 법무부 2004. 3. 11. 법무심의관실-995 상법상 분할합병 관련 질의에 대한 회신.

고자 동원지주에게 동 분할합병의 인가신청을 철회할 것을 권고하였고, 결국 동원지주는 동 인가신청을 철회하였다.

2. 각국 입법례와 국내 학설의 대립

동원지주 사례가 논란이 된 이후 통상 지주회사의 설립 · 전환과정에서는 투자증권과 현금, 일부 부채 외에 부동산 등 일부 유형자산[5]을 포함한 분할이 이루어지고 있으나, 자산의 규모에 따라 영업단위 재산인지가 논란이 되는 경우는 여전히 발생하고 있다. 법무부의 유권해석이 분할대상에 대한 명확한 결론을 제시하지 않고 향후 학문적 논의와 구체적인 사례 발생 등의 추이를 지켜보자고 함에 따라 이하에서는 관련 논의 등을 살펴보고자 한다.

(1) 각국의 입법례[6]

독일 기업재편법은 본래 그 보고자 초안에서 영업이 아닌 개별 자산만의 분할을 금지하는 규정을 두었으나(독일 기업재편법 보고자 초안 제125조 제5항), 입법과정에서 이를 삭제함으로써 개별 자산만의 분할을 허용하고 있다. 다만 기업재편세법상 적어도 사업장 이상의 단위가

---

5) 일부 임대용 부동산을 포함하여 분할을 하는 경우를 그 예라 할 수 있다.

6) 회사분할제도는 1966년 프랑스 상사회사법에 그 기원을 두고 있으며, 이후 EU 회원국 회사법의 통일을 위한 제6지침(분할지침)이 발하여, 현재는 독일을 포함한 대부분의 소속 국가들이 국내법에 이를 반영하고 있다. 그러나 이들 EU 국가들을 제외하고는 분할에 관한 규정을 회사법에 두고 있는 예는 그리 많지 않으며, 우리나라와 일본이 이 제도를 도입한 정도이고, 미국의 경우는 연방세법 제368조 및 제354조가 규정하는 과세유예 대상인 회사재편 중에 사실상의 회사분할이 포함되어 있을 뿐이다.

분할의 대상으로 되어야 과세유예의 혜택을 받을 수 있어 실제 개별 재산만의 분할은 이용에 한계가 있다 할 것이다. 프랑스 상사회사법은 회사분할에 의해 'patrimoine'을 이전할 수 있다고 표현하고 있는데, patrimoine이란 프랑스민법에서 사용하는 개념으로서 적극 및 소극자산 전체를 포괄하는 특정인의 자산의 총체를 가리키는 말이므로 명시적이진 않으나 영업을 전제로 한 개념으로 해석될 소지가 크다. 일본은 2000. 5. 24. 회사분할제도의 상법 도입 당시 회사분할의 개념을 "주식회사 및 유한회사에 대하여 회사가 영업의 전부 또는 일부를 다른 회사에 포괄승계하는 조직법상의 행위로서 분할 후 회사가 분할 전 회사 또는 그 주주에게 자기회사의 주식을 배당하는 것"으로 규정하여 분할의 대상이 영업임을 명시하였다. 그러나 2005. 6. 29. 신회사법 제정시 회사분할의 대상을 "그 사업에 관하여 가지는 권리의무의 전부 또는 일부"라고 규정함으로써 개별 자산의 분할 가능 여부에 대해 논란의 소지가 발생하였다.

(2) 국내 학설의 대립

개별 자산만의 회사분할을 부정하는 입장에는 (i) 회사분할의 기능이 회사의 영리기능의 분리 수행에 있으므로 회사의 영업목적을 위하여 조직화되고 유기적 일체로서 기능하는 재산의 전부 또는 일부, 즉 상법 제41조가 규정하는 영업(재산)을 분할의 대상으로 이해하여야 한다는 견해[7]와 (ii) 회사분할의 본질은 회사의 영업부문의 일부를 출자하여 그 주체인 법인격을 분리하는 동시에 분할되는 영업부문에 상응

7) 이철송, 회사법강의, 박영사, 2007, 876면.

하여 회사의 주식소유관계를 분리하는 독자적인 단체법적 법률사실이므로 개별 자산만의 회사분할이 불가능하다는 견해[8] 등이 있다. 즉 회사가 영업을 위해 조직된 단체라는 본질에 근거하여 개별 자산의 분할을 부정하고 있다.

반면 개별 자산만의 회사분할을 긍정하는 입장에는 (i) 상법상 개별 자산만의 분할을 금지하는 규정이 없으며, 상법이 영업과 재산이라는 용어를 구별하여 사용하고 있는 이상, 당연히 개별 자산의 분할도 허용되는 것으로 해석하여야 한다는 견해[9]와 (ii) 영업양도와 영업재산의 구별이 실제상 용이하지 않고 영업을 구성하는 개별 자산의 양도만에 의한 회사분할을 현실적으로 인정할 필요성이 있기 때문에 영업자산의 분할을 인정하여야 한다는 견해[10] 등이 있다. 즉 상법 해석이나 현실적인 필요성 등에 근거하여 개별 자산의 분할을 인정하고 있다.

(3) 소결

분할이 조직법상 행위로서 부분적 포괄승계를 그 본질적 요소로 한다는 점에서는 분할의 대상도 회사의 본질인 영업단위가 되어야 한다고 보는 것이 일응 논리적이라고 할 수 있다. 그러나 분할의 대상인 재산을 영업단위로 본다고 하더라도 실무상 지주회사의 설립(전환)과정에서는 영업단위 재산과 개별 재산의 구분에 대해 논란이 발생한다. 지주회사 설립(전환)과정에서는 통상 제조사업부문과 투자사업부문으

8) 최기원, 신회사법론, 박영사, 2009, 1183면.

9) 권기범 외, 주석상법, 한국사법행정학회, 2006, 582면.

10) 홍복기, "상법에 있어서 회사의 분할에 관한 규정의 도입검토," 상사법연구 제17권 제1호(1998. 4), 한국상사법학회, 360면.

로 분할[11]이 행하여지는데, 지주회사가 되는 투자사업부문은 투자증권과 현금, 일부 부채 등으로 구성된다. 일반 회사의 경우 통상 자회사 주식을 영업이 아닌 일반 자산으로 보고 있으나, 주식 소유를 통해 자회사를 지배하는 것이 그 사업목적인 지주회사[12]의 경우에도 자회사의 주식을 단순히 일반 자산으로 보는 것에는 상당한 의문[13]이 든다. 지주회사는 자회사의 주식 소유로 영업을 하는 것이므로 자회사 주식 자체를 영업단위 재산으로 볼 여지가 상당하며, 특히 자회사의 지배 · 관리 외에 다른 영업을 할 수 없는 순수지주회사의 경우에는 더욱 그러하다 할 것이다.

한편 하나의 회사가 분할을 하는 경우 분할 이후 각각의 회사가 독립적인 영업을 하기 위해서는 영업단위 재산 분할이 당연히 필요하다 할 것이다. 그러나 수 개의 회사가 다자간 분할합병을 하는 경우에는

11) 일진전기의 경우 부동산사업부문을 물적분할, 제조사업부문을 인적분할하고, 존속하는 투자사업부문은 일진다이아몬드 주식회사로부터 인적분할되는 투자사업부문과 합병하여 일진홀딩스라는 지주회사를 설립하였다(2008. 7. 분할신고서).

12) 지주회사에는 타 기업의 주식을 보유함으로써 그 기업을 지배 · 관리하는 것을 유일한 업무로 하는 순수지주회사와 다른 사업을 하면서 타 기업의 주식을 보유하여 지배 · 관리하는 사업지주회사가 있다. 현재 금융지주회사는 금융지주회사법상 순수지주회사만이 허용되고 있다.

13) 이러한 논란은 금융지주회사가 주식의 양수도를 통해 자회사의 편입이나 탈퇴를 하는 경우 자산양수도의 절차를 거쳐야 하는지, 영업양수도의 절차를 거쳐야 하는지와 관련하여서도 문제된다. 상법은 영업양수도의 경우 주주총회의 특별 결의를 거치도록 함과 동시에 해당 양수도에 반대하는 주주는 회사에 반대매수청구를 할 수 있도록 규정하고 있으나, 자산양수도는 이사회의 결의사항으로 주주의 반대매수청구권도 인정되지 않는다. 한편 자본시장법은 상장회사가 자산의 10% 이상인 중요한 영업이나 자산의 양수도를 하는 경우에는 외부 평가기관의 평가를 받은 후 주요 사항보고서를 제출하도록 하고 있다. 상장금융지주회사가 양수도하는 자회사 주식의 평가액이 해당 지주사 자산의 10%를 넘는 경우에는 회사에 미치는 영향이 중대하므로 주주권 보호 차원에서 주주총회 특별 결의를 거치고 주주가 반대매수청구권을 행사할 수 있도록 자본시장법에 명시하는 방안을 고려해 볼 필요가 있다.

각각의 회사의 분할이 영업단위 재산이 아니더라도 분할대상 전체 재산이 모여 독립적인 영업이 가능할 수 있으며, 어느 한 회사의 분할 부문이 존립 중의 회사에 흡수합병되는 경우에도 독립적인 영업이 가능하므로, 이 경우에는 분할의 대상이 반드시 영업단위일 필요가 없다. 특히 이러한 다자간 분할합병은 대규모 기업집단이 지배구조를 전환하거나 동일 · 유사한 사업별로 회사를 정리하는 과정 등에서 주로 이용되고 있어 분할의 대상을 넓게 인정할 실익도 있다 할 것이다.

따라서 분할대상을 엄격한 영업단위 재산으로 한정함으로써 실무상 그 이용을 제한하는 것보다는 영업단위 여부에 대한 완화된 해석을 통해 그 필요성이 인정되는 경우에는 분할제도를 이용할 수 있도록 하여야 할 것이다. 다만 금융감독위원회가 우려했던 바와 같이 지주회사가 배당제도를 회피하여 자회사의 이익을 회수하거나, 법령이 규정하는 양도제한을 회피하기 위해 분할을 악용하는 사례를 방지하기 위해서는 원칙적으로 영업단위의 재산을 분할의 대상으로 상법에 명시하되 회사의 조직변경 목적상 필요한 경우로서 분할 이후 회사가 독립적인 영업이 가능한 경우에는 개별 재산만의 분할도 가능하도록 예외를 함께 규정하는 방안도 고려해 볼 필요가 있을 것이다.

III. 분할공시와 관련한 논의

1. 자본시장법하 공시제도의 변경

2009. 2. 4. 자본시장법의 시행으로 기업공시제도에도 일부 변화가 있었다. 구 증권거래법하에서 기업공시는 통상 유가증권의 모집 · 매

출과 관련한 발행공시(유가증권신고서 · 소액공모공시), 거래소와 코스닥 상장회사에 대한 수시공시와 특수공시(합병, 중요한 영업 · 자산양수도, 주식의 포괄적 교환 · 이전, 분할 · 분할합병 등), 공모를 실시한 회사들의 정기공시(사업보고서, 분 · 반기보고서) 및 대량보유보고의무나 공매매수 등을 공시하는 지분공시로 구분되었다. 자본시장법은 상장회사에 대한 특수공시는 폐지하고, 수시공시는 모두 거래소로 이관하여 거래소 수시공시로 일원화하였다. 대신 합병, 중요한 영업 · 자산양수도, 주식의 포괄적 교환 · 이전, 분할 · 분할합병(이하 '합병 등')과 관련하여 발행되는 신주가 모집에 해당되는 경우에는 증권신고서나 소액공모 공시서류[14]를 제출하도록 하였고,[15] 사업보고서 제출대상법인에 대하여 주요 사항보고서를 신설하여 자본시장법령이 정하는 중요한 사항[16]에 대하여는 과거 수시공시보다 자세히 공시하도록 하였다. 따라서 자본시장법하에서 회사가 합병 등을 하는 경우에는 이사회 결의를 한 후 주요 사항보고서를 먼저 제출하고, 모집에 해당되는 경우에

14) 신주 발행이 모집에 해당되고 그 모집금액이 10억 원 이상일 때는 증권신고서를 제출하나, 10억 원 미만일 때는 소액공모 공시서류를 제출한다.

15) 합병 등을 하는 경우에도 신주가 발행되므로 증권신고서제도로 일원화하는 것이 타당하다는 이유에서 특수공시를 폐지하였다고 하나, 주주총회의 특별 결의를 통해 조직법적으로 이루어지는 합병 등의 경우는 개별 투자자에 대한 청약의 권유를 본질적 요소로 하는 모집의 개념과는 일치하지 않아 자본시장법 시행 초기부터 많은 문제점이 지적되었다.

16) 현재 주요 사항보고서 제출 사유로는 자본시장법에 8개 항목(해산사유 발생, 자본의 증가나 감소에 관한 이사회 결의, 합병 등 결의, 자사주의 취득 · 처분 결의 등)이, 시행령에 5개 항목(증권에 관하여 중대한 영향을 미칠 소송이 제기된 때, 주식 관련 사채 발행 결정 등)이 규정되어 있다. 특히 자사주는 증권거래법에서는 상장회사에 대한 특수공시사항으로 규정되어 있어 상장회사가 특례에 따라 자사주를 취득 · 처분하는 경우에만 공시를 하였으나, 자본시장법에서는 사업보고서 제출대상 회사에 대한 주요 사항보고서 제출사유가 됨에 따라 상법상 자사주를 취득 · 처분하는 경우에도 공시를 하여야 한다.

는 증권신고서를 추가로 제출하여야 한다.[17)]

2. 분할 관련 증권신고서

(1) 회사분할시에도 신주가 발행되므로 위에서 살펴본 바와 같이 모집에 해당되면 증권신고서를 제출하여야 한다. 모집이란 50인 이상의 투자자에게 새로 발행되는 증권의 취득의 청약을 권유하는 것(자본시장법 제2조)을 말하는데, 모집 여부는 해당 발행에서 청약의 권유 상대방이 50인이 아니더라도 과거 6개월 이내에 같은 종류의 증권에 대해 사모가 있었던 경우는 그 상대방을 모두 합산하여 50인 이상인지를 판단하여야 한다. 또한 이렇게 산정하여 50인이 되지 않는 경우에도 해당 증권이 발행일부터 1년 이내에 50인 이상의 자에게 양도될 수 있는 경우(이를 '전매 가능성'이라 한다)에는 모집으로 간주[18)]하여 증권신고서를 제출하도록 하고 있다. 다만 간주모집의 경우에는 보호예

17) 합병과 달리 중요한 영업 · 자산양수도의 경우는 신주 발행이 당연히 전제되는 행위가 아니므로, 자본시장법 시행 이후 중요한 영업 · 자산양수도는 대부분 주요 사항보고서를 통해 공시가 이루어지고 있다.

18) 자본시장법 시행령 제11조(증권의 모집 · 매출) ① 법 제9조 제7항 및 제9항에 따라 50인을 산출하는 경우에는 청약의 권유를 하는 날 이전 6개월 이내에 해당 증권과 같은 종류의 증권에 대하여 모집이나 매출에 의하지 아니하고 청약의 권유를 받은 자를 합산하되, 다음 각 호의 어느 하나에 해당하는 자는 제외한다.
1. 다음 각 목의 어느 하나에 해당하는 전문가
가. ~ 바. (생략)
2. 다음 각 목의 어느 하나에 해당하는 연고자
가. ~ 사. (생략)
② 제1항에 따라 산출한 결과 청약의 권유를 받는 자의 수가 50인 미만으로서 증권의 모집에 해당되지 아니할 경우에도 해당 증권이 발행일부터 1년 이내에 50인 이상의 자에게 양도될 수 있는 경우로서 증권의 종류 및 취득자의 성격 등을 고려하여 금융위원회가 정하여 고시하는 전매기준에 해당하는 경우에는 모집으로 본다.

수[19] 등의 전매제한조치를 취하여 증권신고서 제출을 면제받을 수 있다. 어떤 경우 전매 가능성이 있다고 볼 것인지는 증권의 발행 및 공시 등에 관한 규정(이하 '발행공시규정') 제2-2조에서 규정하고 있는데, 지분증권의 경우는 같은 종류의 증권이 모집 또는 매출된 실적이 있거나 증권시장에 상장된 경우는 전매 가능성이 있는 것으로 본다. 특히 발행공시규정은 "분할 또는 분할합병(물적분할의 경우 제외)으로 인하여 설립된 회사가 발행하는 증권은 분할되는 회사가 발행한 증권과 같은 종류의 증권으로 본다"고 규정함으로써 모집·매출 실적이 있을 수 없는 분할(분할합병)신설회사일지라도 분할회사가 지분증권을 모집·매출한 실적이 있는 경우에는 전매 가능성이 있는 것으로 보아 증권신고서를 제출하도록 하였다. 이는 증권신고서를 통해 분할회사의 투자자를 보호하기 위한 것이므로, 신설회사의 주식을 분할회사가 모두 소유하게 되는 물적분할의 경우는 제외[20]하였다.

(2) 위에서 살펴본 바와 같이 모집은 다수의 투자자에게 청약의 권유를 하는 것을 그 본질적 요소로 하고 있으나, 합병이나 분할 등의 경우는 주주총회의 특별 결의를 통해 조직법적으로 이루어진다는 점에서 일반적인 모집과는 개념상의 차이가 발생한다. 통상 회사는 증권신고서를 제출하여 그 효력이 발생되어야 청약의 권유를 할 수 있으며, 증권신고서의 정정은 청약일 전일까지만 가능하고, 납입을 통해 모집이 완료된다. 합병 등의 경우 이러한 증권신고서 절차를 이용하

19) 증권을 발행한 후 지체 없이 예탁결제원에 예탁하고, 그 예탁일부터 1년간 해당 증권을 인출하거나 매각하지 않기로 하는 내용의 예탁계약을 예탁결제원과 체결한 후 그 예탁계약을 이행하는 경우를 말한다.

20) 물적분할의 경우는 향후 모회사가 자회사의 주식을 매출하는 경우에 매출신고서를 제출하여 투자자를 보호하게 된다.

기 위해 청약의 권유와 청약일 및 납입일을 언제로 보아야 하는지가 문제된다. 이와 관련하여서는 자본시장법 시행 초기 많은 논란이 있었으나, 투자자 보호 차원에서 다음과 같이 그 개념을 사실상 의제하였다. 증권신고서의 내용이 확정되어 효력이 발생한 후 주주들에게 합병 등에 관한 사항이 통지될 수 있도록 하기 위해 주주총회소집 통지를 청약의 권유로, 합병결의가 일어나는 주주총회일 전까지만 증권신고서를 정정할 수 있도록 주주총회일을 청약일로, 합병기일에 합병회사가 피합병회사의 자산 · 부채 등을 승계한다는 점에서 합병기일을 납입일로 보아 제도를 운영하고 있다. 그러나 제도 취지에 비추어 해석상 개념을 의제하다 보니 실제 적용과정에서는 종종 다툼이 발생하고 있다. 불완전한 해석에 의해 근본적인 개념상의 불일치를 해소하기에는 한계가 있으므로 합병 등에 대해서는 구 증권거래법하의 특수공시제도를 부활하는 것을 고려해 볼 필요가 있다.

3. 분할 주주총회

분할을 포함한 합병 등의 경우는 주주총회의 특별 결의를 거쳐야 하는데, 주식이 거래소에 상장되어 있어 수시로 거래가 이루어지는 상장회사의 경우는 어느 주주가 주주총회에서 의결권을 행사할 것인지도 중요한 문제이다. 상법[21]은 주주총회일에 의결권을 행사할 자를

21) 상법 제354조(주주명부의 폐쇄, 기준일) ① 회사는 의결권을 행사하거나 배당을 받을 자 기타 주주 또는 질권자로서 권리를 행사할 자를 정하기 위하여 일정한 기간을 정하여 주주명부의 기재변경을 정지하거나 일정한 날에 주주명부에 기재된 주주 또는 질권자를 그 권리를 행사할 주주 또는 질권자로 볼 수 있다.
② 제1항의 기간은 3월을 초과하지 못한다.
③ 제1항의 날은 주주 또는 질권자로서 권리를 행사할 날에 앞선 3월내의 날로 정하여야 한다.

정하기 위해 일정 기간 주주명부를 폐쇄하거나 일정일을 기준일로 정하도록 함과 동시에 그 기간 또는 날의 2주 전에 이를 공고하도록 하고 있다. 통상 합병 등을 하기 위해 임시주주총회를 하는 경우에는 합병 등을 위한 이사회 결의 후 주요 사항보고서를 제출하여 공시함과 동시에 주주명부 폐쇄나 기준일을 공고하게 되므로, 이후 해당 회사의 주식을 거래하는 투자자들은 합병 등을 위한 주주총회에서의 의결권 행사 가능 여부 등을 스스로 고려하여 거래를 진행하게 된다.

그러나 정기주주총회의 절차는 임시주주총회와는 차이가 있어, 합병 등을 정기주주총회에서 결의하려는 경우에는 투자자 보호에 문제가 발생한다. 정기주주총회는 정기적으로 행하여지므로 대부분의 회사가 정관으로 정기주주총회를 위한 주주명부 폐쇄기간이나 기준일을 지정하고 있는데, 이 경우에는 2주 전 공고의무가 상법상 면제된다. 현재 대부분의 회사들이 결산일인 12월 31일을 기준일로 지정하거나, 결산일 이후 일정 기간 동안 주주명부를 폐쇄토록 정관에 규정하고 있으며, 정기주주총회에서 의결할 사항은 이러한 기준일이나 폐쇄기간이 지난 이후 이사회 결의로 결정된다. 원래 정기주주총회는 결산 승인이나 임원의 선임 · 해임 등을 그 주요 의제로 하고 있어, 통상 합병 등의 경우는 주주들이 정기주주총회의 의제가 될 것으로 예상하기 어렵다. 그럼에도 정기주주총회의 기준일 등이 지나간 이후 갑자기 정기주주총회에서 합병 등을 결의하겠다고 이사회가 결정하는 경우에는 기준일 이후 주식을 취득한 자가 합병 등의 주주총회에서 의결권을 행사할 수 없게 되며,[22] 합병 등을 반대하여도 반대매수

---

④ 회사가 제1항의 기간 또는 날을 정한 때에는 그 기간 또는 날의 2주간 전에 이를 공고하여야 한다. 그러나 정관으로 그 기간 또는 날을 지정한 때에는 그러하지 아니하다.

22) 회사의 중요사항을 최근의 주주가 아닌 과거의 주주가 결정하게 되는 불합리한 상황

청구권을 행사할 수 없게 되어[23] 심각한 권리 침해가 발생한다. 구 증권거래법하 공시규정에서는 "합병신고서의 제출은 합병승인주주총회의 주주확정을 위한 주주명부의 폐쇄 또는 기준일을 공고하고자 하는 날의 전일까지 이를 하여야 한다"고 규정하고, 이를 분할 등에도 준용하고 있어 동 규정의 취지에 따라 합병 등을 위한 이사회 결의 이전으로 기준일을 소급하는 것은 불가한 것으로 해석하였다. 따라서 정기주주총회에서 합병 등을 결의하려는 경우에는 이사회 결의 이후 합병 등을 위한 기준일을 신규로 정하여 공고하고, 정기주주총회일에 주주총회를 1부(결산승인)와 2부(합병 등 결의)로 나누어 각각 진행하도록 하였다. 그러나 자본시장법하의 발행공시규정에서는 과거 특수공시와 관련하여 규정되어 있던 동 규정을 삭제하였다. 이는 특수공시를 폐지하는 과정에서 해당 규정의 이전 필요성을 미처 인식하지 못해 발생된 실수로 생각된다. 투자자 보호 필요성이 여전히 존재하는 이상 구법규정의 부활이 필요하다 할 것이며, 그 이전이라도 정기주주총회에서 합병 등을 결의하는 경우에는 과거의 방법에 따라 진행하는 것이 바람직하다 할 것이다.

이 발생할 뿐만 아니라 주주총회에서 특정 주주를 배제시키는 수단으로 이용되거나, 불공정거래 등에 악용될 소지도 있다.

23) 주주가 반대매수청구권을 행사하기 위해서는 주주총회 전에 회사에 대하여 서면으로 그 결의에 반대하는 의사를 통지하여야 하는데, 이는 의결권이 있는 주주를 전제로 한 것이므로 의결권이 없는 주주에게는 반대매수청구권을 인정할 근거가 없다. 다만 실무에서는 회사가 임의로 기준일 이후 이사회 결의(이사회 결의 사실이 공시된 날의 다음 날까지 주식의 취득계약이 체결된 자 포함)시까지 주식을 취득한 자에 대해서도 반대매수청구권을 인정하는 예가 있는데, 반대매수청구권이 없는 특정 주주의 주식을 매수하는 경우에는 주주평등의 원칙이나 자기주식취득 금지원칙 등에 반한다는 지적을 받을 수 있다.

IV. 상장회사의 분할 및 분할합병 관련 논의

1. 분할재상장제도

(1) 상장회사의 투자자는 거래소를 통해 수시로 보유 주식을 거래함으로써 언제든 유동성을 확보할 수 있는데, 상장회사가 분할을 하는 경우에는 분할 후 신설회사의 상장 여부에 따라 유동성에 제한이 발생할 수 있다. 이에 상장회사의 분할에 따라 신설되는 회사가 용이하게 상장될 수 있도록 지원하기 위해 1999년 거래소 상장규정에서 분할 재상장제도를 마련하였다. 이에 따라 분할 후 존속회사는 기존 상장회사의 지위를 유지하고 신설회사는 일반적인 신규상장보다 완화된 요건 및 절차가 적용되는 재상장심사[24]를 통해 상장하게 되었다. 그러나 존속회사가 별도의 심사 없이 상장을 유지하는 것을 기화로 부실한 사업부문을 존속회사에 존치시켜 상장을 유지하거나, 완화된 상장요건과 절차가 적용되는 재상장심사제도를 통해 부실한 회사를

24) 개정 전 분할재상장 제도 개요

구분	유가증권시장	코스닥시장
재상장 허용대상	– 인적분할 – 물적분할	– 인적분할 * 물적분할 불허(신규상장과 동일)
재상장 절차	– 인적분할(공모절차 없이 직상장) * 예비심사 및 상장공시위원회 심의 없음 – 물적분할(신설법인은 공모후 상장) * 예비심사 및 상장공시위원회 심의 있음	– 인적분할(공모절차 없이 직상장) * 예비심사 없음, 상장위원회 심의 – 물적분할(공모 등 신규상장절차와 동일) * 예비심사 및 상장위원회 심의 있음
재상장 요건	– 인적분할(신규상장요건보다 완화 → 이익 요건, 상장주식수 요건, 주식분산 요건 미적용) – 물적분할(신규상장요건보다 완화 → 이익요건, 상장주식수 요건 미적용)	– 인적분할(신규상장요건보다 완화 → 이익 요건, 상장주식수 요건, 주식분산 요건 미적용) – 물적분할(신규상장요건과 동일)
존속법인 심사	– 주된 영업의 정지시 상장폐지 실질심사 (매출액의 급격한 감소 등 고려)	

출처 : 거래소 보도자료, 분할재상장제도 등 거래소 상장규정 개정(2001. 5. 18) 참조.

신규상장시키고, 심지어 이러한 회사가 우회상장대상으로 활용되는 사례까지 발생하자, 재상장제도에 대한 개선 필요성이 제기되었으며, 거래소는 2011년 5월 분할 재상장제도를 개선[25]하였다. 존속회사의 심사를 강화하여 주된 영업이 신설회사에 이전되거나 신규상장의 재무요건을 충족하지 못해 존속법인이 부실화된 경우에는 실질심사를 통해 퇴출을 시키도록 하였으며, 재상장요건을 강화하여 신규상장 수준의 경영성과 요건을 적용하고, 신규상장수준의 최소 유통주식수(100만주) 요건을 도입하였으며, 재상장절차도 강화하여 상장예비심사 및 상장(공시)위원회 심의절차를 도입하고, 분할신설부문 재무제표에 대한 감사인의 확인절차를 강화하였다.

(2) 이러한 제도 개선으로 인해 앞으로는 분할이 부실한 회사의 상장수단으로 악용되는 문제는 대부분 해소될 것으로 예상된다. 다만 재상장제도 개선에 따라 인적분할 후 신설된 회사가 상장되지 못하는 경우에는 기존 투자자의 환가성 제한 및 상장프리미엄 상실이라는 또 다른 문제가 발생할 수 있다. 지금까지 대부분의 회사는 기존 재상장제도에 따라 인적분할로 신설되는 회사의 주식을 상장하였다. 다만 종래에도 신설회사의 주식을 재상장하지 않아 투자자 보호가 문제된 경우가 있었다. 신설회사의 주식을 상장하지 않은 회사는 대부분 투자자 보호를 위해 공개매수를 실시[26]하였으나, 문제가 되었던 회사는 향후 다른 상장회사와의 합병 추진 등을 이유로 공개매수를 실시하지

25) 개선된 분할재상장제도는 2011. 8. 30.부터 시행되었다.

26) 개선된 분할재상장제도가 시행되어 신설회사 등이 상장규정 미충족으로 상장을 하지 못하는 경우에는 자금력 부족에 따라 사실상 공개매수를 기대하기도 어려울 것으로 예상된다.

않았다. 결국 투자자가 이러한 상황을 정확히 인지하고 주주총회 결의에 참여할 수 있도록 증권신고서에 투자위험요소로서 관련 내용을 상세하게 기재토록 하였으나, 이는 근본적인 해결책으로서는 부족하다. 신설회사 등의 비상장에 따른 주주 보호 차원에서 상장회사의 인적분할에 대하여 주주의 반대매수청구권을 도입하는 방안을 고려해 볼 필요가 있다.

2. 분할 및 분할합병과 우회상장

(1) 우회상장제도의 개선

우회상장이란 통상 비상장회사가 상장회사와 결합을 통하여 상장심사 등 정상적인 상장절차를 거치지 않고 상장회사가 되는 것[27]을 말하며, 비상장 우량회사에게는 간소한 절차나 비용을 들여 자본시장에 진입할 수 있는 기회를 주고, 기존 상장회사에게는 우량비상장사와의 합병 등을 통해 지속적으로 성장할 수 있는 기회를 제공한다는 데 그 의의가 있다. 그러나 일부 부실한 회사가 자본시장 진입수단으로 우회상장을 악용함에 따라 거래소는 지속적으로 우회상장 관리를 강화[28]하였으며, 최근에는 일부 우회상장한 회사가 회계부실이나 횡

27) 포괄적 주식교환이나 주식스왑은 비상장회사의 주식이 상장되지는 않으나, 상장회사의 자회사가 되어 실질적으로 비상장회사의 주식이 장내에서 거래되는 것과 유사한 효과가 발생하여 광의의 우회상장으로 본다.

28) 2006. 6. 26. 경영권 변동이 발생하는 우회상장의 경우, 우회상장의 대상인 비상장회사가 일정한 요건(경상이익이 있을 것, 자본잠식이 없을 것, 감사의견이 적정일 것 등)을 충족하지 못하는 때에는 우회상장회사의 상장을 폐지하도록 하였고, 2007. 4. 30. 비상장회사가 현물(주식)출자를 통하여 우회상장을 하는 경우에도 자산양수(주식스왑)와

령 등으로 얼마 되지 않아 바로 상장폐지되는 사례가 발생하자 상장규정(2010. 12. 1)과 상장규정 시행세칙(2010. 12. 30)의 개정[29]을 통해 우회상장 관리를 한층 강화하였다. 개정 상장규정은 우회상장을 포괄적으로 정의하여 종래 인정되던 합병 등의 유형 외에 실질적으로 우회상장효과가 있는 경우를 규제대상에 포섭하였으며, 우회상장유형을 시행세칙에서 정할 수 있도록 하였는데, 개정 시행세칙은 우회상장유형에 분할합병을 포함시키고, 합병의 심사방법 및 절차를 준용토록 하였다. 또한 우회상장에 질적심사제도를 도입하여 경영투명성, 기업계속성 등을 집중 심사토록 하고, 우회상장 예비심사와 상장 · 공시위원회 심의 등을 거쳐 상장적격성을 확인한 후 우회상장절차를 이행토록 심사기준과 절차를 개선하였다.

거래소가 상장회사의 경영권이 변동되고 비상장회사의 주식이 상장되는 효과가 있는 경우를 우회상장으로 관리하는 반면, 자본시장법 시행령[30]은 상장회사가 자산총액 · 자본금 · 매출액 중 2 이상이 더 큰

동일한 규제를 적용토록 하였으며, 2008. 9. 12. 우회상장의 경우에도 신규상장에 준하는 규모 및 재무요건을 준수토록 한다.

29) 상장규정과 시행세칙 개정의 자세한 사항은 거래소 보도자료, 우회상장 질적심사제도 도입 등 상장규정 개정(2010. 12. 1)과 우회상장 질적심사제도 도입 등 상장규정 시행세칙 개정(2010. 12. 31) 참조.

30) 자본시장법 시행령 제176조의5(합병의 요건 · 방법 등) ③ 주권상장법인이 주권비상장법인과 합병하여 주권상장법인이 되는 경우에는 다음 각 호의 요건을 충족하여야 한다.
1. 합병가액의 적정성에 대하여 제6항에 따른 외부평가기관의 평가를 받을 것. 다만 다른 회사의 발행주식 총수를 소유하고 있는 회사가 그 다른 회사를 합병하면서 신주를 발행하지 아니하는 경우에는 그러하지 아니하다.
2. 합병의 당사자가 되는 주권상장법인이 법 제161조 제1항에 따라 주요사항보고서를 제출하는 날이 속하는 사업연도의 직전사업연도의 재무제표를 기준으로 자산총액 · 자본금 및 매출액 중 두 가지 이상이 그 주권상장법인보다 더 큰 주권비상장법인이 다음 각 목의 요건을 충족할 것
가. 법 제390조에 따른 증권상장규정(이하 이 호에서 '상장규정'이라 한다)에서 정

비상장회사와 합병하여 상장회사가 되는 경우에는 상장규정에서 정하는 일정한 요건(재무요건 등)을 충족하고, 합병가액의 적정성에 대하여 외부 평가기관의 평가를 받도록 규정하고 있다. 최근 금융감독원은 비상장회사의 가치를 과대평가하여 우회상장하는 것을 방지하기 위해 비상장회사의 수익가치 산정시 적용되는 자본환원율을 합리화하고, 유사회사의 요건을 완화하여 상대가치 적용을 활성화하도록 하는 등 합병가액 산정방법을 개선[31)]하였다.

(2) 우회상장시 분할의 남용과 관련한 논의

A상장회사는 부실화된 특정 사업부문을 분할하여 재상장을 하였고, 재상장된 B사는 엔터테인먼트업체인 비상장회사 C사의 우회상장 대상으로 이용되었으나 결국 감사의견 거절로 상장폐지되었다. 이는 일반적인 신규상장보다 완화된 요건과 절차가 적용되는 분할재상장과 우회상장을 악용하는 전형적인 사례라 할 수 있는데, 앞에서 살펴본 바와 같이 재상장과 우회상장에 대한 상장요건과 심사절차가 강화됨에 따라 향후 이러한 사례 발생이 상당 부분 줄어들 것으로 예상된다.

비상장회사인 B사는 상장회사인 A사의 최대주주 갑으로부터 A사 주식 26%를 156억 원(이 중 88억 원은 경영권 프리미엄)에 매수[32)]한 후 A사와의 합병을 통해 우회상장을 하였다. 그러나 우회상장 후 얼마

하는 재무 등의 요건

나. 감사의견, 소송계류, 그 밖에 공정한 합병을 위하여 필요한 사항에 관하여 상장규정에서 정하는 요건

31) 금융감독원 보도자료, 합병가액 산정방법 개선을 위한 시행세칙 개정(2010. 11. 30) 참조.

32) 합병 이전 경영권 확보 및 주주총회에서의 합병 승인을 위해 통상 최대주주의 지분을 먼저 취득한다.

되지 않아 과거 A사가 운영하던 사업부를 물적분할하여 C사를 설립하였으며, 이후 C사 주식을 A사의 최대주주였던 갑에게 65억 원에 매도하였다. 결국 갑은 A사가 운영하던 사업은 그대로 운영하면서 상장이라는 외형(shell)만을 91억 원[33)]에 넘긴 것이 되었으며, B사가 갑에게 지급한 91억 원은 합병으로 인해 합병법인이 모두 떠안게 됨에 따라 사실상 A사의 소액주주들의 피해로 귀결되었다.

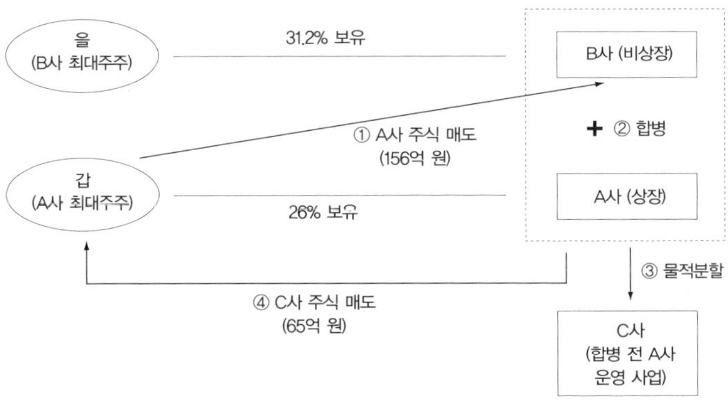

〔그림 1〕 우회상장 후 분할과정

본 사례에서 합병법인은 주주총회결의를 통해 물적분할을 하였으나, 물적분할의 경우에는 주주에게 반대매수청구권이 인정되지 않으며, C사 주식 매도는 자산양수도에 해당하여 이사회 결의만으로 행하여졌다. 만약 위 사례에서 합병법인이 물적분할을 하지 않고 A사가 운영하던 사업을 바로 갑에게 영업양도로 이전하였다면 영업양도에 반대하는 소액주주들은 반대매수청구권을 행사할 수 있었을 것이다. 즉 갑과 을은 물적분할과 자산양수도의 결합으로 영업양도에 대한 규제를 회피함으로써 소액주주들의 반대를 피해 자신들이 원하던 거래

---

33) A사 지분 매도금액(156억 원)에서 C사 매수금액(65억 원)을 공제한 금액이다.

를 손쉽게 할 수 있었다. 이에 대하여는 영업의 폐지나 중단을 초래하는 재산의 양도에 대하여는 영업양수도에 대한 규정이 유추적용된다는 판례[34)]를 근거로 100% 자회사 주식의 양도는 영업양도로 보아야 한다는 주장이 강력히 제기되었다. 또한 물적분할과 자산양도를 단일한 계획하에 진행하였다면 탈법행위를 방지하기 위해 영업양도로 보아야 한다는 주장도 제기되었다. 물적분할과 자산양수도 및 영업양수도가 각각 유효한 상법상의 제도로서 인정되는 이상 주식매매를 영업양수도로 볼 수 있다는 관련 판례나 명문규정 없이 위와 같은 사례를 영업양수도로 단정하기는 어렵다.[35)] 또한 해당 행위자의 의사나 계획에 의해 영업양수도 여부를 판단하는 것도 법적 안정성 측면에서 바람직하지 못하다. 다만 최초 우회상장 계획단계에서부터 합병 이후 물적분할과 자산양수도가 함께 계획되었다면 이는 투자자의 투자판단에 영향을 미치는 중요한 요소라 할 것이므로 합병이나 물적분할을 공시할 당시에 공시서류에 함께 기재할 사항이라 할 것이다. 따라서 합병이나 물적분할의 공시에 이러한 사항이 누락되었다면 중요사항의 기재 누락으로 과징금 부과나 증권의 발행제한 등의 조치를 취할 수 있을 것이다.

34) 대법원 1988. 4. 12. 선고 87다카1662 판결. 상법 제374조 제1호 소정의 영업의 양도란 동법 제1편 제7장의 영업양도를 가리키는 것이므로 영업용 재산의 양도에 있어서는 그 재산이 주식회사의 유일한 재산이거나 중요한 재산이라 하여 그 재산의 양도를 곧 영업의 양도라 할 수는 없지만 주식회사 존속의 기초가 되는 중요한 재산의 양도는 영업의 폐지 또는 중단을 초래하는 행위로서 이는 영업의 전부 또는 일부 양도의 경우와 다를 바 없으므로 이러한 경우에는 상법 제374조 제1호의 규정을 유추적용하여 주주총회의 특별 결의를 거쳐야 한다.

35) 다만 이 사건 이후로 시장에서는 관련 논의가 지속되고 있으며, 100% 자회사가 아닐지라도 경영권을 행사할 수 있는 정도의 지분 거래에 대해서도 영업양수도로 보아야 한다는 논의가 함께 진행되고 있다.

V. 맺으면서

분할과 같은 회사법상의 행위는 상법이나 자본시장법에 그 근거를 두고 있기는 하나, 실무상 그 활용 형태가 다양하게 발전하고 있어 관련 규정만으로는 그 행위를 합리적으로 뒷받침하기에 한계가 있다. 따라서 실무상 그 활용이 높아질수록 관련 쟁점에 대한 학계의 논의 등을 활성화하여 해당 행위가 바람직한 방향으로 이용될 수 있도록 이끌어 주어야 한다. 그러한 점에서 최근 분할에 대한 논의가 증가하고 있다는 점은 반가운 일이라 할 것이다.

분할과 관련한 논의를 진행함에 있어서는 회사가 조직 변경에 있어 필요한 행위를 할 수 있도록 합리적인 범위에서 지원하되, 남용의 소지는 없애 투자자 보호를 기할 수 있도록 하여야 한다. 따라서 지주회사 등과 같은 새로운 형태의 회사를 설립하거나, 대규모 기업집단이 복잡한 구조를 변경하려는 경우 등에 있어 분할제도를 활용할 수 있도록 분할의 대상은 합리적인 범위 내에서 넓게 해석하여야 한다. 반면 회사가 정기주주총회에서 분할을 결의하거나 부실한 회사의 상장을 위해 재상장이나 우회상장제도를 악용하는 경우 등에는 엄격한 해석을 통해 사전에 투자자에게 필요한 조치를 이행토록 하여야 할 것이다.

12

회사분할과 노동법*

장주형**

I. 들어가며

우리나라가 IMF 외환위기를 거치면서 기업구조조정의 법적 도구로서 회사분할제도를 상법에 도입한 지 거의 15년이 지나고 있다. 회사분할제도는 기업구조조정 활성화라는 초기의 임무를 넘어 이제는 지주회사 전환을 위한 유용한 도구로까지 정착하는 등 그 활용영역이 지속적으로 넓어지고 있는 모습이다.[1)]

그런데 이처럼 회사분할제도가 기업법적 영역에서 기능을 확대해 가면서 관련 판례와 연구성과가 활발하게 축적되고 있는 것에 반해, 회사분할에 필연적으로 수반되는 노동법적인 이슈들에 대해서는 아

---

* 이 논문은 BFL 제49호(2011. 9)에 게재된 글을 수정 · 보완한 것이다.

** 법무법인 바른 변호사

1) 금융감독원 기업공시국 보도자료, 상장회사의 회사분할 실태분석(2010. 8. 17).

직까지도 충분한 논의가 이루어지거나 판례가 확립되고 있지 않아서 실무상으로도 적지 않은 혼란과 법적 불안정이 우려되고 있다. 이는 근본적으로, 회사분할제도를 도입할 당시 입법 연구 등을 통해 노동법적인 이슈들을 충분히 파악할 수 있었음에도 불구하고 정작 상법이나 근로기준법 등에는 그에 대한 명시적인 규정을 입법화하지 않은 데에 기인한다. 별도의 입법 없이도 기존에 영업양도나 합병 등 유사한 기업변동제도를 중심으로 형성되어 온 판례와 해석방법을 통해 회사분할의 노동법적 이슈들을 해결할 수 있다고 본 것이 애초의 입법의 사였다고 하더라도[2)] 아직까지 법적 현실은 그에 따르지 못하고 있다.

회사분할을 둘러싼 노동법적인 제반 이슈들은 회사분할시 근로관계가 승계되는가라는 근본적인 질문으로부터 시작된다. 회사분할은 근로관계 당사자인 사용자의 변동을 가져온다는 점에서 회사와 근로자 간의 개별적 근로관계에 직접적인 영향을 미친다. 근로관계의 승계 문제는 근로자 보호와 분할목적의 달성이라는 상호 대립 가능한 가치의 실현에도 직결되며 더 나아가 집단적 노사관계의 처리에 대한 논의의 시발점이 된다.

따라서 현재의 입법미비에도 불구하고 상법상 회사분할의 특수성과 노동법상 근로자 보호라는 고유의 관점을 상호 조화시키기 위한 노력은 포기될 수 없다. 이 글에서는 근로관계의 승계 문제에 접근하는 기본적인 관점들과 기업변동 일반에 대한 그간의 논의를 먼저 일별한 후 회사분할에 대한 주요 국가의 입법현황과 국내의 학설동향 그리고 최근에 판시된 흥미로운 몇 가지 판례의 입장을 검토해 보고

2) 국제노동법연구원, 기업변동시 근로관계 승계 관련 연구, 노동부용역보고서, 2007, 36-37면.

마지막으로 근로관계의 승계와 관련된 정리해고 · 단체협약 · 취업규칙상의 문제들을 살펴보기로 한다.

II. 회사분할시 근로관계의 승계 문제를 보는 대립된 관점

1. 상법의 관점 대 노동법의 관점

상법 제530조의10에 의하면, 피분할회사의 권리와 의무는 분할 또는 분할합병으로 인하여 설립 또는 존속하는 회사(이하 '설립회사 등')가 분할계획서 또는 분할합병계약서(이하 '분할계획서 등')에 정한 바에 따라 승계한다. 이러한 부분적 포괄승계원칙을 넓게 적용하면, 분할계획서 등에 기재되어 있는 한 기존의 근로관계 역시 당연히 포괄승계되는 것으로 볼 수도 있다. 그러나 이러한 관점은 상법상 근로관계 승계 여부가 분할계획서 등의 필요적 기재사항이 아니라는 점에서 적용상의 공백을 가지고 있을 뿐만 아니라, 고용에 대한 민법 제657조 제1항, 즉 사용자는 노무자의 동의 없이 그 권리를 제3자에게 양도하지 못한다는 규정과 근로기준법 제23조 제1항(해고의 제한)에 기초한 근로자보호라는 대립되는 관점에 정면으로 충돌하게 된다. 이로 인한 갈등은 단순히 특별법 우선의 원칙으로 해결하기도 어렵다.[3)] 실제로도 분할당사회사(들)의 분할계획서나 분할합병계약서만을 절대적인 기준으로 삼으면, 분할제도의 자의적인 남용과 근로자의 지위불안을

3) 상법이 특별법으로서 민법에 우선적용된다고 생각해 볼 수도 있으나 정작 상법은 근로관계의 승계에 대해 명시적인 규정을 두고 있지 않고, 한편 역시 특별법으로서 노동 이슈에 우선적으로 적용되는 근로기준법상의 해고제한규정과도 충돌할 수 있다.

피할 수가 없을 것이다. 따라서 회사분할에 따른 근로관계의 승계 문제를 처리함에 있어서는 상법의 관점에 따라 분할제도의 취지를 살리면서도 동시에 노동법상 근로자 보호라는 관점 역시 충분히 고려되어야 한다는 데에 이론이 없을 것이다.

2. 노동법 내의 대립되는 관점 : 근로관계의 존속 대 근로자의 자기결정권

노동법 자체의 측면만을 놓고 보더라도, 근로관계의 존속이라는 관점과 근로자의 자기결정권이라는 관점이 상호 대립될 수 있다. 기업변동에도 불구하고 기존 근로관계의 존속을 보장하는 것은 근로자 보호를 위해 매우 중요한 가치이지만 그것만이 유일무이한 가치라고 단정할 수는 없으며 오히려 근로관계를 당연존속시키는 것이 부당한 일자리강제 등의 방식으로 근로자에게 불리하게 작용할 수도 있다.[4] 따라서 근로관계의 존속이라는 관점의 대척점에는 근로자의 자기결정권이라는 관점이 존재한다. 회사분할시의 근로자 보호를 논함에 있어서도 이처럼 대립하는 관점들이 균형 있게 고려되어야 하며, 이러한 대립 관점들을 조화하기 위한 노력은 결국 아래에서 소개할 근로관계 승계 논의와 거부권/이의신청권 관련 쟁점 그리고 이를 둘러싼 판례와 입법작용 등을 통해 구체적으로 나타나게 된다.

4) 예컨대 피분할회사가 분할 직전의 배치전환 등을 통해 향후 신설회사 등으로 승계될 근로자를 자의적으로 조정하는 경우, 노동조합을 무력화하기 위해 조합간부나 핵심조합원을 분할 직전에 분할대상 사업부문에 배치하는 경우, 부실사업부문 분할 후 신설회사의 부실이 지속되어 불안한 근로상태가 지속되거나 청산 또는 도산절차로까지 진행하게 되는 경우 등을 들 수 있다.

III. 일반적인 기업변동에 대한 근로관계 승계의 논의

회사분할시 근로관계의 승계에 대한 입법미비는, 합병이나 영업양도 등 그 취지와 실질이 회사분할과 유사한 제도에 대해서 어떠한 법리와 해석이 적용되고 있는지에 대한 참고적 검토를 요구한다.

1. 합병과 근로관계의 승계

상법 제235조는 "합병 후 존속한 회사 또는 합병으로 인하여 설립된 회사는 합병으로 인하여 소멸된 회사의 권리의무를 승계한다"고 규정하고 있다. 이러한 포괄승계원칙의 결과로서 근로계약상의 권리의무 역시 합병과 함께 포괄적으로 승계된다는 점에 대해서는 학설상 특별한 이론이 없으며 판례 역시 같은 입장을 취하고 있다.[5)]

회사분할은 부분적이나마 포괄승계의 원칙에 따르고 있다는 점에서 합병과 유사한 측면을 가지고 있다. 그러나 소멸회사의 권리의무 전부가 이전되는 합병과 달리 회사분할에서는 영업의 일부인 분할대상 사업부문의 권리의무가 이전되며 그것도 분할계획서 등의 기재 내용에 따른다는 점에서, 합병에 대한 입장을 회사분할에 그대로 적용하는 데에는 한계가 있다.

2. 영업양도와 근로관계의 승계

학설의 입장은 영업양도 당사자 간 약정과 무관하게 근로관계가 전

---

5) 대법원 1994. 3. 8. 선고 93다1589 판결 ; 대법원 2001. 4. 24. 선고 99다9370 판결 ; 대법원 2001. 10. 30. 선고 2001다24051 판결 등.

체로서 포괄하여 승계된다는 당연승계설, 당사자 간의 명시적/묵시적 특약과 근로자의 동의가 있어야 승계된다는 특약필요설, 원칙적으로 승계되지만 합리적인 이유에 의한 승계배제특약이 가능하다는 원칙승계설(다수설)로 나누어진다. 판례는 당사자 간에 특약이 없는 한 근로관계는 원칙적으로 양수인에게 승계되고, 당사자 간에 특약이 있거나 근로자가 승계를 거부하는 경우에는 승계에서 배제될 수 있다고 보고 있다.[6)]

회사분할은 그 실질에 있어서 하나의 유기적 일체로서의 영업이 이전한다는 점에서 영업양도와 유사성을 가지고 있으나, 영업의 전부 양도와는 실질적인 차이가 있으며 영업의 일부 양도과 관련해서도 특정승계인 영업양도와 달리 상법에 의한 부분적 포괄승계의 원칙이 적용된다는 점에서 서로 근본적인 차이점을 가지고 있으므로, 영업양도에 대한 승계법리가 회사분할의 경우에도 그대로 적용된다고 보기는 어렵다.

Ⅳ. 회사분할시 근로관계의 승계에 대한 비교법적 동향

비교법적으로 보면, 근로관계의 존속 보호와 근로자의 자기결정권 보장이라는 두 관점들 간의 조화를 도모하기 위해, 근로관계의 자동승계를 인정하면서도 근로자가 원하지 않을 때에는 승계의 구속에서 벗어날 수 있도록 하는 법적 도구들을 마련하고 있다. 예컨대 해지의 자유를 부여하거나(프랑스), 자동승계를 인정하되 근로자에게 거부권

6) 대법원 1994. 11. 18. 선고 93다18938 판결 ; 대법원 1997. 6. 27. 선고 96다38551 판결 ; 대법원 2002. 3. 29. 선고 2000두8455 판결 등.

을 인정하거나(독일), 원칙승계를 전제로 근로자에게 이의신청권 행사를 통한 자기결정의 기회를 부여하고 있다(일본 및 오스트리아). 아래에서는 우리나라가 대륙법 체계상의 법도구라 할 수 있는 회사분할제도를 도입하면서 모델입법으로 참조했던 독일의 법제 그리고 우리나라보다 2년 늦게 회사분할제도를 도입하면서 동시에 노동법적 이슈들을 별도의 특례입법을 통해 해결한 일본의 예를 살펴본다.

1. 독일의 기업재편법

독일에서는 영업양도시 근로관계의 승계에 대해서 특약필요설이 지배적인 입장이었으나 1972년에 강행규정인 민법 제613조 a를 통해 자동승계원칙을 명문화하였다. 이 규정은 기업재편법 제32조에 따라 회사분할의 경우에도 적용되는 것으로 해석되고 있다.[7]

이 규정에 의하면, 법률행위에 의해 회사의 영업 또는 영업의 일부가 양도되는 경우 양수인은 양도 시점에 현존하는 근로관계로부터 발생하는 권리의무를 승계하며, 사용자에게는 통지의무가 부과되고 승계대상 근로자에 대해서는 승계에 대한 거부권이 인정된다. 이 경우 양도되는 사업에 소속된 근로자들의 근로관계가 승계되는데, 근로자들의 사업 소속 확정과 관련하여 독일의 판례와 다수설은 근로자가 주로 종사한 노동제공의 장소, 대부분의 근로시간을 보낸 업무가 속한 사업, 개별 직무 활동이 전체 기업 차원에서 가지는 의미, 종사 근로자의 수 등 객관적 판단기준들을 종합적으로 고려하여 판단하고 있다.[8]

---

7) 박종희, "회사분할과 노동법—독일 기업재편법을 중심으로," 고려법학 제39호 (2002. 11), 고려대학교 법학연구원, 258-259면.

8) 박종희, 앞의 논문(주 7), 263-265면.

2. 일본의 근로관계승계법

(1) 입법적 해결

일본은 회사분할제도를 상법에 도입함과 동시에 회사분할에 따른 근로계약승계 등에 관한 법률(2000. 5. 31. 법률 제103호, 이하 '근로계약승계법')을 제정함으로써 회사분할시 근로관계의 승계에 관한 문제를 입법적으로 해결하였다. 일본의 회사분할제도는 부분적 포괄승계의 개념에 기초하여 분할계획서 등에 정한 바에 따라 권리의무가 승계됨을 규정하고 있는데,[9] 근로계약승계법은 분할계획서 등이 피분할회사 단독으로 또는 분할당사자들 간의 약정에 의해 일방적으로 작성될 경우 자의에 의한 특정 근로자의 배제 또는 이전이 이루어질 수 있다는 고려하에 포괄승계원칙에 대응하는 근로자 보호의 관점에서의 특례를 규정함으로써 기업재편 필요성과 고용보호라는 두 가치 간의 조정을 꾀하고 있다

(2) 원칙적인 승계와 근로자의 이의신청권

근로계약승계법은 분할계획서 등의 작성시점을 기준으로 당시 분할되는 사업부문에 종사하고 있던 근로자들을 원칙적인 승계대상 근로자로 보고 있다. 즉 (i) 피분할회사의 근로자로서 승계되는 영업에

9) 국회도서관 입법전자정보실, 일본의 「회사의 분할에 따르는 노동계약승계법」의 시사점, 2001, 3면. 이처럼 일본의 회사분할제도가 역시 우리나라와 같이 부분적 포괄승계 개념에 기초하고 있다는 점에서 볼 때, 일본의 근로계약승계법이 정하고 있는 바는 우리나라에서의 근로관계 승계 논의에도 매우 중요한 참고자료가 될 것이다.

주로 종사하는 자와 (ii) 피분할회사의 근로자 중 (i)에 해당하지 않는 자로서 분할계획서 등에 설립회사 등으로 근로계약이 승계된다는 내용의 기재가 있는 자가 승계대상 근로자가 된다(동법 제2조 제1항 제1호, 제2호).

승계되는 영업에 주로 종사한 자임에도 분할계획서 등에 승계대상자로 기재되어 있지 않는 자는 이의신청 기한일까지 서면으로 이의신청을 할 수 있으며 이 경우 근로관계는 분할 효력 발생과 동시에 설립회사 등에 승계된다(동법 제4조 제1항, 제4항). 승계되는 영업에 주로 종사하지 않음에도 불구하고 분할계획서상 승계대상으로 기재된 근로자는 상기 기한일까지 서면으로 이의신청을 할 수 있으며 이 경우 근로관계는 설립회사 등에 승계되지 않는다(동법 제5조 제1항, 제3항). 위 (i)의 경우로서 분할계획서 등에도 승계대상자로 기재되어 있으면 포괄승계 법리가 전적으로 적용되어 분할 효력 발생시 당연히 승계되며 근로자의 이의신청권이 인정되지 않는다.

(3) 통지의무 : 이의신청권의 실질적 보장

근로계약승계법은 근로자의 이의신청권을 실질적으로 보장하기 위해 피분할회사로 하여금 승계 여부에 대한 분할계획서 등에의 기재 여부 및 이의신청 기한일 등 주요 내용을 분할계획서 등을 승인하는 주주총회일 2주 전까지 근로자에게 서면으로 통지하도록 하고 있다(제2조 제1항). 승계대상인 영업에 주로 종사하지도 않고 분할계획서 등에도 승계하는 취지의 기재가 없는 자에 대해서는 통지의무가 없으며 해당 근로자도 승계를 요구할 수 없다. 이의신청의 기한일은 분할계획서 등을 승인하는 주주총회 2주 전일부터 해당 총회일 전일까지의 날로 한하며 통지일과 이의신청 기한일과의 사이에는 적어도 13일간의 간격이 있어야 한다(제4조 제1항, 제2항).

피분할회사가 노동조합과 단체협약을 체결하고 있는 경우에는 해당 노동조합에 대하여 분할계획서 등의 승인 주주총회일 2주 전까지 승계되는 근로자의 범위는 물론 분할계획서 등의 단체협약 승계 기재 여부 및 승계시 승계되는 협약의 내용 등을 서면으로 통지해야 한다(제2조 제2항, 제6조).

(4) 영업에의 주된 종사 여부 판단기준

위와 같이 일본의 근로계약승계법은 '승계대상 영업에의 주된 종사 여부'와 '근로자의 이의신청권 보장'이라는 개념을 입법의 기초로 삼고 있다. 그렇다면 과연 어떤 근로자가 승계대상인 영업에 주로 종사하였는지 여부를 무슨 기준으로 판단할 것인가가 문제된다. 일본 후생노동성 고시지침[10]에 의하면 (i) 승계영업 이외의 다른 영업에도 근무하는 경우에는 각각의 영업에 종사한 시간과 수행역할 등을 종합적으로 판단하여 주된 영업부문을 결정하며, (ii) 간접부문(총무 · 인사 · 경리 등)에 종사한 경우로서 위와 같은 기준으로 판단하기 어려운 경우에는 해당 근로자를 제외하고 설립회사 등이 고용하는 모든 근로자의 과반수를 승계시키는 경우 주된 근로자로 결정한다. 또한 주된 근로자인지 여부는 분할계획서 등의 작성시점을 기준으로 판단하되, 승계영업에 일시 종사하는 자는 승계대상에서 제외하고 반대로 일시적으

10) 분할회사 및 설립회사 등이 강구해야 할 분할회사가 체결하고 있는 근로관계 및 단체협약의 승계에 관한 조치를 적절하게 실시하기 위한 지침(2000. 12. 27. 후생노동성 고시 제127호).

로 승계영업에서 제외되어 있어도 인사명령 등의 종료시에 승계영업에 주로 종사하는 경우에는 승계대상으로 인정하는 등 특정 근로자를 배제하기 위한 분할 전 배치전환 등 왜곡의 가능성을 방지하고 있다.

V. 회사분할시 근로관계의 승계에 대한 국내 학설과 판례의 입장 그리고 실무상 제언

1. 학설

현재 이에 대한 학설이 충분히 축적되거나 정리되어 있지는 않지만, (i) 상법 제530조의10(분할의 효과)에 규정된 "회사의 권리와 의무를… 승계한다"는 문언을 근거로 포괄승계법리에 따라 당연히 이전된다는 입장,[11] (ii) 분할합병에 대해서는 합병의 포괄승계법리를, 단순분할과 물적분할에 대해서는 영업양도의 법리를 유추적용하는 입장,[12] (iii) 포괄승계법리에 따라 근로자의 동의와 무관하게 분할대상 사업부문에 종사하고 있는 근로자들의 근로관계가 원칙적으로 승계되나 부당노동행위 등 특별한 사정이 있는 경우에는 거부권이 인정된다는 입장[13] 등이 보인다.

11) 하경효 / 박종희, 기업의 구조조정과 노동법적 과제, 한국노동연구원, 1998, 133면.
12) 이승욱, "사업변동에 있어서 집단적 규범의 규율에 관한 노동법상의 쟁점과 과제," 노동과 법 제1호(2001. 3), 전국금속산업노동조합연맹 법률원, 121면.
13) 주완, "2008년도 주요 판례 검토," 조정과 심판 제36호(2009. 4), 중앙노동위원회, 54면.

2. 판례의 입장

회사분할에 따른 근로관계의 승계 문제를 직접적으로 다룬 판결은 비교적 최근에 몇 차례 나왔을 뿐이다. 즉 법원은 처음에는 전적의 일반 법리를 적용하여 특별한 사정이 없는 한 근로자의 동의가 있어야 한다는 입장을 취하였다가 그후 회사분할에 대한 독자적인 법리로서 원칙적으로 근로관계가 포괄승계되나 근로자에게는 거부권이 인정된다는 입장을 취함으로써 이에 대한 학계와 실무계의 많은 관심을 불러일으켰다. 하지만 법원은 가장 최근의 판결을 통해 다시 근로자의 동의를 요하는 원래의 입장으로 회귀한 상태이다. 이처럼 판례 자체가 충분히 축적되어 있지 않을뿐더러 법원의 입장 역시 아직 확립되어 있다고 보기 어렵기 때문에 법해석상은 물론 실무상으로도 법적 불안정이 우려된다.

(1) 서울중앙지방법원 2006. 2. 9. 선고 2004가합84103 판결

이 사건은 한국전력공사가 발전부문 분할작업을 통해 6개의 발전자회사를 신설하는 과정에서 분할자회사의 고용승계에 동의하지 않은 일부 근로자들이 고용승계명령의 효력을 다투며 근로자지위확인소송을 제기한 사안이다.

이 판결은, 사용자가 회사분할시 근로자의 동의를 얻지 아니하고 다른 회사로 고용승계시키는 관행이 있어서 그 관행이 근로관계의 내용을 이루고 있다는 등 특별한 사정이 없는 한, 회사분할의 경우에도 민법 제657조 제1항의 규정과 근로기준법 제23조 제1항이 적용되어 전적의 경우와 마찬가지로 개별 근로자의 동의가 있어야만 근로관계

가 승계된다고 판시하였다.[14)]

이 판결은 회사분할제도 도입 후 근로관계 승계 문제를 직접적으로 다룬 최초의 판결로서 그 의미를 가지고 있으나, 회사분할제도 도입의 취지와 특수성 그리고 상법상 인정된 부분적 포괄승계의 법리를 다소 경시한 것이 아닌가 하는 비판이 있다.

(2) 서울행정법원 2008. 9. 11. 선고 2007구합45583 판결

대우자동차판매 주식회사가 직영판매부문 등을 분할하는 과정에서 분할승인 주주총회 직후 사내전산망을 통해 신설회사 소속변경에 대한 이의신청을 하도록 공고하였는데 원고 근로자들이 이의신청기간을 이틀 도과한 후 전적부동의서를 발송하였다는 이유로 회사가 부동의서를 반송하고 대기발령 조치를 내린 사안이다.

이 판결은 회사분할시 근로관계의 승계 문제는 근로관계 존속보호와 근로자의 자기결정원리가 조화를 이룰 수 있도록 해결해야 함을 밝힌 후, 회사분할시 분할대상 사업부문에 종사하던 근로자들의 근로관계는 원칙적으로 신설회사에 포괄적으로 승계되고 예외적으로 근로자가 거부권을 행사하는 경우에는 거부권을 행사한 근로자의 근로관계가 승계대상에서 제외된다고 판시하였다. 이러한 판단의 구체적인 근거로는 (i) 우리나라에서 근로자에 대한 인사권은 사용자가 상당한 재량권을 가지고 있고, (ii) 분할 후 신설회사가 도산하면 피분할회사는 근로기준법상 경영상 해고절차를 거치지 않고도 특정 사업부문

14) 이 판결은 항소심에서 그대로 인정된 후(서울고등법원 2006. 9. 22. 선고 2006나33021 판결) 대법원에 상고되었으나 심리불속행 기각되었다(대법원 2007. 1. 25. 선고 2006다66968 판결).

을 폐지할 수 있는 효과를 거둘 수 있으며, (iii) 분할의 경우 실질적 측면에서 사용자의 변경과 차이가 크지 않으므로 근로자의 의사가 적절히 반영되도록 하는 것이 근로관계의 전속성에 합치하고, (iv) 분할의 효과는 근로관계의 포괄승계를 가져오므로 특정 승계인 영업양도와 달리 법률에 의한 포괄승계의 효력에 우선권을 부여하는 것이 민사상 법률관계체계에 합당하다는 점들을 제시하였다.

또한 승계대상인 근로자에게 거부권 행사에 필요한 상당한 기간을 부여함으로써 거부권을 실질으로도 보장해야 함을 밝혔다. 거부권 행사에 필요한 상당한 기간과 절차적 요건에 대해서는 별도의 객관적인 기준을 제시하고 있지 않지만, (i) 회사의 공고가 해당 근로자에게 도달했다는 증명이 없고, (ii) 해당 근로자 전원에게 개별 통지하였다고 주장되나 일부만이 휴대전화 문자메시지를 받았음이 인정될 뿐이며, (iii) 거부권 행사기간의 대부분이 공휴일 내지 휴무일이어서 근로자들이 공고문에 접근하기 어려운 것으로 보이고, (iv) 위와 같은 상황에서 거부권 행사기간을 10. 2.부터 10. 10.까지로[15] 정한 것은 거부권 행사 여부를 결정하기에 사회통념상 현저히 짧은 것으로서 무효라고 보아야 하며, 따라서 해당 근로자들이 위 기간 이틀 후인 10. 12.까지 전적 부동의서를 제출하여 취한 거부권 행사는 적법하다고 판시하였다.[16]

이 판결은 종전의 입장, 즉 전적 법리를 유추적용하여 개별 근로자의 동의를 승계의 요건으로 보던 입장을 뒤집고 회사분할에 대한 독자적인 법리로서 원칙적으로 근로관계의 포괄적 승계를 인정하되 탈

15) 도합 9일이지만 공휴일과 특별휴무일 2일을 빼면 5일에 불과하였다.

16) 이 판결은 항소심에서도 그대로 인정된 후(서울고등법원 2009. 5. 22. 선고 2008누28648 판결) 대법원에 상고되었으나 심리불속행 기각되었다(대법원 2009. 9. 24. 선고 2009두9796 판결).

법적이거나 우회적인 경영상 해고를 방지하고 근로자의 자기결정원리를 존중하기 위해 근로자의 거부권을 실질적으로 보장할 것을 요구하는 새로운 입장을 제시한 것으로서 학계와 실무계의 큰 관심과 지지를 받았다.[17)]

(3) 서울행정법원 2010. 6. 17. 선고 2009구합 52028 판결

이 판결의 사안은 주식회사 현대에이치앤에스(현재 사명 현대그린푸드)가 법인사업부문을 분할하면서 해당 근로자들에게 고용승계 및 근로조건 유지 등에 관한 사전설명회를 개최하고 분할승인 주주총회 직후 전 직원을 상대로 조직변경사항을 공지하자 해당 근로자들이 부당한 소속변경이라면서 부당전적의 취소를 구한 사건이다.[18)]

이 사건에서 법원은 회사분할에 따른 근로관계의 이전을 전적에 해당하는 것으로 보고 특별한 사정이 없는 한 근로자의 동의를 얻어야 한다는 위 2006년 판결의 입장으로 다시 돌아갔다. 이 판결에 의하면 근로자의 동의가 있었는지 여부는, 먼저 (i) 과거에 전적의 관행이나 포괄적인 사전동의가 있었는지를 판단한 후 해당 사항이 없으면, (ii) 해당 근로자의 명시적 또는 묵시적인 개별 동의가 있었는지를 판단하는 순서에 따르게 된다. 법원은 위 (i)항과 관련하여, 회사가 소속된 그룹이 2001년부터 2008년까지 수차례 회사분할을 실시하여 해당 사업부

17) 이러한 입장은 앞에서 소개한 일본의 근로계약승계법과도 큰 틀에서 궤를 같이한다. 실제로 이 판결에서는 사건에 대한 관련 규정의 하나로서 민법과 상법 외에도 일본의 근로계약승계법을 거시하고 주요 조항들을 자세하게 기재하고 있다.

18) 서울지방노동위원회 초심에서는 회사의 주장이 인용되었으나 중앙노동위원회 재심에서는 근로자의 주장이 인용되었다.

문 근로자들을 전적조치하면서 그때마다 근로자들로부터 개별적인 동의를 받은 바는 없고 취업규칙과 인사규정 등에 근로자를 계열회사로 인사이동시킬 수 있는 규정을 두고 있으나, 이와 같은 사유만으로 원고회사가 전적에 관한 사항을 명시하여 근로자의 포괄적인 사전동의를 얻은 것이라거나 회사 소속 근로자들 대부분 사이에 근로자의 동의 없는 계열사 간 전적이 인사교류의 관행으로 확립되어 있다고 인정하기에는 부족하다고 보았다. 다음으로 위 (ii)항과 관련해서는, 근로자들을 상대로 한 설명회와 공지만 이루어졌을 뿐 정작 소속변경되는 근로자들에 대한 개별적인 인사명령이나 개별 통지는 없어서 해당 근로자들이 회사분할 후 1개월 후에야 노동부의 고용보험피보험자격신고사실통지서를 통해 비로소 자신의 소속변경을 공식적으로 확인하고 뒤늦게 회사에 이의신청서를 제출할 수 있었다면 비록 근로자가 노동위원회에 대한 부당전적 구제신청이 있기 전까지 약 2개월간 신설법인에 근무한 것으로 되어 있다고 하더라도 이를 두고 근로자의 묵시적 동의가 있었다고 보기 어렵다고 판단하였다.[19]

19) 이에 대한 항소는 기각되었지만 서울고등법원은 원심과 달리 2008년 판결의 입장, 즉 거부권설로 입장을 바꾸었다(서울고등법원 2011. 1. 19. 선고 2010누21732 판결). 그후 상고심에서 대법원은, 회사가 미리 근로자의 이해와 협력을 구하는 등 절차적 정당성을 갖춘 경우라면 근로관계는 해당 근로자의 동의를 받지 못한 경우라도 신설회사에 승계되는 것이 원칙이고, 다만 해고의 제한 등 근로자 보호를 위한 법령 규정을 잠탈하기 위해 이용되는 등 특별한 사정이 있는 경우에는 근로자에게 거부권이 인정된다는 입장을 취하였다. 그리고 원심의 판단은 전후 사정과 무관하게 근로자가 거부권을 행사하기만 하면 근로관계가 승계되지 않는다는 잘못된 전제하에 내려진 것이라면서 원심판결을 파기환송하였다(대법원 2013. 12. 12. 선고 2011두4282 판결). 이 대법원 판결은, 기존의 거부권설 입장에서 한 발 더 나아가, 근로자의 거부권을 일률적으로 인정하지 않고 회사분할이 해고의 제한 등 근로자 보호법령의 잠탈 목적으로 이용되는 등 특별한 사정이 있는 경우에만 거부권을 인정함으로써, 현재까지의 판결 중 기업조직 재편의 필요성이라는 사용자

이 판결은 근로자의 보호에 충실한 것으로 평가되고 있으나 한편으로 상법상 부분적 포괄승계라는 법정효과가 인정되는 회사분할의 특수성이 충분히 인정되지 않았고 특정 승계인 영업양도에 대해서도 대법원이 원칙승계설을 취하고 있는 것에 비추어 볼 때에도 균형상 부적절한 것 아닌가라는 비판도 있다.

3. 실무상 고려사항

위와 같이 관련 판결들이 2년마다 동의권설에서 거부권설로, 다시 거부권설에서 동의권설로 입장을 바꾸고 있는 것은 법원이 이 쟁점에 대해 아직까지도 목하 고민 중임을 여실히 보여 준다. 종국적으로는 보완입법 내지 판례확립이 요구되는 사항이다. 사견으로는 거부권설에 따른 2008년 판결의 입장이 쟁점을 둘러싼 상법적 관점과 노동법적 관점의 대립 그리고 근로관계 존속 측면의 관점과 자기결정권 측면의 관점의 대립을 최대한 조화롭게 해결함에 있어서 법리상으로나 현실적으로 비교적인 장점을 가지고 있다고 보인다. 이러한 입장을 취할 경우 일본의 근로관계승계법은 그 구체적인 해석과 적용과정에서 유용하게 참고될 수 있을 것이다.

다만 순수한 법해석론에 있어서 다소간의 차이가 있을지라도 적어도 실무상의 측면에서 보면 동의권설을 취하든 거부권설을 취하든 현실적으로 큰 차이는 없을 것으로 보인다. 사전에 동의서를 징구한다면 원칙적으로 문제가 없을 것이고, 거부권/이의신청권 방식을 취하

의 이익 보호에 가장 가까운 거리를 두고 있다. 파기환송에 따른 심리 · 판단은 현재 원심법원인 서울고등법원에 계류 중이다.

더라도 거부권/이의신청권 행사의 합리적인 기회가 부여되고 권리행사를 통한 근로자의 자기결정이 존중된다면 동의권설에 기하더라도 명시적 또는 최소한 묵시적 동의가 존재하는 것으로 해석될 수 있을 것이기 때문이다. 이를 위해서는 우선 분할계획서 등에 근로관계 승계 여부 및 승계대상 근로자의 범위를 기재하고 관련 근로자(승계대상 근로자는 물론 승계대상 사업부문에 종사하지만 승계대상이 아닌 근로자)에게 거부권/이의신청권 행사의 기회를 부여할 필요가 있다.[20] 이를 위해서는 일반적인 공고만으로는 부족하고 관련 근로자에 대한 개별 통지가 이루어져야 하며 통지의 내용에는 근로관계 승계 여부 및 거부/이의신청기간 등 주요 정보들이 포함되어야 한다. 거부/이의신청기간은 늦어도 분할절차 종료 전에 만료되도록 해야 근로자의 권리행사가 실질적으로 보장될 수 있을 것이며 회사 입장에서도 인력의 수급전망과 위험요소를 사전점검하고 분할 이후의 인력이탈 및 분쟁을 최소화할 수 있을 것이다. 이의신청기간은 당시의 여건과 관련 당사자들의 이해관계를 종합적으로 고려해서 정해야 하겠으나, 일반적으로 볼 때 통지 후 최소 2주 이상이 되도록 정함[21]이 바람직하다고 생각된다.

---

20) 다만 승계대상 사업부문에 종사하지 않는 근로자를 승계시키는 경우에는 여전히 전적명령과 동일한 효과를 가져올 수 있으므로 거부권/이의신청권이 아닌 근로자의 명시적인 동의를 받아 두는 것이 안전할 것이다.

21) 거부권설을 취한 2008년 판결에서 무효로 판단된 거부권 행사기간(총 9일이지만 공휴일과 특별휴무일을 빼면 5일에 불과), 동의권설을 취한 2010년 판결에서 근로자들이 소속변경을 공식확인한 후 회사에 이의신청서를 제출한 시기(5월 초에 확인 후 5월 14일에 제출), 일본 근로관계승계법상 통지일과 이의신청기한일 간의 최소 법정기간(13일), 상법상 회사분할시 분할계획서 등 분할관계서류를 공시해야 하는 기간(분할승인 주주총회일 2주 전부터 개시) 등을 볼 때, 통지 후 최소 2주 이상이 되도록 하는 것이 적절할 것으로 보인다.

VI. 관련 이슈

1. 거부권 행사를 이유로 한 정리해고 우선대상자 선정

피분할회사가 분할 완료 후에 경영상 필요에 따라 근로기준법에 따른 정리해고를 실시하는 경우, 과거 분할승계를 거부했던 근로자들을 우선적인 해고대상자로 선정할 수 있을까? 이를 직접 다룬 판례는 보이지 않으나 대법원은 영업의 일부 양도 후 경영상 필요에 따라 과거 양도에 따른 승계를 거부한 근로자들을 우선적인 해고대상자로 선정한 것은 정당하다고 판시한 바 있다.[22] 그러나 그러한 선정 조치가 회사의 취업규칙에 부합한다는 설명 외에는 그 정당성 인정의 판단기준을 제시하고 있지는 않다. 위 판결에 의하면 회사분할 등 사업이전의 효용성을 도모할 수 있지만 근로자의 거부권 행사의 자유가 유명무실화될 수 있다.

사견으로는, 근로관계의 존속 보호를 상쇄할 정도의 다른 객관적인 이유가 있어서 근로관계의 승계를 거부한 경우라면 거부권 행사만을 근거로 우선적인 해고대상자로 선정할 수는 없다고 본다. 객관적인 이유를 넘어 정당한 이유의 존재까지 요구하는 것은 무리일 것이다. 만약 거부권 행사가 민법상 신의성실원칙에 위반하는 것이었다면 거부권 행사의 무효를 근거로 소속변경을 명하거나 우선적 해고대상자로 선정할 수 있을 것이다. 참고로 일본의 경우 앞서 본 후생노동성 고시지침에서 근로자의 이의신청을 이유로 해고 기타 불이익한 취급을 해서는 아니됨을 정하고 있고, 독일의 경우에는 근로자의 거부권 행

22) 대법원 2000. 10. 13. 선고 98다11437 판결.

사에 객관적 사유가 없었다면 우선적 해고대상자로 선정할 수 있다는 것이 판례와 다수설의 입장이다.[23)]

2. 회사분할과 단체협약 승계의 문제

회사분할로 개별적 근로관계가 승계되는 경우 기존의 단체협약에 포함된 근로조건 등 근로관계사항들도 승계되는지 문제될 수 있다. 단체협약은 회사와 노동조합 양 당사자 간의 권리의무사항(채무적 부분)뿐만 아니라 근로조건 기타 개별 근로자의 대우에 관한 사항(규범적 부분)도 포함하고 있기 때문이다.

학설들은 대체로 영업양도의 경우에 준해 판단하려는 것으로 보이는데, 영업양도의 경우에 대해서는 합병의 경우와 같이 포괄승계된다는 입장, 단체협약 자체는 승계되지 않지만 단체협약 중 규범적 부분의 내용이 개별적 근로관계의 내용으로 화체된다는 입장, 양수도 당사자 간에 별도 의사표시가 없고 대부분의 근로자가 이의 없이 근속하는 경우에는 단체협약이 승계된다는 입장 등이 보인다. 판례로는 영업양도시 개별적 근로관계뿐만 아니라 집단적 근로관계 역시 원칙적으로 승계되므로 단체협약상의 권리의무는 당연 승계된다고 판시한 하급심 판례가 있다.[24)] 한편 영업양도와 분할에 적용되는 독일 민

23) 박종희, 앞의 논문(주 7), 263-265면.

24) 서울지방법원 남부지원 1998. 11. 24. 선고 98가단28156 판결. 다만 이 판결의 사안은 양도회사의 2개 영업부문 중 A영업부문의 국내생산이 중단되고 그 소속 근로자들 역시 전부 B영업부문으로 배치전환된 상태에서 양도회사의 사실상 유일한 사업부문이던 B영업부문을 양도한 것으로서 실질적으로는 영업 전부의 양도에 해당하는 것으로 보인다. 따라서 동 판결을 영업 전부 양도의 경우에 적용하는 것은 몰라도, 영업의 일부 양도나 분할의 경우에까지 그대로 적용하기에는 무리가 있다고 본다.

법 제613조 a는 기존 협약의 규범적 부분이 신사업주와 근로자 간의 근로관계의 내용으로 전환되어 존속하는 것으로 규정하고 있고, 일본의 근로계약승계법 제6조는 피분할회사가 분할계획서 등에 단체협약 중 승계되는 부분을 기재할 수 있다고 하면서 단체협약 중 채무적 부분에 대해서는 회사와 노동조합 간에 분할계획서 등의 기재에 따라 승계시킨다는 합의가 있을 경우 승계되고 규범적 부분에 대해서는 해당 노동조합 조합원인 근로자와 회사 간의 근로계약이 승계될 경우 설립회사 등과 해당 노동조합 사이에 동일한 내용의 단체협약이 체결된 것으로 보고 있다.

분할계획서 등을 통해 분할당사자와 노동조합 간에 승계합의가 이루어진 경우에는 당연히 단체협약이 승계될 것이나, 분할당사자 중 일방이 승계를 명시적으로 거부하거나 승계 여부에 대한 정함 자체가 없는 경우에는 3면 합의의 흠결로 인해 단체협약이 그대로 승계된다고 볼 수 없을 것이다.[25] 그러나 이러한 경우에도 단체협약 그 자체의 승계가 단절된다는 것일 뿐, 기존 단체협약 중 규범적 부분의 내용은 근로관계의 내용으로 전환 또는 화체되거나 승계의 내용으로 원용될 수 있거나 묵시적 의사표의 합의가 추정되는 방식으로 그 효력이 존속한다는 데 대부분의 학설들이 입장을 같이하고 있다.[26] 단체협약 중 채무적 부분의 취급은 이 글의 주제를 넘는 이슈지만, 원칙적으로 분할계획서 등에 분담비율이 기재되어 있으면 이에 의하고 기재가 없는 경우에는 상법 제530조의9(분할 및 분할합병 후의 회사의 책임)를 유추

25) 박종희, “기업변동과 집단적 노사관계의 법리,” 노동과 법 제1호(2001. 3), 전국금속산업노동조합연맹 법률원, 71면.

26) 김형배, 노동법, 박영사, 2008, 518-522면 ; 하경효, “기업의 구조조정과 단체협약, 노사협정 및 취업규칙의 효력,” 기업의 구조조정과 노동법적 과제, 한국노동연구원, 1998, 177면 ; 박종희, 앞의 논문(주 25), 73면 등.

적용하는 것이 적절해 보인다. 종국적으로는 별도의 입법이나 판례 형성이 필요한 사항이다.

3. 회사분할과 취업규칙의 효력

분할이나 영업양도 등 사업변동으로 인해 근로관계가 승계되는 경우 취업규칙 중 근로조건과 관련된 부분은 근로계약의 내용으로 화체되어 승계된다는 점에 대해 학설들도 대체로 일치하는 것으로 보인다. 판례는 영업양도 등에 의해 근로계약관계가 포괄적으로 승계된 경우 취업규칙 역시 당연히 승계되는 것으로 보고 있으나 구체적인 판단근거는 제시하지 않고 있다.[27] 이에 의하면 하나의 사업장 내에 사실상 복수의 취업규칙이 병존하게 될 수 있는데, 대법원은 이러한 병존 가능성을 인정하고 있다.[28] 이에 대해서는 취업규칙의 불이익변경이 현실적으로 용이하지 않아 상이한 근로조건이 하나의 사업조직 내에 장기간 상존하게 될 수 있다는 점을 들면서 사회통념상 합리적인 기준에 따라 불이익변경의 예외적인 경우를 인정함으로써 취업규칙의 통합 가능성을 열어 주는 입법정책적인 고려가 필요하다는 의견이 있다.[29]

---

27) 대법원 1995. 12. 26. 선고 95다41659 판결 ; 대법원 1997. 12. 26. 선고 97다17575 판결.

28) 대법원 1992. 12. 22. 선고 91다45165 판결.

29) 노동부, 앞의 보고서(주 2), 97면.

13

회사분할과 세법*

-적격분할요건을 중심으로-

전오영** · 강우룡***

I. 서론

회사분할은 일반적으로 합병에 반대되는 제도로서, 어느 한 회사의 적극 · 소극재산의 전부 또는 일부가 분리되어 적어도 하나 이상의 신설 또는 기존 회사에 포괄적으로 승계되고, 재산을 분리한 회사 또는 그 주주가 해당 재산을 승계취득한 회사로부터 재산 이전의 대가로 그 회사의 주식을 교부받는 조직법상의 행위를 말한다.[1] 회사분할의 형태는 분할법인이 소멸하는가의 여부, 분할출자를 받는 회사가 존속중인 회사인가 아니면 신설되는 회사인가 등에 따라 여러 가지 종

* 이 논문은 BFL 제49호(2011. 9)에 게재된 글을 수정 · 보완한 것이다.

** 법무법인(유) 화우 변호사

*** 법무법인(유) 화우 회계사

1) 김완석, 법인세법론, 광교이택스, 2009, 451면 ; 손주찬/정동윤, 주석 상법 II(회사 IV), 568-569면 ; 이철송, 회사법강의, 제17판, 박영사, 2009, 883면.

류[2)]가 있으나, 상법은 분할법인이 소멸하느냐 여부에 관하여는 명문의 규정을 두고 있지 아니하고, 분할출자를 받는 회사가 신설회사인가 아니면 존속회사인가에 따라 전자를 (i) 분할이라 하고, 후자를 (ii) 분할합병으로 구분하는 외에, 분할 후 재산 이전의 대가로 교부받는 주식의 귀속 주체와 관련하여 분할법인이 그 주식을 모두 취득하는 경우를 (iii) 물적분할이라는 제3의 형태로 인정하고 있다.[3)]

회사분할에 대한 과세의 핵심은 분할에 따른 자산의 소유권 이전을 과세의 기회로 삼아야 할지의 여부에 있다고 할 것이다. 자산의 소유권 이전은 해당 자산에 내포되어 있던 미실현이익을 실현시키는 사건으로서 조세법의 일반 원칙에 비추어 볼 때 이를 과세의 기회로 삼는 것은 당연하다고 볼 수 있을 것이나, 회사분할에 있어서도 이러한 일반 원칙이 무조건적으로 적용된다면 분할을 통한 구조조정이 저해되어 상법에서 분할제도를 도입한 취지에 역행하는 문제가 발생하게 된다. 그렇다고 하여 조세법상 회사분할을 무조건적으로 과세의 기회로 보지 않는다면, 회사분할이 조세회피의 수단으로 남용되는 문제가 발생하게 된다.

따라서 회사분할에 대한 조세정책은 조세의 중립성 제고 측면에서 정상적인 회사분할에 대해서는 조세 문제가 장애요인이 되지 않도록 하는 한편, 조세회피방지의 측면에서는 조세회피를 목적으로 하는 회사분할에 대해서는 적극적으로 과세를 하는 방향으로 수립되어야 할

2) 상법은 분할의 형태에 따라 관련된 회사에 관하여 '분할되는 회사', '분할 또는 분할합병에 의하여 설립되는 회사', '분할합병의 상대방 회사'라는 용어를 사용하고 있고, 법인세법은 '분할법인', '분할신설법인', '분할합병의 상대방 법인', '소멸한 분할합병의 상대방 법인'이라는 용어를 사용하는 등 통일되어 있지 않으나, 본고에서는 법인세법의 용례에 따라 사용하기로 한다.

3) 임승순, 조세법, 박영사, 2011, 666면.

것이다.

이러한 취지에서 현행 법인세법은 법정요건을 충족하는 분할(이하 '적격분할')에 한하여 (i) 자산양도차익이 없는 것으로 의제하여 분할 시점에 과세를 하지 않고 향후 분할신설법인이 해당 자산을 양도 또는 상각하는 시점에 법인세 과세가 이루어지도록 하고, (ii) 분할법인의 주주에 대해서는 분할신주의 가액을 구주의 가액과 동일하게 평가하도록 하여 분할 시점에 의제배당에 대한 법인세 및 소득세를 과세하지 않고 향후 해당 주주가 주식을 양도하는 시점에 법인세 및 소득세 과세가 이루어지도록 하며, (iii) 그 외 자산의 소유권 이전과 관련하여 발생할 수 있는 조세 문제(취득세 · 증권거래세 등)가 발생하지 않도록 규정하는 반면, 적격분할 외의 분할에 대해서는 위 특례규정의 적용을 배제하여 통상적인 자산양도와 마찬가지로 과세가 이루어지도록 하는 과세체계를 갖추고 있다.

결국 법인세법상 적격분할[4]의 요건은 회사분할을 정상적인 것과 조세회피를 목적으로 하는 것으로 구분하는 기준으로서 그 의미가 있다 할 것인바, 본고에서는 먼저 세법상 회사분할에 대한 과세체계를 간략하게 살펴보고, 그중 과세특례를 부여하고 있는 적격분할의 요건이 회사분할에 대한 조세정책의 목적인 조세의 중립성 제고 및 조세회피방지의 측면에서 어떠한 문제점을 가지고 있는지를 검토하고자 한다.

4) 상법 및 조세법은 분할과 분할합병을 같이 규율하고 있으나, 분할합병은 합병을 수반하므로 조세법적 측면에서 분할 고유의 과세 문제를 분석하는 데에는 적합하다고 볼 수 없으므로 본고에서는 순수분할에 한정하여 검토하기로 한다.

II. 조세법상 분할과세체계 및 적격분할의 요건

1. 조세법상 분할에 대한 과세체계

(1) 자산양도차익에 대한 과세(분할법인)

법인세법은 내국법인이 인적분할방식에 따라 분할하는 경우 분할한 사업부문의 자산을 분할신설법인에게 양도한 것으로 보아 이로 인하여 발생한 양도손익(분할법인이 분할신설법인으로부터 받은 양도가액-분할법인의 분할한 사업부문의 분할등기일 현재의 순자산 장부가액)을 분할등기일이 속하는 사업연도의 소득금액을 계산할 때 익금 또는 손금에 산입하도록 규정하고 있는 한편(법인세법 제46조 제1항, 제46조의5 제1항), 적격분할의 경우에는 위 양도손익 계산시 양도가액을 순자산 장부가액으로 보아 양도손익이 없게 함으로써 양도손익에 대한 과세를 사실상 분할신설법인이 해당 자산을 처분 또는 상각하는 시점까지 이연시켜 과세[5]하도록 규정하고 있다(법인세법 제46조 제2항, 제46조의5 제2항).

한편 내국법인이 물적분할방식에 따라 분할하는 경우로서 적격분할의 요건을 충족하는경우 분할신설법인으로부터 취득한 주식의 가액 중 자산 양도차익에 상당하는 금액은 압축기장충당금을 설정하는 방식으로 손금에 산입할 수 있다(법인세법 제47조 제1항).

5) 김성균, "개정 법인세법의 회사분할 세제 관련 검토," 중앙법학 제12집 제4호(2010. 12), 중앙법학회, 337면.

(2) 분할매수차손익에 대한 과세(분할신설법인)

법인세법은 분할신설법인이 인적분할로 분할법인의 자산을 승계한 경우에는 그 자산을 분할법인으로부터 분할등기일 현재의 시가로 양도받은 것으로 보고, 분할신설법인은 분할법인에 지급한 양도가액이 분할법인의 승계대상 순자산시가에 미달하거나(양도가액-순자산시가 < 0) 초과하는 경우(양도가액-순자산시가 > 0) 동 차액을 분할매수차익 또는 분할매수차손으로 하여 분할등기일로부터 5년간 균등분할하여 익금 또는 손금[6]에 산입하도록 규정하고 있다(법인세법 제46조의2 제2항, 제3항). 반면 적격분할의 경우 분할신설법인은 분할법인의 자산을 장부가액으로 양도받은 것으로 하여 분할매수차익 또는 분할매수차손을 인식하지 않을 수 있고, 다만 승계받은 자산의 시가와 장부가액의 차이는 자산조정계정으로 계상하여 두었다가, 장래 해당 자산을 처분 또는 감가상각하는 방법으로 미실현이득이나 손실이 실현될 시점에 과세상 반영하여 그 금액에 대한 법인세를 추가 부담 또는 감액받게 된다(법인세법 제46조의3).

법인세법은 물적분할의 경우 인적분할과 달리 분할신설법인이 분할법인으로부터 승계한 자산은 해당 분할이 적격물적분할에 해당하는지의 여부와 관계없이 시가를 그 취득가액으로 하도록 규정하고 있다(법인세법 시행령 제72조 제2항 제3호 나목).

6) 분할매수차손을 손금산입하기 위하여는 "분할신설법인 등이 분할법인 등의 상호·거래관계, 그 밖의 영업상의 비밀 등에 대하여 사업상 가치가 있다고 보아 대가를 지급한 경우"라는 추가적인 요건이 필요하다(법인세법 시행령 제82조의3 제2항).

(3) 적격분할의 사후관리규정 위배에 따른 과세

1) 인적분할의 경우(분할신설법인)

법인세법은 인적분할시 적격분할로서 분할법인에게 양도차익에 대한 과세가 이루어지지 않은 경우 분할신설법인은 분할법인의 자산을 단순히 장부가액으로 양도받은 것으로 보되(법인세법 제46조의3 제1항), 분할등기일이 속하는 사업연도의 다음 사업연도 개시일부터 2년 이내에 (i) 분할신설법인이 분할법인으로부터 승계받은 사업을 폐지하거나, (ii) 분할법인의 지배주주가 분할신설법인으로부터 받은 주식을 처분하는 경우(부득이한 사유의 경우는 제외)에는 동 사유가 발생한 날이 속하는 사업연도의 소득금액을 계산시 양도받은 자산의 장부가액과 시가와의 차액(시가가 장부가액보다 큰 경우만 해당)을 익금에 산입하고, 분할신설법인이 분할법인에게 지급한 양도가액과 분할법인의 승계대상 순자산시가와의 차액을 위 사유가 발생한 날부터 분할등기일 이후 5년이 되는 날까지 익금 또는 손금에 산입[7]하도록 규정하고 있다(법인세법 제46조의3 제3항, 제4항).

즉 인적분할시 적격분할의 경우 분할법인에게 과세대상이 되는 양도차익이 발생하지 않도록 분할법인이 자산을 장부가액으로 양도한 것으로 보는 것에 대응하여 분할신설법인 역시 분할법인의 자산을 장부가액으로 승계한 것으로 보고, 다만 위에서 본 사후 관리요건에 해당하는 사유가 발생하는 경우에는 분할신설법인에 대하여 분할법인

7) 사유발생일이 속하는 사업연도에 승계대상 순자산시가와 양도가액과의 차액을 전액 익금(분할매수차손의 경우) 또는 손금(분할매수차익의 경우)에 산입한 후, 동 익금 또는 손금에 산입한 금액을 분할등기일로부터 5년이 되는 날까지의 기간에 걸쳐 손금(분할매수차손) 또는 익금(분할매수차익)에 산입한다.

으로부터 승계한 자산의 시가와 장부가액과의 차액 등(즉 분할법인이 면제받은 자산양도차익에 대한 법인세)에 대해 과세함으로써 당초 분할법인에게 부여한 조세혜택을 박탈하도록 하고 있다.

인적분할의 경우 분할법인이 분할로 인하여 해산하거나 존속할 수 있는데, 법인세법은 사후관리규정 위배에 따른 과세를 분할신설법인에 대해서만 하도록 규정하고 있고 분할법인에 대해서는 분할법인의 해산 여부와 관련 없이 아무런 과세규정을 두고 있지 않다.

2) 물적분할의 경우(분할법인)

법인세법은 물적분할 당시 적격물적분할로서 분할법인의 양도차익을 손금에 산입함으로써 과세가 이루어지지 않았으나, (i) 분할법인이 분할신설법인으로부터 받은 주식의 일부를 처분하거나, (ii) 분할신설법인이 분할법인으로부터 승계받은 자산 중 승계자산(감가상각자산, 토지 및 주식)을 처분하는 경우 (단 분할신설법인이 적격합병되거나 적격분할하는 등의 부득이한 사유가 있는 경우는 제외) 주식 등과 자산의 처분비율을 고려하여 산정된 금액[8]을 분할법인의 익금에 산입하고(법인세법 제47조 제2항), (iii) 분할신설법인이 분할등기일이 속하는 사업연도의 다음 사업연도 개시일부터 2년 이내에 분할법인으로부터 승계받은 사업

8) 직전 사업연도 종료일 현재 압축기장충당금 잔액×〔(1+2)-(1×2)〕(법인세법 시행령 제84조 제3항)

1. 분할법인이 직전 사업연도 종료일 현재 보유하고 있는 분할신설법인 주식 등의 장부가액에서 해당 사업연도에 처분한 분할신설법인 주식 등의 장부가액이 차지하는 비율.
2. 분할신설법인이 직전 사업연도 종료일 현재 보유하고 있는 분할법인으로부터 승계한 자산 중 승계자산(감가상각자산, 토지 및 주식)의 양도차익(분할등기일 현재의 승계자산의 시가에서 분할등기일 전날 분할법인이 보유한 승계자산의 장부가액을 차감한 금액)에서 해당 사업연도에 처분한 승계자산의 양도차익이 차지하는 비율.

을 폐지하거나, (iv) 분할법인이 분할신설법인으로부터 받은 주식 등의 100분의 50 이상을 처분하는 경우(부득이한 사유의 경우는 제외)에는, 당초 손금에 산입한 양도차익 중 위 (i) 및 (ii)의 사유에 따라 익금에 산입하고 남은 금액을 위 (iii) 및 (iv)의 사유가 발생한 사업연도의 소득금액 계산시 익금에 산입하여 과세하도록 규정하고 있다(법인세법 제47조 제3항).

즉 물적분할의 경우 분할법인의 양도차익에 대한 과세이연을 양도가액 조정이 아닌 양도대가인 분할신설법인 주식에 대한 압축기장충당금을 설정하여 손금에 산입하는 방식으로 하고, 이에 대응하여 분할신설법인이 분할법인으로부터 승계한 자산 또한 시가로 승계한 것으로 하되, 위에서 본 사후 관리요건에 해당하는 사유가 발생하는 경우에는 분할법인에 대하여 각 사유의 유형에 따라 분할신설법인의 주식에 대하여 설정한 압축기장충당금을 일부 또는 전부 환입하도록 하여 당초 부여된 과세혜택을 박탈하도록 하고 있다. 물적분할의 경우 분할법인이 분할로 인하여 반드시 존속하게 되는바, 법인세법은 사후관리규정 위배에 따른 과세를 분할법인에 대해서만 하도록 규정하고 있고 분할신설법인에 대해서는 아무런 과세규정을 두고 있지 않다.

(4) 의제배당 과세(분할법인의 주주 – 인적분할)

법인세법은 법인이 인적분할방식에 따라 분할하는 경우 분할법인의 주주가 분할신설법인으로부터 분할로 인하여 취득하는 주식의 가액과 금전 기타 재산가액의 합계액이 그 분할에 의한 소각 등으로 인하여 감소된 주식을 취득하기 위하여 소요된 금액을 초과하는 금액을 분할법인의 주주에 대한 배당금으로 의제하여 과세하도록 규정하고 있다(소득세법 제17조 제1항 제3호, 제2항 제6호, 법인세법 제16조 제1항 제6호).

이 경우 의제배당액을 산정함에 있어 분할로 인해 취득하는 주식의 가액은 시가로 평가하도록 규정하고 있으나, 적격분할의 요건 중 사업영위기간 · 분할대상 · 포괄이전 · 분할대가(보유요건은 제외)요건을 충족할 때에는 감소된 분할법인 주식의 취득가액 또는 장부가액으로 평가하도록 하여 의제배당액이 발생하지 않도록 규정하고 있다(소득세법 시행령 제27조 제1항 제1호 나목, 법인세법 시행령 제14조 제1항 제1호 나목).

(5) 부가가치세 과세(분할법인)

부가가치세법은 재화의 공급을 부가가치세 과세대상으로 규정하고 있으나, 포괄적 사업양도는 예외적으로 재화의 공급으로 보지 않도록 규정하고 있다(부가가치세법 제6조 제6항 제2호, 부가가치세법 시행령 제17조 제2항). 따라서 분할에 의하여 분할법인의 자산이 분할신설법인에게 이전되는 것 또한 부가가치세법상 포괄적 사업양도의 요건을 충족하지 못하는 경우 부가가치세 과세대상 거래라고 보아야 할 것이나, 부가가치세법은 적격분할을 포괄적 사업양도의 범위에 포함시키고 있으므로 적격분할의 요건을 충족하는 경우에는 부가가치세가 과세되지 않는다(부가가치세법 시행령 제17조 제2항 괄호규정).

(6) 취득세 과세(분할신설법인)

지방세법은 부동산 등 취득세 과세대상 자산을 취득하는 자에게 취득세 납세의무를 부여하고 있는바(지방세법 제7조 제1항), 분할신설법인이 분할법인으로 취득세 과세대상 자산을 승계하여 취득하는 경우 원칙적으로는 분할신설법인은 위 지방세법규정에 따라 취득세 납세 의무를 부담해야 한다.

다만 조세특례제한법은 분할신설법인이 적격분할의 요건을 충족한 분할에 따른 재산의 취득에 대해서는 취득세 납세의무를 면제하되, 분할등기일이 속하는 사업연도의 다음 사업연도 개시일부터 2년 이내에 분할신설법인이 분할법인으로부터 승계받은 사업을 폐지하거나, 분할법인의 지배주주가 분할신설법인으로부터 받은 주식의 2분의 1 이상을 처분하는 경우 (부득이한 사유로 처분하는 경우는 제외) 당초 면제한 취득세를 추징하도록 규정하고 있다(조세특례제한법 제120조 제1항 제6호).

(7) 증권거래세 과세(분할법인)

증권거래세법은 주권의 양도를 과세대상으로 하고 있고(증권거래세법 제1조), 주권의 양도란 계약상 법률상 원인에 의하여 유상으로 소유권이 이전되는 것으로 규정하고 있다(증권거래세법 제2조 제3항).

이 경우 분할에 따라 분할신설법인에게 포괄적으로 승계되는 자산 중에 분할법인이 보유하고 있던 주식이 포함되어 이전되는 경우 이러한 주식의 이전을 소유권의 유상이전으로 보아 증권거래세 과세대상으로 볼 수 있는지의 여부와 관련하여, 행정해석은 특례요건을 충족하지 못하는 분할의 경우 과세대상으로 보아야 한다는 입장이었으나,[9] 조세심판원은 분할에 따른 주권의 소유권 이전을 형식적인 소유권 이전으로 보아 증권거래세 과세대상이 아니라고 결정하는 등[10] 논란의

9) 서삼46016-10599, 2002. 4. 13.

10) 조심2008중2456. 2009. 4. 14, 국심2006전913. 2006. 12. 20.

소지가 있었다.

그러나 현행 법인세법상 분할에 따른 자산의 소유권 이전을 양도로 본다고 명시한 이상, 분할에 따른 주권의 소유권 이전은 원칙적으로 증권거래세 과세대상으로 봄이 타당할 것이다. 다만 조세특례제한법은 적격분할에 따라 주식을 양도하는 경우 증권거래세를 면제하도록 규정하고 있으므로(조세특례제한법 제117조 제1항 제14호), 적격분할의 경우 증권거래세 과세 문제는 발생하지 않는다.

(8) 분할에 따른 과세체계 요약

이상에서 살펴본 분할에 따른 주요 과세체계를 표로 정리하여 보면 다음과 같다.

〈표 1〉 분할에 따른 주요 과세체계

구분		인적분할		물적분할	
		적격	비적격	적격	비적격
분할법인	자산양도차익에 대한 법인세 〔(양도가액 - 장부가액)×11~24.2%〕	×	○	×	○
	자산양도에 따른 부가가치세 〔양도가액×10%〕	×	△	×	△
	주식양도에 따른 증권거래세 〔주식양도가액×0.5%(0.3%)〕	×	○	×	○
분할신설법인	분할매수차익에 대한 법인세 〔(양수자산의 시가 - 양수대가)〕×11~24.2%	×	○	×	×
	자산취득에 따른 취득세 〔취득가액×4.6%〕	×	○	×	○
분할법인 주주	의제배당 관련 법인세 · 소득세 〔(신주식의 가액 - 구 주식가액) ×11~24.2%(6.6~41.8%)〕	×	○	×	×

2. 조세법상 적격분할의 요건

과세특례가 부여되는 적격분할에 관하여는 법인세법에서 그 요건을 구체적으로 규정해 두고, 소득세법 · 부가가치세법 · 지방세법 등 다른 법에서는 법인세법상 적격분할의 요건을 그대로 따르는 형식을 취하고 있다. 법인세법은 인적분할(존속분할 · 소멸분할) 및 물적분할을 별도로 규정하고 있으나, 이러한 분할 형태의 구분과 관계없이 적격분할의 요건으로 (i) 사업영위기간요건, (ii) 분할대상요건, (iii) 포괄승계요건, (iv) 단독출자요건, (v) 분할대가요건, (vi) 사업계속성요건을 동일하게 규정하고 있다(법인세법 제46조 제2항, 제46조의5 제2항, 제47조 제1항).

(1) 사업영위기간요건(법인세법 제46조 제2항 제1호 본문)

분할법인은 분할등기일 현재 **5년 이상 사업을 계속하던 내국법인**이어야 한다. 이는 분할법인이 5년이라는 장기간에 걸쳐 계속하여 사업을 영위한 법인이라면 해당 사업에 중대한 영향을 줄 수 있는 분할을 오로지 조세회피의 목적으로 한다고 보기 어렵다는 측면에서 진정한 사업목적에 기한 분할의 경우로 보아 과세특례를 부여하겠다는 취지를 반영한 규정이다.[11)]

위 규정은 사업영위 기간을 분할법인단위로 규정하고 있을 뿐, 사업부문단위로 규정하고 있지 않다. 따라서 위 규정을 엄격하게 해석할 경우 분할법인 자체가 5년 이상 사업을 영위한 경우라면, 분할 당시 사업부문별로 사업영위기간이 5년이 되지 않은 사업부문이 있다

11) 황남석, "주식회사 분할의 과세에 관한 연구," 서울시립대학교 박사학위논문, 2010. 8, 35면.

고 할지라도 위 요건을 충족하는 데 별다른 문제가 없다.

다만 행정해석은 분할법인이 분할등기일 이전에 다른 법인을 합병한 경우에는 합병에 따라 추가된 사업부문을 분할하는 경우 분할법인의 사업영위기간의 계산은 분할법인의 사업영위기간과 피합병법인의 사업영위기간을 합산하여 계산해야 한다는 입장을 취하고 있는바,[12] 그 취지가 마치 사업부문별로 사업영위기간을 판단하여야 하는 것으로 해석될 여지가 있으나, 명확하지는 않다.

(2) 분할대상요건(법인세법 제46조 제2항 제1호 가목)

분할대상은 분할하여 **사업이 가능한 독립된 사업부문**이어야 한다. 이는 적격분할의 대상을 경제적 실질상 기존 사업의 계속성 및 동일성이 유지되는 분할로 제한함으로써 개별 자산을 분할대상으로 할 경우 이루어질 수 있는 조세회피행위를 방지하기 위한 취지에서 둔 규정이다.

위 규정상 분할대상 사업부문이 독립하여 사업을 영위할 수 있을 것이라는 요건은 실질적으로 사업부문과 개별 자산을 구분 짓는 핵심적인 요소로서 엄격하게 해석함이 타당하다. 이는 분할대상이 투자주식이라고 하여 달라질 이유가 전혀 없으므로 분할대상이 투자주식 및 그와 관련된 자산과 부채인 경우 동 부분의 사업 가능성 여부는 투자주식의 보유목적, 투자규모, 피투자회사에 대한 지배력 등을 종합적으로 판단하여 해당 분할대상부분이 법률상 지주회사에 해당할 수 있거나, 최소한 지주회사에 준하는 역할을 할 수 있는 경우에 한하여 인정

12) 법인-1289, 2009. 11. 17, 서면2팀-1103, 2006. 6. 14.

하는 것이 타당할 것이나, 법인세법 기본 통칙은 투자주식 및 그와 관련된 자산과 부채만을 분할대상으로 하는 분할의 경우에는 특별한 제한 없이 위 요건을 충족한 것이라는 입장을 취하고 있다.[13)]

한편 사업부문의 독립성의 의미를 엄격하게 해석할 경우 분할대상 사업부문은 다른 사업과의 관련성이 없어야 할 것을 요구하는 것으로 볼 여지가 있으나, 행정해석은 분할법인이 동일한 사업과 관련하여 수 개의 독립된 사업장을 가지고 있는 경우로서 일부 사업장을 분할하는 경우(동일사업 내의 분할)[14)] 또는 분할법인 내에 원재료를 생산하는 사업부문과 완제품을 생산하는 사업부문이 있는 경우로서 완제품을 생산하는 사업부문을 분할하는 경우(밀접한 관련성이 있는 사업부문의 분할),[15)] 어느 경우나 해당 사업부문은 독립된 사업부문이라는 입상을 취하고 있는 것으로 보아 다른 사업부문과의 관련성 여부는 사업부문의 독립성 여부 판단에 영향을 미치지 않는다고 해석된다.

(3) 포괄승계요건(법인세법 제46조 제2항 제1호 나목)

분할하는 사업부문의 자산 및 부채는 **포괄적으로 승계**되어야 한다(다만 공동으로 사용하던 자산, 채무자의 변경이 불가능한 부채 등 분할하기 어려운 자산[16)]과 부채[17)] 등은 제외한다). 이는 적격분할의 요건 중 **나.분할**

13) 법인세법 기본통칙 46-82…1.

14) 법인-1094, 2009. 10. 1.

15) 서면2팀-1897, 2006. 9. 25.

16) (i) 변전시설 · 배수처리시설 · 전력시설 · 용수시설 · 증기시설, (ii) 사무실 · 창고 · 식당 · 연수원 · 사택, (iii) 기타 물리적으로 분할이 불가능한 공동의 생산시설 및 사업지원시설과 그 부속토지 및 자산(법인세법 시행령 제82조의2 제2항 제1호).

17) (i) 지급어음, (ii) 차입조건상 차입자의 명의변경이 제한된 차입금, (iii) 분할로 인

대상요건의 보완적 규정으로서 적격분할의 대상을 분할대상 사업부문과 관련된 모든 자산 · 부채를 포괄적으로 승계하여 기존 사업의 계속성 및 동일성이 유지되는 분할로 제한함으로써, 승계대상 자산 · 부채를 임의적으로 조정함으로써 이루어질 수 있는 조세회피행위를 방지하기 위한 규정이다.

위 규정상으로는 의무승계대상 자산 · 부채만을 정하고 있을 뿐 의무승계대상이 아닌 자산 · 부채의 승계를 배제하도록 명시하고 있지 않다. 따라서 위 규정에 따를 경우 분할신설법인이 승계대상 사업부문과 관련된 자산 · 부채 외에 해당 사업부문과 관련이 없는 자산 · 부채 등을 승계하더라도 위 요건을 충족한 것으로 보아야 할 것이다.

참고로 법인세법은 물적분할과 유사한 현물출자에 대하여 해당 현물출자에 따라 발생한 양도차익을 손금에 산입하도록 특례규정을 두고 있는바(법인세법 제47조의2), 이에 따르면 출자법인의 사업이 피출자법인에게 승계될 것을 요구하고 있기는 하나 해당 사업과 관련된 모든 자산 · 부채를 포괄적으로 승계하도록 요구하고 있지 않다는 점에서 분할과 차이가 있다.

(4) 단독출자요건(법인세법 제46조 제2항 제1호 다목)

분할법인만의 출자에 의하여 분할하는 것이어야 한다. 이는 적격분할의 대상을 분할법인의 단독출자에 따른 것으로 한정한다는 것으로서 제3자의 출자가 개입될 경우 분할 전후의 동일성 및 계속성이 저해된다는 측면을 고려한 것으로 보인다.

하여 약정상 차입자의 차입조건이 불리하게 변경되는 차입금, (iv) 분할되는 사업부문에 직접 사용되지 아니한 공동의 차입금(법인세법 시행령 제82조의2 제2항 제2호).

반면 법인세법은 물적분할과 유사한 현물출자에 대한 과세특례규정을 적용함에 있어서는 피출자법인에 대한 출자의 방식에 대하여 출자법인의 단독출자로 제한하지 않고, 출자법인과 출자법인의 특수관계인이 아닌 제3자와의 공동출자도 허용하고 있다(법인세법 제47조의2 제1항 제3호).

(5) 분할대가요건(법인세법 제46조 제2항 제2호)

분할법인 등의 주주가 분할신설법인 등으로부터 받은 **분할대가의 전액**(분할합병의 경우에는 80%)**이 주식으로서 그 주식이 분할법인 등의 주주가 소유하던 주식의 비율에 따라 배정**되고 분할법인 등의 지배주주[18]가 분할등기일이 속하는 **사업연도 종료일까지 그 주식을 보유**해야 한다. 다만 분할법인 등의 지배주주가 부득이한 사유로 주식을 처분하는 경우, 즉 (i) 교부받은 분할신주의 2분의 1 미만을 처분한 경우, (ii) 사망하거나 파산하여 주식 등을 처분한 경우, (iii) 적격합병(법인세법 제44조 제2항, 제3항), 적격분할(법인세법 제46조 제2항), 적격물적분할(법인세법 제47조 제1항), 적격현물출자(법인세법 제47조의2 제1항)에 따라 주식 등을 처분한 경우, (iv) 조세특례제한법상 자산의 포괄적 양도(조세특례제한법 제37조), 주식의 포괄적 교환 · 이전(조세특례제한법 제38조), 주식의 현물출자에 따른 지주회사의 설립(조세특례제한법 제38조의2)에

18) 법인의 발행주식총수 또는 출자총액의 1% 이상을 소유한 주주로서 그와 특수관계에 있는 자와의 소유 주식 또는 출자지분의 합계가 해당 법인의 주주 중 가장 많은 경우의 해당 주주를 말하며, 이 경우 친족 중 4촌 이상의 부계혈족과 그 부계혈족의 아내, 분할등기일 현재 분할법인에 대한 지분비율이 1% 이하이면서 시가로 평가한 그 지분가액이 10억 원 미만인 자는 제외한다(법인세법 시행령 제82조의2 제5항, 제43조 제3항).

따라 주식 등을 포괄적으로 양도, 현물출자 또는 교환 · 이전하고 과세를 이연받으면서 주식 등을 처분한 경우, (v) 채무자의 회생 및 파산에 관한 법률에 따른 회생절차에 따라 법원의 허가를 받아 주식 등을 처분하는 경우, (vi) 법령상 의무를 이행하기 위하여 주식 등을 처분하는 경우에는 위 특례요건을 충족한 것으로 본다.

위 규정은 과세특례가 부여되는 적격분할을 분할에 따라 주주 지분율에 변동이 없고 분할법인의 지배주주가 분할신설법인에 대한 지배력을 유지함으로써 분할 전후를 비교하여 법인 지배구조에 실질적인 변동이 없는 분할로 한정함으로써 분할을 통하여 이루어질 수 있는 주주들의 조세회피행위를 방지하기 위한 규정으로서, 예외적으로 분할신주를 처분하더라도 그 처분을 조세회피목적으로 볼 수 없는 경우를 열거하여 이 경우에는 특례요건을 충족하고 있는 것으로 보고 있다.

(6) 사업계속요건(법인세법 제46조 제2항 제3호)

분할신설법인이 분할등기일이 속하는 사업연도의 종료일까지 분할법인으로부터 승계받은 사업을 계속해야 한다. 이는 적격분할의 대상을 경제적 실질상 기존 사업의 계속성 및 동일성이 유지되는 분할로 제한함으로써 폐지대상 사업부문을 분할대상으로 할 경우 이루어질 수 있는 조세회피행위를 방지하기 위한 규정이다.

분할신설법인이 분할법인으로부터 승계한 고정자산 가액의 2분의 1 이상을 처분하거나 사업에 사용하지 아니하는 경우에는 분할법인으로부터 승계한 사업을 폐지한 것으로 본다(법인세법 시행령 제82조의2 제6항, 제80조의2 제6항).

다만 분할신설법인이 (i) 파산함에 따라 승계받은 자산을 처분한 경우, (ii) 적격합병 · 적격분할 · 적격물적분할 또는 적격현물출자에 따라 사업을 폐지한 경우, (iii) 자산의 포괄적 양도에 따라 자산을 장부가액으로 양도하면서 사업을 폐지한 경우, (iv) 채무자 회생 및 파산에 관한 법률에 따른 회생절차에 따라 법원의 허가를 받아 승계받은 자산을 처분한 경우에는 위 특례요건을 충족한 것으로 본다.

III. 법인세법상 특례분할요건에 대한 검토

1. 조세회피방지 측면에서의 검토

(1) 분할을 이용한 조세회피행위

1) 개요

법인세법은 당기순이익이 발생하는 법인과 결손금이 발생하는 법인이 합병을 통해 하나의 법인이 되더라도 이월결손금 및 자산미실현손실에 대하여 관련 사업부문의 소득 내에서만 공제되도록 허용함으로써(법인세법 제45조 제1항, 제3항) 합병 전 발생한 이월결손금 등을 이용한 법인세 회피는 어느 정도 제한되어 있으나, 합병일 이후에 발생한 결손금에 대해서는 이러한 제한을 두고 있지 않으므로, 당기순이익이 발생하는 법인과 결손금이 발생하는 법인이 특수관계에 있는 경우 관계 법인 간의 합병을 이용하여 법인세 과세표준을 줄이는 방법으로 법인세 회피행위를 할 유인이 충분히 있다.

그러나 분할의 경우는 합병과 반대로 하나의 법인을 별도의 법인으로 분리하는 것이므로 예를 들어, 하나의 법인 중 당기순이익이 발생하는 사업부문과 결손금이 발생하는 사업부문을 분할하는 경우 오히려 법인세가 증가하는 효과가 발생하게 된다.

따라서 분할법인은 분할제도를 법인세 회피목적으로 이용할 개연성은 낮다고 할 것이나, 분할법인 주주는 분할을 분할법인 배당 가능이익의 부당인출, 분할법인 주식 평가액 절감 등을 통한 조세회피수단으로 사용할 개연성이 높다고 할 것인바, 아래에서는 인적분할과 물적분할의 경우를 구분하여 각각 어떠한 조세회피행위가 이루어질 수 있는지를 살펴보고 적격분할의 요건이 이러한 조세회피행위의 방지 차원에서 어떠한 문제점이 있는지 살펴본다.

2) 인적분할

① 조세회피행위

인적분할은 다음의 사례에서 살펴보는 바와 같이 배당 가능이익의 부당인출[19]의 수단으로 사용됨으로써 주주들의 조세회피수단으로 사용될 개연성이 높다.

사례 1

갑법인(중소기업)은 5년 이상 사업을 영위한 중소기업으로서 제조업과 도매업을 영위하고 있으나 제조업의 수익성이 좋지 않아 제조업 부문을 매각하여 발생한 이익으로 주주들에게 배당을 하고자 한다. 갑법인의 현재 재무상태표는 다음과 같다.

19) 황남석, "미국 내국세입법상의 회사의 인적분할에 대한 과세연구(상)," 저스티스 통권 제116호(2010. 4), 한국법학원, 222-224면 참조.

〈표 2〉 갑법인의 재무상태표

갑법인			
자산	**400**	**부채**	**100**
제조업자산	100	도매업부채	100
도매업자산	300	**자본금**	**300**
제조업자산 시가	200		
도매업자산 시가	300		

위 사례에 있어서 제조업부문의 매각이익을 주주들에게 귀속시키는 방법은 (i) 갑법인이 제조업부문 자산을 매각하여 발생한 매각이익을 주주들에게 배당하는 방법(방안 1), (ii) 갑법인이 제조업부문을 분할하여 분할신설법인 을을 설립하고 주주들은 분할에 따라 교부받은 을법인 주식을 매각하는 방법(방안 2), (iii) 갑법인이 도매업부문을 분할하여 분할신설법인 을을 설립 분할하고 주주들은 갑법인의 주식을 매각하는 방법(방안 3)으로 구분해 볼 수 있는바, 각각의 경우 법령에

〈표 3〉 세 부담 계산

구분	법인세	소득세	합계
방안 1	(자산양도가액 - 장부가액) × 세율 = (200 - 100) × 24.2% = **24.2**	(매각이익 - 법인세) × 배당가산율 × 세율 - 배당세액공제 = [(100 - 24.2) × 1.11 × 38% - 75.8 × 0.11] × 1.1 = **26**	50.2
방안 2	(자산양도가액 - 장부가액) × 세율 = (200 - 100) × 24.2% = **24.2***	(을법인 주식양도가액 - 취득가액) × 세율 = (200 - 100) × 11% = **11**	35.2
방안 3	-	(갑법인 주식양도가액 - 취득가액) × 세율 = (200 - 100) × 11% = **11**	11

* 주주들이 분할신설법인의 주식을 매각함에 따라 적격분할요건 미충족

따른 관련 법인 및 주주들의 세 부담 및 거래 후 주주의 재산을 계산해 보면 〈표 3〉과 같다.

방안 1과 방안 2는 주주에게 귀속되는 소득 종류에 따른 적용세율의 차이(즉 배당소득에 적용되는 종합소득세율과 주식양도소득에 적용되는 양도소득세율의 차이)에 따라 세부담의 차이가 발생한 것이고, 방안 2와 방안 3의 차이는 제조업부문의 양도에 대한 법인세 과세 여부(즉 적격분할의 경우 자산양도차익에 대한 법인세가 과세되지 않으나 비적격분할의 경우 법인세가 과세되는 차이)에 따른 것임을 알 수 있다.

〈표 4〉 거래 후 주주 재산의 계산

구분	거래 후 법인의 재무상태	거래 후 주주의 재산
방안 1	**갑법인** **자산 400** / **부채 100** 현금 100 / 도매업부채 100 도매업자산 300 / **자본금 300**	세후 배당금＋갑법인 주식가치 ＝49.8＋300 ＝**349.8**
방안 2	**갑법인** **자산 300** / **부채 122** 도매업자산 300 / 미지급세금 22 **자본금 200** **결손금 22** **갑법인** **자산 300** / **부채 122** 도매업부채 100 도매업자산 300 / 미지급세금 24.2 **자본금 200** **결손금 24.2**	세후 을법인 주식양도수익＋갑법인 주식가치 ＝189＋175.8 ＝**364.8**
방안 3	**을법인** **자산 300** / **부채 100** 도매업자산 300 / 도매업부채 100 **자본금 200**	세후 갑법인 주식양도수익＋을법인 주식가치 ＝189＋200 ＝**389**

② 적격분할요건의 문제점 검토

i) 소득별 세율의 차이를 이용한 조세회피행위의 측면

위 사례에 있어서 방안 2에 따른 조세회피행위의 경우 결국 종합소득세율과 양도소득세율의 차이에 따른 것인바, 이러한 차이가 발생하는 원인은 분할법인 주주의 의제배당소득을 계산함에 있어서 분할신주를 구주의 취득가액으로 평가하기 위한 요건에 분할법인 주주의 분할신주의 보유요건을 포함시키지 아니하였기 때문이다. 즉 방안 2에 있어서 분할법인의 주주가 분할신주를 매각함으로써 적격분할의 요건을 갖추지 못하여 자산양도차익에 대한 법인세가 과세되었음에도 분할신주는 여전히 구주의 취득가액으로 평가되어 분할신주의 시가와 구주의 취득가액의 차액을 의제배당으로 과세하지 못하고 주식양도차익으로 과세할 수밖에 없어 이러한 세 부담의 차이가 발생하게 된다.

따라서 이러한 소득별 세율의 차이를 이용한 조세회피행위를 방지하기 위해서는 분할법인 주주의 의제배당소득을 계산함에 있어서 분할신주의 가액을 구주의 취득가액으로 평가하기 위한 요건에 적격분할의 요건과 마찬가지로 분할법인 주주의 분할신주 보유요건을 추가하는 것을 검토할 필요가 있다.

ii) 분할신주의 2분의 1 처분 허용을 이용한 조세회피행위의 측면

위 사례에 있어서 방안 2는 분할법인의 주주가 분할신주를 전부 처분한 경우를 가정한 것으로서 이 경우 적격분할의 요건을 갖추지 못하여 자산양도차익에 대한 법인세가 과세됨에 따라 분할법인의 주주는 적용세율의 차이에 해당하는 조세만을 회피할 수 있는바, 소득세법상 주식양도차익에 대한 양도소득세율은 중소기업에 한하여 10%가 적용되고 그 외의 주식의 경우 20%(일반 법인), 30%(중소기업 외 주

식 중 1년 미만 보유 대주주 주식), 6~33%(부동산과대법인 주식)가 적용되어, 사실상 중소기업으로 그 대상이 제한된다는 점에서 조세회피 유인효과가 크다고 볼 수는 없다.

한편 적격분할의 요건 중 분할법인 주주의 주식보유요건과 관련하여 부득이한 경우에는 이러한 주식보유요건을 충족하지 못하더라도 적격분할의 요건을 충족한 것으로 보고 있는바(법인세법 제46조 제2항 단서), 이와 같이 '부득이한 경우'라는 예외를 둔 취지는 분할신주의 처분사유가 조세회피와 관련성이 없는 경우라면 이를 허용하더라도 분할을 조세회피행위로 악용하는 것을 방지하기 위해 분할법인 주주의 주식보유요건을 둔 입법취지에 반하지 않기 때문인 것으로 보인다.

그런데 법인세법 시행령은 법인세법에서 규정하고 있는 부득이한 경우의 하나로 분할신주의 2분의 1 미만을 처분할 경우를 두고 있는바(법인세법 시행령 제82조의2 제1항 제1호, 제80조의2 제1항 제1호 가목), 위 시행령규정은 모법의 위임범위를 벗어난 무효의 규정[20]으로 볼 소지가 있을 뿐만 아니라, 그 규정의 무효 여부를 떠나(사례 1의 경우) 위 예외요건에 맞추어 분할법인의 주주가 분할신주를 전부 매각하지 않고 교부받은 분할신주의 49.9%만을 처분하고 3년이 경과한 시점에 나머지 주식을 처분한다고 하였을 경우, 주식처분에 따른 이익의 실현이 비록 50% 정도로 제한되기는 하나 적격분할의 요건을 갖추어 자산양도차익에 대한 법인세가 과세되지 않기 때문에 이 경우 조세회피효과는 단지 세율의 차이에 따른 것뿐만 아니라 법인세 효과까지 더해진다는 점에서 그 유인이 상당하므로 위 규정은 조세회피의 수단으로 악용될 소지가 높다.

---

20) 김해마중, "개정 법인세법상 합병세제," 한국세법학회 2010년 법인세법의 동향 학술대회 자료집, 111면.

이러한 점을 고려하여 볼 때, 분할법인 주주의 분할신주 보유요건의 예외사유로 규정하고 있는 2분의 1 미만 처분 조항은 이를 삭제하거나, 처분의 허용 비율을 보다 강화하는 방향으로 개정할 필요가 있다고 생각된다.

iii) 분할법인 주식의 양도에 따른 조세회피행위의 측면

현행 적격분할의 요건은 분할법인 주주의 분할신설법인 주식 보유에 대해서만 규제하고 있을 뿐, 분할법인 주식 보유에 대하여는 전혀 규제를 하지 않고 있다. 따라서 분할법인 주주의 입장에서는 많은 규제가 있는 분할신설법인보다는 분할법인을 이용하여 조세회피를 할 유인이 크다.

위 사례에 있어서 방안 3의 경우 결과적으로는 방안 2와 경제적 실질에 있어서 아무런 차이가 없음에도 불구하고, 적격분할의 요건상 분할법인 주주의 분할법인 주식의 보유요건을 규정하고 있지 않기 때문에 분할법인의 주식을 처분한다고 하더라도 적격분할의 요건 충족은 그대로 유지되어 자산양도차익에 대한 법인세 과세가 이루어지지 않음에 따라 방안 2에 비하여 상당한 조세회피효과가 있음을 알 수 있다.

또한 위 사례는 분할법인 내 사업부문이 2개가 있는 경우를 가정하였으나, 가령 하나의 사업부문을 5년 이상 영위하면서 내부 잉여금이 많이 유보된 법인이 앞에서 본 바와 같이 적격분할요건으로서 사업영위기간을 사업부문별로 판단하지 않는다는 점을 이용하여 분할 직전 새로운 사업을 추가하고 유보된 잉여금으로 해당 사업 관련 자산을 취득한 후 기존 사업부문을 분할하여 신설법인을 설립하고, 분할법인의 주식을 양도한다면 방안 3과 같은 조세회피효과를 최대한 누릴 수 있게 된다.

따라서 분할법인을 이용한 조세회피행위를 방지하기 위해서는 (i) 사

업영위요건을 단순히 법인단위로 5년을 규정하는 것보다는 사업부문별로 각 사업부문의 사업영위기간을 5년으로 규정하는 것으로 변경하고, (ii) 분할법인 주주의 주식보유요건을 분할신설법인 주식에 한정하지 않고 분할법인 주식에 대해서도 규정하는 것을 고려해야 할 것이다.

3) 물적분할의 경우

① 조세회피행위

물적분할의 경우 인적분할과 달리 분할신설법인 주식 전부를 분할법인이 교부받게 되는바, 결국 분할신설법인과 분할법인은 물적 분할을 통하여 100% 지배 종속관계가 성립함으로써 경제적 실질상으로는 분할 전과 다를 것이 없고 분할법인의 주주는 여전히 분할법인 주식만을 보유하게 되므로 인적분할과 같이 배당 가능이익의 부당인출의 수단으로 악용될 소지는 없다.

다만 비상장법인의 경우 비상장주식의 조세목적상 시가는 통상적으로 상속세 및 증여세법상 보충적 평가방법에 따라 평가하게 되는데, 물적분할은 보충적 평가방법의 특징을 이용하여 평가금액을 감소시키는 방법으로 조세를 회피하는 수단으로 악용될 소지가 있다. 다음의 사례를 살펴보자.

사례 2

갑법인은 5년 이상 사업을 영위한 제조업과 도매업을 영위하는 비상장법인으로서 도매업을 물적분할하고자 한다. 분할 직전 상속세 및 증여세법상 순자산가치와 순손익가치는 다음과 같다.

〈표 5〉 분할 직전의 순자산가치와 순손익가치

순자산가치*		순손익가치	
제조업부문	도매업부문	제조업부문	도매업부문
100	200	50	200

* 영업권 포함가액

〈표 6〉 분할 전후의 주식가치 비교

구분	분할 전 법인	분할 후 분할법인
순자산가치	제조업순자산＋도매업순자산 ＝100＋200＝300	제조업순자산＋분할신설법인주식 ＝100＋(200×2＋200×3)/5×1.3* ＝360[21]
순손익가치	제조업순손익＋도매업순손익 ＝50＋200＝250	제조업순손익 ＝50[22]
주식평가액	(순자산가치×2＋순손익가치×3)/5 ＝(300×2＋250×3)/5 ＝**270**	(순자산가치×2＋순손익가치×3)/5 ＝(360×2＋50×3)/5 ＝**174**

* 최대주주 소유주식에 대한 할증

위 사례를 보면 물적분할은 실질적으로 갑법인의 경제적 가치에 영향을 주지 않음에도 불구하고 상속세 및 증여세법상 보충적 평가액을 낮추는 효과가 있는바, 주주들은 이러한 효과를 이용하여 상속세 및 증여세 등을 회피할 유인이 있다.

위와 같은 문제는 원칙적으로 상속세 및 증여세법상 보충적 평가방법의 문제라고 할 수 있을 것이나, 적격분할의 요건으로 이와 같은 조세회피목적의 물적분할을 규제할 필요성 또한 분명히 있을 것임에도 현행 적격분할의 요건에는 이를 규제할 별다른 규정을 두고 있지 않다.

21) 재재산-1065, 2009. 6. 15.

22) 재산-592, 2009. 10. 30.

따라서 법인이 적격분할의 요건을 충족하는 물적분할을 한 후 분할법인의 주주가 분할법인 주식을 일정 기간 이내에 상속 · 증여 · 양도(특수관계인)하는 경우로서, 해당 분할이 사업목적이 없다고 인정되는 경우에는 당초 적격분할에 따른 과세혜택을 박탈하는 내용의 사후관리규정을 두는 것이 타당하다고 본다.

2. 조세중립성 측면에서의 검토

(1) 개요

과세특례규정으로 적격분할 규정을 둔 가장 중요한 목적은 기업이 기업구조조정의 일환으로 행하는 정상적인 분할거래에 대하여 조세가 장애요소로 작용되지 않도록 하기 위한 것인바, 이러한 관점에서 현행 적격분할의 요건이 어떠한 문제점을 가지고 있는지 살펴본다.

(2) 분할대가요건—분할신설법인 주식비율

적격분할은 분할대가가 100% 분할신설법인의 주식일 것을 요구하고 있다. 그러나 합병의 경우 합병대가 중 80%가 합병법인의 주식일 것을 요구하고 있고(법인세법 제44조 제2항 제2호), 물적분할과 유사한 현물출자에 대해서도 피출자법인의 지분을 80% 이상 보유할 것을 요구하고 있다는 점(법인세법 제47조의2)에서 유사한 거래에 비하여 보다 엄격하나, 분할법인 주주가 교부받은 분할신설법인의 주식 중 2분의 1 미만에 대해서는 처분을 허용함으로써 위 규제는 사실상 아무런 실익이 없다고 할 것이다.

반면 일부의 분할교부금을 허용할 경우 이와 관련하여 분할법인의 주주에게 발생한 소득은 의제배당소득으로 구분되어 종합소득세율을 적용받게 될 것이므로 조세회피의 수단으로 악용될 소지도 없을 것으로 보인다.

따라서 분할대가 중 분할신설법인의 주식가액을 합병 등과 같이 80% 정도로 완화하되, 사후관리규정상 분할신설법인 주식의 처분허용 비율을 낮추는 방향으로 개정하는 것을 검토할 필요가 있다.

⑶ 분할대가요건―안분비례

적격분할은 분할신설법인의 주식이 분할법인의 지분비율에 따라 비례하여 배분될 것을 요구하고 있다. 이에 따르면 특정 법인의 각 구분된 주주 집단이 법인을 분할하여 각 주주 집단별로 각각의 법인을 소유하는 형태의 분할(이하 '비안분비례형 분할')은 적격분할에 해당될 여지가 없게 된다.

그러나 비안분비례형 분할에 의하여 주주 집단의 분리가 이루어지는 경우에는 당초부터 복수의 주주 집단이 복수의 사업부문을 공유하다가 이를 각자의 단독소유로 공유물 분할한 것으로 이해할 수 있고, 아울러 주주들 간의 반목이 있는 경우에 비안분비례형 분할을 이용하여 이들을 분리할 필요성이 있다는 점에 비추어 볼 때, 이러한 형태의 분할을 원천적으로 과세특례대상에서 배제하는 것은 바람직하지 않다.[23]

주주 간 부의 이전 문제를 전혀 발생시키지 않는 통상적인 분할과 달리 비안분비례형 분할의 경우 주주 간 부의 이전을 위한 조세회피

23) 황남석, 앞의 논문(주 11), 226-246면 참조.

행위 수단으로 이용될 가능성이 있기는 하나, 이러한 조세회피행위에 대해서는 이미 법인세법 시행령 제88조 제1항 제8의2호, 상속세 및 증여세법 제42조 제1항 제3호에서 규율하고 있는 이상 조세회피방지 차원에서 위 규정을 두었다는 것 또한 그 필요성을 쉽게 수긍하기 어렵다.

다만 개정 전 법인세법상 적격분할요건은 지배주주의 분할신설법인 주식의 양도를 제한함으로써 간접적인 비안분비례형 분할의 실현마저 불가능하였으나, 2012. 2. 2. 법인세법 시행령 개정으로 지배주주간 주식의 처분은 적격분할요건의 위배사유에서 제외하여[24] 지배주주간 분할신설법인의 주식의 양수도를 통한 간접적인 비안분비례형 분할의 실현이 가능하게 됨으로써, 비안분비례형 분할을 과세특례대상에서 배제한 규정의 부작용은 어느 정도 해소된 것으로 생각된다.

(4) 단독출자요건

적격분할은 분할이 분할법인의 단독출자에 의한 것을 요구하고 있다. 이는 분할 전후의 사업의 계속성 및 동일성, 분할법인 주주의 분할신설법인에 대한 지배력 유지 등의 차원에서 둔 규정으로 보인다.

그러나 분할신설법인에 분할법인 외의 자가 위와 같은 사업의 계속성 및 동일성, 분할법인 주주의 지배력을 침해하지 않는 범위에서 출자를 하는 경우에는 문제가 발생할 소지가 거의 없음에도 분할법인만을 출자의 주체로 둔 것은 지나친 규제로 생각된다. 또한 분할신설법인이 설립된 후 다른 제3자가 출자하는 것에 대해서는 아무런 규제를

24) 법인세법 시행령 제82조의2 제1항 제1호, 법인세법 시행령 제80조의2 제1항 제1호 가목 단서.

두고 있지 않으므로 오히려 위 규정은 실질적으로는 효과가 없을 뿐만 아니라 그 취지도 실현하기 어려울 것으로 보인다.

또한 물적분할과 유사한 현물출자에 대한 과세특례규정에서는 출자법인과 특수관계 없는 제3자의 공동출자를 허용하고 있는바, 분할에 비하여 조세회피의 수단으로 악용될 소지가 보다 높은 현물출자에 비하여 엄격한 제한을 두고 있는 것은 그 타당성을 가지고 있다고 볼 수 없다.

따라서 분할신설법인에 대한 제3자의 출자는 현물출자와 마찬가지로 허용하는 것이 타당하다고 생각된다.

IV. 결론

이상과 같이 현행 세법상 분할에 따른 과세체계와 과세특례를 부여한 적격분할의 요건을 살펴본 후, 이러한 적격분할의 요건이 분할세제의 근본적인 목표라고 할 수 있는 조세회피방지 및 조세중립성 확보에 있어서 어떠한 문제점이 있는지 살펴보았다. 현행 세법상 적격분할의 요건은 개정 전 요건과 달리 분할법인 주주의 분할신설법인 주식(분할신주)의 보유요건을 새로이 규정함으로써 조세회피방지의 측면에서 상당히 진보한 면이 있으나, 분할신주를 2분의 1 미만까지 처분할 수 있도록 허용하고 있다는 점, 분할법인 주주의 분할법인 주식의 처분에 대해서는 전혀 규제가 없다는 점은 시급히 보완되어야 할 부분으로 보인다. 또한 조세중립성 확보 차원에서 분할대가요건 및 단독출자요건은 완화될 필요가 있으므로 이에 대한 검토가 필요할 것으로 생각된다.

14

남용적 회사분할에 관한 일본에서의 논의

-채권자 취소권과 부인권을 중심으로-

하정훈*

I. 서론[1)]

회사의 분할은 그 형태가 다양하게 이루어져 어떤 기준에 의하는지에 따라 다양한 방법으로 분류할 수 있다. 그중에서 피분할회사(혹은 그 주주)와 신설분할회사가 어떤 관계로 연결되어 있는지를 기준으로 회사분할을 인적분할 및 물적분할로 나눌 수 있다. 인적분할의 경우는 신설분할회사의 주식 또는 분할 대가를 피분할회사의 주주들이 배정받는 데에 반해 물적분할의 경우에는 이를 피분할회사가 직접 취득

---

* 전주지방법원 판사

1) 논의의 편의를 위해 본고에서의 분할은 단순분할을 의미하고 분할합병은 지칭하지 않는 것으로 한다. 회사분할로 인해 새로이 설립된 회사는 '신설분할회사', 분할을 하는 회사는 '피분할회사'라고 한다. 분할합병으로 피분할회사의 사업을 승계하는 회사는 '흡수합병회사'라고 한다. 나아가 회사분할로 인해 신설분할회사로 승계되는 채권자를 '승계채권자', 피분할회사에 남는 채권자를 '잔존채권자'라고 한다.

하게 된다. 우리 상법은 1998년 회사분할을 입법하면서 회사분할에 관하여 인적분할을 그 기본형태로 규정하면서 물적분할도 가능하다고 규정하고 있고(상법 제530조의12), 일본은 회사분할 제도가 들어온 2000년에 인적분할과 물적분할을 모두 인정하고 있었으나 2005년 회사법을 제정하면서 인적분할 제도를 폐지하였다.

일본이 이와 같이 인적분할 제도를 폐지하게 된 배경으로서는 2005년 회사법이 제정되면서 회사분할의 대가로 주식뿐만 아니라 사채, 금전 등의 재산을 교부하는 것도 가능하게 된 점(회사분할 대가의 다양화)을 들 수 있다. 또한 위 제정을 통해 분할의 대상 또한 '영업'이 아닌 '사업에 관하여 갖는 권리의무의 전부 또는 일부'로 개정되어 분할의 대상인 자산 등이 유기적인 일체일 필요도 없어졌다. 이렇게 되자 인적분할을 한 후에 주주에게 분할 대가로 신설분할회사의 주식이 아닌 금전을 교부하는 경우와 대상 자산을 제3자에게 단순히 매각한 후에 그 대가를 잉여금 배당에 의해 금전으로 분배하는 경우를 구별하기가 어려워졌다. 이렇듯 인적분할과 자산의 양도의 구별이 어려워지자 일본의 2005년 제정 회사법은 이와 같은 이유에서 인적분할 제도를 폐지하기에 이른다.[2] 이에 따라 일본 회사법상으로는 인적 분할은 물론 인적분할과 물적분할을 절충하는 형태의 회사분할도 인정되고 있지 않다.

그러나 일본에서 인적분할 제도가 폐지되었다고 하여 인적분할이 전혀 불가능한 것은 아니다. 물적분할을 통해 피분할회사가 신설분할회사의 주식을 취득한 후에 이를 피분할회사의 주주들에게 현물배당을 통해 배분을 하는 방법이나, 피분할회사의 주주들이 전부취득조항

---

2) 森本滋編著, 會社法コンメンタール17— 組織變更, 合併, 會社分割 株式交換等(1), 商事法務, 2010, 242면.

부종류주식에[3] 의해 전환권을 행사하면서 피분할회사의 주식을 신설분할회사의 주식으로 전환하는 방법으로 인적분할과 동일한 효과를 낼 수 있기 때문이다. 이와 같이 물적분할 후 우회적인 방법을 통해 인적분할과 같은 결과를 가져오는 데에 있어서 특별히 채권자 보호절차를 거칠 필요도 없고, 분할 가능액 규제도 적용되지 않는 등 회사분할의 일반적인 효과는 모두 누릴 수 있어서 입법론으로서 인적분할을 규정하는 것이 타당하다는 견해도 제시되고 있다.[4] 그러나 이는 입법론으로서만 의미가 있을 뿐이고, 인적분할이 실질적으로 가능하다고는 하지만 인적분할을 하기 위해서는 물적분할을 먼저 거쳐야 한다는 점에서 본고에서 논의하는 회사분할은 물적분할 형태를 전제로 할 것이다.

회사분할을 인정함에 있어 중요한 과제 중 하나는 채권자 보호절차에 있다. 회사분할이 인정되지 않는다면 회사로서는 자신의 영업을 현물출자하는 방법을 통해서 회사분할과 같은 효과를 달성할 수밖에 없는데, 이때 회사가 가지고 있는 채무도 함께 면책적으로 이전하기 위해서는 민법상 일반 원칙에 따라 개별 채권자의 동의를 일일이 얻어야 할 것이다. 그런데 회사분할 제도를 도입하게 되면 이러한 채권자 동의절차는 조직법상 회사분할절차의 일환으로서 간소화되어 문제가 생기는데, 채권자를 어떻게 보호할 것인지에 대한 문제가 곧바로 발생한다. 그런데 일본의 회사분할 제도상의 채권자 보호는 우리나라와 상당히 다른 양상을 띠고 있다.

우리나라에서는 원칙적으로 신설분할회사가 피분할회사의 회사 채

3) 일본 회사법상 전부취득조항부종류주식이란 전환주식 / 상환주식의 일종이다. 전부취득조항부종류주식이 발행된 후 종류 주주총회에서 결의가 이루어지면 그 결의에 찬성 여부와 관계없이 해당 전부취득조항부종류주식은 상환 또는 전환이 된다(일본 회사법 제108조 제1항 제7호, 제171조).

4) 森本滋編著, 앞의 책(주 2), 242면.

무에 관하여 연대책임을 지도록 하고 있고, 신설분할회사가 피분할회사의 채무 중에 출자한 재산에 관한 채무만을 부담할 것을 정할 경우에는 채권자 보호절차를 거치도록 하고 있다(상법 제530조의9). 위 규정의 해석상 신설분할회사로 이전한 채무에 대하여도 피분할회사는 연대책임을 지게 된다.[5] 다만 신설분할회사가 피분할회사의 채무 중에 출자한 재산에 관한 채무만을 부담할 것으로 정한 경우에는 피분할회사가 분할로 인하여 설립되는 회사가 부담하지 아니하는 채무만을 부담한다고 규정하고 있다.[6] 이런 점에서 우리나라 회사분할 제도상의 채권자 보호는 분할회사 사이의 연대책임을 기본으로 규정하면서, 위 연대책임이 배제되는 경우에는 채권자들에 대한 이의제기권을 충실히 보장하고 있다.

이에 반해 물적분할만을 규정하고 있는 일본 회사법의 경우는 후에 살펴볼 바와 같이 '신설분할회사에 승계되는 채권자'를 중심으로 '채권자 통지절차'에 의한 채권자 보호를 중심으로 삼고 있다. 즉 피분할회사에 대하여 여전히 청구권을 갖는 채권자들은 회사분할절차에 따른 보호를 받고 있지 못하고 있는데, 이런 이유로 일본에서는 채무초과상태에 있는 회사가 회사분할을 하면서 신설분할회사에 핵심 사업 및 일부 채무를 이전한 후 여전히 채무초과상태에 있는 피분할회사를 청산하여도 피분할회사에 잔존하는 채권자는 회사법상 이를 다툴 길이 없어져 이에 대한 대응방안이 문제되고 있다.

---

5) 송옥렬, 상법강의, 홍문사, 2011, 1115면.

6) 이와 같이 연대책임이 배제되는 경우 회사는 개별 채권자에 대하여 1개월의 기간을 정하여 최고 및 공고 절차를 거치고, 이때 채권자가 이의를 제기하지 않으면 승인한 것으로 보고, 이의를 제출한 채권자가 있는 경우 회사는 그 채권자에 대하여 변제 또는 상당한 담보를 제공하거나 이를 목적으로 하여 상당한 재산을 신탁회사에 신탁하여야 한다(상법 제530조의9 제4항, 제527조의5 제1항 및 제3항, 제232조 제2항 및 제3항).

II. 일본 회사법상의 채권자 보호와[7] 남용적 회사분할 사례

채무초과상태에 있는 기업이 회사분할을 하는 것은 전혀 낯선 모습이 아니다. 오히려 우리는 도산절차에 들어간 회사의 재생을 위하여 회사분할이 이루어지는 경우를 자주 발견할 수 있다. 이때 회사의 핵심 사업 및 해당 사업과 관련된 거래 채무는 신설분할회사로 이전하고, 피분할회사는 그 대가로 신설분할회사의 주식을 취득하게 된다.[8] 신설분할회사는 악성 채무가 없는 상태에서 사업을 계속 영위할 수 있고, 이에 따라 회사의 회생이 효과적으로 이루어지게 되면 피분할회사가 소유하고 있는 신설분할회사의 주식 가치도 상승한다. 이에 피분할회사는 소유하고 있던 신설분할회사의 주식을 처분하고, 그 처분대금으로 피분할회사에 잔존하고 있던 채무를 변제한다. 이처럼 회사분할은 경영상 어려움에 빠진 기업의 회생과 재건을 위해 효과적으로 사용될 수 있는 수단을 제시해준다.

그러나 이는 법이 이상적으로 상정하고 있는 경우이고 채권자 보호에 있어서 법에 허점이 있는 경우 채무초과회사는 회사분할 제도를 이용하여 자신의 채무를 면탈하고자 할 것이다. 이하에서는 우선 일본의 회사분할 제도상의 채권자 보호절차를 살펴봄과 동시에, 이것이 잔존채권자의 보호에 있어서 구체적으로 어떤 점에서 불충분한지에

7) 한편 일본 회사법에서는 회사분할을 흡수분할(회사법 제757조 이하) 및 신설분할(회사법 제762조 이하)로 나누어서 규율하고 있는데, 흡수분할은 우리나라의 분할합병, 신설분할은 우리나라의 단순분할에 해당한다. 본고에서는 전술한 바와 같이 단순분할(신선분할)을 전제로 서술한다. 다만 일본법상 회사분할에 의해 새로 설립된 회사를 '신설분할설립회사,' 분할을 하는 회사를 '신설분할회사'라고 규정하고 있는바, 용어의 혼돈이 오지 않도록 주의하여야 할 것이다.

8) 앞서 본 바와 같이 일본에서는 물적분할만을 인정하고 있으므로, 본고에서의 '회사분할'은 물적분할 형태를 전제로 하여 서술하기로 한다.

대하여 살펴보도록 하겠다.

1. 이전하는 채권의 범위 및 채권자의 이의 진술 제도

우선 일본의 회사분할 제도에서 가장 일반적인 채권자 보호수단으로는 신설분할회사가 승계할 수 있는 권리의무가 '사업에 관한 권리의무의 전부 또는 일부'에 한정되는(회사법 제763조 제6호 내지 제8호) 점을 들 수 있다. 이는 신설분할회사가 자신의 사업영역과 관련이 없는 피분할회사의 채무마저 떠안지 못하도록 한다.[9] 그러나 위 규정은 신설분할회사에 양도되는 채무의 범위를 제한할 뿐이어서 신설분할회사에 핵심 사업부문만을 양도하고 피분할회사에 채무만을 남기는 형태의 거래를 방지하는 역할을 하지는 못한다.

한편 일본 회사법 제810조에 따르면 신설분할회사의 경우 관련 사항을 관보에 공보하고 개별 채권자들에게 이의를 제기할 것인지 여부를 개별적으로 최고할 것이 요구된다. 그러나 관보 외에 일간신문에 공고를 하거나 전자공고를 하는 경우에는 개별 채권자들에 대한 최고 의무는 면제된다(회사법 제810조 제2항 및 제3항, 제939조 제1항).[10] 이때

---

9) 森本滋, "會社分割制度と債權者保護—新設分割を利用した事業再生と關連して—," 金融法務事情 제1923호(2011. 6. 10), 37면. 한편 회사법 제정 전의 구 상법하에서는 승계의 대상이 '영업의 전부 또는 일부'로 규정이 되어 있어 승계대상의 권리의무가 '영업'이라는 개념에 구속되었는데 회사법상에 이것이 '사업에 관한 권리의무'로 확장되어 회사가 자신의 권리의무를 보다 자유롭게 분리할 가능성이 생겼다는 의견으로는 神作裕之/三上徹(대담자), "金法 Special Interview, 商法學者が考える濫用的會社分割問題—會社分割法制の中で, できる限りの手當を望みたい," 金融法務事情 제1924호(2011. 6. 25), 40면.

10) 이는 2004년 신설된 규정이다. 회사가 관보공고에 추가하여 정관 소정의 일간신문에 공고하거나 전자공고를 할 경우 불법행위채권자 이외의 채권자에 대한 개별 최고는 필요하지 않다고 규정되었고, 이는 2005년 제정된 회사법에 그대로 이어졌다. 본 규정

이의를 제기하지 않은 채권자는 회사분할에 동의한 것으로 간주되는데(동조 제4항), 회사분할 무효소송을 제기할 수 있는 채권자는 후술한 바와 같이 회사분할에 동의하지 않은 채권자에 한정된다(회사법 제828조 제2항 제10호).

문제는 회사분할절차 후에 피분할회사에 대하여 여전히 청구권을 갖는 채권자는 위 최고절차에서는 물론, 이의를 제기할 수 있는 채권자의 범위에서 제외된다는 데에 있다(회사법 제810조 제1항 제2호). 따라서 잔존채권자의 경우는 물론 승계채권자의 경우도 피분할회사가 신설분할회사의 채무에 대하여 중첩적 채무인수를 하였거나 이에 대하여 연대보증을 한 경우에는 위에서 정하는 채권자 보호절차에서 제외된다. 결국 위와 같은 중첩적 채무인수 또는 연대보증이 이루어지는 형태로 회사분할을 하게 되면 회사는 그 어떤 채권자에게 알리지 않고 비밀리에 회사분할을 진행할 수 있게 되어 채권자에게 불측의 손해를 입힐 가능성이 생긴다.

한편 위 이의제기절차에 따라 채권자가 이의를 제기하면 피분할회사는 해당 채권자에 대하여 변제, 상당한 담보의 제공 또는 해당 채권자에게 변제하기 위한 목적으로 신탁회사에 상당한 재산을 신탁하지 않으면 안 된다(회사법 제810조 제5항 본문). 그러나 회사분할에 의해 해당 채권자를 해할 우려가 없는 경우에는 그러하지 아니하다(회사법 제810조 제5항 단서). 위 '채권자를 해할 우려가 없는 경우'라는 요건은 매우 엄격하게 해석되고 있어서 이미 상당한 담보가 제공되어 있는 경우 또는 채권 금액이 매우 적은 데에 비해 자력이 충분한 경우 등에 한정되고 장기적인 채권은 채권자를 해할 우려가 없다고 할 수 없다

에 따라 회사분할을 실행하는 비용은 상당히 줄어들었다고 볼 수 있으나 채권자의 보호라는 측면에서 볼 때는 일정 정도 후퇴했다고 볼 수 있다.

고 보고 있다.[11)]

2. 회사분할 무효의 소

(1) 회사분할 무효의 소의 원고적격

일본 회사법은 회사분할의 효력을 다툼에 있어서는 오로지 회사분할 무효의 소에 의해서만 제기할 수 있도록 하고 있으면서(회사법 제828조 제1항 제9호는 흡수분할, 제10호는 신선분할에 대하여 각각 규정하고 있다) 회사분할 무효의 소를 제기할 수 있는 자에 대하여는 주주, 사원, 파산관재인 및 회사분할을 승인하지 않은 채권자로 한정하고 있다(회사법 제828조 제2항 제9호는 흡수분할, 제10호는 신설분할에 대하여 각각 규정하고 있다). 일본 판례는 본 규정의 '회사분할을 승인하지 않은 채권자'를 해석함에 있어 이는 회사분할에 대하여 이의를 제기할 권리가 있는 채권자 중 이를 승인하지 않은 채권자라고 해석하여〔東京高裁平 23. 1. 26. 平成22年(ネ)第5788號〕, 당초부터 회사분할에 대하여 이의를 제기할 권리가 없던 잔존채권자 등은 회사분할 무효의 소를 제기할 원고적격이 없다고 해석하고 있고, 학설상 이에 대한 큰 이견이 없다.[12)]

---

11) 神作裕之 / 三上徹(대담자), 앞의 인터뷰(주 9), 44, 46면.

12) 그렇다면 회사분할 후 채권자가 잔존채권자 및 승계채권자로서의 지위를 동시에 갖는 경우는 어떻게 되는지에 대한 문제가 제기될 수 있다. 이에 대하여 東京地裁判平 20. 12. 16. 平成18年(ワ)第29066號는 그러한 경우 채권자가 회사분할 무효의 소를 제기할 원고적격은 있는데, 본안소송에서 오로지 잔존채권자의 지위에서 권리의 침해를 받았다며 무효 원인을 주장하는 것은 신의칙에 반한다고 판시하였다. 그러나 위 판결은 東京高裁判平 21. 9. 30. 平成21年(ネ)第419號에 의해 파기되어 원고적격이 인정되면 본안소송에서 제기할 수 있는 무효 원인에 대한 제한은 없다고 판시하였다.

이에 따라 잔존채권자 혹은 승계채권자 중에서도 피분할회사가 그 채무에 대하여 중첩적 채무인수를 하였거나 연대보증을 한 채권자는 앞서 본 바와 같이 회사분할에 대한 통지 및 이의절차에서 제외될 뿐만 아니라 뒤늦게 이를 알게 되어도 다툴 방법이 없는 상황에 처하게 된다.

(2) 회사분할 무효의 소에서의 무효원인

2005년 7월 26일 일본 회사법이 제정되기 전 일본 구 상법하에서는 회사분할절차와 관련하여 공시할 사항으로 "각 회사가 부담하는 채무의 이행 가능성이 있을 것 및 그 이유를 기재한 서면"이 명시되어 있었으나(일본 구 상법 제374조의2 제1항 제3호), 회사법이 신설되면서 회사는 '채무이행의 가능성에 관한 사항'만을 공시하면 충분하도록 개정되었다. 따라서 구 상법하에서는 분할 후 각 회사들의 채무이행 가능성이 회사분할의 유효요건이었으나 회사법 제정에 따른 문언의 변화로 이제 이는 회사분할 무효사유로 될 수 없다고 보는 견해가 유력하다.[13] 특히 회사법 입법담당자가 위와 같은 개정의 이유에 대하여 채무의 이행 가능성에 대한 판단은 매우 어렵고, 채권자에 대한 보호는 이의제기권의 보장으로 충분히 이루어지는 한편, 이의제기권이 없는 채권자는 어차피 회사분할 무효의 소를 제기할 수 없으므로 채무의 이행 가능성을 효력요건으로 하여도 실질적으로 채권자 보호에 기

13) 弥永眞生, "株式會社の新設分割と詐害行爲取消し一東京高判 22. 10. 27. 契機として," 金融法務事情 제1910호(2010. 11. 25), 31면. 나아가 제3장에서 채권자 취소권 및 부인권의 행사를 인정한 판례들 또한 그 설시이유에서 채무의 이행 가능성이 회사분할 무효의 원인이 되지 않으므로 채권자 보호를 위해 채권자 취소권 및 부인권을 인정할 필요성이 높다고 설시하고 있다.

여하지 못할 것이므로 신회사법하에서는 더 이상 회사분할의 적법요건이 될 수 없다고 서술하기도 하였다.[14)]

한편 이에 대하여 회사분할의 공시사항이 위와 같이 개정된 이유는 구 상법하에서 각 회사의 채무의 이행 가능성이 요건으로 규정된 것으로 인해 등기실무상 분할 등기를 함에 있어 피분할회사, 신설분할회사 중 하나라도 채무초과에 있는 경우에는 분할 등기의 수리를 거부하는 관행이 있었는바, 이는 회사분할에 대한 과도한 규제이며 법 취지에도 맞지 않는 실무관행이어서 이를 개선하고자 한 것일 뿐이라고 하면서, 회사분할 무효 사유와 관련하여서는 그 어떤 변화가 없다는 학설도 있다.[15)]

3. 일본에서의 남용적 회사분할이 이루어지는 형태 및 이에 대한 대응방안

일본법이 승계채권자에 대한 보호에 비해 잔존채권자에 대한 보호가 충분하지 않은 이유로는 다음과 같은 것들이 거론되고 있다. (i) 승계채권자의 경우에는 채무자의 변경이 있는 것이나 잔존채권자의 경우 채무자의 동일성이 유지되고 있고, (ii) 회사의 자산이 염가로 이전할 수 있는 위험은 영업양도에 있어서도 마찬가지인데 영업양도에도 이에 대한 채권자 보호절차가 마련되어 있지 않다는 점에 비추어 보아 규제의 균형상 회사분할에 굳이 잔존채권자에 대한 보호를 도모할

14) 신회사법 입법담당자의 의견으로는 相澤哲ほか編著, 論點解說—新·會社法—千問の道標, 商事法務, 2006, 674면〔森本滋, 앞의 논문(주 9), 37면으로부터 재인용〕.

15) 江頭憲治郎, 株式會社法 第3版, 有斐閣, 2009, 829면 ; 柴田和史, 會社法詳解, 商事法務, 2009, 401면〔모두 神作裕之/三上徹(대담자), 앞의 인터뷰(주 9), 40면에서 재인용〕.

필요가 없다는 점, (iii) 물적분할만을 인정하는 일본 회사법상 피분할회사는 신설분할회사의 지분을 가지게 되므로 신설분할회사로 우량자산이 이전한다 하여도 이는 신설분할회사에 대한 지분의 형태로 피분할회사에게 남게 되므로 회계상 변동이 없다는 점이 그것이다. 나아가 (iv) 회사법을 제정하면서 채권자에 대한 일반적인 보호 수준도 약해졌는데 이는 경제 주체들이 회사분할절차를 보다 쉽고 안정적으로 활용할 수 있도록 하기 위한 입법적 결단으로 볼 수 있다고 한다.[16)]

그러나 위와 같이 일본에서 잔존채권자에 대한 보호가 불충분함으로 인해 회사분할 제도가 채무를 면탈하기 위한 수단으로 남용되는 사례가 발생하게 되었다. 즉 채무초과상태에 있는 회사가 핵심사업을 신설분할회사에 이전하면서 신설분할회사에 이전하는 채무를 자의적으로 선택하고, 자신이 면탈하고자 하는 채무는 피분할회사에 남겨두는 방법으로 회사분할을 행하는 것이다. 회사분할이 완료되면 신설분할회사는 핵심 사업과 함께 채무초과상태에서 벗어나 있으므로 계속 사업을 영위할 수 있게 되나, 피분할회사는 채무초과상태에 있다는 이유로 청산절차에 들어간다. 이 경우 잔존채권자는 회사분할 전에 비하여 청산절차에서 배당을 받을 수 있는 금액이 현저히 떨어진다.

일부 사례에서는 회사를 분할하는 데에 그치지 않고 경영권 유지를 위해 추가적인 조치들이 취해지기도 한다. 회사분할 후 피분할회사에 대한 청산절차가 진행되면 피분할회사가 소유하고 있던 신설분할회사의 주식에 대한 청산도 진행되므로 기존의 경영진은 신설분할회사

16) 神作裕之 / 三上徹(대담자), 앞의 인터뷰(주 9), 40면. 특히 (i) 승계 대상 채무가 '영업의 전부 또는 일부'에서부터 '사업에 관한 권리의무'로 완화된 점, (ii) 채무의 이행 가능성이 회사분할 무효 사유에서 배제된 점을 볼 때 신회사법상 회사분할 제도하의 채권자 보호는 약화되었다고 한다.

에 대한 경영권을 잃을 위험이 생긴다. 이러한 결과를 피하기 위해 회사분할 후 피분할회사가 소유하고 있는 신설분할회사 주식을 제3자(이는 주로 기존 경영진과 관계된 자가 될 것이다)에게 (주로 염가로) 매각하거나 신설분할회사로 하여금 제3자에 대하여 대량의 신주를 발행하도록 한다. 이렇게 되면 피분할회사에 대한 청산절차가 진행되더라도 신설분할회사에 대한 기존 경영진의 지배권은 상실하지 않아 경영진으로서는 경영권을 지킴과 동시에 채무를 면탈하게 된다.

이러한 유형의 남용적 회사분할은 잔존채권자의 이익을 크게 해하는데, 앞서 본 바와 같이 회사법 내에서는 잔존채권자의 이익을 보호하는 데에 한계가 있는 만큼 채권자의 이익을 어떠한 방법으로 보호할 수 있는지 다양한 방법이 논의되고 있다. 그 중심에는 (i) 피분할회사의 채권자가 채권자 취소권을 행사하여 회사분할을 취소시키거나, (ii) 피분할회사가 도산한 경우에는 파산관재인이 회사분할에 대하여 부인권을 행사하는 방법이 가장 활발하게 논의되고 있다.

그 외에도 (iii) 신설분할회사의 법인격을 부인하여 잔존채권자의 신설분할회사에 대한 청구권을 인정하는 방법, (iv) 회사법 제22조 제1항의 명의를 속용하는 영업양수인의 책임을 유추 적용하는 방법, (v) 신설분할회사에 대하여 공동불법행위를 인정하는 방법, (vi) 채권양도, 채무인수에 대한 민법상 규정을 유추적용하는 판례들이 있다. 나아가 (vii) 채권자가 피분할회사와 신설분할회사에 대하여 공동으로 도산절차개시 신청을 하여 양 회사에 동일한 파산관재인이 선임되도록 하는 방법도 구체적 타당성을 기할 수 있는 방법으로 논의되고 있다.

본고에서는 남용적 회사분할에 대한 대응방안으로 가장 활발하게 논의되고 있는 채권자 취소권 및 부인권에 대하여 중점적으로 살펴보고, 기타 방안들을 다룬 판례들을 소개한 후 이것이 우리나라 법에 갖는 시사점에 대하여 알아보도록 하겠다.

III. 채권자 취소권 및 부인권의 행사

1. 문제의 제기

일본 민법 제424조는 우리나라 민법과 마찬가지로 채권자의 사해행위 취소권을 규정하고 있다. 남용적 회사분할은 채무초과에 있는 회사가 자신의 우량 사업을 법인격이 다른 신설분할회사로 이전한다는 측면에서 채권자를 해하는 행위로 해석될 여지가 상당히 크다. 그러나 채권자 취소권의 행사 가능성에 대하여는 다음과 같은 점에서 검토가 필요하다. (i) 회사분할에 대하여 채권자 취소권의 행사 자체가 가능한지 여부, (ii) 회사분할행위를 과연 '사해행위'로 볼 수 있는지 여부 및 (iii) 이때 수익자인 신설분할회사의 악의는 어떻게 판단해야 할지의 문제이다. 그리고 위와 같은 검토결과에 따라 사해행위 취소가 가능하다고 여겨지는 경우에도 (iv) 취소의 대상이 무엇이 되는지, (v) 취소의 범위는 어떻게 볼 것인지, (vi) 원물반환과 가액반환 중 어느 방법에 의할 것인지에 대한 검토도 이루어져야 할 것이다. 이는 부인권을 행사하는 경우에도 마찬가지로 논의될 수 있는 부분인바, 부인권 행사에서는 각각의 논점에서 부인권 법리에 특유한 법리에 대한 고려가 필요하다.

이에 대하여 일본 최고재판소 판례는 아직 나오지 않았고, 등재된 일본 하급심 판례 중에서는 세 사건에서 회사분할에 대한 채권자 취소권의 행사를 인정하였다. 도쿄지방재판소 판례〔① 東京地裁平 22. 5.

27. 平成21年(ワ)36384號, 항소심은 東京高判平 22. 10. 27. 平成22年(ネ)第4126號), ② 大阪地裁判平 21. 8. 26. 平成20年(ワ)第7444號, 항소심은 大阪高判平 21. 12. 22. 平成21年(ネ)第2451號, ③ 名古屋地裁平成 23. 7. 22. 判時2136號70項〕가 그것이다.

부인권의 행사와 관련하여서도 이를 긍정한 2개의 판례가 있는바, 모두 후쿠오카지방재판소 판례들〔福岡地裁平 21. 11. 27. 平成21年(ワ)第1617號 ; 福岡地裁平 22. 9. 30. 平成20年(ワ)第625號〕이다. 한편 일본 회사법이 제정되기 전 구 상법하에서는 회사분할에 대하여 부인권을 행사할 수 없다는 취지로 판시한 일본 판례도 있다〔東京地裁平17. 12. 20. 平成17年(ワ)第9394號〕.[17] 이하에서는 각 판례에서 문제된 쟁점들에 대하여 보다 심도 있게 살펴보기로 한다.

2. 회사분할이 채권자 취소권 및 부인권 행사의 대상인지 여부

(1) 회사법이 민법의 특칙인지 여부

상법에는 거래의 안정과 신속성을 위해 민법의 특칙으로 해석되는 조항들이 있다. 이에 따라 위 각 소송에서 피고는 채권자 취소권의 행사 가부와 관련하여 회사법이 회사분할과 관련하여 채권자를 보호하는 제도들을 예정해 두었다면 이는 법이 회사분할에 있어 요구되는 채권자에 대한 보호를 특별히 정한 것이어서 민법상 채권자 보호 제도인 채권자 취소권이 적용될 수 없다는 주장을 펼쳤다. 이에 대하여

---

17) 구 상법과 회사법 사이의 이러한 판결 변화에 대하여 神作裕之 / 三上徹(대담자), 앞의 인터뷰(주 9), 40면은 회사법이 제정되면서 회사분할 제도하에 채권자 보호절차가 약화되어 채권자 보호의 요청이 높아졌기 때문이라고 본다.

도쿄지방재판소〔東京地裁平 22. 5. 27. 平成21年(ワ)36384號〕는 (i) 회사분할에 대하여 사해행위 취소권의 적용을 부정한 명문의 규정이 없다는 점, (ii) 채권자 취소권과 회사분할 무효의 소는 그 요건과 효과가 다른 별개의 제도라는 점, (iii) 회사법에 잔존채권자를 보호하는 규정이 없어 민법상 사해행위 취소권을 인정할 필요성이 크다는 점을 들고 있다.

오사카지방재판소〔大阪地裁判平 21. 8. 26. 平成20年(ワ)第7444號〕의 경우도 동일한 취지로 판시를 하고 있는데 도쿄지방재판소와는 달리 사해행위 취소권을 행사할 수 있는 채권자의 범위를 한정하였다. 즉 회사법이 회사분할 제도에 있어서 채권자 보호절차를 마련하고 있으므로 이 한도 내에서는 민법상 사해행위 취소권이 인정되지 않을 여지가 있으나, 이는 회사법이 채권자 보호절차를 통해 보호하고자 하는 채권자에 한정되고, 채권자 보호절차에 의해 보호되지 않은 채권자는 민법상의 사해행위 취소권을 행사할 수 있다고 판시하였다. 결국 잔존채권자는 회사법상 보호를 받지 못하는 채권자이므로, 이들은 민법상 사해행위 취소권을 행사할 수 있다고 판시하였다.

구 상법하에서 회사분할과 같은 행위는 사해행위 취소의 대상이 되지 않는다는 학설 및 판례도 존재하였다.[18] 그러나 현재 남용적 회사분할에 대한 문제의식이 높아짐에 따라서 판례와 학설은 회사분할 제도에서의 채권자 보호절차가 미흡한 점을 이유로 채권자 취소권의 행사 가능성은 인정하고 있다.[19] 한편 부인권의 행사와 관련하여서는 상

---

18) 구 상법 당시 회사분할 도입의 입안담당자의 견해로 原田晃治, "會社分割法制の創設について(下)," 商事法務 제1566호(2000. 7. 15), 8면. 이를 부정한 판례로는 東京地裁平 17. 12. 20. 公刊物未登載.

19) 앞에 거시된 판례는 모두 채권자 취소권 및 부인권의 행사를 인정하고 있으며, 회사법의 입안담당자 중에서도 회사법 제정으로 '채무의 이행 가능성'이 분할 무효사유로 기능하지 않으므로 회사분할이 채권자 취소권의 행사대상이 되어야 한다는 견해로는

법이 파산법의 특별법이라고 볼 수는 없으므로 이와 관련하여서는 특별한 논의는 발견되지 않는다.

(2) 조직법상 행위에 적용될 수 있는지 여부

한편 채권자 취소권을 규정하고 있는 일본 민법 제424조 제2항은 '재산권을 목적으로 하지 않는 법률행위'에 대하여는 사해행위 취소권을 행사할 수 없다고 규정하고 있다. 이와 같은 규정은 혼인, 상속의 승인 및 포기 등과 같은 신분행위는 비록 이로 인해 재산상태의 변동이 생겨 채권자 보호의 요청이 있다고 하더라도 채무자의 자유의사를 존중하여야 하므로 사해행위 취소권의 대상이 될 수 없다는 취지이다.[20] 이에 위 사건의 피고들은 회사분할 또한 법인격을 분리하고, 새로운 법인격이 설립되는 조직법상의 법률행위이므로 '재산권을 목적으로 하는 법률행위'가 아니므로 민법상의 채권자 취소권이 적용될 여지가 없다고 주장하였다.

하지만 이러한 주장에 대하여 도쿄지방재판소〔東京地裁平 22. 5. 27. 平成21年(ワ)36384號〕는 비록 신설분할이 새로운 법인격을 설립하는 조직법상의 성격을 가지고 있기는 하나, 분할대상이 되는 사업에 관하여 갖는 권리의무는 결국 재산권이므로 신설분할은 재산권을 목적으로 하는 법률행위로 볼 수박에 없다고 판시하였다. 나아가 구 상법하에서 조직법상의 법률행위였던 합자회사의 설립행위가 사해행위 취소권의 대상이 되었던 판례(大審院大正 7. 10. 28. 判決 · 民錄24輯2195號)

相澤哲ほか編著, 앞의 책(주 14), 690, 723면〔森本滋, 앞의 논문(주 9), 32면에서 재인용〕.

20) 東京地裁平 22. 5. 27. 平成21年(ワ)第36384號.

도 있음을 근거로 하여 단순히 조직법상의 행위라는 이유로 사해행위 취소권의 행사대상이 될 수 없다고 할 수 없다고 판시하였다.[21)]

일본의 학설도 이러한 판례에 태도에 대해 대체로 동의하는 경향이다. 특히 조직법적 행위에 사해행위 취소를 부정하는 근거는 그러한 조직법적 행위가 신분법적 요소를 담고 있기 때문인데, 회사법 제정에 따라 회사분할의 대상이 '영업'에서 '사업에 관한 권리의무'라고 개정되어 인적 요소의 승계가 회사분할의 요건에서 제외된 점, 회사법하에서 인적분할 제도가 폐지된 점을 들어 일본 회사법하에서 회사분할 제도는 이제 신분법적 특성이 현저히 약해졌음을 이유로 구 상법하에서는 회사분할이 사해행위 취소의 대상이 되지 않았더라도, 회사법하에서는 그 대상이 된다고 보는 것이 타당하다는 견해도 제시된다.[22)]

한편 부인권과 관련하여 일본 파산법상 부인권의 행사대상은 채권자 취소권과 달리 '재산권을 목적으로 하는 법률행위'가 아니라 단순히 '행위'라고 규정되어 있어(일본 파산법 제160조 내지 제162조), 판례상 본 쟁점은 크게 다뤄지지 않았다.[23)]

---

21) 그러나 위 판례 이후로 일본 상법은 개정이 되어 지분회사(합명회사 · 합자회사)에 대하여는 사원이 채권자를 해할 의도로 회사를 설립할 경우 취소할 수 있다는 명문의 규정을 두었고(구 상법 제141조, 유한회사법 제75조 제1항은 이를 준용), 이에 따라 판례는 민법상 사해행위 취소권은 유한회사의 설립에 있어서는 배제된다고 보았다(最一小判昭和 39. 1. 23. 民集18卷1號87項). 지분회사에 대한 위 규정은 현재 회사법에도 이어지고 있는데(회사법 제832조) 주식회사의 경우에는 유독 위와 같은 규정이 없다.

22) 宮島司, "組織法上の行爲としての會社分割と詐害行爲取消," 企業法の法理, 慶應義塾大學出版會, 2012, 15면.

23) 학설상 논의와 관련하여서는 伊藤眞, "會社分割と倒産法理との交錯—偏頗的詐害行爲の否認可能性—責任財産の割合的減少をどのように捕まえるか," NBL 제968호(2012. 1. 1), 18면, 19면 참조.

(3) 회사법 제828조 제1항과의 충돌 여부

또한 전술한 바와 같이 회사법 제828조 제1항은 회사분할의 효력에 대한 다툼은 오로지 회사분할 무효의 소에 의하도록 규정하고 있는데, 사해행위 취소권을 인정할 경우에 위와 같은 규정에 반하는 것은 아닌지도 문제가 되었다. 이에 대하여 도쿄지방재판소〔東京地裁平 22. 5. 27. 平成21年(ワ)36384號〕는 사해행위 취소권을 인정한다고 하여도 그 효력은 피보전채권을 보전하기 위하여 필요한 범위 내에서 원고와 피고 사이에 상대적으로 미칠 뿐이고 조직법상의 신설분할의 효력 자체를 대세적으로 취소하려는 것은 아니므로 회사분할에 대하여 사해행위 취소권을 인정한다 하여도 이는 회사법 제828조 제1항과 충돌하지 않는다고 하였다.

한편 위 사안에서 피고는 회사분할을 사해행위로 보아 취소하는 것이 회사법 제828조 제1항과 형식적으로 충돌하지 않는다고 하여도 이를 인정할 경우에 신설분할회사는 자신이 승계받은 사업을 반환하여야 하므로 신설분할회사는 형해화되어 더 이상 사업을 존속할 수 없는바, 이는 실질적으로 회사분할의 효력 자체를 부정하는 것과 마찬가지이므로 이는 허용되어서는 안 된다고 주장하였다.

그러나 이에 대하여 도쿄지방재판소는 사해행위 취소의 결과로 수익자인 신설분할회사가 경영상 곤란에 빠질 수 있다는 점은 인정할 수 있으나 개정 회사법상 채권자 취소권의 행사를 인정하지 않을 경우에 남용적 회사분할이 전면적으로 허용될 수 있다는 점을 고려한다면 신설분할회사의 경영상 곤란만을 이유로 채권자 취소권 행사를 부정할 이유가 될 수 없다고 판시하였다. 나아가 영업양도가 사해행위임을 이유로 취소되는 경우에도 영업양수인의 경영이 현저히 곤란해질 수 있으므로 경영상 곤란이 채권자 취소권 행사를 저지할 수 있는 사유가 될 수 없다고 하였다.

특히 도쿄지방재판소는 후술할 바와 같이 원상회복의 방법으로 가액배상의 방식을 택하였기 때문에 가액배상에 의할 경우 신설분할회사는 승계받은 사업을 여전히 소유하고 있게 되므로 신설분할회사의 사업 존속에는 아무런 문제가 없다는 점도 지적하였다. 오사카지방재판소〔大阪地裁判平 21. 8. 26. 平成20年(ワ)第7444號〕는 위와 같은 이유에 더하여 채권자 취소권의 행사가 허용되면 그 결과 신설분할회사는 자신이 승계한 자산을 반환하여야 하나 그 대신 피분할회사에 대하여 부당이득반환채권을 갖게 된다는 점을 지적하면서 반드시 신설분할회사의 사업존속이 곤란해진다고 볼 수는 없다고도 하였다.

한편 부인권과 관련하여서 구 상법하에서는 부인권의 행사를 부정한 도쿄지방재판소의 판례〔東京地裁平 17. 12. 20. 平成17年(ワ)第9394號〕가 있음은 앞서 본 바와 같다. 위 판례는 회사분할에 대하여 부인권 행사를 인정하게 되면 회사분할의 효력을 회사분할 무효의 소에 의하여만 다툴 수 있게 한 법의 취지에 반하므로 허용될 수 없다고 하였다. 그러나 회사법이 제정된 후 일본의 하급심은 부인권은 상대효에 그치므로 대세효를 갖는 회사분할 무효의 소와 충돌하지 않는다고 판시하였는데,[24] 이와 같은 판례 변화의 이유에 대하여는 개정 회사법이 구 상법에 비하여 채권자 보호가 충분하지 않기 때문이라는 평석이 있다.[25]

---

24) 물론 전술한 東京地裁平 17. 12. 20. 平成17年(ワ)第9394號는 회사분할을 부인의 대상으로 인정할 경우 회사분할의 효력을 회사분할 무효의 소에 의해서만 다투도록 한 구 상법상의 취지를 잠탈할 우려가 있다고 하면서 부인권의 행사를 인정하지 않았다. 회사법이 제정된 후의 판례 태도의 변화의 이유에 대하여는 주 16번 참조.

25) 神作裕之 / 三上徹(대담자), 앞의 인터뷰(주 9), 40면.

3. 남용적 회사분할이 사해행위에 해당하는지 여부

회사분할이 이루어져 피분할회사의 사업이 신설분할회사에 승계되면 피분할회사는 그 대가로 신설분할회사의 주식을 소유하게 된다. 이론적으로 피분할회사가 취득하는 신설분할회사의 주식은 신설분할회사로 승계된 사업의 가치를 표상하는 것이므로 피분할회사의 회계상 자산은 회사분할 전후로 그 어떤 변동이 없다. 그러므로 이러한 회사분할이 사해행위로 인정될 수 있을지에 대하여는 더 심도 있는 논의가 필요하다. 한편 일본 파산법은 부인의 대상이 되는 행위의 유형을 세분화하여 이에 따라 부인권을 행사할 수 있는 요건을 달리 규정하고 있으며 채권자 취소권의 경우도 이에 대응하여 유형화의 시도가 있는바, 회사분할이 어느 경우에 해당하는지에 따라 부인권 행사 및 사해행위 취소요건이 달라지므로 이 또한 검토할 필요가 있다.

(1) 사해행위 및 부인권 행사 대상 행위의 유형

일본 파산법은 2004년 개정을 통해서 기존에 포괄적으로 규정하였던 부인 대상 행위를 3개의 유형으로 구분하였다. 파산법 제160조는 파산채권자를 해하는 행위를 규정하고 있는바, 이는 좁은 의미의 사해행위로 이해된다. 이는 채무자의 책임재산을 절대적으로 감소시키는 행위만 포함되고, 상당한 대가로 재산을 처분하거나 기존 채권자에게 담보를 제공하거나 채무를 소멸하는 행위는 제외된다. 파산법 제161조는 상당한 대가로 재산을 처분하는 행위를 규율하고 있는데 부동산 등을 처분하여 그 대가로 얻은 재산의 성질상 파산자가 이를 은닉, 무상 공여 기타 파산채권자를 해하는 처분을 할 위험이 현실적으로 생기는 경우를 부인의 대상으로 삼고 있다. 마지막으로 파산법 제162조는 특정 채권자에 대하여 채무를 소멸시키거나, 담보를 제공하는 경우(이른바 '편파행위')를 부인의 대상으로 하고 있다. 이 유형의 경우 파산자가 지급불능상태에 빠진 이후에 행하였거나 그로부터 30일 전에 행한 행위만이 부인의 대상이 된다.

이에 반하여 사해행위 취소권의 경우는 그 취소대상을 여전히 '채무자가 채권자를 해하는 행위'로 포괄적으로 규정하고 있으며 판례에 의해 발전된 법리에 의존하여 취소대상을 판단하고 있다. 그러나 일본에서의 파산법이 위와 같이 개정되면서 부인권의 행사와 실질적으로 동일한 기능을 하는 채권자 취소권도 이와 동일하게 개정할 필요성이 제기되고 있다.[26] 이러한 개정 작업에 따라 판례가 인정하는 사해행위를 위 파산법상의 분류 유형에 따라서 세 가지 유형으로 나누어 보는 경우도 있다.[27] 첫 번째 유형은 채무자의 재산으로부터 적극재산이 유출되는 경우이다. 소극재산을 유지한 채 적극재산이 감소하는 경우이다. 이는 일본 파산법상 제160조에 해당하는 유형이다. 두 번째 유형은 적극재산을 상당한 대가를 받고 처분을 하였는데 그 대가로 받은 재산의 성질로 인해 실질적으로 재산의 가치가 감소하였다고 보는 경우인바, 이는 무자력 상태의 채무자가 부동산을 상당 대가를 받고 매각한 경우로서 일본 파산법 제161조가 정한 유형에 해당한

26) 法務省民事局參事官室, 民法(債權關係)の改正に關する中間的な論點整理の補足說明, 2011. 5, 71-76면 참조. 채권자 취소권과 파산법상 부인권은 채무자가 파산절차에 있는지 여부에 따라서 그 적용 여부가 결정되는 것에 불과하고 그 경제적 실질은 동일하다는 전제하에서 양 제도 간의 정합성을 도모할 필요성을 지적한다.

27) 小林信明 / 井上聰 / 三上徹(司會) / 山田誠一 / 村田一 / 山本和彥, "座談會 會社分割をめぐる諸問題 ─判例を材料に派生論點を考える─," 金融法務事情 제1923호(2011. 6. 10), 46면, 山田 발언내용.

다. 마지막 유형은 채무자의 재산으로부터 적극재산이 유출되지만 이것이 소극재산의 변제를 위해 쓰여 소극재산도 마찬가지로 감소하는 경우인바, 이는 일본 파산법 제162조의 유형과 유사하다. 이 경우 채무자의 총 자산의 합계에는 변화가 없게 되나 남아 있는 채권자들의 변제율이 낮아지는 문제가 생긴다.

일본 판례는 위 각 유형에 대하여 모두 동일한 기준으로 사해행위성을 인정하는 것은 아니고 각각 다른 기준을 적용하고 있다. 예컨대 마지막 유형의 경우는 채무의 변제가 언제나 사해행위로 된다고 볼 수 없고 채권자와의 통모 등의 특별한 사정이 있는 경우에만 이를 인정하고 있다.[28)]

(2) 판례의 태도

우선 사해행위 취소에 관하여 알아본다. 도쿄지방재판소 판례는[29)] 사해행위는 총채권자의 공동담보로서의 채무자의 일반재산을 보전하기 위한 제도이므로 회계상의 자산이 감소하지 않았다 하더라도 공동담보로서의 가치가 실질적으로 훼손되어 채권자가 자기가 갖는 채권에 관하여 변제를 받는 것이 곤란하게 되는 경우는 사해행위에 해당한다고 전제한 뒤, 회사분할 대가로 피분할회사가 신설분할회사의 주식을 얻었으나 이는 비상장주식이어서 (i) 염가 처분이 용이하다는 점, (ii) 유동성이 부족하다는 점, (iii) 채권자로서는 신설분할회사의 주주명부를 열람할 권리도 없는 상태에서 주권까지 발행되어 버리면 자신의 권리를 보전하는 것이 한층 더 어려워진다는 점, (iv) 강제집행의

28) 最三小判昭 40. 1. 26. 裁判民集77號, 129면.

29) 東京地裁平 22. 5. 27. 平成21年(ワ)36384號.

절차에 있어서도 재산평가 및 환가가 현저히 곤란하므로 결국 공동담보로서의 가치가 실질적으로 훼손되었다고 하였다. 위 판결의 항소심은 원판결의 이유를 인용한 후에, 파산법 제161조가 채무자가 재산을 상당한 대가를 받고 처분한 행위도 부인권의 대상으로 삼고 있음에 비추어 보아 회사분할의 대가로 주식을 받았다는 점이 사해행위의 성립에 지장을 줄 수 없다고 하였다.

오사카지방재판소[30] 또한, 부동산을 상당한 가격으로 매각하여도 사해행위에 해당한다는 점을 들며 회계상 총자산액의 변동이 없어도 해당 처분행위에 의해 채권자를 위한 공동담보로서의 실질적 효력이 감소하는 경우에는 사해행위가 성립한다고 전제한 다음, 피분할회사가 회사분할을 통해 사업을 양도하고 그 대가로 신설분할회사의 주식을 받았다 하더라도 이는 피분할회사가 가지고 있던 부동산 등의 재산이 환가가 곤란하고, 잠재적으로 감가될 가능성이 있는 신설분할회사의 주식으로 변경된 것으로써 채권자를 위한 공동담보로서 실질적 효력을 감소시키는 것으로 보았다.

이에 비하여 회사분할에 대하여 부인권 행사를 긍정한 후쿠오카지방재판소의 두 판례는[31] 모두 회사분할행위가 파산법 제160조 제1항의 파산채권자를 해하는 행위로 보았다. 두 사안 모두 피분할회사가 신설분할회사에 승계된 채무에 대하여 중첩적 채무인수를 한 사안인바, 이에 따라 피분할회사는 회사분할로 인해 장부상 소극재산의 감소 없이 적극재산의 유출만 있었다고 볼 수 있어 위와 같은 법리 구성이 가능하였다.

한편 후쿠오카지방재판소 판례〔福岡地裁平 22. 9. 30. 平成20年(ワ)第625

30) 大阪地裁判平 21. 8. 26. 平成20年(ワ)第7444號.

31) 福岡地裁平 21. 11. 27. 平成21年(ワ)第1617號；福岡地裁平 22. 9. 30. 平成20年(ワ)第625號.

號〕 사안에서 피고 측은 피분할회사가 중첩적 채무인수를 하였다고 하여도 해당 채무에 대한 피분할회사의 내부적 부담비율은 없으므로 피분할회사가 이를 설사 변제한다 하여도 신설분할회사에 대하여 구상권을 행사할 수 있어 결국 피분할회사는 회사분할 전후로 하여 회계상 자산 가치의 변동이 없다고(즉 파산법 제160조에 해당할 수 없다고) 주장하였는데, 재판소는 피분할회사가 중첩적으로 인수한 채무를 현실적으로 부담한다는 점을 볼 때 위와 같은 주장은 받아들일 수 없다고 판시하였다.

(3) 학설 및 검토

이를 통해 우리는 판례가 남용적 회사분할을 제1유형(파산법 제160조) 또는 제2유형(파산법 제161조)의 사례로 포섭하였다는 사실을 알 수 있다. 그런데 이에 대하여 일부 학설은 남용적 회사분할은 전형적으로 제3유형의 사례라고 보고 있다.[32] 즉 남용적 회사분할이 이루어진 경우 피분할회사의 장부상 차이는 없고, 승계채권자의 경우는 안정적으로 변제를 받을 수 있는 반면, 잔존채권자는 신설분할회사로 유출된 자산에 집행을 하지 못하여 변제율이 급격히 악화된다. 결국 남용적 회사분할의 경우 분할 전 회사가 승계채권자와 함께 그에 상당하는 자산을 신설분할회사에 승계시켜 승계채권자에 대한 자신의 변제의무를 소멸시켰다는 점에서 일부 채권자에 대한 '변제'와 유사하다거나, 승계채권자들은 신설분할회사에 승계된 자산에 대하여는 잔존채권자에 비해 우선적인 변제를 받을 수 있다는 점에서 일부 채권자에

32) 井上聰, "濫用的會社分割における問題の本質," 金融法務事情 제1903호(2010. 8. 10), 7면 ; 小林信明 외 5인, 앞의 좌담회(주 27), 46면, 47면, 山田, 山本 발언내용.

대하여 비전형담보를 제공한 것과 유사하다고 주장한다.

이 견해는 판례가 남용적 회사분할을 제1 또는 제2유형으로 포섭한 것은 타당하지 않다고 비판한다. 우선 회사분할로 인해 피분할회사는 신설분할회사의 주식을 대가로 받아 회사분할 전후로 하여 회계상의 차이가 없으므로 적극재산의 유출에 해당하는 제1유형에는 해당할 가능성이 없다고 한다. 제2유형에 해당하는지 여부와 관련하여 최고재판소 판례가 상당 가격 처분을 사해행위로 본 것은 부동산과 같은 고정자산을 처분하여 소비가 용이한 현금으로 재산의 성질을 바꾸는 것을 금지한 것인데 회사분할의 경우에 사업 양도의 대가로 받은 비상장주식은 오히려 소비 및 환가가 어려운 것이므로 제2유형을 사해행위로 본 판례의 취지에 맞지 않는다고 비판한다.[33)]

남용적 회사분할을 제2유형으로 포섭할 경우 부인권의 행사에 있어 특유의 문제가 발생하기도 한다. 파산법 제161조는 상당 가격 매각행위가 부인되기 위해서는 해당 처분행위로 인해 재산의 성질이 바뀌어 채무자가 채권자를 해하는 은닉 등의 처분행위를 할 우려가 현실적으로 발생하여야 하는데, 다수설은 이를 매우 좁게 해석하여 은닉 등의 처분행위가 실제 일어나지 않으면 파산법 제161조에 의한 부인의 대상이 되지 않는다고 한다.[34)] 이에 따라 회사분할 후 신설분할회사의 주식을 양도하거나 신설분할회사가 대규모 증자를 하여 피분할회사가 소유하는 주식의 가치를 희석시키는 등의 조치가 일어나지 않는 이상 적용상의 한계가 있다는 점이 지적된다.[35)]

33) 小林信明 외 5인, 앞의 좌담회(주 27), 49면, 井上 발언내용.

34) 弥永眞生, 앞의 논문(주 13), 39면.

35) 井上聰, 앞의 논문(주 32), 7면. 한편 小林信明 외 5인, 앞의 좌담회(주 27), 61-62면, 小林, 井上 발언내용에 따르면 위와 같은 후속조치가 있는 악질적인 경우를 파산법 제161조

그러나 회사분할을 편파행위인 제3유형(파산법 제162조)으로 포섭하는 견해도 이론적으로 완전하다고 볼 수는 없다. 회사분할을 편파행위로 보게 될 경우 수익자는 재산을 양도받은 신설분할회사가 아니라 신설분할회사에 이전한 승계채권자가 된다. 그리고 이때 부인 또는 취소의 원인이 되는 행위는 일부 채권자에 대한 편파행위이므로, 신설분할회사에의 자산의 이전을 취소 또는 부인의 대상으로 삼을 수 없고 승계채권자가 신설분할회사에 대하여 '청구권을 취득'한 것이 취소 또는 부인의 대상이 되는 것이 논리적으로 타당하다는 결론에 이른다. 그러나 승계채권자가 신설분할회사에 대하여 청구권을 취득하였다는 것은 피분할회사의 입장에서 보면 자산의 감소 또는 부채의 증가와 전혀 연관이 없는 행위가 되어 이를 과연 부인 또는 취소의 대상으로 할 수 있는지에 대한 문제가 발생한다.[36] 나아가 일본 최고재판소 판례는 제3유형의 사해행위의 경우 채권자와 채무자 사이의 통모를 요구하는 등, 보다 엄격한 태도를 취하고 있는바, 이러한 엄격한 적용 요건을 피하기 위하여 불가피하게 제2유형으로 포섭하였다는 견해도 제기된다.[37]

또한 앞서 본 바와 같이 파산법 제162조는 편파행위가 (i) 파산자의 지급불능 이후 또는 파산절차개시신청 후에 일어났거나, (ii) 그로부터 30일 전에 일어난 경우에[38] 한하여 부인권의 대상이 된다고 한다. 이

에 의한 부인의 대상으로 포섭하게 되면 상대방이 받은 반대급부는 재단채권이 아닌 파산채권이 되어 파산절차에서 보다 불리하다는 점에서 이를 파산법 제160조가 아닌 제161조로 보는 실익이 있다고 한다. 다만 앞의 좌담회, 61면, 山本 발언내용에 따르면 위와 같은 후속조치가 있는 경우야말로 적극재산의 유출이 있는 경우와 동일하게 보아 파산법 제160조로 포섭해야 할 사안이라고 본다.

36) 이에 대하여는 III. 5.에서 상술하기로 한다.

37) 小林信明 외 5인, 앞의 좌담회(주 27), 50-51면, 村田, 三上 발언내용.

38) 그러나 이때 채권의 변제기가 도래하였다거나 담보를 제공할 의무가 있었던 것이라면

에 따라 남용적 회사분할이 파산법 제162조에 해당한다고 보면 당사자들로서는 의도적으로 파산절차개시신청 30일 전에 회사분할을 하여 그것이 부인의 대상이 되지 않도록 할 수 있다는 문제점도 있다.

한편 최고재판소 판례 태도를 지지하는 입장에서는 상당대가행위(제2유형)를 사해행위로 볼 수 있는지 여부는 단순히 그 처분 대가가 소비하기 쉬운지 여부로 형식적으로 판단할 것이 아니라 공동담보로서의 재산의 가치가 감소되었는지 여부로 판단하여야 하는 것인데, 남용적 회사분할을 통해 취득한 비상장주식은 염가 처분이 용이하면서도 유동성이 없어 이전된 재산에 비해 공동담보로서의 가치가 떨어지는 것이므로 이를 제2유형을 보는 것이 기존 판례와 모순되지 않는다고 한다.[39)]

이와 관련하여 회사분할의 대가로 피분할회사가 취득한 신설분할회사의 주식의 평가를 어떻게 할 것인지에 대한 문제가 발생한다. 예컨대 채무초과상태의 회사가 자산이 500, 채무가 1,000인데, 회사분할을 통해 신설분할회사에게 자산 중 400, 채무 중 400을 인수시키고, 피분할회사는 신설분할회사의 주식을 취득하였다고 하자. 이때 피분할회사는 400이라는 자산을 양도한 대가로 신설분할회사의 주식을 취득하게 되는데, 위 주식의 가치를 자산가치평가법에 따라 평가하면 0이 되어 제1유형의 사해행위로 평가받기가 수월한데, 현금흐름기법

이는 부인의 대상이 되지 않는다. 그러나 지급불능 후 또는 파산절차개시신청 후의 변제/담보제공은 그것이 파산자의 의무에 속하였는지 여부에 관계없이 부인의 대상이 된다.

39) 小林信明 외 5인, 앞의 좌담회(주 27), 48면, 三上, 村田 발언내용. 다만 이러한 견해에 대하여 같은 좌담회에서 山本은 비상장주식은 개별적으로 이전된 자산이 아닌 '일체로서의 사업'에 대응하는 것인데 이러한 사업에 비교하여 비상장주식의 유동성이 결코 떨어지지 않는다고 하여 유동성을 이유로 공동담보의 가치가 떨어졌다고 평가하는 것은 옳지 않다고 주장한다.

에 따라 판단하면 400이라는 가치를 지닐 수 있어 제1유형이 아닌 제2유형으로서 평가될 수 있기 때문이다(그리고 제2유형으로 평가될 경우 사해행위로 인정되기 위해서는 추가적인 요건을 충족하여야 한다). 이처럼 회사분할시 피분할회사가 취득하는 신설분할회사의 주식을 어떻게 평가할 것인지와 관련하여 일본에서의 학설 중에는 원칙적으로 자산가치평가법에 따라 회사분할을 제1유형의 사해행위로 보되, 피고(수익자)가 위 주식의 가치가 현금흐름기법에 의하면 더 높다는 사실을 입증하면 그때부터 회사분할은 제2유형의 사해행위로 평가되고, 이때의 입증은 본증의 형태가 되어야 한다는 견해가 제시된다.[40)]

그 외에도 제1유형이 타당하다는 학설로는, 채무초과상태에 있는 회사에 대한 채권은 그 실가가 액면에 비해 낮다는 점을 지적하면서, 채무초과상태에 있는 회사가 회사분할을 통해 채무와 함께 자산을 이전하여 그 채무의 실질적 만족에 이르게 하는 것은 결국 이전한 자산의 가치를 실질적으로 감소시키는 것과 동일하다고 보아, 제1유형(파산법 제160조)으로 포섭하는 것도 가능하다는 견해,[41)] 앞서 본 바와 같이 회사분할 후에 피분할회사가 신설분할회사의 주식을 염가로 양도하거나 신설분할회사가 대규모 증자를 하여 피분할회사가 소유하는 신설분할회사의 주식 가치를 희석하는 경우에는 적극재산의 유출이

40) 伊藤眞, 앞의 논문(주 23), 21, 22면. 이 견해에 따르면 회사분할의 사해행위성을 판단함에 있어서 피분할회사가 취득한 신설분할회사의 주식을 자산가치평가법에 따라 평가하면 제1유형(파산법 제160조)으로, 현금흐름기법에 의해 평가하면 제2유형(파산법 제161조)으로 판단하면 된다. 다만 이 견해와 관련해서는 신설분할회사로 이전하는 것은 적극재산뿐만 아니라 소극재산도 포함되므로 자산가치평가법에 의한다고 하여 반드시 제1유형에 속한다고 보는 근거가 다소 약해보인다.

41) 鹿子木康, "事業承繼スキームの光と影—濫用的會社分割を考える," 事業再生と債權管理 제132호(2011. 4), 24면〔小林信明 외 5인, 앞의 좌담회(주 27), 59면, 三上 발언내용으로부터 재인용〕.

있다고 보아 제1유형으로 포섭하는 것이 가능하다는 견해도 있다.[42)]

4. 채무자의 해의 및 수익자의 악의

앞서 본 판례들에서는 채권자 취소권 및 부인권 행사에 있어 요구되는 채무자와 수익자의 주관적 요건은 특별히 논의되지 않았다.[43)] 학설도 채무자의 해의와 관련하여서는 별다른 논의는 없으나 수익자의 악의와 관련하여서는 검토를 요한다. 판례와 같이 남용적 회사분할을 제1유형(파산법 제160조) 및 제2유형(파산법 제161조)의 사해행위로 보게 되면 수익자는 신설분할회사가 될 것이다. 그런데 회사분할 단계에서는 신설분할회사가 설립되지 않아 수익자의 악의를 판단하는 데에 문제가 있을 수 있는데, 이는 설립 중의 회사 개념을 통해 보완할 수 있어 큰 문제가 되지 않는다. 한편 법인의 선악은 대표이사를 기준으로 판단을 하게 되는데, 신설분할회사의 대표이사는 주로 피분할회사의 지배주주 혹은 이사가 겸임하게 된다는 점에서 수익자는 항상 악의가 된다. 그러나 채권자 취소권의 행사로 인해 불이익을 받는 자는 신설분할회사의 주주들이라는 점에서 회사분할 후 신설분할회사의 주주구성이 현저히 바뀌었을 경우에는 주주를 기준으로 선악을 판단하여야 한다는 견해도 제시되고 있다.[44)]

한편 남용적 회사분할이 제3유형(파산법 제162조)에 해당한다고 보게 되면 사해성은 채권자를 불평등하게 취급하였다는 데에 있으므로

42) 小林信明 외 5인, 앞의 좌담회(주 27), 61면, 山本 발언내용.

43) 한편 일본에서도 수익자의 선악에 대한 주장/입증책임은 피고 측에 있는바, 위 판례들에서 피고는 이를 주장하지 않아 특별히 쟁점이 되지 않았다.

44) 弥永真生, 앞의 논문(주 13), 38면.

수익자는 신설분할회사로 승계된 채권자가 될 것이다. 승계된 채권자의 선악에 대하여는 피분할회사가 승계채권자에 대하여 중첩적 채무인수 또는 연대보증을 하지 않은 경우에는 최고 및 공고 절차에 대하여 승계채권자는 채무초과회사가 회사분할을 하고 있다는 사실을 알게 되어 이를 통해 악의가 입증될 수도 있으나 회사로서는 (중첩적 채무인수 및 연대보증을 통해) 승계채권자에 대하여도 최고 및 공고 절차를 거치지 않고 회사분할을 진행할 수 있는바, 이 경우에는 승계채권자의 악의를 입증하기는 힘들 수도 있다는 지적이 있다.[45] 그리고 전술한 바와 같이 특정 채권자에 대한 변제 또는 담보제공의 경우는 단순히 채무자의 해의와 수익자의 악의 외에 채무자와 채권자(즉 수익자) 사이의 공모를 요구하고 있는바, 이 요건을 어떻게 입증할 것인지도 문제가 된다.

수익자를 승계채권자라고 볼 경우에도 '회사분할 취소의 소'는 회사분할의 직접 상대방인 신설분할회사를 피고로 삼아 제기할 수밖에 없다는 문제가 발생한다. 이는 소의 피고가 되는 수익자와 실제 선악 판단의 대상이 되는 수익자가 분리될 수 있는지에 대한 문제로 이어지는데, 이에 대하여는 일본의 신신탁법상 사해신탁을 취소함에 있어서 사해신탁 취소의 상대방은 신탁의 수탁자인데 선악 판단을 함에 있어서는 신탁 수익자를 기준으로 하고 있어 이를 유추적용할 수 있지 않은가 하는 견해도 있다.[46]

45) 小林信明 외 5인, 앞의 좌담회(주 27), 58면, 村田 발언내용. 특히 일본 판례는 일부 채권자에 대한 변제를 사해행위로 인정함에 있어서 채권자와 채무자 사이의 통모를 요건으로 하고 있는바 이를 입증하기는 매우 어렵다는 점이 지적된다(앞의 좌담회, 54면, 山田 발언내용).

46) 小林信明 외 5인, 앞의 좌담회(주 27), 65-66면, 山田 발언내용. 같은 좌담회에서 山田은 이를 민법상 제3자를 위한 계약과 유사하다고 지적하기도 한다.

부인권을 행사하는 경우에 있어서의 주관적 요건에 관하여서는 우선, 파산법 제160조의 경우 파산자의 해의[47] 및 수익자의 악의가 요건이 된다. 파산법 제161조의 경우 파산자가 재산을 처분한 대가로 받은 금전 등을 은닉 등의 처분을 할 의사가 있어야 하며 수익자가 이를 알고 있어야 한다.[48]

파산법 제162조는 전술한 바와 같이 특정 채권자에 대한 편파행위가 (i) 파산자의 지급불능 이후 또는 파산절차개시신청 후에 일어났거나, (ii) 파산자가 지급불능이 되기 30일 전에 일어난 경우에 한하여 부인의 대상이 된다고 규정한다. 전자의 경우는 파산자 그러한 상태에 빠졌다는 사실을 인지한 상태에서 행하였다면 부인의 대상이 되나 후자의 경우는 수익자가 그 행위로 인해 다른 채권자들이 해를 입는다는 사실을 안 경우에만 부인의 대상이 된다.[49] 부인권 행사에 있어서의 주관적 요건에 관한 논의는 채권자 취소권의 경우와 크게 다르지 않다.

5. 취소 및 부인의 대상과 범위

앞에서 본 바와 같이 회사분할을 사해행위 취소의 대상으로 삼는 것이 가능하다 하여도 그 취소의 범위는 채권자의 피보전채권 내로 제한되고, 그 행위가 가분적인 경우에는 그 일부만 취소할 수 있으므

47) 단 지급정지 또는 파산절차개시 신청 후의 경우 파산자의 해의는 필요하지 않다(파산법 제160조 제1항 제2호).

48) 단 이러한 수익자가 파산자와 특별한 관계에 있는 경우(파산법 제161조 제2항 각호에 해당하는 자)에는 그 악의가 추정된다.

49) 수익자가 파산자와 파산법 제162조 제2항 각호에 해당하는 관계에 있는 경우에는 그 악의가 추정된다.

로 회사분할을 취소하는 경우에도 전부 취소할 필요 없이 그 일부 행위를 취소하게 될 것이다.[50] 그런데 이때 그 취소의 범위를 어느 정도로 정해야 하는지에 대한 문제가 제기될 수 있다.

'회사분할'은 신설분할회사의 설립(흡수분할의 경우는 흡수회사와의 합병) 및 그에 따른 자산 및 채무의 승계라는 행위로 나눠볼 수 있다. 그중 신설분할회사의 설립이라는 조직법상의 행위를 취소한다는 것은 채권자 취소권 또는 부인권의 상대효와 조화되기도 어려워 이를 취소의 대상으로 삼기는 어렵다.[51] 그러므로 자산 및 채무의 승계행위만이 취소의 대상이 된다. 그중 어느 범위까지 취소하는 것이 타당한지와 관련하여서는 (i) 신설분할회사에 대한 자산 이전만을 취소하여야 한다는 견해, (ii) 회사분할은 자산과 채무가 일체로 승계한 것이므로 이를 분리하는 것은 불합리하고 자산 이전만을 취소할 경우에는 신설분할회사에 승계된 채권자가 오히려 불이익을 받는다는 점을 이유로 자산과 채무 이전을 함께 취소하여야 한다는 견해, (iii) 회사분할은 결국 채권자를 불평등하게 취급한 것이 문제이므로 신설분할회사의 채무의 승계를 취소하여야 한다는 견해가 있을 수 있다.

---

50) 그러나 회사분할은 조직법상 권리의무가 전체적으로 일괄하여 이전, 승계되는 것인데 사해행위 취소에 있어 취소의 목적물이 '가분적'이라고 설시하는 것은 타당하지 않다는 지적이 있다〔弥永眞生, 앞의 논문(주 13), 37면〕. 한편 부인의 경우는 부인대상이 되는 법률행위를 주문에 구체적으로 명시할 필요가 없으므로 이와 같은 논의가 발생하지 않는다〔小林信明 외 5인, 앞의 좌담회(주 27), 70면, 山本 발언내용〕.

51) 瀧澤孝臣, "會社分割をめぐる裁判例と問題點," 金融法務事情 제1924호(2011. 6. 25), 70면 ; 黑木和彰 / 川口珠青, "濫用的會社分割をめぐる問題點," 金融法務事情 제1902호(2010. 7. 25), 70면도 회사설립행위는 '재산권을 목적으로 하는 행위'가 아니라고 하여 취소의 대상이 될 수 없음을 전제로 하고 있다. 또한 각주 20번에서 본 바와 같이 일본 회사법은 지분회사(합명회사 · 합자회사 · 합동회사)에 대하여는 사해적인 설립행위를 취소하는 소를 명시적으로 인정하고 있는데 주식회사의 경우는 그와 같은 규정이 없다. 이를 통해 볼 때 주식회사의 설립이 사해행위에 해당한다고 하여도 취소할 수 없다고 보는 것이 입법자의 결단이라고 본다고 한다.

세 번째 견해는 승계채권자가 잔존채권자에 비하여 신설분할회사의 자산에 대한 우선변제권을 갖는다는 점에 사해행위성이 있는 것으로 보아 채무의 승계를 취소의 대상으로 보고 있다.[52] 신설분할회사에 대한 채무의 승계가 취소되면 신설분할회사는 자산만 존재하는 회사가 될 것이고, 그렇다면 피분할회사가 소유하는 신설분할회사의 주식의 가치가 그만큼 상승하게 되는 것이어서 결국 신설분할회사로 승계된 자산이 회복되고 채권자 간 평등도 도모하는 결과가 나타날 것이라고 주장한다. 그러나 채무인수행위 자체는 채권자를 해하는 행위가 아니므로 이를 취소하는 것은 이론적으로 문제가 있다는 지적이 있다.[53]

판례를 살펴보면 채권자 취소권의 행사를 긍정한 판례의 주문은 "A를 신설분할주식회사, Y를 신설분할설립주식회사로 하는 ○○○○년 ○○월 ○○일 효력이 발생한 회사분할을 ○○○ 엔의 한도 내에서 취소한다"는 형태가 되고 있어,[54] 취소의 대상은 회사분할 자체를 삼고 있는 것을 알 수 있다. 그런데 채권자 취소권 및 부인권의 행사를 긍정한 위 판례들은 그 취소의 효과로서 모두 이전된 자산만을 피분할회사에게 복귀시켰는데 이 경우 신설분할회사에 승계된 채권자에 대한 보호의 문제는 여전히 남는다.[55] 또한 피분할회사는 신설분할회사의 주식을 여전히 취득하고 있으면서도, 그 주식취득의 대가로서 신설분할

52) 小林信明 외 5인, 앞의 좌담회(주 27), 66면, 山田 발언내용.

53) 小林信明 외 5인, 앞의 좌담회(주 27), 67면, 山本 발언내용.

54) 名古屋地裁平成 23. 7. 22. 判時2136號70項. A는 피분할회사, Y는 신설분할회사인 경우이다.

55) 한편 남용적 회사분할이 흡수분할의 형태로 이루어지는 경우 채권자 취소권이 행사되면 흡수회사는 피분할회사로부터 채무만을 인수한 격이 되는 문제가 생겨 흡수회사의 신뢰의 보호 문제도 제기될 수 있다. 小林信明 외 5인, 앞의 좌담회(주 27), 68면, 山本 발언내용.

회사에게 지급한 자산을 다시 돌려받는 형식이 되는데, 이는 신설분할회사의 자본충실의 원칙과 어떻게 조화될 수 있는지도 여전히 문제로 남고 있다.[56)]

6. 취소의 방법(원물반환 또는 가액배상)

채권자 취소권과 관련한 도쿄지방재판소는 가액배상의 방법을, 오사카지방재판소는 특정 부동산에 대한 원물반환의 방법을 택하였으며 부인권 행사와 관련하여 후쿠오카지방재판소 2009. 11. 27. 판례는 가액배상을, 2010. 9. 30. 판례는 특정 토지에 대한 원물반환의 방법을 각각 택하였다. 채권자 취소권을 행사하는 경우 원물반환이 원칙적인 모습인데 회사분할에 대한 취소에 있어서 원물반환을 고수할 경우 사업 존속에 불가결한 자산의 반환이 강제될 수 있어 원물반환 원칙에 대한 수정이 요구된다는 견해도 있다.[57)] 그러나 현재 일본 판례상으로도 가액배상이 허용되는 경우가 넓게 해석되고 있다는 점에 비추어 보아 회사분할이라고 하여 법리의 수정이 특별히 요구되지 않는다는 지적도 있다.[58)] 부인권의 경우는 가액배상을 명하는 것이 자유롭기 때문에(파산법 제168조 제4항) 위와 같은 문제는 발생하지 않는다.

---

56) 宮島司, 앞의 논문(주 22), 20면. 이는 현물출자를 사해행위로 취소하는 경우에도 마찬가지로 제기되는 문제인바, 일본의 하급심 판례 중에는 현물출자를 사해행위로 취소하는 것을 긍정하면서 '자본을 훼손하지 않는 범위' 내로 제한한 판례도 있다는 점을 지적하기도 한다. 그러나 최저자본금 제도가 폐지된 현재에 있어 그러한 자본충실의 원칙이 큰 의미를 갖지 않는다는 점도 유념해야 된다.

57) 伊藤邦彦, "濫用的會社分割に對して金融債權者が取りえる對應策の檢討 ― 東京高判平22. 10. 27を糸口として," 金融法務事情 제1918호(2011. 3. 25), 106면.

58) 小林信明 외 5인, 앞의 좌담회(주 27), 71면, 山田 발언내용. 그러나 이에 의하더라도 신설분할회사의 존속 가능성이 가액배상을 명할 근거는 되지 못할 것이라고 한다.

7. 피분할회사가 취득한 대가의 반환 관련

이처럼 가액배상 또는 원물반환이 이루어지면 피분할회사가 취득한 신설분할회사의 주식이나 신설분할회사가 인수한 피분할회사의 채무를 어떻게 처리할 것인지에 대한 문제가 발생할 수밖에 없다. 채권자 취소권의 경우 신설분할회사로서는 피분할회사의 채권자가 반환받은 가액을 피분할회사에 대하여 부당이득으로서 청구하는 형태로 비교적 간명하게 처리할 수 있을 것으로 보인다.

부인권과 관련하여 일본 파산법 제168조 제1항은 부인권이 행사된 상대방은 파산자에게 지급한 반대급부의 반환 또는 그 반대급부의 반환이 어려운 경우에는 그 가액의 반환을 재단채권자의 지위에서 구할 수 있다고 규정하고 있다. 회사분할에 의해 신설분할회사가 지급한 반대급부를 (i) 신설분할회사가 인수한 채무 및 (ii) 신설분할회사의 주식이라고 보아 이를 나누어 살펴본다.

우선 신설분할회사가 인수한 채무와 관련하여 '반대급부의 반환'이라는 원칙적 형태는 피분할회사로 하여금 그 채무를 다시 인수하도록 하는 방법이 될 텐데 이는 조직법상 회사분할의 효과를 완전히 뒤집는 것이고, 신설분할회사의 사업 계속에도 악영향을 미칠 수 있으므로 타당하지 않다고 여겨질 수 있다(그러므로 이 경우 재단채권자로서의 가액배상을 구하는 형태를 원칙으로 삼는 것이 타당하다고 한다는 견해가 제시된다).[59]

59) 伊藤眞, 앞의 논문(주 23), 28면. 이와 관련하여 위 논문의 저자는 부인권의 행사 범위를 이전된 가액 전부로 보지 않고, 승계된 채권자가 우선적으로 만족을 얻은 범위 내로 한정하면 '반대급부의 반환'과 같은 문제가 발생할 여지가 없다고 주장한다. 즉 자산 500, 채무 1,000인 채무초과회사의 채권자는 50%의 비율로 채무 만족을 얻을 수밖에 없었는데, 회사분할을 통해 신설분할회사가 자산 400, 채무 400을 승계했다면, 그 신설

나아가 피분할회사가 취득한 신설분할회사의 주식과 관련하여서는, 신설분할회사에게 그 주식을 반환하는 것은 회사의 자기주식취득금지의 원칙에 어긋나므로(위와 같은 경우가 회사의 자기주식취득을 예외적으로 허용하는 경우에 해당하지도 않는다) 주식의 반환을 구할 수 없고, 이 경우에도 신설분할회사는 피분할회사에 대하여 재단채권자의 지위에서 주식 가액의 반환만을 구할 수 있다고 하는 견해가 있다.[60]

8. 소결

일본에서 회사분할이 채권자 취소권 또는 부인권의 대상이 될 수 있는가에 대하여 최고재판소 판례는 없으나 이미 하급심에서 상당히 많은 양의 판례가 축적이 되었고 학설도 대체로 이에 동조하는 경향이다. 그러나 그 대상이 된다고 하여도 특정 유형에 따라 행사의 요건, 대상 및 방법에서 차이가 발생하여 이에 대한 학설의 대립이 전개되고 있다. 이론적으로는 회사분할이 제3유형에 해당한다고 보는 것이 타당하다고 보겠으나, 그렇게 볼 경우 그 행사 요건, 대상 및 방법에 있어 기존의 채권자 취소권/부인권 법리와 충돌하는 부분이 있어, 이는 앞으로 해석 또는 입법에 의해 보완해 나갈 문제라고 본다. 우리나라에서 회사분할이 남용적으로 이용될 경우 채권자 취소권의 대상이 될 수 있는지에 대하여는 아직 논의가 없으나 일본법상의 채권자 취

분할회사의 채권자는 100% 채무 변제를 받을 수 있어, 그 추가된 50%를 부인권의 행사대상으로 보아야 한다는 것이다(그리고 그 채권자는 위 50%의 만족을 얻음에 있어 지급한 반대급부가 없으므로 반대급부의 반환과 같은 문제가 발생할 여지가 없다). 이는 회사분할이 실질적으로는 편파행위로서의 성질을 갖는다는 전제에서 출발하는 것이다.

60) 伊藤眞, 앞의 논문(주 23), 29면.

소권 법리가 우리나라의 그것과 상당히 유사하다는 점에서 위 논의는 많은 참조가 될 수 있을 것으로 보인다. 한편 일본에서는 남용적 회사분할에 대처하기 위해 채권자 취소권/부인권 외에도 다양한 방법들이 모색되어 왔는데 이에 대하여는 항을 바꾸어 검토하기로 한다.

IV. 관련 문제

1. 명의속용자의 연대책임

영업양수인이 영업양도인의 명의를 속용한 경우 영업양수인의 책임을 규정한 일본 회사법 제22조 제1항을 유추적용한 사례도 볼 수 있다〔東京地裁平 22. 7. 9. 平成21年(ワ)第35786號 ; 東京地裁平 22. 11. 29. 平成22年(ワ)第35842號〕. 일본 회사법 제22조 제1항은 사업을 양수한 회사가 양도회사의 상호를 계속 사용하고 있는 경우 그 양수회사도 양도회사의 사업에 의해 발생한 채무를 변제할 책임을 진다고 규정하고 있다. 그러나 동조 제2항은 사업 양수 후에 지체 없이 양수회사가 그 본점 소재지에서 양도회사의 채무를 변제할 책임을 지지 않는다는 취지의 등기를 한 경우, 또는 양수회사 및 양도회사가 채권자에 대하여 위와 같은 취지의 통지를 한 경우에는 그러하지 아니하다고 규정하고 있다.

위 판결은 신설분할회사가 분할 전 회사의 상호를 속용한 경우 위 규정을 유추적용하여 신설분할회사의 잔존채권자에 대한 책임을 인정한 사례이다. 그러나 위 규정은 신설분할회사가 분할 전 회사의 상호를 속용한 경우에 한하여 인정될 수 있고, 나아가 회사분할 후에 책임을 지지 않는다는 취지의 통지를 한 경우에는 적용이 배제된다는 점에 비추어 보아 그 적용이 제한적일 수밖에 없다.[61] 실제로 오사카 지방재판소 판례〔大阪地裁平 22. 10. 4. 平成21年(ワ)第12215號〕는 분할 전 회사의 대표자가 회사분할에 앞서 채권자들에게 신설분할회사가 분할계획서에 기재되지 않은 채무에 대하여는 인수하지 않겠다는 뜻을 알렸다고 보아 회사법 제22조 제1항의 유추적용을 부정한 바 있다.

2. 법인격부인의 법리

나아가 신설분할회사의 법인격을 부인하여 잔존채권자의 신설분할회사에 대한 청구를 인용한 경우도 있다〔福岡地裁平 22. 1. 14. 平成20年(ワ)第549號 ; 福岡地裁平 23. 2. 17. 平成21年(ワ)第2170號[62] ; 東京地裁平 22. 7. 22. 平成21年(ワ)第40619號〕. 후쿠오카지방재판소 2010. 1. 14. 판결에서 피분할회사는 회사분할을 통해 신설분할회사의 주식 10주를 취득하였는데, 회사분할과 동시에 위 주식을 피분할회사 대표이사의 아들에게 10엔에 양도를 하고, 6일 후에 신설분할회사는 100주의 신주를 발행하여 이를 모두 위 대표이사의 아들에게 배정한 사안이다.

이에 재판소는 본건 회사분할의 전후로 피고 회사의 책임재산은 변동이 없어서 본건 회사분할 자체에 의해 채권자가 직접적으로 손해를 입었다고 할 수 없다고 판시하였다. 그러나 피고 회사가 원래 가지고 있던 사업 가치가 회사분할, 주식양도 및 증자를 통해서 제3자에게 이

61) 伊藤邦彦, 앞의 논문(주 57), 107면.

62) 이 판결의 사안에서 회사분할은 회사법 제정 후에 이루어진 것이 아니라 회사법 제정 전 구 상법하에서 일어났다. 일반적으로 회사법이 구 상법보다 채권자 보호절차가 미흡하여 남용적 회사분할이 일어날 가능성이 크다고 여겨지고 있는데, 이처럼 구 상법하의 회사분할절차도 채무자에 의해 충분히 남용되어 신설분할회사의 법인격이 부인될 필요성이 있는 경우도 있다.

전한 것을 인정할 수 있고, 이는 피고 회사의 채권자에 대한 부당한 채무면탈행위라고 평가한 뒤, 이러한 일련의 절차를 전체적으로 볼 때 피고들에게 원고에 대한 채무를 면탈하기 위한 부당한 의도, 목적이 있었다고 보이는 이상 신의성실의 원칙에 비추어 신설분할회사와 피분할회사를 동일시하여야 한다고 판시하였다.

일본 최고재판소의 판례상 법인격이 부인되는 경우로는 (i) 법인격이 객관적으로 형해화되었는지를 판단 기준으로 하는 형해화 유형과 (ii) 법인격이 객관적으로 형해화된 정도에 이르지는 않았더라도 법인격을 이용하여 채무를 면탈하려는 목적이 있는지 여부를 기준으로 삼는 권리남용 유형의 두 유형으로 분류할 수 있는데,[63] 남용적 회사분할의 경우는 판례가 어느 경우에 해당한다고 설시하였는지는 명확하지만은 않다.[64] 법인격부인의 법리의 장점은 사해행위 취소권과 달리 유출된 자산에 대한 가치평가를 할 필요도 없고 그에 따른 복잡한 법적 문제들이 발생하지 않는다는 점이다. 그러나 법인격부인의 법리는 그 적용상의 명확성이 떨어져 법적 안정성을 해칠 수 있다는 점이 지적된다.[65] 나아가 법인격부인의 법리의 보충성의 원칙에 비추어 사해행위 취소권으로 구제가 가능한 경우에는 법인격부인의 법리를 적용하는 것이 바람직하지 않다는 비판도 있다.[66] 이에 대하여 후쿠오카지방재판소 2010. 2. 17. 판례는 법인격부인의 법리는 사해행위 취소권과 그 요건 및 효과가 다르므로 사해행위 취소권을 행사할 수 없는 경우에만 법인격부인의 법리를 적용할 수 있는 것은 아니라고 판시하기도

63) 最一小判昭 44. 2. 27(民集23卷 2號 511項).
64) 神作裕之 / 三上徹(대담자), 앞의 인터뷰(주 9), 51-52면 ; 森本滋, 앞의 논문(주 9), 33-35면.
65) 黑木和彰 / 川口珠靑, 앞의 논문(주 51), 73-74면.
66) 森本滋, 앞의 논문(주 9), 34-35면 ; 黑木和彰 / 川口珠靑(주 51), 앞의 논문, 74면.

하였다.

한편 도쿄지방재판소의 판례는 승계채권자가 피분할회사에 대하여 이행청구를 한 경우인데, 피분할회사를 주 채무자로 하여 보증을 한 보증인에 대하여도 함께 청구하였다.[67] 이에 법원은 법인격부인의 법리를 통해 승계채권자의 피분할회사에 대한 청구를 인용한 후, 그 보증인도 회사분할의 목적을 알고 있었던 경우에는 주 채무가 피분할회사에 대하여 존재하므로 보증채무를 이행할 의무가 있다고 하였다. 한편 보증인의 책임이 인정되는 요건으로서 '보증인이 회사분할의 목적을 알고 있었던 경우'를 들고 있는데 보증인의 책임은 부종성의 원칙에 따라 당연히 인정되는 것이지 위와 같은 요건을 부가하는 것은 어떤 법적 근거가 없는 것이라는 비판도 가해진다.[68]

3. 불법행위 책임

남용적 회사분할을 불법행위로 구성하는 방안도 가능하다. 일차적으로는 회사분할을 주도한 이사에 대하여 책임을 묻는 방법이 될 것이다. 그러나 이사 개인의 책임재산은 제한적일 수밖에 없어 이는 실효성 있는 구제수단이 될 수 없다. 그렇다면 신설분할회사에 대하여 책임을 묻는 방법이 가능할 것인지가 문제된다.

학설 중에는 신설분할회사는 일본 회사법상 회사분할절차의 일부를 담당하고 있다고 할 수 있고(회사법 제811조 제1항 참조), 신설분할회사가 분할 전 회사 내에 설립 중의 회사로 존재한다고 평가할 수도 있

67) 위 도쿄지방재판소의 사안은 일반적인 남용적 회사분할의 사안과 다르게 피분할회사에 사업의 핵심 영역을 남겨 두고, 신설분할회사를 채무초과 상태로 만든 경우였다.

68) 瀧澤孝臣, 앞의 논문(주 51), 73면.

으며, 신설분할회사가 남용적 회사분할의 목적 · 효과를 유지 · 조장하였다고 보아 공동불법행위에 기한 손해배상책임을 부담한다고 볼 수 있다는 견해가 있다.[69] 이 경우 배상받을 수 있는 손해는 분할 전 회사에서 채권자가 회수할 수 있었던 금액과 분할 후의 피분할회사에서 채권자가 회수할 수 있는 금액의 차액이 될 것이다.[70]

하지만 이에 대하여는 남용적 회사분할은 채무자의 책임재산을 감소시키는 채권침해에 그치는데, 이와 같은 유형의 제3자 채권침해는 사해행위 취소권을 통해 구제를 받아야 하고 그 위법성이 특별히 강한 경우에 한하여 불법행위의 성립이 인정된다는 점에서 비판이 가해진다.[71]

4. 민법상 채무인수 · 채권양도에 관한 규정의 유추적용

大阪地裁堺支判平 22. 9. 13. 平成21年(ワ)第2117號 사건은 흡수분할이 문제가 된 사안이었는데, 흡수회사에 승계된 채권자가 피분할회사 및 피분할회사를 주 채무자로 하여 보증한 보증 채무자에 대하여 채무의 변제를 청구한 사안이다. 그러나 피분할회사는 어차피 채무초과 상태에 있어 실익이 없었고 실질적으로는 피분할회사를 주 채무자로

69) 粟澤方智 / 櫻庭廣樹, "濫用的會社分割の當事會社に對する會社更手續の債權者申立ての檢討 — 東京地判平成22年(ミ)第13號同第14號を踏まえて," 金融法務事情 제1915호(2011. 2. 10), 81-82면. 한편 黒木和彰/川口珠靑, 앞의 논문(주 51), 74면은 회사분할 당시 신설분할회사가 설립되어 있지 않았으므로 불법행위 책임이 인정되기 곤란하다고 한다.

70) 이때 '분할 전 회사에서 채권자가 회수할 수 있었던 금액'을 어떻게 산정할 것인지에 대하여는 담보권에 의해 담보되지 않은 채무 전액을 손해로 산정하는 접근방법과 분할 전 회사에 대한 적절한 재건계획의 수립이 가능한 전제하에서 그 경우의 회사의 현금흐름의 현재 가치를 파악하여야 한다는 접근 방법이 있을 수 있다〔粟澤方智 / 櫻庭廣樹, 앞의 논문(주 69), 82-83면 및 같은 논문 각주 32번 참조〕.

71) 粟澤方智 / 櫻庭廣樹, 앞의 논문(주 69), 각주 31번.

한 보증 채무자에 대한 집행권원을 받기 위해 위와 같은 소를 제기한 사안이다. 이에 재판소는 흡수회사가 회사분할에 의해 분할 전 회사의 채무를 면책적으로 인수하였다 하더라도 채권자가 해당 채무의 면책적 채무인수를 동의하지 않은 이상 피분할회사의 채무는 소멸되지 않는 것이라고 하고, 결국 부종성의 원칙에 따라서 보증인의 채무도 여전히 존재한다고 설시하였다.

하지만 회사분할에 있어서 승계채권자들에게 회사분할의 취지가 모두 공시 또는 최고가 되고, 승계채권자들에게는 이에 대한 이의를 진술할 기회가 주어진다는 점에 비추어 보면 회사분할에 의한 면책적 채무인수는 민법상의 특칙으로서 민법상의 채권자의 동의를 갖추지 않아도 채무인수의 효력이 생긴다고 보는 것이 타당하며, 위 판례와 같은 해석은 회사법상 회사분할 제도의 취지에 맞지 않는다는 비판이 가해진다.[72] 나아가 결국 보증인에 대한 집행이 목적이었다면 보증채무가 부종성의 원칙에 의해 승계된다고 하면 될 것을 무리하게 피분할회사의 책임을 인정하였다는 비판이 가해지기도 한다.[73]

그 외에도 도쿄지방재판소 판례〔東京地裁平 22. 11. 20. 平成22年(ワ)第35842號〕는 회사분할 후에 신설분할회사가 은행에 대하여 예금의 반환을 청구하는 소를 제기하자 은행이 신설분할회사에 승계되지 않은 피분할회사에 대한 채무를 반대채권으로 하여 상계의 항변을 한 사안인데 재판소는 채권자는 채권양도 통지가 있기 전에 양도인에게 대항할 수 있던 사유로 양수인에게 대항할 수 있다고 규정한 일본 민법 제468조 제2항을 유추적용하여 은행이 분할 전 회사에 대하여 갖고 있던 상계 항변으로 신설분할회사에 대하여도 대항할 수 있다고 판시하

72) 瀧澤孝臣, 앞의 논문(주 51), 73면.
73) 瀧澤孝臣, 앞의 논문(주 51), 73면.

였다. 이처럼 회사분할에 의해 일괄적으로 이전하는 채권 혹은 채무와 관련하여 회사분할계획서에 당사자들이 명시하지 않은 사항들에 대해 민법상의 채권양도, 채무인수에 관한 규정들이 어느 범위까지 인정될 수 있을지에 대하여는 보다 심도 있는 검토가 필요할 것으로 보인다.

5. 동일한 파산관재인의 선임

금융기관이 기업에 여신을 제공할 때에는 기업이 영위하고 있는 사업의 현금흐름을 토대로 여신을 제공하는 경우가 많은데 회사분할로 사업이 신설분할회사로 양도되면 이런 여신제공의 판단 전제가 무너진다는 점에서 특히 문제가 된다. 따라서 금융기관이 궁극적으로 원하는 것은 특정 자산의 회복이 아니라 여신 제공의 판단 근거가 된 현금흐름의 회복일 수도 있다. 나아가 남용적 회사분할이 이루어지는 경우 해당 회사는 이미 채무초과상태에 빠진 경우가 많은데, 이 경우 회사에 대하여 소를 제기하는 것보다 회사의 재건과 회생을 도모하는 것이 회사 및 채권자 양자를 위해 도움이 되기도 한다.

이와 관련하여 일본에서는 채권자가 피분할회사는 물론 신설분할회사에 대하여도 회사갱생절차개시를 신청하여 인용된 예가 있다〔東京地裁判平 22. 11. 26. 平成22年(ミ)第13, 14號〕. 이와 같은 방법은 (i) 양 회사에 동일한 보전관리인, 관재인이 선임되어 양 회사의 분리된 법인격을 통합할 수 있는 가능성이 높아지고, (ii) 이를 통해 다른 소송절차에서 문제될 수 있는 채권자 간의 공평도 도모할 수 있으며, (iii) 앞서 본 유형들의 소가 제기될 경우 소송 진행 중 자산의 유출이 가속화되거나 사업이 계속 부진할 위험이 있는 반면 이 경우에는 보전관리인,

관재인이 통합적으로 사업운영을 하게 됨에 따라 갱생계획을 통해 채무 회사의 진정한 재건이 도모될 수 있다는 점이 장점으로 지적된다.[74)]

이때 문제점은 잔존채권자가 피분할회사, 신설분할회사 모두를 상대로 갱생절차개시신청을 하기 위해서는 신설분할회사에 대하여도 채권자의 위치에 있어야 한다는 점에 있다.[75)] 잔존채권자가 신설분할회사를 상대로 채권자 취소권을 행사할 수 있다 하지만 채권자 취소권은 형성권이므로 잔존채권자에게 채권자 취소권이 있다 하여 신설분할회사에 대한 채권자의 지위에 있다고 할 수는 없다. 결국에 (i) 회사법 제22조 제1항의 명의속용자의 책임, (ii) 공동불법행위책임 또는 (iii) 법인격부인의 법리에 따라 피분할회사에 잔존한 채권자도 신설분할회사에 대하여 채권이 있음을 증명해야 신설분할회사에 대한 갱생절차개시신청이 가능할 것이다.[76)] 위 판례에서 채권자는 신설분할회사에 대한 채권의 근거로 (ii)와 (iii)을 주장하였는데 판례는 채권자의 신설분할회사에 대한 채권의 근거가 무엇인지 설시함이 없이 채권자의 회사갱생절차개시신청을 인용하였다.

이런 방법에도 문제가 없는 것은 아닌바, 특히 (i) 잔존채권자의 신설분할회사에 대한 채권의 성립의 근거가 불분명할 수 있다는 점, (ii) 합병분할이 이용된 경우에는 흡수회사가 채무초과에 이르지 않을 수 있으므로 이용될 여지가 적으며, (iii) 피분할회사와 신설분할회사에 동일한 관리인/관재인이 선임되는 경우 이익충돌이 발생할 가능성이 있다는 점, (iv) 회사가 갱생절차에 돌입함으로 인해 '도산회사'

74) 粟澤方智/櫻庭廣樹, 앞의 논문(주 69), 78-79면.

75) 물론 피분할회사가 신설분할회사에 대하여 주식 또는 채권을 가지고 있는 경우에는 잔존채권자가 피분할회사를 대위하여 신설분할회사에 대한 회사갱생절차개시신청을 할 수 있을 것이다〔粟澤方智/櫻庭廣樹, 앞의 논문(주 69), 80면〕.

76) 粟澤方智/櫻庭廣樹, 앞의 논문(주 69), 80-82면.

라는 오명을 얻게 된다는 점이 지적되고 있다.[77)]

V. 결론 — 일본 회사법 개정의 논의와 함께

이상 본고에서는 일본에서 남용적 회사분할에 대하여 현재의 법 테두리 내에서 모색되고 있는 대응책들을 알아보았다. 일본에서는 위와 같이 현재의 법 테두리 내에서 남용적 회사분할에 어떻게 대응할 것인지가 모색되고 있음은 물론 회사법 개정을 통하여 채권자 보호 제도를 강화하자는 입법론도 다양하게 제기되고 있다.[78)] 일례로 전국도산처리변호사네트워크는 채무초과회사가 회사분할을 실행할 경우에는 잔존채권자에게도 회사분할의 통지를 하도록 하고, 회사가 이를 고의로 해태한 경우에는 잔존채권자도 신설분할회사에 대하여 이행을 구할 수 있는 방안을 제시한다. 다만 잔존채권자에게 회사분할에 대하여 이의를 제기할 권리는 부여하지 않았다.[79)]

이에 대하여는 '채무초과회사'라는 요건을 설정하여 규율을 가하는 것이 큰 실효성이 없고, 나아가 채권자에 대한 공고, 최고 절차는 그 비용에 비해 실효성이 없다는 이유로 반대하면서 사해적인 회사분할을 상정하여 이 경우에는 명의를 속용하는 영업양수인의 연대책임을 규정한 것과 같이 분할된 회사 간의 연대책임에 관한 규정을 두는 것이 바람직하다는 견해도 제시되고 있기도 하다.[80)] 일본 법무성의 개정

77) 小林信明 외 5인, 앞의 좌담회(주 27), 74-75면.

78) 全國倒産處理弁護士ネットワーク, "濫用的會社分割についての立法意見の提出," 金融法務事情 제1914호(2011. 1. 25) 참조.

79) 全國倒産處理弁護士ネットワーク, 앞의 글(주 78), 13면.

80) 채무초과라는 요건이 불완전하다는 점에 관하여는 神作裕之/三上徹(대담자), 앞의 인

안 또한 잔존채권자가 신설분할회사에 대하여 신설분할회사가 승계한 재산의 가액을 한도로 하여 채무의 이행을 청구할 수 있도록 하고 있다.[81]

이와 같이 회사법상의 채권자 보호절차가 확대되면 다시 민법상의 사해행위 취소권 혹은 파산법상의 부인권의 행사 가부가 문제될 수 있겠다. 특히 채권자에 대한 보호가 보다 두터웠던 구 상법하에서의 판례가 회사분할에 부인권을 행사할 수 없다고 판시한 점에 비추어, 회사법상 채권자 보호절차가 충실히 이루어지면 이는 채권자 보호와 관련하여 민법의 특칙으로 해석될 여지가 있기 때문이다. 그러나 이에 대하여는 사해행위 취소권 혹은 부인권의 행사 가능성을 명시적으로 배제할 경우 남용적 회사분할에 유인을 제공할 수 있어 이는 바람직하지 않다는 견해도 제시된다.[82]

이처럼 일본에서는 회사가 채무를 면탈하기 위하여 회사분할 제도를 남용하는 경우 채권자가 대응할 수 있는 방법이 매우 다각적으로 연구되고 있다.[83] 우리나라와 같은 경우는 신설분할회사의 연대책임

터뷰(주 9), 50-51면 ; 통지, 최고로는 채권자 보호가 실효적으로 이루어질 수 없어 연대책임 규정을 마련해야 한다는 점에 관하여는 神作裕之 / 三上徹(대담자), 앞의 인터뷰(주 9), 52-54면.

81) 法務省民事局參事官室, 會社法制の見直しに關する中間試案, 2011. 12, 20면. 그러나 물적분할 후에 전부취득조항부종류주식의 취득 또는 잉여금의 배당(취득대가 또는 배당재산이 승계회사 등의 주식 또는 지분뿐인 경우에 한정)을 하는 경우에는 위 규정은 적용하지 않는다고 하여 인적분할에는 적용되지 않음을 명시하였다.

82) 神作裕之 / 三上徹(대담자), 앞의 인터뷰(주 9), 55면.

83) 2011년 12월 일본 법무성에서는 '회사법제의 개정에 관한 중간 시안(會社法制の見直しに關する中間試案)'을 발표하였다. 이에는 회사분할과 관련한 개정이 있었는데, 이에 따르면 회사가 피분할회사의 잔존채권자를 해하는 사실을 알고 회사분할을 한 경우에는 피분할회사의 잔존채권자가 신설분할회사에 대하여도, 신설분할회사에 승계된 재산의 가액을 한도로 하여 그 채무의 이행을 구할 수 있도록 규정하고 있다. 이는 흡수분할의 경우에도 마찬가지로 적용되는데, 흡수분할의 경우에는 흡수분할승계회사의

을 규정하고, 이를 배제하고자 할 경우 채권자에 대한 보호절차를 거치도록 하고 있어 회사분할이 잔존채권자의 이익을 해하는 방향으로 나아가기는 어려울 것이다.[84] 그러나 이때 채권자가 상법상 보장된 채권자 이의절차를 활용하지 않았다 하여 일반적인 채권자에게 허용되는 민법상 채권자 취소권의 행사가 배제될지 여부는 명확하지 않다. 일본에서도 회사법상 채권자 보호수단이 강화되어도 채권자의 취소권 행사를 배제하는 것은 바람직하지 않다는 학설이 있음은 앞서 본 바와 같다. 한편 회사법은 법적 안정성이 보다 중요시된다는 점, 회사분할과 같은 조직법상 행위는 이를 취소할 경우 법적 관계가 상당히 복잡해진다는 점 또한 감안되어야 하는바, 일본에서의 위 논의는 우리 법의 해석에 있어도 상당한 시사점을 줄 것으로 보인다.

신뢰보호를 위해 흡수분할승계회사가 그와 같은 사실에 대하여 선의인 경우에는 적용되지 않는다고 규정한다.

84) 물론 이 경우에도 불법행위 채권자에 대한 관계는 문제될 수 있다. 일본의 회사법 개정 논의 중에는 이와 같이 회사분할절차 내에서 불법행위 채권자에 대한 보호를 어떻게 이룰 것인지에 대한 고려도 보인다. 法務省民事局参事官室, 앞의 글(주 81), 20면 참조.

찾아보기

편저자 약력

》 노혁준

서울대학교 법학사
서울대학교 법학박사
전 서울남부지방법원 판사, 법무법인 율촌 변호사
현 서울대학교 법과대학 · 법학전문대학원 교수(상법)

》 강수진

서울대학교 법학사
하버드 대학 로스쿨 LL.M.
현 고려대학교 법학전문대학원 부교수

》 강우룡

서강대학교 경영학사
현 법무법인 화우 회계사

》 김병태

서울대학교 법학사
NYU 로스쿨 LL.M.(회사법)
현 법무법인 세종 변호사

》 김상곤

서울대학교 법학사
미네소타 대학 로스쿨 LL.M.
현 법무법인 광장 변호사

》 김상준

서울대학교 법학사
서울대학교 법학석사(법사회학)
현 법무법인 지평 변호사

》 김효민
서울대학교 법학사
현 김 · 장법률사무소 변호사

》 박태현
서울대학교 법학사
조지타운 대학 로스쿨 LL.M.
현 MBK 파트너스 부사장 / 변호사

》 윤성조
서울대학교 법학사
컬럼비아 대학 로스쿨 LL.M.
현 법무법인 태평양 변호사

》 윤용준
서울대학교 법학사
샌디에이고 대학 로스쿨 LL.M.
현 법무법인 광장 변호사

》 이승민
서울대학교 법학사
서울대학교 법학박사(행정법)
현 성균관대학교 법학전문대학원 부교수

》 이승환
서울대학교 법학사
현 법무법인 광장 변호사

》 이태현
서울대학교 경영학사
현 법무법인 지평 변호사

》 장주형
서울대학교 법학사
컬럼비아 대학 로스쿨 LL.M.
현 법무법인 바른 변호사

》 전오영
서울대학교 법학사
현 법무법인 화우 변호사

》 정준아
한국외국어대학교 법학사
현 김 · 장법률사무소 변호사

》 조중일
건국대학교 법학사
현 법무법인 세종 변호사

》 조현덕
서울대학교 경영학사
서울대학교 경영학박사
현 김 · 장법률사무소 변호사

》 하정훈
서울대학교 법학사
서울대학교 법학석사(회사법)
현 전주지방법원 판사

BFL 총서 8

회사분할의 제 문제

초판 3쇄 발행 | 2020년 9월 14일

지은이 | 노혁준 편저
발행인 | 고화숙
발행처 | 도서출판 소화
등록 | 제13-412호
주소 | 서울시 영등포구 영등포동 7가 94-97
전화 | 02-2677-5890(대표)
팩스 | 02-2636-6393
홈페이지 | www.sowha.com

ISBN 978-89-8410-451-8 94080
ISBN 978-89-8410-284-2 (세트)

값 28,000원

잘못된 책은 언제나 바꾸어 드립니다.

이 도서의 국립중앙도서관 출판시도서목록(CIP)은 서지정보유통지원시스템 홈페이지(http://seoji.nl.go.kr)와 국가자료공동목록시스템(http://www.nl.go.kr/kolisnet)에서 이용하실 수 있습니다. (CIP제어번호: CIP2013009859)